教育部人文社会科学重点研究基地四川大学南亚研究所

南亚地区发展报告2013

ANNUAL REPORT ON THE DEVELOPMENT OF SOUTH ASIA（2013）

主　编◎李　涛
副主编◎文富德　张　力

时 事 出 版 社

图书在版编目（CIP）数据

南亚地区发展报告 . 2013/李涛主编 . —北京：
时事出版社，2014. 11
ISBN 978-7-80232-804-4

Ⅰ. ①南… Ⅱ. ①李… Ⅲ. ①区域发展—研究报告—
南亚—2013 Ⅳ. ①F315

中国版本图书馆 CIP 数据核字（2014）第 268790 号

出 版 发 行：时事出版社
地　　址：北京市海淀区万寿寺甲 2 号
邮　　编：100081
发 行 热 线：（010） 88547590　88547591
读者服务部：（010） 88547595
传　　真：（010） 88547592
电 子 邮 箱：shishichubanshe@sina. com
网　　址：www. shishishe. com
印　　刷：北京昌平百善印刷厂

开本：787×1092　1/16　印张：24. 75　字数：400 千字
2014 年 11 第 1 版　2014 年 11 第 1 次印刷
定价：98. 00 元
（如有印装质量问题，请与本社发行部联系调换）

本书系教育部哲学社会科学发展报告培育项目成果

受中国西部边疆安全与发展协同创新中心资助

序言

2013年南亚地区发展特点

李　涛

南亚各国已步入转型期，2013年南亚地区发展形势主要表现为：各国已经和将进行大选，政治进程稳步更移；经济发展持续减缓，颓势明显；大国外交扑朔迷离，更趋复杂；社会动荡有增无减，安全形势面临重新洗牌；中国和南亚的关系得到理性、稳健的发展，合作空前加强。具体而言：

一、南亚政治稳中有变

南亚政党政治起步较早，发展不平衡，反复分化组合，家族政治色彩浓厚，政党政治成为影响南亚地区稳定的重要因素。2013年到2014年南亚高密度大选，2013年有4个国家大选，2014年有3个国家大选，2017年斯里兰卡将举行大选。2013年南亚政治局势总体平稳，动荡因素犹存。巴基斯坦、马尔代夫、不丹平稳过渡；尼泊尔制宪会议完成选举，出现政治僵局；孟加拉国乱局威胁2014年初大选；阿富汗2014年大选走向也面临很多不确定因素；印度政治势力碎片化趋势加强。

印度大选在2013年南亚政治中最令人关注。印度大选主要集中于以印度国大党为首的团结进步联盟、人民党的全国民主联盟和第三势力的三方角力上。执政的国大党利用尼赫鲁家族的影响将拉胡尔推向竞选前台；进行内阁改组，以改变国大党形象；打“亲民牌”，争取选票，但国大党连续执政十年，受腐败影响，人民党被看好。古吉拉特邦首席部长莫迪在派系林立的印度人民党内脱颖而出，成为该党总理候选人，其自 2009 年以来执行稳定和延续的政策，提出“发展，修庙，修厕所”的口号，赢得民众的青睐，特别受到商人、青年人和妇女的热爱，能为人民党赢得不少保守派选民支持。但莫迪的政治立场强硬，可能会疏远政治立场温和的选民，而且人民党能否将其影响力扩展到南部，能否吸引穆斯林的选票等都是重要的影响因素。而其他政党，如印共、印共（马）、社会主义党、人民党联合派宣布 4 个党联合组成非国大党的反印度人民党的平台，针对教派主义建立了世俗主义的纲领。这为建立“第三阵线”奠定了基础。以“反腐”为口号的平民党是一匹黑马，但是实力有限且不成熟，可能加入第三势力。目前印度大选的趋势是：莫迪呼声较高，拉胡尔·甘地的表现令人失望；人民党处于上升势头，国大党没有利用好反人民党的情绪，处于劣势。

2013 年 5 月 11 日，谢里夫的穆斯林联盟在巴基斯坦全国国民议会选举、各省议会包括国民议会第五步选举差额选举中都获得了压倒性优势，这标志着巴基斯坦进入政治转型期。巴基斯坦独立以后，民主化进程充满血腥味。目前谢里夫总理的选择是非常明智的，包括其对前总统穆沙拉夫的宽容。但是反对党——人民党不甘示弱，在大选后的 8 月、11 月包括最近都在提一些要求，给谢里夫派施加各种各样的压力。

尼泊尔于 2013 年 11 月 19 日举行第二届制宪会议选举。大会党出乎意料地赢得了 196 席，而第一大党毛派退居第三。因为大会党、尼泊尔共产党（联合马列）是中间偏左派，这两党加起来 370 多票，不足法定 2/3 的选票数——397 票，所以这两党还无法使宪法顺利通过。毛派已宣布退出制宪会议，这就注定大会党、尼泊尔共产党（联合马列）需要寻求其他政党的支持。此次选举遭到很多党派的反对，尼泊尔频繁发生暴力事件。总的来看，未来尼泊尔的政局走势充满变数。

阿富汗2014年的大选主要取决于现政府与阿塔的和谈。美国2014年撤军以后，阿安全形势不容乐观，现有政党100多个，总统候选人主要有10个，阿能否顺利实现权力交接备受关注。从内部看，阿富汗国内和解进程出现新变化，各方接触较多，但还处于摸底阶段；政治派别以民族和部族划界，政治权力缺乏代表性，中央政府难以有效掌控地方；教派众多，结构复杂，矛盾难以调和，“大普什图主义”影响较大，普什图族内部两大部族争夺激烈，携手前景小；阿国内腐败问题严重，和平重建严重依赖外援，经济发展内生动力不足；阿安全部队难以承担起安全责任。从外部看，北约从阿撤军是影响阿未来形势的最大变数，这取决于北约以何种形式、多大规模保留在阿军事存在。阿富汗历来为战略要地，新一轮权力争夺或将上演。

孟加拉国的政党纷争主要在两党——人民联盟和民族主义党之间进行。2013年，两党围绕何时举行选举、看守政府制度的存废和对伊斯兰大会党领导人穆贾希德战争罪的审判等产生了激烈的暴力冲突。可能出现如下态势：两党就看守政府的替代方案达成共识，恢复看守政府制度；由于暴力升级，大选推迟；实行军法管制等。

斯里兰卡民主政治依然任重道远，2010年通过宪法第18条修正案，取消总统任期限制。围绕民主问题，各党派很难达成和谐。

马尔代夫总统选举一波三折，在最高法院再度干涉下，阿卜杜拉·亚明·加尧姆以51.39%的得票率击败了前任总统穆罕默德·纳希德。加尧姆家族再次统治马尔代夫这个岛国。司法干预凸显该国民主的脆弱。

2013 年 7 月 13 日，不丹在第二次全国性选举中，反对党人民民主党在印度通过中止对不丹天然气补贴的举动彻底扭转选举压倒性胜出，击败执政党“和平繁荣党”。

总之，南亚国家的政党纷争和政局变化呈现普遍化和常态化特点。一些学者指出，像印度这样的成熟的民主国家，其政党纷争和政局周期的变化是暂时的和可控的，因为其民主国家非常成熟。对于马尔代夫、尼泊尔、孟加拉国这些民主转型国家来说，政局动荡具有中长期性、常态性和不确定性。而对于阿富汗、巴基斯坦这些极具地缘资源价值的国家来说，其政局变化具有长期性、突发性和高度不确定性，究其原因主要是国内的政局从两极化转为多极化、陷入了“民主困境”。第二，印度在南亚国家政局变化中没有放弃英殖民的强权主义和霸权主义，明显操控不丹、尼泊尔和孟加拉国的选举和政局走势。第三，南亚政局中的大国因素不容忽视，如印美合作、印度第三势力对印美关系的影响等。

二、南亚经济增长持续减缓

2013 年南亚各国经济最突出的问题是印度经济陷入困境，主要表现在印度经济增速大幅下滑、财政赤字居高不下、通货膨胀不容乐观、经常项目情况恶化、卢比大幅度贬值等等。印度政府采取的一系列改革措施正在发挥作用，但受制于世界经济形势以及国内政治体制和经济结构等因素的影响，印度经济短期内难以走出困境。

但印度经济放缓并未失控，国内经济基础并未完全恶化，外资的撤离更多是出于“趋利行为”而非“避险情绪”。与发达国家相比，印度经济增长率并不低；印度经济增长率高于不少金砖国家；印度还有比较雄厚的外汇储备；印度政府认为这次经济增长放缓谈不上危机。印度陷入经济危机的原因在于：随着印度经济全球化加强，受世界经济衰退影响加大；受印度经济结构缺陷的限制，特别是制造业难以满足国内需求，造成经常项目赤字，货币贬值；受印度议会政治制度缺陷的限制，执政党为保执政，增加补贴，扩大财政赤字。总之，如果印度弱政府局面难以改变，未来印度经济将继续保持低速增长态势。近年来，印度政府对国内经济困境的认知比较客观理性，推出了一系列改革措施，主要包括多途径促进投资、完善金融市场、加快基础设施建设、改善财政赤字、加强对各行业的监管等等，取得了一定成效，但难以使问题得到根本解决。

至于巴基斯坦，目前经济问题困难重重，尽管谢里夫执政注重发展经济，但经济转型有一个滞后过程。其他南亚国家如斯里兰卡、马尔代夫等经济增长超过上一财年，特别是两国的旅游业。

三、南亚外交随大国地缘战略的变化更趋复杂

（一）印度积极开展全方位的务实外交

迫于大选的压力，印度政府注重开展全方位的务实外交，周边外交、大国外交尤受重视。首先，印度外交战略的基点是其在南盟中的地位，加强对阿富汗文化感情笼络和经济控制，操控不丹选举。

其次，印度外交的支柱是东向战略，印度与东盟各国举行了为期两天的对话，提出加速湄公河—印度经济走廊建设的计划。同时，总理辛格还访问缅甸、泰国、文莱及印度尼西亚等国，加强与缅甸的基础设施交通建设项目，对泰国70%的商品实行零关税政策，赴文莱参加第11次印度东盟峰会，首次访问印度尼西亚，并强调印度尼西亚是印度东向政策最重要的伙伴之一。此外，中亚战略是印度外交战略的新亮点和增长点。最后，印度外交的重点仍是大国平衡战略：印美互动频繁，美国务卿约翰·克里、副总统拜登先后访印，印总理辛格访美并发表联合声明，双方表示要进一步加强战略合作伙伴关系；印日关系迅速发展，辛格访日并与安倍晋三举行了全方位的会谈，但印度与日本的战略关系实际上是一种“占便宜”和“搭便车”的心理，印日全球战略伙伴关系的建立是对中国崛起被动的反应，中国的发展给印度和日本提供了经济发展的红利；印俄关系持续升温，辛格访俄，与普京共同出席了一年一度的印俄领导人峰会，发表了进一步发展战略伙伴关系的联合声明，两国在军事技术及能源领域的合作取得显著成果；印中关系再上新台阶，两国总理实现了自1954年以来首次年内互访，提出加强建设孟中印缅经济走廊、在印度境内建立“中国工业园”等合作规划，签署了《中印边防合作协议》等。

（二）美国撤军给阿富汗及邻国带来的影响不容忽视

美国撤军阿富汗不可逆转，尽管美国会以协议实现有限驻军，但美军撤离使阿富汗局势充满变数，如阿国防军能否控制局面、阿各派围绕“后撤军时代”展开激烈博弈是否会给塔利班可乘之机、外部援助中断是否将使阿经济陷入困境等。可以肯定，美国的撤军和角色转变并不表明恐怖主义问题已最终解决，阿富汗和南亚将继续面对严峻的安全挑战，包括恐怖极端主义、教派冲突、各类伴生性威胁和外溢效应，以及地区主要国家间的地缘政治冲突。尽管随着美军撤离阿富汗的临近，大国对阿富汗的兴趣下降，大国矛盾缓和，但周边国家，诸如印度、巴基斯坦、沙特、伊朗、土耳其等竞争加剧。

美国撤军迫使中国成为阿富汗重建的利益攸关方。中国在阿富汗矿产开发、能源开采方面的投资有助于阿经济重建，但安全等问题制约着这些投资活动的开展并将会危及中国西部尤其是新疆等地的安全，使中国在向西方向上经济与安全互相倚重。值得注意的是，中、印均无法单独对阿富汗局势产生重大影响，双方必须合作，合作领域主要集中在矿产开发和基础设施建设等方面，同时注重与区域内其他参与国家的交流，鼓励巴基斯坦扮演更加积极的角色。

（三）围绕巴基斯坦的大国关系更趋紧张

尽管美国对巴基斯坦援助的数量远远大于“9·11”事件之前，但由于其援助服务于美国的战略目标，安全援助大大超过经济援助，并附加有众多的限制条件等，所以这些援助虽然赢得了巴基斯坦对阿富汗战争的支持，配合美国的反恐行动，但无助于改善巴边境安全环境以及美国在国民心中的形象，进一步加剧了美巴关系的紧张程度。同样，印巴围绕控制与反控制的战略博弈更加激烈，南亚战略平衡进一步向印度倾斜。印巴综合国力和军事实力对比不断扩大，印度综合国力上升较快，军事战略的外向性和进攻性日趋明显，印巴实力的不对称性加剧了巴基斯坦的战略焦虑。

（四）印度洋上的大国角力初现端倪

谁控制了印度洋，谁就掌握了世界的霸权。全球50%的集装箱运输和70%的石油运输产品运输都要通过印度洋，尤其是霍尔木兹海峡和马六甲海峡。印度洋海上通道对印度具有重要意义，印度对外贸易尤其是能源安全严重依赖印度洋海上通道。目前，印度洋海上通道安全最为现实的威胁就是海盗和恐怖主义。印度在印度洋反海盗斗争中作出巨大贡献，从2008年以来一直在亚丁湾保持有海军存在，不断增强在印度洋的侦查监听活动，还积极参与动议多边海上反海盗机制，执行“国际推荐运输走廊”（IRTC）任务，以及发起印度洋海军论坛等。在应对非传统威胁方面，印度已取得重要成就，但在面对传统安全挑战方面，印度的海军力量还不够。印度不具备有效挑战、威慑美国的实力，美国和马尔代夫谈判《驻军地位协定》表明马尔代夫很可能成为美国在印度洋的下一个军事基地，这引起印度的不满；在可能与巴基斯坦的海上冲突中，印度不具备绝对的优势；伊朗核问题也将构成潜在的影响因素……这一切正在加剧印度洋周边国家的军事竞赛。尽管“印度洋问题”成为中印关系中新出现的议题，但有学者认为海上的中印关系更具建构空间，比陆上关系更具可塑性。中印陆上关系有领土争端等难以解决的“痼疾”，所以海上关系可以建构、合作的空间很大，如安全能源等。

四、南亚安全在可控形势下有加剧趋势

南亚恐怖极端势力总体可控，但不稳定因素增多，进入了新一轮

的活跃期。有学者指出近十年来南亚反恐越反越恐，南盟框架下的反恐合作起步较早，但成果有限；双边的反恐合作进展比较缓慢；跨区域的反恐合作有待发展；更是需要在联合国框架下进行反恐合作。南亚反恐合作受到诸多因素的制约，南亚国家之间缺乏政治互信，各国对安全威胁判断的认知不同，缺乏交集；反恐资金来源于大国，大国会在给予援助的同时附加条件；军事手段的运用十分敏感等，加之阿富汗的态势刺激极端恐怖活动反弹，巴阿安全控制力减弱，南亚安全形势变数增多。

尽管2013年南亚地区安全形势总体平稳，但国别差异较大。斯里兰卡、尼泊尔、不丹的安全形势与往年相比明显好转，印度、阿富汗、巴基斯坦和孟加拉国等区域大国的安全形势则没有得到根本改善甚至进一步恶化。印度的安全问题除与阿、巴相关外，克什米尔恐怖主义、印共（毛派）是其重点关注对象。克什米尔恐怖主义2001年前后达到高潮，随后在国际反恐压力下，印度政府通过军事打击和经济援助双重手段，使克什米尔恐怖主义呈下降趋势，但要彻底根除还有很长的路要走。要解决克什米尔恐怖主义，必须首先解决克什米尔问题，除非印巴问题解决，否则克什米尔问题无法得到解决。由于克什米尔与中国西藏、新疆接壤，其恐怖主义对“藏独”、“疆独”极端分子有重要影响。在2013年内，印共（毛派）分别于2月、5月、8月发动了三起较为重大的袭击事件。但目前印共（毛派）面临的挑战主要包括政府强大的武力镇压、没有可靠的统一战线、所控制的地区经济落后等。虽然印度目前国内的主流是求发展、反恐怖，但在广大农村地区，印共（毛派）有生存空间，其活动对印度现有的政治体制、投资环境等产生一定威胁。

巴基斯坦的安全形势较严峻，尽管5月大选后巴各方达成反恐政策共识，安全形势有所好转，但巴基斯坦政府和巴塔和谈进展不顺利，谈判双方都想以武力争夺未来谈判中的话语权，不希望和谈的组织希望以暴力破坏谈判进程，巴塔内部中央与地方之间、各组织之间的争斗升级，和谈将是一个长期的过程，即使达成协议，协议被撕毁的可能性也较大。各方对“哈卡尼网络”的态度微妙，而且除恐怖主义以外还有教派和民族冲突。此外，2013 年印巴边界冲突次数达到新高，印巴军费增长显著，军备竞赛热度不减，仅囿于大选，两国关系才未受到太大的影响。

面对美国撤军和阿富汗大选，塔利班发起针对阿政府、外国军事基地以及外国使领馆等的“春季攻势”，喀布尔机场及其毗邻的驻阿北约空军基地指挥部、印度驻贾拉拉巴德市的领事馆、赫拉特的美国领事馆等多处遭遇恐怖袭击。阿富汗暴力恐怖活动明显增多，除政府官员、军事人员伤亡高于往年外，这些恐怖袭击还造成大量平民伤亡。

2013 年孟加拉国的安全形势急转直下，恐怖袭击活动猛然增加，造成的人员伤亡创下了 2005 年以来的历史新高。

总之，南亚地区传统安全形势趋于缓和，非传统安全问题则相对突出。

五、中国与南亚关系更加密切

（一）高层互访频繁

中印元首会晤，两国总理首次实现年内互访。中印元首会晤备受关注，印度各界对习近平主席与辛格总理在德班的会晤给予高度评价，对习近平主席致函辛格总理和提出改善中印关系的五点建议非常重视。2013 年 5 月，李克强总理首访的第一站选择印度、巴基斯坦，表明中国政府新领导人对中印、中巴关系的高度重视，李克强总理的访问结束后不到两个月，巴总理谢里夫便于 7 月率团访问中国，这是其当选后的首次访问。10 月底，印度总理辛格访华更是首次实现了半个多世纪以来中印总理年内互访。

（二）经济合作力度加大

中国新一届领导人非常重视与南亚各国的合作，为中国和南亚合作注入了新活力，主要体现在积极促进孟中印缅区域合作、中巴经济走廊建设方面。孟中印缅区域合作意义重大，正如学者指出，首先具有地缘战略价值，孟中印缅结合部地理位置处于边缘地带，却是连接太平洋、印度洋的陆上通道，该地区若形成中印主导下的战略联合则可造成较大的战略影响；该地区能够成为地缘政治经济的缓冲区；该地区资源潜力较大，利于中国以低成本维护周边贸易通道安全；从重视欧美日市场向西转移到重视印度等南亚市场，以解决中国国内消费过剩问题，利于中国解决西部内陆陆权的生存与发展问题；而且对中国应对美国主导的 TPP 具有潜在战略价值。因此，中国应该积极推动经济走廊建设，明确各方利益，促进孟中印缅区域合作的实现。但是孟中印缅经济走廊建设面临着诸多挑战：印度对区域合作的态度虽有所改观，但仍有顾虑，许多根本性问题尚未得到解决；中印互信尚显不足；缅甸正处于政治转型期，其发展方向具有不确定性；孟加拉国缺乏地缘优势，并担心与中国走近后印度的反应；美国在本地区积极活动和竞争。因此建议分步建设，循序渐进，同时注意与印度保持互动。近年来，孟中印缅四国经济快速发展，对外贸易额不断增加，走廊建设将为四国贸易提供便利，推进贸易结构优化，实现优势互补和互利共赢。目前，孟中印缅区域合作模式已由“二轨”层面上升到了“一轨领导下的多轨并行”，孟中印缅区域合作论坛正以一种“软区域主义”的方式推动四国合作发展。至于中巴经济走廊建设，不是纯粹的援巴计划，而是中国发展战略的需要，有助于中国转变经济增长方式和向西开放。当然，中国与南亚合作必须注重开放模式的差异性，强化陆上通道的先导性，维护合作主体的平等性，突出政策体系的创新性。同时，在合作中要坚持以下原则：双边关系与国际趋势相结合；中国与南亚各国各自需求发展相结合；中国与南亚合作和振兴东方文明发展相结合等。

（三）积极并有建设性处理双方敏感问题

自从新中国成立以来，中国与印度的边境摩擦事件是中国与其他邻国边境争端事件中最多的。2013 年 4 月，由于两国在边界“实控线”走向上存在不同的理解和认知，中印边境西段发生所谓的“帐篷对峙”事件。两国根据 2012 年 1 月签署协定的精神，通过磋商机制，从外交层面及时有效地解决了纠纷，阻止了事件的进一步升级。当一些印度媒体炒作“中国入侵印度领土”时，印度官方坚持认为这是双方对未定边界的实际控制线走向的认识不一致造成的。这样，一起被媒体炒得沸沸扬扬的边境偶发事件实现了“软着陆”，证明中印之间有关边界问题的合作磋商机制确实能够发挥“危机管控”的积极作用，使边界争端不致干扰两国关系大局。此外，4 月中印进行了第六次反恐磋商，双方就国际和地区反恐形势及双边反恐合作等问题深入交换了意见和看法。6月中印边界问题特别代表举行第16次会晤，特别是《中印边防合作协议》的签署，进一步巩固了两国边防安宁趋势的发展。该协议的10条规定旨在保持实际控制线上的和平、安全和稳定，同时重申任何一方都不得针对另一方使用武力。协议还规定在两军之间建立热线电话，一旦发生冲突，彼此间保持“最大限度的克制”。有印度媒体甚至认为这是《印美核协议》以来最重大、最持久的外交成就，具有里程碑意义。

（四）社会人文交流加强

中国与南亚在经贸、政治、外交等方面的交流与合作发展迅速，但人文交流滞后，二者的不平衡和不对称十分明显。近年来在双方高层和民间的大力推动下，中国与南亚各国社会人文交流明显加强，友好人士辈出，友好城市增多，文化交流活动频繁，智库交流加强，相互重视软实力建设和影响。如2013年9月中旬，首届“中印媒体论坛”在新德里举行。论坛由中国国务院新闻办公室和印度外交部共同举办，两国20多家主要媒体负责人、记者及专家学者约80人与会，为中印、中国与南亚国家人文交流打开新局面。

（文中许多观点摘引于2013年10月在昆明召开的“2013年中国南亚学会年会”和2013年12月在成都召开的“2013南亚地区形势研讨会”上专家学者们的发言，以及会后的相关会议综述，由于篇幅所限，未一一注明原创作者，在此致谢。）

目　　录

报告摘要 …………………………………………………………………………… (1)

外交安全

近年来中印关系新形势和新特点 ………………………………… 蓝建学 (7)

从“印太”构想看亚太地区多边格局走向 ……………………… 张　力 (22)

美国从阿富汗撤军及其对南亚地区安全的影响 ……………… 杜幼康 (35)

印度与澳大利亚在印度洋上的竞合关系 ……………………… 许善品 (47)

中印领土争端中的水资源安全问题 ……………………………… 李志斐 (65)

经济发展

印度难以推行第二代经济改革的原因及前景 ………………… 文富德 (79)

2013 年印度经济下滑与 2014 年发展趋势 ……………………… 张　立 (94)

印度经济改革对 2014 年大选的影响 ………………………………… 宋志辉 (108)

社会政治

2013—2014 年度南亚各国大选纷争对其政局的影响及中国的应对 …………………………… 戴永红　李红梅（121）

尼联共（毛）的分裂及未来政治走向 ………………………… 王　静（139）

浅析不丹功德党 2013 年大选失败的原因 …………………… 唐明超（155）

国别报告

2013 年印度综述 ………………………………………………… 范名兴（171）

2013 年巴基斯坦综述 ……………………………………………… 李　伟（188）

2013 年孟加拉国综述 ……………………………………………… 李建军（202）

2013 年尼泊尔综述 ……………………………………………… 黄正多（218）

2013 年阿富汗综述 ……………………………………………… 曾祥裕（234）

2013 年斯里兰卡综述 ……………………………………………… 唐鹏琪（256）

2013 年马尔代夫综述 …………………………………… 王娟娟　刘　琪（274）

2013 年不丹综述 ………………………………………………… 刘　秧（293）

附　录

2013 年南亚大事记 ………………………………………………………………………… (307)

2013 年南亚研究主要汉文论文目录 ………………………………………………………… (363)

Content

Abstract

Ⅰ **Theme Paper**

Diplomacy & Security

1. Sino-Indo Relations in Recent Years: Emerging Situation and Characteristics (Lan Jianxue)

2. Multilateralism in Asia-Pacific Region: An "Indo-Pacific" Perspective (Zhang Li)

3. US Withdrawal from Afghanistan and its Implications on Regional Security in South Asia (Du Youkang)

4. The Competition and Cooperation between India and Australia in Indian Ocean (Xu Shanpin)

5. Water Resource Security in Sino-India Territorial Dispute (Li Zhifei)

Economy & Development

1. Why the Second Economic Reforms in India Stagnated (Wen Fude)

2. Slowdown of Indian Economy in 2013: Prospects for 2014 (Zhang Li)

3. India Economic Reform and its Implications to Elections 2014 (Song Zhihui)

Society & Politics

1. South Asia Elections 2013-2014：Implications and China Response (Dai Yonghong)

2. UCPN (Maoist)：Its Split and Political Prospects (Wang Jing)

3. Election Failure of Druk Phuensum Tshogpa in 2013：Reasons Behind (Tang Mingchao)

Ⅱ Country Report

India	Fan Mingxing
Pakistan	Li Wei
Bangladesh	Li Jianjun
Nepal	Huang Zhengduo
Afghanistan	Zeng Xiangyu
Sri Lanka	Tang Pengqi
Maldives	Wang Juanjuan　Liu Qi
Bhutan	Liu Yang

Ⅲ Appendix

South Asia Chronology 2013

A List of Major South Asian Research Papers in China：2013

报告摘要

南亚地区特殊的地理位置决定了它在中国周边外交以及整个亚太格局中的重要性。与中国陆路上相邻的14个国家中有5个属南亚国家，南亚国家对中国西部边疆安全有着重要影响。近年来，美国战略重心东移亚太，酝酿着新一轮亚太格局的调整，亚太地区在整个国际体系中的地位和影响力也迅速上升。在中亚地区，美国从阿富汗撤军，留下的权力真空使阿富汗局势变数大增，牵动着周边国家的神经。作为连接东亚和中亚的南亚地区，在美国重返亚太、美军撤离阿富汗、反恐等社会政治和外交安全领域的问题都日益凸显的局势下发挥着越来越重要的作用。中共十八大后，中国新一届领导人奉行独立自主的外交政策，高举和平、发展、合作、共赢的旗帜，并将更多战略注意力放在周边国家上，强调和谐的周边外交，重视发展同周边国家的睦邻友好关系，南亚地区理所当然地成为中国周边外交的重点。

2013年南亚各国更加积极地参与地区事务，加强与周边国家的合作和交流。同时，南亚多国的“大选年”也考验着各国的执政者。2013年度的《南亚地区发展报告》分序言、专题研究、国别报告和附录4部分。专题报告主要从外交安全、经济发展和社会政治3个层面全面分析南亚各国的发展态势。从外交安全层面上看，作为亚洲两个最具发展潜力的国家，中印关系呈现出新特点和新趋势，两国高层访问密集，多边领域的合作不断拓展，经贸投资潜力巨大，安全领域的合作也稳步推进，“求同”与“化异”并行，交往的新思维和新框架不断涌现，两国关系逐步回归务实和理性。在亚太地区，美国战略中心东移，“印太”构想的提出对印度洋和西太平洋在内的亚洲沿岸国家的地区格局产生巨大影响，印度、日本、澳大利亚、中国等国家在美国“印太”构想中的角色定位及几个国家之间关系的转变还需进一步评估和关注。在中亚地区，美国从阿富汗撤军后的战略部署、面临的主要挑战以及对南亚国家的影响也成为周边国家关注的重点。经济发展层面主要围绕 2013 年度印度经济下滑和滞涨的表现、原因以及未来的发展趋势，印度政府推行第二代经济改革的原因、举措、前景以及对未来大选的影响进行探讨。有学者认为印度经济在未来有望回升，经济改革虽遇阻力但仍会渐进式进行。从社会政治层面上看，2013 年可谓南亚国家的“大选年”，各国政党之间竞争激烈，考验各国民主政治的发展，也不可避免地对各国政局及南亚地区安全产生影响。印度国大党和人民党之间的竞争激烈，地方性政党逐渐发展壮大，强势威胁国大党的执政党地位；巴基斯坦穆斯林联盟（谢里夫派）成为第一大党，人民党成为反对党，谢里夫就任总理并组建新内阁；阿富汗国内民主政治脆弱，政府公信力低，美国在阿撤军行动使阿国内安全形势堪忧，影响民主选举的实现；孟加拉国政党斗争加剧了国内的贫困和混乱，阻碍了民主的发展；斯里兰卡自由党与泰米尔全国联盟间僵局难解，缺乏信任感，阻碍民主进程；马尔代夫国内也面临党派纷争、大选进程受阻的局面，司法干预凸显民主脆弱；不丹国内政治受印度因素左右，和平繁荣党意外惨败，人民民主党翻盘执政，民主政治受制于人。总的来说，受国内、国际各种因素的制约，南亚国家民主之路任重而道远。

Abstract

South Asia is endowed with a unique geographical location and therefore enjoys a special significance for China neighborhood diplomacy and Asia-Pacific situations. South Asia is of considerable importance for the frontier security of West China and there are 5 China's land neighbors are located in this region. Asia-Pacific is playing an increasingly important role in international system, due to the US re-balance to Asia-Pacific and a new round of strategic adjustments. The region is much concerned about the much less predictable Afghan situation as a consequence of the power vacuum brought about by the US withdrawal. In light of the recent developments such as US pivot to Asia-Pacific, US withdrawal from Afghanistan, terrorism and counter-terrorism campaigns, South Asia as a linking bridge between East Asia and Central Asia is going to play an increasingly important role. Sticking to its independent foreign policy with a special focus on peace, development, cooperation and win-win engagements, the new Chinese leadership after the 18th CPC Congress is at present paying increasing attention to its neighbors and a harmonious neighborhood diplomacy. South Asia, in such a backdrop, is being regarded as a special focus for China neighborhood diplomacy.

In 2013, South Asian countries are trying to play a more active role in regional affairs while enhancing their cooperation with neighbors. Elections in a number of South Asian countries is another major development. This 2013 edition of annual report is composed of Theme Papers, Country Reports and Appendix. Theme papers offered in-depth research on diplomacy

& security, economy & development, society & politics in South Asia countries. Sino-Indian relations has displayed some new features, as shown by the frequent exchanges of high-level visits, expanded cooperation in multi-lateral platforms, enhanced trade & investment potential, progress in security affairs, etc. Since the conceptualization of "Indo-Pacific" will bring about a major impact to literals in Indian Ocean and West Pacific, a survey of the roles for major powers (India, Japan, Australia, China) and their interactions was made in this report. US withdrawal and its strategic design after that on the one hand, and its major challenges for Afghan situation on another hand, has became a major concern for regional players. The general situation of an economic slowdown in 2013 in India, its reasons behind and future development, New Delhi second round of economic reform and its impacts to India election have been discussed. Congress Party rule in New Delhi is facing a double challenge from both BJP and the fast-growing regional parties. Pakistan Muslim League (N) was elected as the ruling party with Nawaz Sharif as the new Premier while PPP lost its rule in Pakistani Parliament. The less than credible democracy in Afghanistan will suffer a lot in the "post-withdrawal" era. In Bangladesh, economic poverty and social disorder has been enhanced by political struggles between major parties, development of democracy is therefore crippled. Political deadlock between Sri Lanka Nidahas Pakshaya and the Tamil National Alliance has crippled the democracy in Sri Lanka as well. Maldive election also suffered from political struggle between major parties, the judicial involvement into politics was regarded as another sign of the weakness in its democracy. India is an important player in Bhutan politics. Druk Phuensum Tshogpa suffered from an unexpected failure while People's Democratic Party of Bhutan was elected as the ruling party. All in all, the democracy developments in South Asia still have a very long way to go, as a consequence of international/domestic factors.

外交安全

近年来中印关系新形势和新特点

蓝建学*

2013年，中印关系发展引人注目，进入全面发展新阶段，集中反映了近年来中印关系的量变和质变。影响中印关系的内生动力及外部因素更趋复杂多元，中印双边关系的内涵和外延均显著拓展。从某种程度上看，中印关系正处于"再平衡"、"再定位"的关键转型时期，两国应抓住机遇，助推双边关系再上新的台阶。

一、近年来中印关系新形势

（一）高层互访密集屡有突破

2013年"两会"结束以来，中国新一届领导层启动密集高效的外交行动，足迹遍及亚、非、拉、美、欧五大洲，在经略周边方面也投入了更多的精力。在此背景下，中印高层互动密切频繁，战略互信不断加强。习近平主席和辛格总理在南非金砖峰会和二十国集团峰会期间两度会晤，为中印关系未来发展勾勒了宏伟蓝图。李克强总理和辛格总理时隔近60年再次实现两国总理年内互访，发表共同声明，达成10多项协议，为中印各领域务实合作进行了全面规划。中印边界问题特别代表第16次会晤、中印第5

* 蓝建学，中国国际问题研究院副研究员。

轮战略对话先后举行，双方增进了相互沟通和理解。[①]

中印高层互访密集，表明两国关系已升级为各自“最重要的双边关系之一”，也成为21世纪全球最重要的双边关系之一。辛格访华期间，双方重申了推动两国面向和平与繁荣的战略合作伙伴关系向前发展的决心，强调以信心、恒心和决心推动中印关系取得更大发展，向世界发出中印友好的积极信号。随着亚太地区变局大幕逐渐拉开，中印都在“重新发现”对方，着手构建“中印关系新模式”或“新兴大国相处之道”，联手推动建立平等互信、包容互鉴、合作共赢的国际关系。就中方而言，新一届中国政府着手夯实与印度等周边国家的外交关系，拓展双边合作的内涵与外延，印度已成为盘活中国总体周边外交的重要环节。从印方看，中国为其最大邻国，辛格强调对华友好是印度外交的优先方向，印度舆论对华观日显平和、理性，呼吁跳出中印情绪化的思路，主张接触并与中国务实合作，为印谋求“在一个稳定的外部环境中实现增长、发展和繁荣的战略机会”，学习和借鉴中国的成功经验，借势中国优质资源壮大自己。

（二）经贸投资合作稳步走实

一是双边贸易方面，中国已成为印度最大贸易伙伴之一，印度是中国在南亚最大的贸易伙伴。据印方统计，2013 年 1—9 月，印度对华双边货物贸易额为 478.8 亿美元，与去年同期相比下降 8.6 %。其中，印度对华出口 94.8 亿美元，下降 18.5%，占印出口总额的 4.0%，下降 1.2 个百分点；印度自中国进口 384.0 亿美元，下降 3.2%，占印度进口总额的 11.3%，下降 0.1 个百分点。印度对中国的贸易逆差为 289.2 亿美元，下降 1.1 %。[②] 中国在印度出口贸易中居第六位，而在进口贸易中为印度第一大进口来源地。二是在工程承包方面，截至 2012 年底，中方在印度签订

① Wei Wei (China Ambassador to India), “Deepening mutual trust”, The Hindu, January 6, 2014.

② “2013 年 1—9 月印度货物贸易及中印双边贸易概况”，中国商务部《国别贸易报告·印度》2013 年第 4 期。另据中国海关数据，2013 年 1—9 月中印贸易额为 485.35 亿美元，同比略降 4.66%，其中中国对印出口额为 366.18 亿美元，同比上涨 3.07%；自印进口 119.17 亿美元，同比下降 22.52%。中印各自统计数据有些出入，但大盘总体保持一致。

工程承包合同累计金额为601.31亿美元，完成营业额335.18亿美元，印度已成中国工程承包产业最大的海外市场之一。三是双向投资方面，截至2012年底，中方经商务部批准或备案的对印非金融类直接投资金额为7.25亿美元，印方来华设立非金融类投资项目800个，实际投资4.86亿美元。[①] 据印政府数据，自2000年4月至2013年9月，13年间中国累计对印投资仅为2.89亿美元，占印利用外资总量的比例为0.14%，在所有国家和地区中排名第31位。[②] 四是经贸关系制度化方面，中印战略经济对话、财金对话、经贸联合小组等交流机制日益成熟，两国务实合作从商品贸易、工程承包向服务贸易等领域拓展。双方就在印建设工业园区、开展铁路合作、加强投资合作达成原则共识，积极探讨改变双边贸易不平衡的有效举措。2013年12月，孟中印缅经济走廊联合工作小组第一次会议正式建立了四国推进经济走廊合作的机制，这不仅将深化中印双边和本地区利益融合，也有利于早日实现中印经贸平衡发展和本地区共同繁荣。[③]

为了培育国内制造业，提高制造业占国内生产总值的比重，同时应对规模庞大且不断增加的赤字问题，印政府逐渐把目光投向中国企业的资金和技术转移。2013年5月李克强总理访印期间，双方同意在产业园区建设领域开展合作，为中印企业提供集群式发展平台，为双方企业开拓彼此市场、扩大相互投资提供便利条件。辛格访华期间，中印同意致力于扩大双边经贸合作，以促进双边贸易平衡发展；研究双边区域贸易安排的潜力，并回顾区域全面经济伙伴关系谈判的状况；加快商定关于建立产业园区的框架协议，为中印企业提供集群式发展平台。如果考虑过去中资在印遭到安全审查的“待遇”，印方此举显然是重大突破，将有利于营造均衡的中印贸易结构，促进中印两大市场对接。

总体上看，尽管受国际经济大环境的不利影响，双方贸易摩擦逐渐凸显，但中印经贸合作依然保持在上行轨道，双边贸易大盘保持稳定，工程

---

① 中国商务部亚洲司关于“中印（度）经贸合作简况”，2013年2月18日，http：//yzs.mofcom.gov.cn/article/t/201302/20130200029082.shtml。

② “2013—2014财年头5个月印度利用外资增长4%”，中国驻印度使馆经商参处网站，2013年10月25日。

③ Wei Wei（China Ambassador to India），“Deepening mutual trust”，The Hindu，January 6，2014.

承包合作进展顺利，相互投资发展潜力巨大。

（三）安全战略合作逆势推进

过去半个多世纪，中印本着求同存异、着眼大局的原则，冷冻、管控、隔离两国之间的重大安全战略分歧，优先发展其他领域的合作关系，维护中印关系大局，为未来解决两国矛盾与分歧创造条件。近年来，随着中印关系内涵的丰富与多元化，双方都意识到通过沟通和对话协商提升战略互信水平也是推动双边关系迈上新台阶的重要途径。基于上述思路变化，近年来中印关系在一些安全战略“敏感点”上取得了一定突破。两国启动了首次海上安全对话。两国防务交流和互访活动逐步得到落实，双方于 2013 年 11 月举行了反恐联合训练，凸显了两国政府增进相互理解的共同愿望。双方还签署了关于加强跨境河流合作的谅解备忘录，同意进一步加强跨境河流合作，在现有的专家级机制下，就水文报汛、应急事件处置等问题开展合作和交换意见。这表明中印均以积极姿态在敏感复杂的安全战略领域不断“啃骨头”，致力于摆脱冷战思维和零和游戏，实质性地增进双方战略互信。

（四）边界谈判进展有限，但边界地区能有效管控

总体而言，中印边境管控合作一直卓有成效。但近年来，中印边界两侧情势发生了新变化，随着双方在边境地区修路和建机场，加上边防部队装备改善，双方巡逻队在边境前线“直面”的概率较之以往增大。[①] 同时，由于印私营电视及中国网络传媒井喷式发展，中印边界争端越来越清晰地曝光在两国民众视野中，边界管控面临新的难题和压力。

为加强边界地区的管控力度，预防突发事件，中印扩大了现有边界特别代表会晤机制的职责和功能。2012 年 1 月，两国正式签署《关于建立中印边境事务磋商和协调工作机制的协定》。该磋商机制将由两国外交部门司局级官员牵头，由双方外交和军事官员组成，旨在处理有关两国边境地

① 毛四维：“中印《边防合作协议》解读”，《联合早报》2013 年 10 月 29 日。

区和平与安宁的事务，研究边境地区双方军事人员和机构间交流与合作的方式，为双方加强信息沟通和协调配合提供渠道和平台，以从外交层面及时有效地处理相关边境事务，为谈判解决两国边界问题和促进两国关系发展创造良好条件。2013 年 10 月，两国达成《中印两国政府边防合作协议》(BDCA)，提出加强两国在边境地区沟通交流的五个步骤，涵盖边防人员旗会、双方司令部/军区对话、国防部官员涉边磋商、国防部长年度对话、军事司令部间设立新热线等层级，这对确保两国边境地区和平与安全、防范突发事件和“擦枪走火”意义重大。

2013 年 4 月，中印在西段边界发生所谓“帐篷对峙”事件后，两国通过边界事务磋商和协调等机制，及时通过双方外交部及驻扎当地边防军等层面的会谈和交涉，有效阻止了事件升级为双边关系恶化的导火索。中印“帐篷对峙”事件的顺利“软着陆”一方面折射出两国在边界实控线走向上仍然存在不同的理解和认知，也证明了中印之间有关边界问题的合作机制和架构确实在“危机管控”中发挥了积极作用。[①] 总体而言，尽管边界管控属于“消极”的防控举措，但却是中印边界问题解决过程中的必经阶段，也是数十年来中印边界虽未正式划定却也没有发生重大交火事件的重要机制保障。

（五）多边国际合作亮点突出

近年来，印度在重构国际秩序中的地位和作用日趋凸显，已成为中国在多边舞台中可以借重的战略合作伙伴。两国相互支持对方参与区域合作进程，共同促进亚洲的和平、稳定与发展。中印联手应对国际贸易、国际金融与可持续发展议程等全球性问题，维护发展中国家、新兴大国的发展权利和空间，互壮声势，助推现有国际经济秩序的完善和重塑，成为双边合作的最突出亮点，也为中印战略合作伙伴关系提供了有力的注脚。两国在能源安全、气候变化等全球性问题上联手也让美西方感到压力。目前，金砖国家机制、二十国集团（G20）峰会、东亚峰会等已成为两国领导人良性互动、给双边关系持续“加温”的重要平台。

---

① 蓝建学：“中印关系新思维与‘再平衡’”，《国际问题研究》2013 年第 3 期。

（六）人文交流与人脉关系的“加分效应”凸显

2010 年，中印借建交 60 周年互办“印度年”和“中国年”。2011 年，两国借“中印交流年”推出一系列民间交往项目。2012 年是“中印友好合作年”，两国携手推出人文合作项目，较好地冲淡了两国边界冲突的不利氛围。中印“百人青年团”互访活动进展顺利，反响较好。近年来部分中国演艺团体在印度成功举办商演，受到当地民众欢迎和喜爱，印度成为中国文艺团体重要的潜在市场，为两国人文交流合作注入新动力，有力地增进了两国民间交流和相互认知。中印两国人文交流也不断深入发展，越来越多的民众将对方国家作为旅游目的国，互访人数逐年攀升，2013 年突破了 75 万人次。两国签署三对友城协议，举办中印媒体论坛，并实现百人青年团互访。①

值得关注的是，中印还着手培养两国领袖和民众间的良好人脉关系。2013 年中国领导层换届后，习近平主席、李克强总理等中方领导人已通过双边多边途径，与印方领导人建立起良好的工作关系和个人关系，中国对印关系的政策取向也获得顺利传承。辛格总理访华期间，双方还签署了“文化合作协定 2013—2015 年执行计划”，内容包括文化艺术、文化遗产、青年、教育及体育事务、新闻出版与大众传媒等，并就建立首批友好城市达成一致。双方还商定把 2014 年定为“友好交流年”，并计划联手缅甸，探讨以适当方式共同纪念和平共处五项原则发表 60 周年。

总之，近年来中印确实在夯实双边关系的民意及社会基础方面做了不少工作。未来，中印关系将逐渐依靠领导层和“草根”双向推动，自上而下、自下而上，通过两头加以推进，营造出一个持续、稳定、健康、可持续性的发展态势。②

---

① Wei Wei，“Deepening mutual trust”，The Hindu，January 6，2014.

② 蓝建学：“从辛格访华看中印关系新动向”，《瞭望》新闻周刊 2013 年第 43 期。

二、新形势下中印关系的新特点

经过21世纪头十年的摸索与沉淀，当前中印关系呈现以下突出的新态势：

（一）战略关键性迅速提升

两国最高领导人均将中印关系升级为各自“最重要的双边关系之一”，双方在各自外交议程中的位置稳步提升。作为两个最大的发展中国家和亚洲大国，又同是文明古国和新兴市场经济国家，中印关系对地区力量格局的塑造能力更加突出。中印关系对国际贸易体系、国际金融秩序、全球发展议程、亚太区域一体化等方面的影响显著增加。如果说五六年前人们观察中印关系的视角逐渐从南亚转向亚太，那么当前研究中印关系的维度则应从亚太转向世界。诚如印总理辛格所言，当两个人口加起来有25亿的大国摆脱束缚、释放创造力的时候，中印关系的影响注定是世界性的。当中印关系的战略重要性达到一定的水平，其成熟性和抗震性将更加强大，受第三方因素的影响将降至最小。

（二）强势回归务实和理性

过去很长一段时期内，由于双方互信赤字太大，情绪化波动一直是中印关系的重要缺陷，容易受风吹草动和突发事件冲击。近年来，中印关系在两国高层的直接引领下，强势回归务实理性状态。表现之一是两国领导人进一步确认，世界拥有足够大的空间、足够宽的领域容纳中印两大新兴大国的共同崛起。二是2012年中印边界冲突50周年时，两国媒体舆论基调惊人一致，都着眼于反思自身和吸取教训，并得出“中印不能再战，携手放眼未来”的结论。三是中印更加重视发现、学习对方的优点和长处，跳出以往的情绪化对比思维定势，积极利用和借重对方的优质资源，推动自身发展壮大。比如，2013 年 5 月 18 日印度计划委员会派团访问中国，研究中国如何有效实施五年发展规划的经验。这种变化显示印度看待中国的视角正逐渐改变，加强对中国发展经验的学习和吸收，显著增加合作性在中印关系中的比重，并助推了一批主张中印友好合作团体的发展壮大，成为中印关系的宝贵资产。

（三）“求同”与“化异”齐头并进

过去半个多世纪，着眼大局、求同存异一直是中印处理双边关系的重要原则，旨在冷冻、管控、隔离两国的重大分歧，优先发展其他领域的合作关系，为未来解决两国矛盾与分歧创造条件。但近年来，中印双方同时意识到，通过沟通和对话、协商解决两国之间争端是增强双方战略互信、推动双边关系迈上新台阶的重要途径。两国在继续挖掘和扩大利益汇合点的同时，以积极姿态推动缩小或解决两国分歧。基于上述思路的变化，近年来中印关系在一些所谓的“雷区”取得了一定突破，如关于边界问题的新机制、战略经济对话、海上安全对话等均已启动，两国反恐对话、国防对话、就阿富汗和中亚等地区问题的对话亦有条不紊地推进。在边界问题上，尽管解决该问题还需要多方面的条件储备，目前有利变量也还不够多，但两国解决边界问题的意愿和实际努力都明显加强，对维护边界地区和平与安宁的重要性认识加深，避免边界问题绑架两国关系的意愿更趋强烈。

（四）新思维、新框架不断涌现

表现之一是各种促进中印关系的思考和建议层出不穷。如近年来“中印关系新模式”、“中印关系 2.0 版本”、“和平共处五项原则 2.0”、“新兴大国相处之道”等提法和思路不断涌现。印方还主张，中印关系也可以套用“中美新型大国关系”的提法。2013 年 10 月，习近平主席在会见印总理辛格时，就中印关系提出四点建议，主张推动中印关系同国际大势相结合，推动中印关系同各自发展需求相结合，推动中印关系同两国复兴进程相结合，推动中印关系同振兴东方文明相结合，赋予了中印关系新的内涵和视角。辛格总理在中共中央党校的演讲中则提出中印关系的“七巧板原则”即“七项原则”，以“编织精美挂毯”的手法来“谱写印中关系未来更加壮丽的篇章”。① 这表明，两国高层均着手从理论架构层面思考和推进中印关系。表现之二是中印双方均日益以务实、容忍的态度接受对方在自己“战略周边”的存在与活动。中印学者就两国在印度洋的合作开展二轨对话、中印在东亚峰会上的协调与配合等表明，两国处理双边关系时的零和思维减少，合作共赢理念增多。表现之三是中印在多边场合中合作时的戒备感减少，舒适度增加。两国在二十国集团、金砖国家机制、联合国气候变化和可持续发展大会上的协调配合最为典型。

三、中印关系的未来走势

当前，中印关系的基本面已经确定，加强合作与对话已成为两国决策层的共识，中印战略合作伙伴关系迎来了新的发展阶段，这一点基本不会受到各自国内政治变动的影响。未来，中印关系发展的一些走势值得关注。

（一）中印关系趋于“正常化”

经过多年实践，两国已经初步摸索出“妥善处理分歧、共谋和平发展”的友好相处之道，中印将逐渐从历史阴影中走出来，构建正常紧密的邻国关系、协调合作的大国关系、荣辱与共的新兴大国关系。中印关系对地区及国际格局的催化能力将更凸显。随着印度的崛起，其在处理中印关系时将越来越自信，心态愈加平衡。印度自身战略威慑能力的增强及其与美国等西方大国关系的日益密切，已在一定程度上缓解了其不安全的心理和被包围心态。印度在发展对华关系时已经有了更多的自信和从容，对中

① ［印］曼莫汉·辛格：“新时代的印度与中国（印度总理辛格 2013 年 10 月 24 日在中共中央党校的演讲）”，《学习时报》2013 年 11 月 18 日。

印能够实现互利合作和友好交往的信心也会逐渐增强。印度已经意识到中国是一个正在迅速崛起的大国，对印度的发展和安全具有举足轻重的影响。印度国内的主流观点认为，与中国建立稳定、合作和互利的关系符合其国家利益。虽然部分印度战略分析家和政客仍固执坚持视中国为“长期的威胁和竞争者”，但同时也愈趋认为，印度可通过经济接触、军事准备、得当外交以及大国平衡战略，将这些“威胁和竞争”限制在可控范围，两国关系抗震性将更强，成为正常紧密的邻国关系。

印度知名学者曼辛格认为，中印关系“正常化”意味着：最高政治层级的互访；恰当的各层级官员之间经常性的交流；商业和经济合作的开放和机会、合资开办企业、包括边界贸易在内的国家间整体贸易；学术界、文化界和知识界的非对抗性对话；确定边界联合工作小组的制度化机制，以制定信任建立措施；划定两国边界的实际控制线，不对各自对争议地段的领土要求持偏见，以保持边界的和平与安宁；既不暗示中印战略视角的分歧突然弥合，也不暗示两国贸易和其他经济交易能够与中国和其他亚太国家之间的贸易增长相比；在敌对与合作两个极端之间有足够的空间，以便两国培植国家间“正常”的关系，以适应各自对国家利益、国内国际环境各种变量的认知。① 如果概括并发展其观点，“正常”的中印关系至少应包括：（1）两国官方、非官方的交往机制化；（2）双方在历史遗留问题上的分歧基本被控制在一定框架内，由两国代表谈判解决，双方在其他领域的合作不以分歧问题的解决为前提；（3）双边经贸关系虽然可能暂时达不到中国与美、欧、日经济关系那样的水平，但必须要达成一定程度的相互依赖和互利互惠，从而得以构成双边政治、安全关系的减压阀；（4）中印竞争与合作之间留存足够的空间，以便两国能够保留各自对国际国内问题的不同看法。

（二）中印之间的“非战共识”更有保障

在可预见的未来，中印在边界地区发生有计划、大规模军事冲突的可

① Surjit Mansingh，“India-China Relations in the Post-Cold War Era”，Asian Survey，Vol. 34 (Mar 1994)，pp. 285－286.

能性几乎不存在，这主要是受到两国根本利益的制约。中印两国的主要任务都是抓住战略机遇期，为实现本国的崛起和复兴营造安全稳定的国际、国内环境，这也是两国制定军事安全政策时考虑的首要因素。此外，在过去几十年中，两国的军事实力都获得了长足进展，都拥有大量先进的常规武器与核打击能力，威慑和防御对方的能力都得到加强，这些因素使得战争对两国都将是一场难以承受的灾难，且后患无穷。

（三）中印关系重心或将从“高政治”向“低政治”下放

中印关系当中最有活力的方面始终是经济，中国已经成为了印度最大的经济合作伙伴之一。[①] 印度的外交政策也必须要确保与经济利益相统一。[②] 20 世纪 90 年代末以来，中印双边贸易增长迅猛，被认为是中印和解进程中最强大和最积极的支撑力量，人们也期待贸易可以为解决所有其他问题创造良好的氛围。与此同时，高速发展的双边贸易也有望将中印经济关系带入新的阶段，即相互投资和共同在第三国投资，以及在能源和其他资源勘探领域设立合作项目。但是，印方认为，从 21 世纪初以来，不断增长的双边贸易赤字实际上让双边贸易变成了单向贸易，并且已经对中印经济合作产生了负面影响。贸易顺差快速增长引起印方强烈反响，贸易摩擦的不断加剧或成今后制约中印贸易发展的瓶颈。[③] 从长远来看，边界、涉藏、军事等中印“高政治”议题无疑将继续影响两国关系，但其重要性和敏感度将持续下降，而中印经贸关系、民间相互认知、人文交流质量等问题的重要性正逐年上升。未来，经贸合作和相互投资等领域可能越来越决定中印关系的发展态势。中印关系“低政治化”趋势与两国关系内涵和外延不断拓展之势相一致。

---

① ［印］曼莫汉·辛格：“新时代的印度与中国”，《学习时报》2013 年 11 月 18 日。

② “UPA brought fundamental reset in Indian foreign policy：PM”，Business Standard，November 4，2013.

③ 斯瓦兰·辛格：“中印关系的经济学”，《东方早报》2013 年 10 月 21 日，第 A10 版。

四、未来推动中印关系的主要着眼点

世界双边关系可分友好、平淡、敌对三类，友好关系又可分成热情友好与保留友好两类。在中印关系发展的 60 余年中，最先是“热情友好”，1962 年后掉进“敌对”深渊，20 世纪 80 年代由“敌对”转入“平淡”类，最近十年来逐渐从“平淡”提高到“保留友好”类，现在要更上一层楼恢复到“热情友好”是有可能的，但还得双方作出辛勤努力。①

（一）淡化恩怨，准确定位和协调各自核心利益

中印是世界上少有的陆地边界还未正式划定的大国，边界谈判进程从 20 世纪 80 年代持续至今。边界问题是西方殖民者遗留给双方的包袱，成为不时挑动两国人民神经的一根刺，也时常被外部所利用，牵制了两国政府较多精力，对双边关系的发展仍将产生决定性影响。从某种程度上说，边界争议已经成为中印战略互信缺失、历史恩怨、涉藏问题、民族主义情绪的综合性载体。目前，两国在边界问题上的立场差距不小，解决该棘手难题不只需要高超的谈判技巧和外交智慧，更需要两国从战略高度来看待和处理该问题，需要相互妥协的勇气和引导舆论的能力，同时也需要国际环境的积极变化加以配合。考虑到该问题的高度敏感性，两国应在保持边境地区的和平与安宁、缩小在边界实际控制线问题上的认知差距、扩大两国边贸往来等方面多做工作。在新的历史条件下，以武力解决边界问题永无出路，唯有通过耐心、艰苦、互谅互让的和平谈判，才能最终形成一条清晰的、同时获得两国人民认可的友好边界。

① 谭中：“中国与印度‘巩固睦邻友好’的前景”，《联合早报》2013 年 11 月 29 日。

（二）超越冷战，赋予中印关系新的内涵和视角

中印同步崛起是不以人的意志为转移的国际政治现象。近年来，印度不同层级的官员在不同场合强调，世界有足够的空间让中国和印度共同发展，并为全球和平、稳定和繁荣作出贡献；印度不认为中印关系是对抗性的，两国贸易关系日益壮大，双方在国际经济秩序、可持续发展、气候变化等全球性问题上均保持密切磋商。“印度欢迎中国的崛起，而中国也欢迎印度的崛起，亚洲和世界有足够的空间容纳印中两国的发展和繁荣。”①

与此同时，中印在综合国力和国际影响力上存在竞争是不争之实，亟需理性看待和妥善应对。积极的竞争是人类社会不断进步的重要外在动力，不能以消极的态度对中印关系一概而论。印度前驻华大使拉奥琦曾撰文表示，“中印关系既复杂又具有多面性，两国的竞争与合作总是相互重叠，适当的健康竞争对两国关系未必是坏事，反而可能会诱发更有意义的合作”。② 随着印度的崛起壮大、对外关系的发展和军事力量的提升，部分中国人也认为印度给中方带来了威胁和压力，担心印方试图用武力解决两国边界问题、与美国勾连遏制中国等。但迄今为止，印度对外战略出发点仍主要着眼于提升其国际地位、增强其战略自主等正常考量，“向美国一边倒”、与中国搞对抗等并非“印度外交政策的DNA”，也不符合印度的国家利益。

诚如印总理所言，联盟和遏制的旧理论已经过时了，印度和中国是无法遏制的，两国最近的历史就证明了这一点。两国也不应该寻求相互遏制，合作的好处远远大于遏制可能带来的任何假定收益。印中应该在平等和友好的精神之下与对方互动，应当相信对彼此不会造成威胁。印度与其他国家的战略伙伴关系由印度自身的经济利益、需要和愿望决定，并非针对中国或其他任何国家。③ 从长远看，如何理性看待对方发展壮大、坦然面对竞合问题，将是发展中印关系的“常态性课题”。

---

① ［印］曼莫汉·辛格：“新时代的印度与中国”，《学习时报》2013年11月18日。

② Nirupama Rao，“India-China Relations：The Way Forward”，Beijing Review，No.4，January 22，2009.

③ ［印］曼莫汉·辛格：“新时代的印度与中国”，《学习时报》2013年11月18日。

（三）务实合作，夯实中印关系的共同利益基础

印总理辛格在访华期间提出，中印可在八个领域加强务实合作，包括基础设施扩建及现代化与城市化经验交流互鉴、制造业与服务业优势互补、共同应对能源安全、合作应对粮食安全、联手维护一个开放稳定的国际贸易体系、共同面对气候变化的挑战、协力维护基本稳定的全球秩序与和平的周边环境。这从侧面阐述了印方对中印务实合作收益的主要期待。同时，中印应推动贸易、投资并进，实现平衡发展，早日启动两国区域贸易安排谈判，加强产业园区建设和铁路等基础设施合作，促进中印两大市场对接，推进孟中印缅经济走廊建设。此外，双方应善用各种契机，弘扬传统友谊，扩大友好合作的民间感情和民意基础。最后，应继续维护两国在多边领域的合作亮点，密切在二十国集团、金砖国家等机制中的协调配合，共同推动世界贸易组织多哈回合谈判，积极应对气候变化、反恐、粮食和能源安全等全球性问题，维护两国和发展中国家的共同利益。

（四）构建多支柱、制度化的中印合作关系网络

首先，冷战后的中印关系发展表明，高层互访是推进两国关系的利器，两国需要保持制度化的最高政治层级互访，保证各层级官员之间经常性交流，以有效防范战略误判和两国关系变形。其次，两国应善用边界问题各种谈判机制，采取建立边界地区互信等措施，以最终划定两国边界，同时保持边界的和平与安宁。最后，中印之间的贸易和其他经济交往的增长应是互利双赢、可持续性的。另外，随着两国影响的日益扩大，两国需要建立双方海外利益的协调机制。两国学术界、文化界的非对抗性对话以及民间往来的便利化措施，对双边关系的可持续发展意义深远。总体而言，冷战后的中印关系已逐步在四个支柱上建立了合作架构，即定期峰会和高层会议、军事互信措施、边界谈判以及相互贸易投资，但这四个支柱尚不足以支撑整个中印关系的更大发展，“一个新的中印外交架构更显必要，而且它必须是一个深层次、多层面、环环相扣的合作架构，以便让两国政治领袖、官员、企业、专家学者等社会各界人士进行磋商和协调，建

立战略互信，确认和加强共同点，妥善处理出现的矛盾与分歧，促进双边及国际合作”。①

（五）着力培植客观平衡的舆论环境和研究视角

由于历史背景特殊和相互了解欠缺，中印关系极易受到媒体和公众舆论的左右。在新兴媒体和网络传播技术高度发达的背景下，参与和影响中印关系的利益攸关方和行为体更加多元，中印之间的相互认知和民间感情很容易发生逆转和变化。从印度国内舆论生态环境看，以耸人听闻的新闻报道来炒作中印关系仍是印媒体“政治正确性”的潜规则，印高层也不时受公众舆论左右。从中方看，中国媒体对印度的报道也愈趋多元，报道质量和层次也千差万别，不时发生判断失真、观察失焦等问题。虽然两国有关部门都已意识到这一问题，但要根本改变这种“认知鸿沟”仍需较长时日。要从根本上推动中印关系长期、健康、可持续发展，增强两国关系的抗震性和回旋空间，离不开一个客观、平衡的舆论环境和准确研判对方言行的思维方式。

① Jing Huang，Kanti Bajpai，Kishore Mahbubani，“Rising Peacefully Together”，Foreign Policy，August 1，2012.

从“印太”构想看亚太地区多边格局走向

张　力*

“印度—太平洋”（Indo-Pacific，以下称“印太”①）是近年来日益频繁地被美国等西方国家和印度采用的地缘政治术语，其内涵也在这一过程中不断成形。美国战略智库传统基金会学者迈克·奥斯林（Michael Auslin）2010年以《印太公共区域安全与地区战略》为题著文，将“印太”作为核心概念探讨美国在亚太和印度洋地区的战略转型。印度战略学者库拉纳（Gurpreet S. Kuhrana）2011年也在《海上通道安全：印度—日本合作的前景》一文中用“印太”界定包括印度洋和西太平洋在内的海域以及包括亚洲和东非在内的沿岸国家。② 美国前国务卿希拉里·克林顿曾多次使用“印太”一词概括美国在亚太、印度洋地区的战略利益，强调印度、澳大利亚的重要性。日本首相安倍晋三2007年8月访问印度期间宣称，“印度洋和太平洋的交汇”是亚洲地区海域自由与繁荣的强劲结合部。③ 澳大利亚则是在官方文件（《2013年防务白皮书》）中正式采用“印太”界定本国

---

* 张力，教育部人文社会科学重点研究基地四川大学南亚研究所教授。

① Indo-Pacific作为新出现的地缘政治术语，确切的地理外沿仍较为模糊，既泛指印度洋和太平洋海域，也指包括印度在内、与两洋利益攸关的主要大国的利益范围。国内学界对这一术语译名的全称并未统一，已有者如“印度—太平洋”、“印度洋—太平洋”、“印—太平洋”等，本文采用“印度—太平洋”。该词缩写“印太”无争议。

② Gurpreet S. Khurana，“Security of Sea Lines：Prospects for India-Japan Cooperation”，Strategic Analysis，Vol. 31，No. 1（2007），pp. 139－153.

③ “Confluence of the Two Seas”，Speech by H. E. Mr. Shinzo Abe，Prime Minister of Japan at the Parliament of the Republic of India，http：//www. mofa. go. jp/region/asia-paci/pmv0708/speech-2. html.

防务的国家。由此可见，“印太”作为新近出现的地缘政治概念或构想，是亚太及印度洋地区格局正发生重大转变的体现。本文基于迄今国外战略学者对“印太”构想的探讨，对其正产生或潜在的地区性影响以及所涉主要国家的角色进行初步考察。

一、“印太”：美国推动的地缘政治构想

“印太”作为新出现的地缘政治术语，其基本特征是主张打破以陆地板块划分政治区域的传统藩篱，用海洋和海上通道来整合亚太和印度洋地区的地缘政治格局，突出能源和贸易通道以及直接相关的海上安全。

“印太”构想的提出者认为，传统的地缘范畴将亚太、印度洋地区分划为东北亚、东南亚和南亚等地缘板块，但这一划分并不能准确反映该地区的地缘政治特征，“印太”则突出了这一广袤地区实际上从来就是一个由陆路、空域和海上通道相互连接的整体区域。从总体上看，“印太”地区囊括从西伯利亚东缘向南、形成巨大圆弧的整个大陆与海洋地区，包括日本、朝鲜半岛、中国大陆、东南亚大陆和列岛以及大洋洲和印度，而马六甲海峡、南海和台湾海峡等重要海上通道在其中发挥着关键作用，漫长海岸线、主要航空运输线和海底通道的安全对整个区域的稳定具有决定性影响。但倡导者承认，目前阶段要为“印太”区域勾画出清晰的范围并非易事，并且也显得武断和没有必要。从表述中也可看出，部分印度洋部分，包括南亚次大陆以西的非洲和阿拉伯海地区仍被视为一个单独的地理实体，不属“印太”的范围之内。①

奥斯林是最早提出“印太”概念的学者之一，他认为：美国推动“印太”建构的政策目标是促进该地区的自由、繁荣与合作，而实现这一目标的根本在于安全，因此美国必须与盟国开展安全合作，应对任何地区国家对现有秩序的挑战和破坏。美国及其盟友和伙伴的责任是确保“印太”公

① Michael Auslin,“Security in the Indo-Pacific Commons: Toward a Regional Strategy”, AEI (American Enterprise Institute for Public Policy Research), Dec. 2010.

共区域不因政治或军事原因而受阻断，避免引发政治紧张或冲突，以致对全球经济活动产生负面影响。实现该目标主要通过“保持全面接触”，但保持接触的政策必须向外部扩展，将广阔的“印太”地区囊括其中，并且政策的制定必须回应未来的安全需求，考虑实现目标的手段。他指出，在“印太”地区实现安全的目标是美国长期以来的一贯政策，但既有政策手段暴露出不可靠性，美国的决策者需要重新评估和改变实现安全目标的手段，应对当前和未来可能出现的挑战。

奥斯林宣称，中国是力量均势改变和地区不确定性增大的重要动因，因此最主要的挑战来自中国。他进而建议，美国在“印太”地区的安全政策目标必须关注整个“印太”地区，而不应降低到对中国的崛起两边下注，或仅满意于规范中国的行为。美国及其盟友在“印太”地区寻求的最终目标既不是价值中立，也不是维持现状。美国如果不清晰地表达建立一个自由、繁荣、安全的“印太”地区的未来目标，任何政策都将无法确保政治支持、充足的资金投入或者获得成功所需承担的义务。要保障“印太”地区的安全，就需要美国及其盟友和伙伴作出巨大投入，充分运用政治和军事手段，保持实力并承担义务，为这一地区的共同利益采取协调行动。①

“印太”构想的另一论证者、澳大利亚学者麦迪卡夫（RoryMedcalf）认为，从本质上看，“印太”概念强调一个基本事实：在过去十年中，由于西太平洋和印度洋地区在能源、经济和安全方面的联系迅速增强，该地区已形成一个单独的战略实体。尽管“印太”的地缘范围有待明晰，但其构成原则和特征已日趋明确，它突出表现为既有大国与崛起中大国在经济与战略方面的互动，触及美国在太平洋、印度洋的主导作用与战略存在；中国及东亚其他经济大国对跨印度洋能源、资源和贸易的依赖加深；印度推行“东向政策”并进入太平洋。“印太”将中、日等传统太平洋地区大国的财富、利益、势力范围和军事实力增长与印度洋地区的资源、航道以

① Michael Auslin, “Security in the Indo-Pacific Commons: Toward a Regional Strategy”, AEI (American Enterprise Institute for Public Policy Research), Dec. 2010.

及许多非传统安全问题相互联系在一起。[1]

麦迪卡夫指出：“印太”构想不仅打破了20世纪以来将东亚、南亚作为单独地区政治区划的观念，而且突出了海洋作为商业和竞争渠道的特殊意义。印度洋目前已成为全球最繁忙和最重要的战略贸易通道，承载全球2/3的能源运输和1/3的货物运输。界定这一地区的标准并非是广阔和不断变动的外缘，而应是中、印、美等大国的利益交接。中印美三国构成这一广袤海域的安全推动方和最主要的利益攸关方，能够最大限度地作出贡献，但它们的相互关系却错综复杂。以经济为例，中国是印度的最大贸易伙伴，双边经贸关系的前景可观；中国海外进口能源约80％通过印度洋，绝大部分外贸由海道运输；中国与中东地区的贸易有望在2020年达到5千亿美元，中国也是非洲最大的外资来源国之一，这一发展态势将挑战并最终颠覆现有地区和全球经济格局。但根据他的观察，“印太”地区关系的动因在于经济，其结果却是战略性的。随着力量平衡的改变，各大国在对方的传统利益范围区域部署海军，导致互信缺失、误判和对抗的风险加深。例如，印度担忧中国在印度洋的活动，中国则对印美加强伙伴关系感到不安[2]。

二、印度的作用：争论和反应

从迄今有关“印太”的表述看，印度无疑在其中占有重要的位置，存在某种特殊的角色期待。在近年来美印双边接触中，美国政要多次突出“印太”的重要性和印度的作用，加之奥巴马2011年访印时强调印美关系将成为21世纪的决定性伙伴关系之一，这类言论似可表明美国认可印度对整合亚太、印度洋新建构的重要意义。在印度国内，如何看待和回应“印太”构想亦成为当前的热议话题。

---

① Rory Medcalf, “Whose Indo-Pacific? China, India and the United States in the Regional Maritime Security Order”, May 21, 2013, http://lowyinstitute.org/publications/whose-indo-pacific-china-india-and-united-states-regional-maritime-security-order.

② Ibid.

印度战略学界对“印太”的认知存在着明显分歧。赞同的观点认为，“印太”构想是亚洲安全战略话语的一个重大飞跃，是对已经过时的亚太战略版图的扩展，印度将成为实施这一建构的受益者。传统意义上的“亚太”主要关注西太平洋和中美日等亚太大国的实力较量，未包括印度洋，带有明显的局限性；而“印太”概念突出海上安全和大国的海洋竞争，凸显印度洋的重要地位。依据这一观点，印度是印度洋与太平洋走向一体化的主要动因之一，尤其鉴于印度当前的崛起和美印发展战略伙伴关系，印度在印度洋以外寻求权益，中国的战略扩展态势和进逼印度洋，以及印度与日本、澳大利亚等国的战略协同日益增强。[①] 这一点意识到，美国将印度看作“印太”构想的支撑因素，赞同印度发挥更大的作用，表明美国的“亚太再平衡”将提升印度的战略地位并产生实际效益。在这种背景下，印度对“印太”构想作出积极回应是明智之举，有助于进一步扩展印度的国家利益，借此宣布在整个地区的利益目标和制定相应的政策。

反对的观点则认为，认同“印太”地缘政治构想未必能为印度带来实惠。如果接受“印太”的提法，无疑将表明印度与美国和西方存在更紧密的利益结合，并公开向中国发出这一信号。相反，如果印度不接受这一概念，也并不意味印度对扩大自身在亚洲的战略空间缺少兴趣，印度仍将继续以国家利益为准绳界定对外政策。因此，印度没必要接受“印太”概念，印度的对外政策不必也不应仅为了迎合美国的战略构想而发生显著转变。印度学者古普塔（Rukmani Gupta）怀疑美国提出“印太”构想意在促使印度在亚太地区的崛起，指出：“印太”构想充分反映了美国在这一地区的战略重点调整，但它只是凸显了印度洋海域在美国地缘政治视野中的重要性，印度的作用增大仅受益于这种地缘延伸。[②] 也有印度学者强调，尽管印度支持国际法、海上航行自由与和平解决海洋争端，但其理解和期待的“印太”地区建构应该基于发展本国经济和维护战略自主权的需求。因此，如果认为印度将参加美国设计的“印太”安全建构，将误读印度积

---

① Subhash Kapila，“Indo Pacific Asia：The Strategic Enlargement of the Asia Pacific”，South Asia Analysis Group，Paper No. 5566，September 19，2013.

② Rukmani Gupta，“India puts the Indo in ‘Indo-Pacific’”，Asia Times，December 8，2011，http：//www. atimes. com/atimes/South _ Asia/ML08Df03. html.

极看待“印太”概念对自身政治经济利益的考虑。①

印战略学者拉贾·莫汉（Raja Mohan）试图从大国关系互动的角度认知“印太”构想：太平洋和印度洋不再是相互分隔的海域，已成为一个单一战略空间，“印太”战略格局将对大国关系产生深刻影响。随着中印两国对海洋的依赖加深并崛起为海洋大国，它们与美国的关系将成为影响“印太”地区的决定性因素，而美中战略互动的结果则将决定性地影响亚洲的未来。他相信，印度的主要利益是确保在印度洋沿岸地区的特殊地位，中国在印度洋的出现也已引起印度的严重关切。而印度海军不断进出西太平洋，与越南等国加强海上合作，支持南海航行自由的原则，并频繁与美日等国举行海上联合军演，也已引起中国的高度警惕。美国实施“亚太再平衡”政策，表明美国深切担忧中国日益增长的实力并急于强化印美伙伴关系，该政策也成为“印太”三边互动的动因。

莫汉试图探讨印度在“印太”结构中的战略意义，认为印度有助于亚太地区实现新的力量平衡。他写道：“中印两国对海洋的依赖程度前所未有，都致力于建设强大的海军，并寻求向外部海域投射军力，保障各自日益扩展的利益；中印两国也积极获取关键区位的设施使用权并与东道国建立特殊的政治关系，从而使它们不断发展壮大的蓝水海军能在远洋开展行动。”这一态势将导致中印在太平洋和印度洋发生新的摩擦，中印利益冲突与对抗将显著影响美国“亚太再平衡”的结果。② 但即使中印两国不断增强海军军力，在“印太”地区展开角逐，仍无法取代美国在两洋的主导地位。他意识到印度在中印美三边互动中的尴尬处境：“印度既需从中国的经济增长中获益，又欲防范出现中国主导亚洲的前景。由于中国的崛起速度比印度更快，因此随着中印战略差距不断扩大，印度只能通过维系力量平衡来缩小差距。”在他看来，美、中、印三方在现阶段均表现出战略模糊，三边关系的走向存在较大的不确定性。印度与美国结盟看似顺理成章，但印度担心美国对华政策缺乏连贯性，担心美国“重返亚太”缺乏充

---

① Priya Chacko，“Three countries，one centre of gravity”，The Hindu，December 12，2012，http：//www.thehindu.com/opinion/op-ed/three-countries-one-centre-of-gravity/article4188788.ece.

② C. Raja Mohan，“The New Triangular Diplomacy：India，China and America at Sea”，The Diplomat，November 5，2012，http：//thediplomat.com/2012/11/05/the-new-triangular-diplomacy-india-china-and-america-on-the-high-seas/.

分的经济与政治支持。也就是说，存在着印度因中美关系缓和而受到损害的潜在危险，并且中国能够通过调整与印、美的关系以制约印美战略伙伴关系取得进展，因此印度应该在寻求扩大印美安全合作的同时，避免不必要地向中国挑衅。①

事实上，印度如何适应和能否适应“印太”建构也是一个不容回避的问题。例如，印度对美国推动的跨太平洋经济合作持消极态度，并不支持奥巴马政府的“泛太平洋伙伴关系”（TPP），却参与了以东盟为主体的地区全面经济伙伴（RCEP）机制，因为TPP的目标规范与印度所提“在印太地区建立多元、包容和开放性安全建构”的需求是背离的。印度反对在多边贸易谈判中加入非贸易相关条款，RCEP有关“成员国不同发展程度”的区别性条款和东盟强调的共识性决策能够照顾印度的国内发展需求和自主权，因而印度认为RCEP是比TPP更符合自身需求的地区合作机制。对自身经济发展问题的重视也促使印度更多关注环印度洋区域合作联盟（IOR－ARC，由19个印度洋沿岸国家组成）等地区多边机制和论坛，包括致力共同应对海盗、能源和食品安全等非传统安全挑战。从这一角度看，印度更需要发展一种高度务实、以问题为导向的“印太”认知，而不是追求笼统的战略趋同。

三、日本与美印日三边互动

与“印太”构想相关的另一个重要国家是日本。近年来，日本一直尝试在地区安全合作方面扮演更具有份量的角色。2007年，首次执政的安倍晋三提出“大亚洲”计划，提议在日本、澳大利亚、印度和美国之间建立“四边关系”。安倍访印时提出：一个“大亚洲”将打破地缘政治界限，将太平洋与印度洋连接起来，使之成为自由与繁荣的海域。首届安倍政府也

① C. Raja Mohan，“The New Triangular Diplomacy：India，China and America at Sea”，The Diplomat，November 5，2012，http：//thediplomat.com/2012/11/05/the-new-triangular-diplomacy-india-china-and-america-on-the-high-seas/.

积极推动美日印澳四边对话。尽管这种对话的实质性内容有限，也非外界所传具有战略威慑特征，但随着安倍2012年底重新上台执政，日本是否会重提在“印太”地区建立“多边民主国家联盟”仍然是一个敏感问题。日本也借口维护“印太”地区的安全和秩序，寻求在强化海洋防卫能力方面有所突破，恢复所谓“正常国家”的实力，包括拥有一支能与伙伴国家共同在周边以外实施有效行动的军事力量。[①] 随着奥巴马政府推动“亚太再平衡”战略和中美在亚太地区的对抗升级，以及日本、澳大利亚和印度等亚太、印度洋地区大国的利益关联进一步凸显，安倍的“大亚洲”计划和推动美日印澳四边安全关系有可能再次成为日本的对外政策选择。

安倍的“大亚洲”计划与印日关系和“印太”构想相互关联。他在表述“大亚洲”计划时声称，印日两国有能力、有责任确保亚太地区和印度洋海域的安全，日本将与印度基于共同价值观发展双边关系，本着自由、民主和尊重人权以及战略共识，促进各自的国家利益。他宣布，日本正通过外交推动这一理念，以便形成一个沿欧亚大陆外缘的广阔弧形地带，而日印“全球战略伙伴关系”对成功实现该目标至关重要。[②] 安倍的构想迎合了印度推进“东向政策”的需求。2013年5月印度总理辛格访日，印日双方宣布进一步加强战略关系与经济合作。辛格称印日是“不可或缺的天然伙伴”，印日新型关系建立在共享价值和共同利益的基础之上，两国对全球和地区问题的看法相同，愿共同促进亚太及印度洋地区的和平、稳定、合作与繁荣。安倍也称日印在印度洋和太平洋的利益高度一致，“印度在西，日本在东”，两国肩负着亚洲和平的重要使命。[③] 在访问中，印日双方提议强化双边政治对话和战略磋商，提升双方包括海军演练和国防技术协作在内的防务关系，并通过高科技、航天、能源安全和稀土开采等领

---

① Rory Medcalf，“Shinzo Abe Strategic Diamond”，The Diplomat，January 15，2013，http：//thediplomat. com/flashpoints-blog/2013/01/15/shinzo-abes-strategic-diamond/.

② Sudhanshu Tripathi，“New thrust to India-Japan relations：A ‘Broader Asia’ likely!” South Asia Analysis Group，Paper No. 5337，December 25，2012，http：//southasiaanalysis. org/node/1103.

③ Donald Kirk，“India's Love Affair With Japan Fueled By Disputes With China”，Forbes，May 29，2013，http：//www. forbes. com/sites/donaldkirk/2013/05/29/indias-love-affair-with-japan-fueled-by-disputes-with-china/.

域的合作丰富双边战略关系的内涵。①

“印太”构想逐渐成形也与美印日三边互动交相影响。当美印日三方讨论亚洲安全局势时，其话语表述在“东亚”、“亚太”、“印太”之间交替变换。作为重要体现，美国与印度、日本寻求在现有地区多边机制内强化合作，协调各自的政策，同时积极开展三边安全合作，以此作为探索“印太”构想的尝试。以东亚峰会为例，日本是东亚峰会的创始国，一直支持印度和美国尽早加入这一地区多边机制（印度、美国分别于 2005 年和 2011 年加入）。美国加入东亚峰会是奥巴马政府调整亚太战略、强调维护亚太领导地位的产物，印度则将加入东亚峰会视为“东向政策”步入新阶段的标志。东亚峰会目前已成为印美日三方寻求协调与合作的重要平台。美国提议印度、日本应以主要伙伴的身份成为地区经济发展的稳定力量，印日均支持奥巴马强调以东亚峰会为基础建立更广泛的政治与安全建构。

美印日三边合作受到三方的高度重视。美国高度评价三边伙伴关系对推动亚太地区经济一体化的意义，尽管印度对 TPP 敬而远之，日本也对加入 TPP 心存顾虑，但美国表示将支持东亚全面经济伙伴关系（CEPEA）和 TPP 取得同步进展。美国鼓励支持印度与日本建立内容广泛的战略伙伴关系，印日两国目前已缔结安全协定和全面经济伙伴协议。美印日三国也致力发展更密切的安全伙伴关系，三边对话已成为美国实践“印太”构想的另一重要渠道。2011 年 12 月中旬，首轮美印日三边对话在华盛顿举行，议题包括海上安全、反恐、打击海盗、反扩散、救灾和人道主义救援等。尽管如此，如印美分析家坦言，美印日三方对三边合作各有顾虑和需要正视的问题，打算不尽相同。对印度来说，需要考虑如何回应东盟国家要其发挥更大安全作用的期待；日本须考虑是否改变在东亚的战略姿态，重估并放宽对集体安全和防务合作的限制；美国则须考虑是否应以军售和技术分享的方式支持与印度深化安全关系。②

---

① V. Mohan Narayan, “India, Japan agree on civil nuclear cooperation, differ on CTBT”, The Indian Express, May 29, 2013, http: //newindianexpress. com/nation/India-Japan-agree-on-civil-nuclear-cooperation-differ-on-CTBT/2013/05/29/article1611279. ece.

② Hemant K. Singh & Karl F. Inderfurth, “India-Japan-US partnership in transformational stage”, The Economic Times, December 20, 2011, http: //articles. economictimes. indiatimes. com/2011-12-20/news/30538093 _ 1 _ asia-pacific-india-and-japan-comprehensive-economic-partnership-agreement.

四、澳大利亚的角色定位

澳大利亚近年来积极倡导“印太”地缘政治构想，被认为是与“印太”格局发展相关的主要国家之一。澳大利亚在2009年明确宣布是亚太地区稳定的利益攸关方，并在2013年防务白皮书中正式采用“印太”一词。这份防务白皮书称：一个新的“印太”战略区域已开始形成，它经过东南亚连接印度洋和太平洋；“印太”是“亚太”的逻辑延伸，它将澳大利亚的战略关注重点调整到从印度经东南亚到东北亚的弧形地带，包括该地区依赖的海上通道。该文件提出，澳大利亚的主要贸易伙伴多集中于“印太”地区，澳全球贸易总量近60%来自这一地区，并且澳面对的所有战略风险也几乎来自该地区；澳大利亚应将印度洋的重要贸易和能源通道与印度完全纳入自身的战略周边环境。① 澳国防部长史密斯明确表示，“在21世纪，亚太和印度洋周边，即目前所说的‘印太’地区，将成为世界战略的重心所在”。他强调美、中、印等主要大国在该地区的利益重叠与潜在冲突，强调亚太与印度洋格局对澳大利亚的战略蕴义，并称美国是“印太”格局不可分割的组成部分，“从根本上提升澳美务实合作是澳大利亚贡献地区和平与安全的主要内容”。②

显而易见，对美澳双方来说，使“印太”构想成为地缘战略现实具有重大意义，既有助于改善各自的经济和外交处境，也可保持其在亚太和印度洋地区格局中的地位。但也有分析人士指出，无论是澳大利亚还是美国，“印太”建构的主要驱动力并非是促进地区性共识，而是解决本国的发展问题和服务各自的外交政策重点，美国的主要政策目标包括扭转自身的经济颓势，应对力量大平向亚洲倾斜，并维持现有国际格局和美国的世界霸主地位。而澳大利亚因长期受到亚太地缘处境和与西方身份认同相互

---

① Hany White，“Indo-Pacific：Listing out interests not making strategy”，August 2013，http：//www. aspistrategist. org. au/indo-pacific-listing-our-interests-not-making-strategy/.

② Peter Jennings，“Australia in the Indo-Pacific Century?” The Strategist，August 2012，http：//www. aspistrategist. org. au/australia-in-the-indo-pacific-century/.

脱节的影响，对外政策的主调是既与美国保持密切的盟友关系，同时在经济上日益融入亚洲。①

在上述双重因素影响下，澳大利亚一方面是美国“重返亚太”和建构“印太”的积极支持者，主张在美国主导的地区框架中承担义务，另一方面却日益在经济上与亚洲认同，并支持美国与中国扩大政治、经济与战略接触，力求在“印太”建构中充当沟通东西方的桥梁。与此相应，澳大利亚重视环印度洋区域合作联盟的作用，欢迎美国主导的 TPP 和以东盟为主体的 RCEP。RCEP 成员国包括中国和印度，所涉及的问题比 TPP 少，排除了劳工和环境标准等议题。但尽管 TPP 和 RCEP 有别，澳大利亚仍将这两种机制视为迈向地区自由贸易区的互补性安排，并宣布将在 RCEP 谈判中增加环境和劳工标准等内容。

除美澳双边合作外，美国支持澳大利亚与印度加强双边安全合作，鼓动建立三边安全关系。2012 年 11 月中旬，美国国务卿希拉里·克林顿和美国国防部长帕内塔访澳。希拉里在访澳讲话中称印度是“印太”地区的重要大国，鼓励印度在地区事务中发挥更大作用，称“支持印度的东向政策、鼓励印度在亚洲的机制和事务中发挥更大作用”是美国对外政策的重点之一。希拉里表示，美国鼓励印澳两国在军事领域加强合作，期待与 IOR－ARC 开展合作。澳大利亚在 2013 年当选 IOR－ARC 轮值主席，美国也是该机制的对话伙伴。舆论称希拉里的访澳讲话向发展美印澳三边关系的方向迈出了一大步。澳时任总理吉拉德积极回应美方提议，也高度赞扬印度的作用，表示“始终支持并坚信印度正在崛起、印度洋的战略重要性正不断上升的观点”。② 此前不久，吉拉德在访印时也提出，澳大利亚迫切需要提升与印度的防务与安全合作，两国需要共同保护“印太”地区的重要海上通道。吉拉德与辛格重申深化双边安全与防务关系，承诺进一步

① Priya Chacko，“Three countries，one centre of gravity”，The Hindu，December 12，2012，http：//www. thehindu. com/opinion/op-ed/three-countries-one-centre-of-gravity/article4188788. ece.

② “Hillary Clinton lauds India's role in Indo-Pacific region，urges for increased participation”，India Today，November 14，2012，http：//indiatoday. intoday. in/story/hillary-clinton-lauds-indias-role-indo-pacific-region-talks-china-breifly-in-australia/1/229136. html.

提升包括联合军演在内的海上合作。[1]

五、中国的“印太”身份悬念

在“印太”构想中，中国的角色仍是一个有待澄清的重大问题。从使用“印太”的语境看，美国多将中国视为重点防范的对手国家，并将制约中国崛起作为推动这一建构、实施“亚太再平衡”的主要内容。其他相关国家，包括印度、日本和澳大利亚，也经常在有关“印太”的分析和政策表述中将中国作为另类国家或不确定因素。但另一方面，鉴于中国强劲增长的经济实力、综合国力和战略影响，在未来的亚太和印度洋的发展与安全格局中淡化中国的作用，甚至将中国作为主要对手而排除在外，这本身就是一个伪命题。对这一问题，麦迪卡夫的观点可供参考。他指出：随着中国的实力增长对美国带来的风险，印度洋和东南亚海域在美国的战略部署中将变得越来越重要。但相互开展开放性的安全对话、尝试建立伙伴关系有助于在这一地区建设互信和避免危机，防患冲突于未然，包括中美加强战略互动、日印发展安全伙伴关系、中印开展双边海上安全对话等。并且他还认为，大国和新兴大国在印度洋的能力投射与伙伴关系将日益影响太平洋地区的安全。在未来的“印太”建构中，中印美以及其他主要国家在经济和战略上相互关联，拥有共同利益并面临共同挑战，美国不仅需要以某种方式让其盟友和伙伴保持信心，并需要与中、印等新兴大国保持合作以实施“印太再平衡”。对哪些国家能在“印太”区域开展有效的安全合作与对话，他提出以下原则：第一，利益攸关；第二，拥有能力及准备使用这些能力；第三，有意愿协助制定并遵守确保地区稳定和安全的规范。[2] 假设这些原则成立，中国完全具备在其中发挥重大作用的资格和

---

① “Canberra，Delhi start talks for nuke deal”，Deccan Herald，October 17，2012，http：//www. deccanherald. com/content/286189/canberra-delhi-start-talks-nuke. html.

② Rory Medcalf，“Whose Indo-Pacific? China，India and the United States in the Regional Maritime Security Order”，May 21，2013，http：//lowyinstitute. org/publications/whose-indo-pacific-china-india-and-united-states-regional-maritime-security-order.

能力。

事实上，中国战略学界近年来也参与了有关“印太”构想的国际化讨论。例如 2013 年 5 月，中、印、美三方战略界人士在檀香山举行了以“印太地区海上合作：中国、印度与美国的视角”为主题的探讨会，旨在增进中印美三国对“印太”地区海上安全合作的理解和共识。与会者同意有必要建立关注海上安全的三边机制，补充现有地区结构，就日益增多的海上活动增进相互联系和互信。[①]

结　语

“印太”构想的提出和讨论标志着亚太与印度洋地区的地缘政治格局正在发生重大变化，并将影响地区多边格局的走向。到目前为止，“印太”仍只能算是一种理念或构想，并未成为一个真实的地缘政治经济或安全体系。这一构想的效果和性质从朦胧到最终明朗还需一个较长的过程，并将受到不少复杂因素的制约影响。但可以肯定，美国是“印太”建构的主要推手，并将中国视为实施这一构想的假想对手和不确定因素，而近年来美国与其地区盟友和主要伙伴国家的双边或“小多边”合作，尤其在安全和防务层面，将直接影响中国在这一地区的安全感知和战略利益。从长远看，中国需要密切关注和评估相关发展动向和态势，并在政策层面作出正确回应。

① “Maritime Cooperation in Indo-Pacific Region”, May 31, 2013, http://www.apcss.org/maritime-cooperation-in-the-indo-pacific-region/.

美国从阿富汗撤军及其对南亚地区安全的影响*

杜幼康**

2013年，美国和国际安全援助部队（ISAF，以下简称“北约联军”）继续从阿富汗撤军。同时，奥巴马政府仍在精心筹划和布局，以实现所谓“负责任的”撤军，确保2014年后阿富汗局势的稳定，继续维护美国在阿富汗及其周边地区的战略利益。美国调整其南亚战略，着手从阿富汗撤出其作战部队，如同当年发动反恐战争一样，再度搅乱了地区力量平衡和安全态势，正在并将继续对南亚地区安全产生重大影响。

一、美国的撤军计划与意图

美国总统奥巴马早在2009年12月在西点军校发表题为“阿富汗和巴基斯坦取得进展的途径”的讲话时就宣布了“先增兵、后撤军”的计划，郑重许诺在18个月之后（即2011年7月起）开始从阿富汗撤军。[①] 此后，奥巴马又于2010年11月参加北约里斯本峰会期间明确表示，美军和北约

---

* 本文是复旦大学巴基斯坦研究中心项目“美国撤军阿富汗问题研究”阶段性研究成果。

** 杜幼康，复旦大学南亚研究中心和巴基斯坦研究中心主任、教授。

① Remarks by the President in Address to the Nation on the Way Forward in Afghanistan and Pakistan，Eisenhower Hall Theatre，United States Military Academy at West Point，West Point，New York，December 1，2009.

联军将于翌年7月起逐渐将维持阿富汗安全与防务的责任转交阿政府方面，并在2014年底前完成移交工作；与此同时，美国将大幅减少在阿军事存在，并确保美军不再从事作战行动，而是发挥培训和指导阿富汗军警等支持作用。① 至此，美国从阿富汗撤军的时间表基本框定。

2011年6月22日，奥巴马在白宫发表全国电视讲话，宣布从阿富汗撤军计划，正式启动撤军进程：一是自当年7月至年底先撤离1万美军；二是到2012年夏天，总共撤出3.3万人，即撤回2009年12月决定增派的所有兵力；三是到2014年撤军完毕，届时"阿富汗人将负责自己的安全"。② 此后，美军和北约联军逐步加快从阿富汗撤军进程。2013年1月，奥巴马与阿富汗总统卡尔扎伊在华盛顿举行会晤后表示，美方决定把原定当年夏季向阿富汗安全部队移交作战任务的期限提前到春季。6月18日，阿富汗首都喀布尔举行隆重仪式，北约联军正式向阿富汗安全部队移交在阿全国范围内的安全责任。到2013年9月，美国驻阿军队总人数已从两年前的最高峰10万人下降到6万人，北约联军也由4.2万人降至2.7万人。③ 按照美国国防部的说法，2013年阿富汗军队在战场上已发挥主导作用，承担了99%的军事行动，而美军和北约联军在大多情况下只是提供支持。④

奥巴马政府实施从阿富汗撤军的计划既有缓解国内政治和经济压力的考虑，也有调整美国全球战略的需要，其目的是更好地调配战略资源，应对国内、地区和国际形势发展变化所带来的挑战，确保美国在全球的霸权。但是，阿富汗战争毕竟因"9·11"事件而起，奥巴马就曾多次强调，与伊拉克战争不同，阿富汗战争是"必打之战"；况且，阿富汗战争已长达12年，耗费了美国大量的军力、财力和物力。因此，奥巴马并不愿背上阿富汗战争"失败总统"的罪名，更不甘心让前期战果付诸东流。

鉴于上述，伴随着阿富汗撤军进程，奥巴马政府正在努力实现以下意

---

① Press Conference of the President after NATO Summit at Lisbon, Portugal, Office of the Press Secretary, White House, November 20, 2010.

② President Obama, "On the Way Forward in Afghanistan", at East Room, Office of the Press Secretary, White House, June 22, 2011.

③ Michael E. O'Hanlon and Ian Livingston, "An Update on America Forgotten War in Afghanistan", Brookings Institution, September 5, 2013, http://www.brookings.edu/research/opinions/2013/09/05-afghanistan-war-metrics-ohanlon.

④ Ibid.

图：其一，美国的撤军将是有序、体面的，美军“能够以负责任的方式离开阿富汗”；其二，为美国将安全责任转交给阿富汗创造良好条件，以维护阿富汗局势稳定；其三，动用政治、经济、外交等各种资源，防止阿富汗再度成为恐怖袭击的策源地；其四，在美军作战部队撤离、资源投入减少的背景下，“为维护已经取得的成果而努力”。①

二、美国的相应部署与举措

奥巴马政府为确保撤军进程顺利以及2014年后阿富汗局势的稳定，并继续维护美国在阿富汗及其周边地区的战略利益，采取了相应部署与一系列举措。

首先，签署美阿“持久战略伙伴关系协议”。早在2005年，美国和阿富汗就建立了战略伙伴关系，美方承诺在民主治理、经济发展、维护安全等方面向阿富汗提供帮助，继续使用经双方同意的军事设施，在与阿方协商一致的基础上享有在阿开展适当军事行动的自由。奥巴马提出撤军计划后，迫切需要进一步明确2014年后美阿双边关系的性质和定位。2011年3月，美国向阿富汗政府递交了签订有关2014年后双边关系的协议草案。经过美国驻阿大使和阿富汗国家安全顾问的谈判，双方达成共识，敲定了协议草案。2012年5月，奥巴马访问阿富汗，与阿总统卡尔扎伊正式签署美阿“持久战略伙伴关系协议”，确定了2014年后双边关系以及双方在安全、经济和政府治理等领域的合作框架。协议生效后，美国即宣布阿富汗成为其“非北约主要盟国”，表明阿富汗在美国的战略安排中将享有与以色列、澳大利亚、日本等传统盟友同等的战略地位。

其次，在阿富汗保持美国的军事存在。早在2011年3月美国向阿富汗政府递交美阿“持久战略伙伴关系协议”草案时，美国国防部即打算在阿

---

① President Obama, “On the Way Forward in Afghanistan”, at East Room, Office of the Press Secretary, White House, June 22, 2011; Remarks by the President in Address to the Nation on the Way Forward in Afghanistan and Pakistan, Eisenhower Hall Theatre, United States Military Academy at West Point, West Point, New York, December 1, 2009.

富汗保留美军一定兵力和 2—6 个军事基地，宣称要继续保持对“基地”组织的压力，从而表明其有意在 2014 年后保持在阿富汗的军事存在，以继续影响阿富汗未来局势的发展。[①] 根据美阿双方正式签署的协议，阿方允许美国在 2014 年撤军期限后可继续在阿富汗驻军和使用相关设施，但在驻阿美军规模及其地位等问题上尚无共识。为此，美阿双方决定开展“双边安全协议”的谈判，以解决上述相关问题，取代已实施多年的驻军地位协议。2012 年 11 月，美国与阿富汗政府就签署“双边安全协议”进行谈判，双方围绕 2014 年后驻阿美军的规模和法律地位等问题僵持不下。由于美国坚持驻阿美军享应有“豁免权”，不受阿富汗当局的司法管辖，而阿富汗政府认为这有损阿国家主权，这一谈判的进展缓慢，还曾于 2013 年 6 月一度中断，后虽于两个月后重启，但直到 2013 年底阿富汗总统仍拒绝签署协议。

第三，继续大力支持阿富汗政府。在 2012 年 5 月美阿双方签署的协议中，美国承诺在 2024 年前在社会经济、国防安全、制度建设等方面为阿富汗提供长期协助。2013 年 3 月，美国国务卿克里对阿富汗进行访问时再次重申，美国“将承担对阿富汗的长期承诺”。[②] 具体而言，政治上，美国协助阿富汗政府提高执政能力和效率，确保 2014 年阿富汗大选顺利进行，以实现政权交接平稳过渡，维护阿富汗宪法。经济上，美国从 2002 财年至 2012 财年已向阿富汗提供重建资金 894 亿美元，现又通过“东京相互问责框架”与一些国家承诺，到 2015 年向阿富汗提供 160 亿美元的援助，到 2017 年向阿提供的援助保持在过去 10 年的水平。军事上，美国仅在 2010 财年就批准为阿安全部队基金（ASFF）拨款 74.63 亿美元，着力扩充阿军警力量，提供训练和装备，并协助完善指挥、作战和后勤系统。到 2013 年 9 月，阿富汗军队和警察的总人数已达 33.5 万人。[③]

---

① Ahmed Rashid，“How US intends to end war with Taliban”，The Financial Times，April 19，2011.

② John Kerry，Remarks With President Hamid Karzai After Their Meeting，at Presidential Palace，Kabul，Afghanistan，Bureau of Public Affairs，U. S. State Department，March 25，2013.

③ K. Alan Kronstadt，“Direct Overt U. S. Aid and Military Reimbursements to Pakistan，FY2002-FY2011”，Prepared for the Congressional Research Service，Jan. 4，2011，http：//www. fas. org/sgp/crs/row/pakaid. pdf；Michael E. O'Hanlon and Ian Livingston，“An Update on America Forgotten War in Afghanistan”，Brookings Institution，September 5，2013，http：//www. brookings. edu/research/opinions/2013/09/05-afghanistan-war-metrics-ohanlon.

第四，寻求将塔利班等势力融入喀布尔政权。奥巴马意识到，“不采取政治解决方式，阿富汗就不可能有和平”，而与阿富汗塔利班直接对话，是“通往和解的重要一步”。[①] 正是在奥巴马的支持下，美国放弃了与塔利班对话的先决条件，即在举行面对面会谈前，塔利班必须断绝与“基地”组织的联系，并接受阿富汗宪法，而代之以接受塔利班可在会谈结束并达成协议后满足这些条件。[②] 为此，美国承诺提供5000万美元用于做塔利班的工作，目标“是协助阿富汗政府实现政治和解，帮助结束在阿富汗的冲突，并获得地区大国和国际社会对和平解决的支持”。[③] 美国还接受了塔利班的要求，在海湾国家设立一个塔利班的办公处，以便塔利班与美国等直接对话。[④] 这标志着自推翻塔利班政权10余年来，美国对塔利班的政策发生了重大变化。2013年6月18日，塔利班在卡塔尔首都多哈设立的办公机构正式开张。经过前期接触，美国与塔利班的和谈定于6月20日启动。奥巴马政府声称，美国将先与塔利班会谈，取得进展后再由阿富汗政府设置的“和平高级委员会”与塔利班和谈。此外，美国还积极拉拢阿富汗众多地方势力，向一些军阀、部落长老和地方政府成员提供资金等支持，以推动阿富汗和平进程，并转而向塔利班施加压力。

第五，出台“新丝绸之路”计划。2011年7月，美国国务卿希拉里在访问印度期间提出“新丝绸之路”计划，力图通过发挥阿富汗连接中亚和南亚的枢纽作用，加强阿富汗与其邻国的经济、贸易和交通联系，从而为阿富汗吸引外国投资，拓展海外市场，带动阿富汗国内经济恢复与发展。显然，奥巴马政府这一计划的重要目的之一，就是着眼于为2014年后的阿富汗在地区层次上作出安排，使阿富汗增强经济“造血”功能，实现社会

---

① President Obama, “On the Way Forward in Afghanistan”, at East Room, Office of the Press Secretary, White House, June 22, 2011; Mayank S Bubna, “Afghanistan Stalled Peace Negotiations—Analysis”, Eurasia Review, August 23, 2013, http://www.eurasiareview.com/23082013-afghanistan-stalled-peace-negotiations-analysis/.

② Ahmed Rashid, “How US intends to end war with Taliban”, The Financial Times, April 19, 2011.

③ Joshua Partlow, “US pledges $50m to help lure Afghans from Taliban”, The Financial Times, April 6, 2011.

④ Ahmed Rashid, “How US intends to end war with Taliban”, The Financial Times, April 19, 2011.

平稳过渡，并逐步融入中亚和南亚地区。同年 9 月，美国国务卿、阿富汗外长与德国外长在联合国大会期间共同主持了关于“新丝绸之路”计划的讨论会。此后，在美国的积极推动下，类似的讨论会相继在哈萨克斯坦、日本等国举行，其中还包括部长级会议。为推进这一计划，美国国务卿还访问了中亚和南亚地区，向阿富汗、巴基斯坦、塔吉克斯坦、乌兹别克斯坦等国领导人做说服工作。同时，美国也提出了一批与该计划相关的项目，并拉拢中亚和南亚国家参与。

最后，外交上寻求中、俄、印、巴等国的合作。美国要实现“负责任的”体面撤军，必须赢得国际社会特别是阿富汗周边国家的配合与支持。为此，美国通过各种途径寻求中国、俄罗斯、印度、巴基斯坦甚至伊朗等国的合作，希望其承担更多与阿富汗局势相关的责任和义务。美国曾试图将中国拉入由其主导的美国、巴基斯坦和阿富汗的三边对话机制，以借助中国在亚洲的地位和影响推动阿富汗问题的政治解决。在 2013 年 7 月举行的第五轮中美战略与经济对话期间，在美方努力下，双方决定在美国从阿富汗撤军期间加强协调，以实现阿富汗政治稳定和经济复苏。双方还决定，在 2013 年继续推进 2012 年启动的阿富汗外交官联合培训项目。再以印度为例：美国负责南亚和中亚事务的助理国务卿表示，美印战略伙伴关系的合作新领域包括阿富汗问题。在美国国务卿与印度外长共同主持的第二次美印战略对话中，阿富汗问题也成为其中“非常重要的部分”。双方详细讨论了美印在阿富汗的共同目标，承诺在阿富汗问题上加强磋商、协调与合作，强调共同加强阿富汗能力建设，支持在阿富汗主导下实现包容性民族和解，协助阿富汗在促进南亚和中亚间贸易和商业联系中发挥重要作用。[①] 此外，美国主动成为伊斯坦布尔进程的支持国，并支持其他有关阿富汗问题的地区性合作倡议。

---

① “U. S. -India Strategic Dialogue Joint Statement”, Office of the Spokesperson, U. S. State Department, Washington, D. C. , July 19, 2011.

三、美国面临的挑战与困境

奥巴马政府要顺利实施其撤军计划并实现其相关意图，尚面临诸多挑战，难度不小。

从美国本身看，经过12年阿富汗战争和8年伊拉克战争的折腾以及国际金融危机的重创，美国软、硬实力明显受损，对外干预的愿望和能力受到制约。奥巴马政府上台以来，对美国的国家安全战略、反恐战略、外交战略、军事战略等都进行了不同程度的调整，其全球战略整体上处于相对收缩阶段。在此背景下，阿富汗问题已成为美国沉重的战略包袱。2013年12月10日，美国国会批准2014年国防授权法案（NDAA），为阿富汗安全部队专项拨款62亿美元，与2010财年相比下跌了17%。从阿富汗撤出作战部队，逐步减少对阿富汗的援助，这意味着美国对阿富汗投入的资源相应下降，从而势必妨碍美国实现其前述相关意图。

从阿富汗政府方面看，阿政府虽依赖美国维持国内统治，但也不愿对美国唯命是从，不时与美国保持一定距离，以维护自身形象和本国利益，稳固国内的政治地位。卡尔扎伊总统在签署美阿“双边安全协议”上不肯就范，反对美军夜间袭击阿民宅，指责美军无人机滥杀无辜，抨击美国拖延移交巴格拉姆监狱，要求美国释放在关塔那摩监狱关押的阿富汗囚犯等，均反映了这方面的考虑。另一方面，美国虽然继续支持阿政府，但对其表现并不满意，认为它贪污腐败、效率低下，政治上靠美国支撑，经济依赖外来“输血”。奥巴马本人曾公开指责阿政府，称“阿富汗人民虽然推选出了一个合法政府，但这个政府因腐败行为、毒品交易、欠发达的经济和力量不足的安全部队受到削弱”。[①] 阿政府的所作所为表明，美国难以将其培育成实施相关战略目标的依靠对象。

---

① Remarks by the President in Address to the Nation on the Way Forward in Afghanistan and Pakistan, Eisenhower Hall Theatre, United States Military Academy at West Point, West Point, New York, December 1, 2009.

从与塔利班的和谈看，这一进程充满不确定因素。按照奥巴马的说法，美国对和谈的立场是“必须由阿富汗政府领导”，如要成为阿富汗和平的一部分，“必须与基地组织决裂，放弃暴力，遵守阿富汗宪法”。[①] 但塔利班则公开表示，反对阿富汗在“被占领”状态下的国家宪法和 2014 年大选，而参加和谈是为了“与世界各国发展关系而进行对话，并支持以和平、政治解决方式结束阿富汗被占领的状态”。[②] 由于塔利班在与美国和谈前夕，在多哈机构挂出了刻有“阿富汗伊斯兰酋长国”的铭牌，院里还升起了塔利班当年执政时的“国旗”，俨然成为一个“复国”场所，卡尔扎伊总统对此大为震怒。阿富汗政府不堪忍受其主权地位公然受到挑战，担心政府的合法性遭到损害，危及其在国内外的正统形象，并可能在阿富汗民众中留下国家未来命运将由塔利班决定的印象，为此卡尔扎伊总统公开对美国表示强烈不满，并断然中断与美国的“双边安全协议”谈判。为安抚阿政府，美国被迫中止和谈，原定与塔利班会谈的计划“胎死腹中”，直至 2013 年底仍未启动。

从阿富汗局势看，奥巴马政府上台以来在阿富汗的战略调整和相关举措并未获得预期效果。随着 2014 年美军从阿富汗撤离作战部队的期限临近，阿国内安全局势依然动荡。2013 年内，塔利班武装除不断打击美军和北约联军目标外，还袭击了阿富汗总统府、国防部、机场、美国中情局等。近年来，阿塔利班正逐步从阿南部和东部向中部、西部和首都喀布尔地区扩展，力图待美军等撤离后东山再起。其领导人奥马尔甚至宣称，将在 2014 年美国撤军后一周内重新占领喀布尔。[③] 令驻阿美军担心的是，阿富汗军警在快速扩充中也并不全然可靠，常常不乏有掉转枪口朝美军开火的“反水”之举。对美国而言，这种局面如不能扭转，将不仅表明其“阿—巴战略”和“新丝绸之路”计划的失败，而且意味着其 10 余年南亚反恐的努力可能付诸东流。

---

① President Obama，“On the Way Forward in Afghanistan”，at East Room，Office of the Press Secretary，White House，June 22，2011.

② Dan Roberts and Emma Graham-Harrison，“Taliban peace talks：‘Peace and reconciliation’ negotiations to take place in Qatar”，The Guardian，June 19，2013.

③ J. E. Dyer，“US in Afghanistan：Of Course We Negotiate with Terrorists”，The Jewish Press，June 25，2013.

从当前美巴关系看，情况亦不乐观。“9・11”事件后，美国为拉住巴基斯坦反恐，向巴提供大量经济和军事援助，以促进美巴关系，并力图将巴打造成实现美国地区战略意图的重要依托。但是美巴双方在反恐对象、目标以及手段上的分歧一开始就存在。[①] 这些分歧反映了美巴之间在相关问题上的国家利益冲突，并不时体现在两国关系互动与反恐合作中。奥巴马入主白宫后不久即提出“阿—巴战略”，明确将巴基斯坦纳入新战略框架，强调美国将统筹处理阿富汗、巴基斯坦问题。但由于美军越界深入巴境内击毙本・拉登以及空袭巴边境哨所、炸死巴24名军人，美巴关系一度急转直下。2013年10月，巴基斯坦总理谢里夫访美，美国宣布将恢复向巴提供军事和经济援助。按照奥巴马的要求，2014财年美国对巴援助将超过11亿美元，其中包括8亿多美元的经济援助和3亿多美元的安全援助。当前，因美巴双方互有需要，两国关系进入恢复阶段。但谢里夫总理当政后，面对美国从阿富汗撤军后的新形势，其以此为契机开始调整相关政策，着手推动与巴塔利班和谈，反恐很可能不再是现巴政府的工作重点。况且，近年来美军无人机频频造成巴无辜平民伤亡，导致巴国内民众群情激奋，反美情绪强烈，致使巴政府也不得不与美国的相关政策保持一定距离，以免自身执政基础遭到削弱。

从国际层面看，美国虽通过各种途径寻求阿富汗周边地区国家与其合作，但这些国家在阿富汗和南亚均有着不同程度的利益和关切。由于直至2013年底，美国在未来其南亚战略走向、2014年后美军驻阿形式等重大问题上仍未发出明确信息，上述国家与美国的合作必然大打折扣，并且也警惕美国的战略动向损及地区安全利益。特别是奥巴马政府的“新丝绸之路”计划，其背后的地缘战略目标也有美国力求削弱中亚与俄罗斯的传统联系并建立起美国主导的地区新秩序的含义，俄罗斯当然不会乐观其成。至于伊朗，更是将2014年后美国保持在阿富汗的军事存在视为一大威胁，并认为美阿签署的持久战略伙伴关系协议不利于地区稳定。此外，在一些有关阿富汗问题的国际会议上，虽然有诸多议题，但既无实施方案和举措，也无启动和实施相关项目的资金来源；虽有不少国家作出“慷慨解囊”姿态，但究竟是否会落实，以及能落实到何种程度，尚属未定之事。

---

① Ashley J. Tellis, “Marching to a Meltdown?”, The News, September 10, 2011.

四、美国撤军对南亚地区安全的影响

美国调整其南亚战略，着手从阿富汗撤出其作战部队，对阿富汗及其周边地区的形势发展变化增添了一些不确定的因素，同时也打破了地区安全态势的平衡，势必对南亚地区安全产生重大影响。

其一，南亚地区力量对比发生变化。“9·11”事件后，美军借反恐首次进入南亚，在阿富汗及其周边国家一举建立或获准使用十来个军事基地，并与巴基斯坦签署为期10年的军事协定，形成长期驻军南亚的局面。与此同时，美国全面主导阿富汗事务，掌控阿富汗和平与重建进程。鉴此，美国对南亚地区拥有了前所未有的影响力，干预南亚事务的能力与手段空前增强，而这都与多达10万美军驻扎南亚密切相关。显然，美国调整南亚战略并从阿富汗撤出作战部队后，其对南亚的影响力将趋于下降。与此形成对比的是，印度加快崛起，2006年经济总量跻身世界前十。随着美国撤军以及对南亚投入资源相对减少，印度在本地区的战略优势更显突出。实际上，解决南亚地区冲突、军备竞赛、非传统安全威胁、区域合作等一系列重要问题，很大程度将取决于印度的地区政策和对外战略取向。

其二，奥巴马的“阿—巴战略”前景暗淡。奥巴马政府执政后不久即出台“阿—巴战略”，此后又多次对其进行修改、补充和调整。奥巴马曾强调，“阿—巴战略”的长期目标是“挫败、瓦解并战胜‘基地’组织及其极端主义同伙”，短期目标则是必须清除“基地”组织的藏身之地，遏制塔利班的扩张势头，阻止其获得推翻政府的能力。① 但是，这一战略推行至今5年，美军和北约联军一度增至将近15万兵力，却始终未能获得预期效果。显然，随着美军和北约联军逐步撤出作战部队，奥巴马政府将更无把握在2014年之后实现其预定目标。

---

① Remarks by the President in Address to the Nation on the Way Forward in Afghanistan and Pakistan, Eisenhower Hall Theatre, United States Military Academy at West Point, West Point, New York, December 1, 2009.

其三，阿富汗局势发展变数大增。自奥巴马政府出台阿富汗撤军计划后，美国的一些盟国纷纷抢先行动，如法国已提前从阿富汗撤出其全部作战部队，加拿大表示将于2014年3月底前撤出全部驻阿军事教官，澳大利亚总理也宣布了提前1年的撤军计划。随着美国及北约联军逐步撤军，阿富汗各派正着眼于角逐未来政权。阿政府要求美国等保证长期提供大量援助，并一再呼吁塔利班回归阿民族大家庭，力图继续保住政权。阿塔利班除少数派别外，其主流坚持“外国军队必须撤出阿富汗”，并加强其政治影响和军事准备。同时，原“北方联盟”各势力、“哈卡尼网络”、希克马蒂亚尔的“伊斯兰党”等也跃跃欲试：有的准备在2014年大选中一显身手，有的打算在战场上一决高下。因此，未来阿富汗局势是否维持现状、发生内战或实现“南北分治”，尚存在诸多不确定因素，多种可能性并存。

其四，南亚非传统安全问题可能恶化。到2014年底，美国可能无法完成其反恐目标，并将在没有解决南亚恐怖主义问题的背景下撤出其战斗部队。如此，“基地”组织、阿富汗塔利班、巴基斯坦塔利班等各种恐怖或极端势力将因自认为打败美国而士气上升，同时因驻阿美军等实力明显下降，缺乏对其重要制约力量。这将对南亚稳定和发展构成严峻挑战，并导致南亚恐怖和极端势力向周边地区“外溢”。此外，阿富汗的毒品问题近乎失控。目前看，2014后南亚非传统安全问题可能成为影响南亚社会稳定和经济发展的主要威胁。

其五，阿周边国家的竞争渐趋激烈。随着美国等撤军期限临近，阿富汗周边国家加紧谋划与布局，旨在影响阿局势朝着有利于自身方向发展。巴基斯坦积极推动阿塔利班与阿政府和谈，期待借此平衡印度在阿的势力和影响。印度除向阿富汗提供20亿美元的巨额援助外，还与阿富汗结成了“战略伙伴关系”，不断扩大在阿存在，进一步挤压巴基斯坦的战略空间。伊朗主张外国军队完全撤离才能给阿富汗带来安全和稳定，反对美军2014年后继续留驻阿富汗。此前，伊朗、土耳其等与巴基斯坦联手，举行了阿富汗问题地区峰会，并通过《伊斯坦布尔声明》，决定通过加强地区合作，推动阿富汗问题的解决。此外，沙特等海湾国家也积极参与阿富汗事务。目前判断上述国家在解决阿富汗问题上究竟起何作用，尚为时过早，但如其互相之间竞争激化，可能给阿富汗未来局势走向增添更多变数。

总之，美国撤军正在对阿富汗局势和南亚地区安全产生重大影响。目前看，无论对美国来说，还是对阿富汗及其周边国家而言，2014 年都是十分关键的一年。中国与南亚山水相连，同南亚邻国的边界线长达 4700 多公里。随着美国从阿富汗撤军，南亚地区形势正在发生重要变化，而这一地区是中国周边安全和反恐战略中不可或缺的重要一环，因而应当继续予以高度重视和密切关注。

印度与澳大利亚在印度洋上的竞合关系

许善品*

印度与澳大利亚同为印度洋地区举足轻重的沿岸国家，两国在印度洋都有着重要的经济、政治、安全利益，在印度洋地区都经历了“由忽视到关注”的过程。当前，随着中印的共同崛起，印度洋的权力平衡正在发生某些根本性的变化，这将对澳大利亚与印度的双边关系产生重要影响。为了维护本国在印度洋地区的利益、应对印度洋地区出现的挑战，印度与澳大利亚在印度洋地区多个领域进行了充分的合作。同时，由于双方利益不尽一致以及在一系列问题上持不同观点，两国在印度洋上也存在着竞争关系。2013 年里，印度的一些举动引起了澳大利亚的猜疑和不安；同时，中国的快速崛起又拉近了双方的距离，两国关系也发生了一些耐人寻味的变化。

一、冷战后的印澳关系

冷战时期，虽然印度与澳大利亚都是印度洋沿岸国家，也同为英联邦成员国，但是由于两国分属不同阵营，双边关系较为疏远。印度自视为不结盟运动的领袖，与苏联保持准同盟关系，将澳大利亚看作是美国战略上

* 许善品，湘潭大学讲师。

的附庸国，并没有给予澳大利亚足够的重视。而澳大利亚长期将发展与美国、欧洲、东亚关系作为外交重点，对南亚事务也不甚关注。

冷战结束后，由于澳大利亚与印度在外交战略、经贸往来上彼此需要，两国的关系开始逐步升温。随着印度“向东看”战略的实施、澳大利亚寻求融入亚洲，双边关系进入快车道。目前，印度是澳大利亚第四大贸易伙伴国，双边贸易额突破了 180 亿美元。2009 年，两国总理举行会晤，决定将双边关系升级为战略伙伴关系，并发布了安全合作联合宣言。经过了数十年在各自的势力范围活动后，印度和澳大利亚的战略利益正在趋于一致，尤其是在印度洋领域。①

2013 年是印度与澳大利亚交往频繁、成果丰硕的一年。1 月，澳大利亚外交部长鲍勃·卡尔（Bob Carr）到访新德里，与印度总理和外交部长举行会谈。卡尔表示，澳印两国都关注印度洋地区的安全和“印太”地区的繁荣。3 月，澳大利亚与印度开启了民用核合作首回合谈判，如果谈判最终取得成功，这将是澳大利亚首次向非《不扩散核武器条约》签字国出口铀，可见澳大利亚对印度的重视程度。在澳大利亚国防部发布的 2013 年国防白皮书中，澳大利亚政府提出世界经济、战略中心正在加速向“印度—太平洋”地区转移，表示要增加与印度的接触。10 月在文莱举行的东亚峰会上，印度总理辛格与澳大利亚新当选总理阿伯特举行会晤，辛格提出希望印澳民用核合作谈判早日取得成果、澳大利亚尽快向印度出口铀，阿伯特则表示会尽早促成会谈。印度外长沙尔曼·胡尔西德（Salman Khurshid）访问堪培拉并出席印度洋地区会议时说道：印度和澳大利亚可以一道在印度洋发挥主导作用，强调在两国间的海域（印度洋）进行有效的外交和海洋合作的重要性。② 11 月，环印度与区域联盟第 13 届部长理事会会议在澳大利亚首都珀斯召开，会议通过了《珀斯公报》，各成员国表示将加强在海洋安全、渔业管理、可持续发展、相互投资等多个领域的合作。

---

① David Brewster，The India-Australia Security Engagement，Gateway House Research Paper No. 9，October 2013，p. 7.

② Natasha Chaku，“All Round Growth for Australia-India Ties in 2013”，Outlook India，December 22，2013，Melbourne，http：//news. outlookindia. com/items. aspx? artid=821950.

二、印度洋的地缘政治变迁

印度洋地区包括了36个沿岸国家以及与之毗邻的14个内陆国家，这里居住着26亿人口，相当于世界总人口数的40%。① 随着中国和印度的共同崛起、印度洋航线的日益繁忙、世界范围内的能源紧缺，印度洋地区逐渐成为战略竞争的重要场所。在这其中，中国、美国与印度为主导性大国，澳大利亚、日本、南非等为地区性力量，它们之间力量的分化组合决定了印度洋地区的政治格局和安全格局。

（一）印度洋上大国角逐逐渐激化

由于印度洋地区缺乏有效的国际机制对传统大国的竞争加以约束，印度洋地区开始浮现大国角逐的阴影。印度洋又一次成为大国间地缘战略对手竞争的场所，环印度洋的“基地大竞赛”加剧了这种局面，结果是出现一条从埃及到印度尼西亚和澳大利亚的“环印度洋好战主义之弧”。2008年，印度洋区域有两个国家位居世界十大军费支出国之列——印度和沙特阿拉伯。另外，几乎一半的印度洋国家的军队人数超过10万人，军费总额超过GDP的3%。② 随着亚洲经济的快速增长、沿岸国家间的能源与经贸往来日渐增多，印度洋的战略重要性逐渐引起相关国家的注意。可以预见的是，印度洋的战略重要性在未来数十年内将继续上升。印度洋将变成愈发重要的全球性贸易通道，一批海洋军事强国将为争夺在关键海洋区域的战略优势而竞争，印度洋地区将出现更多的军事基地甚至是海军竞赛。为了增强影响力，中国、印度和美国已经在印度洋地区展开了“三边竞赛”。

---

① Sergei DeSilva-Ranasinghe，The Indian Ocean Region and Australia National Interests，Future Directions International，p. 1

② Research agendas for the Indian Ocean Region，Journal of the Indian Ocean Region，Vol. 6，No. 1，June 2010，p. 5.

（二）印度洋成为世界航运的中心

在国际贸易领域，印度洋是当前世界上国际长途货运的最重要线路。由于大约 36%的国际原油进口来自中东，所以跨区域原油运输的安全对世界经济的繁荣至关重要。①

现如今，印度洋正在超越大西洋和太平洋成为世界上最繁忙的贸易通道。经济快速增长的南亚、东北亚和东南亚增强了与资源丰富地区非洲和中东的经济联系。现在，世界 1/3 的散装货贸易和大约 2/3 的原油运输都要通过印度洋。②

（三）"印太"概念受到广泛关注

在演进的地缘政治进程中，"印度—太平洋"已经由生物地理地区转变为战略地区。"印度—太平洋"从东非横跨印度洋，直到西太平洋和太平洋中部，包括澳大利亚与日本。随着中国与印度等亚洲国家的快速发展，从南亚到东亚贸易额都在激增，"印度—太平洋"地区包括了世界最繁忙的海上通道，这一地区的战略和经济重要性正在增加。③ 在 2013 年国防白皮书中，澳大利亚官方正在决定从概念上将战略重心从亚太（在战略层次上，特指东亚和西太平洋）扩展到在广义上被称为"印度—太平洋"的地区（定义为涵盖从印度穿过东南亚直到东北亚的弧形地带）。④

澳大利亚在"印度—太平洋"地区的主要利益之一应该是定义广阔的地区，并建立基于规则的秩序。在这方面，澳大利亚与印度拥有共同利益。印度是澳大利亚前十大贸易伙伴之一，应该通过一条横跨"印度—太

---

① Research agendas for the Indian Ocean Region，Journal of the Indian Ocean Region，Vol. 6，No. 1，p. 2.

② Defense White Paper 2013，Australia Government Department of Defence ，p. 13.

③ Vivek Mishra，"India and the Rise of Indo-Pacific"，September 30，2013，http：//the-diplomat. com/2013/09/india-and-the-rise-of-the-indo-pacific/.

④ David Brewster，The India-Australia Security Engagement，Gateway House Research Paper No. 9，October 2013，p. 30.

平洋”的海上工业走廊和提升双边军事合作来增强贸易关系。印度在经济和军事上的增长（尤其是在“珍珠链”冲击下的海军建设）为新德里在“印度—太平洋”地区提供了比美国希望（印度获得）的更多机遇。通过在“印度—太平洋”地区承担领导角色，印度将会发现一个充分施展外交艺术的平台。比如，除了与澳大利亚一道监控、巡逻、侦查之外，印度应该坚持采用一套适用于“印度—太平洋”地区的行为准则。①

由于权力的分配是易变的、流动的，正在演进的“印度—太平洋”新结构仍然处于转型中。长期来看，由于涉及范围过于宽广、地区国家之间存在很大的异质性，“印太”由概念设想转变为地区合作范式还有很长的一段路要走。

三、印度和澳大利亚在印度洋上的共同利益

由于印度与澳大利亚都是印度洋沿岸国家，两国在印度洋地区存在着广泛的共同利益。

（一）确保能源安全和海上交通线安全

印度洋区域广阔，从撒哈拉大沙漠一直延伸到印度尼西亚群岛，沿岸地区遍布“失败国家”，同时也是伊斯兰原教旨主义和恐怖主义活动的重灾区。根据海德尔堡国际冲突研究会 2008 年冲突指数显示，世界 345 场冲突中的 146 次（即 42.3%）发生在印度洋地区。② 由于印度洋海域宽广，沿岸国家也没有建立成熟、有效的合作机制，航行在印度洋上的货船和油轮极易受到海盗和恐怖分子的攻击。随着索马里陷入无政府状态，亚丁湾地区海盗和武装抢劫事件频发，世界舆论的焦点都聚集在非洲之角。同

① Vivek Mishra, “India and the Rise of Indo-Pacific”, September 30, 2013, http://thediplomat.com/2013/09/india-and-the-rise-of-the-indo-pacific/.

② Sam Bateman, Anthony Bergin, “Our western front: Australia and the Indian Ocean”, Australia Strategy Policy Institute, March 2010, p. 24.

时，在东非海岸和南亚次大陆以及马六甲海峡，海盗袭击商船事件也时有发生。印度半岛突出部分位于世界上最重要的能源通道之一，即从苏伊士运河到波斯湾再到马六甲海峡。① 由于对国际市场和能源贸易高度依赖，澳大利亚与印度都特别强调对海上交通线的监控和管理，以保证对海上通道的有效控制以及海上货物运输的畅通无阻。就自身来说，澳大利亚和印度都是印度洋能源贸易和货物贸易的利益攸关方，因此出于自身和他国利益考虑，印度和澳大利亚都有责任保证这些能源供应和贸易通道的顺畅使用。

（二）防止印度洋出现海军军备竞赛

随着印度与中国的战略竞争日益明显，一场新的海洋“大博弈”浮现在印度洋，每一方都担心被对方遏制。在中国看来，印度得到了美国与日本的支持，同时美国继续保持对印度洋地区军事上和战略上的主导权。印度将自身提升为印度洋的主导性力量，它对中国进入印度洋地区感到困扰，并在充分利用海军来扩展实力和影响力。② 由于缺乏信任与历史因素，中国进入印度洋并在印度周边建设港口和其他基础设施已经引起印度对中国长期意图的猜疑和不安，而中国在印度洋地区海事活动的增多以及在南中国海的日趋强硬也已经引起其他大国合作来遏制中国的趋势。③

澳大利亚不愿看到中印在印度洋—马六甲—南中国海地区陷入敌对的紧张状态，极力避免在印度和中国的安全需求中“选边站”的风险。防止印度与中国在印度洋地区过度竞争甚至滑向军事冲突是澳大利亚在印度洋的重要战略目标。同样，印度也不希望印度洋上出现海军军备竞赛。在 1991 年实行经济改革后，印度一直致力于发展对外贸易和参与国际分工，不愿意因为将宝贵的国内资源投入到军备竞赛上而影响到国内

---

① Kamlesh K. Agnihotri，“Protection of Trade and Energy Supplies in the Indian Ocean Region”，Maritime Affiars，Vol. 8，No. 1，July 2，2012，p. 14.

② Sam Bateman，Anthony Bergin，“Our Western front：Australia and the Indian Ocean”，Australia Strategy Policy Institute，March 2010，p. 3.

③ Saloni Saili，“India-Australia：Ushering in an Era of Maritime Prosperity in the Indian Ocean Region”，Strategic paper，August 17，2012，p. 4.

经济的持续发展。

（三）应对印度洋非传统安全威胁的挑战

澳大利亚和其他印度洋海洋国家如今主要面临两大挑战：海上通道安全和恐怖主义组织的活动。这些组织包括：势力遍布全球的基地组织；索马里的青年党；东南亚的伊斯兰祈祷团；活跃在菲律宾南部的摩洛伊斯兰解放阵线。它们对印度洋沿海国家的安全构成严重威胁，事实上对世界也构成威胁；它们还带来了海上恐怖主义威胁，比如2008年11月26日从海上对印度的金融中心——孟买发动的恐怖袭击。[①] 由于目前陆地监管严格，恐怖分子在陆地少有活动空间，这使得海域成为发动恐怖袭击的理想场所。恐怖分子已经意识到海洋区域的危险性和海上设施的脆弱性，注意到直到最近海洋环境还一直处于无人监管状态，[②] 因此许多恐怖主义组织已经准备利用海洋监管不力来实施海上恐怖活动。一旦“失败国家”与恐怖主义问题相结合，海上安全问题将更加棘手。

四、印度与澳大利亚在印度洋上的合作

为了应对共同威胁、捍卫共同利益，印度与澳大利亚在共同感兴趣的问题上进行了广泛的合作和对话。

（一）在保卫海上交通线方面的合作

印度作为印度洋沿岸海军最强国家，日益得到澳大利亚外交与商务部的重视。在世界上最重要的商业性海峡——霍尔木兹海峡和马六甲海峡之

① Saloni Saili，“India-Australia：Ushering in an Era of Maritime Prosperity in the Indian Ocean Region”，Strategic paper，August 17，2012，p. 2.

② Kamlesh K. Agnihotri，“Protection of Trade and Energy Supplies in the Indian Ocean Region”，Maritime Affair，Vol. 8，No. 1，Summer 2012，p. 18.

间，印度是所有沿岸国家中海军和海岸警卫队最强的国家。澳大利亚意识到印度在印度洋上的战略重要性，这种认识促使首届印度—澳大利亚战略对话于 2001 年 8 月 30 日在新德里举行，紧接着还举行了一系列高层次部长级会晤，包括国防部长间的会谈。这些会谈是“公开的、建设性的、广泛的”，展示了双方在许多重要问题上的共同看法和一致利益，包括在亚太和印度洋领域。[①] 在澳大利亚 2009 年的国防白皮书中，特别强调了澳大利亚与印度在提升海洋安全合作方面的“坚实的共同利益”，并关注印度在印度洋地区扩展影响力，希望了解印度的海洋战略。澳大利亚倾向于承认印度作为世界大国的国际地位，并与之密切海军联系。2013 年 6 月，印度国防部长首次到访澳大利亚，两国国防部长都表示关注印度洋海上航道（SLOC）的安全与海事管理，并计划于 2015 年举行双边海军联合军事演习。目前，印度在亚丁湾护航中发挥着主导作用，保证了国际航道的安全。

（二）在印度洋多边合作机制上的合作

虽然澳大利亚与印度在印度洋多边合作机制上存在分歧，但为了共同应对安全威胁、促进印度洋地区的经贸往来，两国在多边合作机制上也进行了合作与协调。环印度洋区域合作联盟是印度洋地区目前相对成熟的多边合作平台。

得益于南非、印度、澳大利亚和毛里求斯的联合倡议，环印度洋区域合作联盟于 1997 年正式成立。[②] 环印度洋区域合作联盟（IOR-ARC）是印度洋最重要的多边区域性组织也是唯一的经济合作组织，它由 19 个国家组成，主要聚焦于印度洋经济与贸易领域合作。随着印度未来将加强对印度洋区域的领导，以及澳大利亚对印度洋地区的重新关注，印度洋地区合作将不仅仅局限于经济方面，还将扩展在应对环境灾难、海盗猖獗等方面的职能。目前，环印度洋合作联盟已经发展为多边合作平台，中国、日本、

---

① Rajaram Panda and Pranamita Baruah，“India-Australia Strategic Partnership：A Case for Holisitic Approach”，India Quarterly，Vol. 66. No. 2，2010，pp. 208－209.

② Jivanta Schöttli，“The Indian Ocean Rim Association for Regional Co-operation：India Takes the Lead”，Future Directions International，June 1，2012.

埃及、英国、法国都是该组织的对话伙伴，这意味着扩大 IOR-ARC 议程的必要性不仅是为了经济合作，更重要的是为互利共惠的合作努力带来生机。①

环印度洋区域合作联盟成立之初主要是为了推动区域内部的贸易与投资，澳大利亚希望与印度、南非等国一道，将加强印度洋区域安全合作加入到联盟的议程中去。虽然环印度与区域联盟章程目前尚未包括安全议题，但为了保证海上航道的安全，在 2009 年也门的会议上，索马里海盗作为普遍关心的议题进行了讨论。2013 年，印度将环印度洋区域合作联盟主席国席位转交给了澳大利亚。

（三）在非传统安全领域的合作

2002 年巴厘岛爆炸案后，印度洋地区的恐怖主义威胁使澳大利亚体会到了印度如何面对着持续的国内和国际安全威胁。2003 年，澳大利亚与印度签署了一份备忘录，其中规定成立联合反恐工作组。2008 年 9 月，印度总统普拉纳布·慕克吉访问澳大利亚时签订了引渡和相互协助协定，之后澳印联合反恐的努力得到了进一步强化。②

作为印度洋地区的主导型地缘政治力量，印度对印度洋地区任何安全机制的建立都具有决定性的影响。澳大利亚与印度于 2003 年签署了反恐协定，为两国在反恐领域的合作奠定了法律基础。两国在 2009 年签订了联合安全宣言和战略伙伴关系协定，决心加强两国在打击恐怖主义、海盗袭击、非法捕鱼等方面的合作，提升两国在保卫海上交通线领域的合作水平。澳大利亚目前参与了美国主导的联合特混舰队 150 和 151，参与在印度洋东北部打击恐怖主义和海盗的行动。印度在亚丁湾独自进行打击海盗行动，并没有正式参与到反恐同盟（以美国为主导）的行动中去。澳大利亚有机会用创造性的方式来跨越分歧，比如通过提升澳印海军之间的双边

① Editorial Essay，“Research agendas for the Indian Ocean Region”，Journal of the Indian Ocean Region，Vol. 6，No. 1，June 2010，p. 3.

② Rajaram Panda and Pranamita Baruah，“India-Australia Strategic Partnership：A Case for Holisitic Approach”，India Quarterly，Vol. 66，No. 2，2010，p. 210.

反恐行动来实现。①

五、印度与澳大利亚在印度洋上的利益分歧

印度与澳大利亚在国际体系的位置不同、国内战略文化迥异，导致两国的印度洋利益存在分歧，并且追求国家利益的途径也有所不同。

（一）两国印度洋战略的基石不同

澳大利亚坚定地认为澳美同盟是有效维护印度洋安全和利益的基石，加强与美国海军的合作对于澳大利亚的印度洋战略是至关重要的。在这一基础上，澳大利亚也努力寻求发展一直独立的海上安全力量。澳大利亚的印度洋安全战略与澳美同盟之间是相互依赖的。与澳大利亚不同，由于珍视“不结盟”传统和独立自主，印度将任何形式的军事同盟都视为对战略自主和国家主权的威胁，对参与印度洋地区由美国主导的联盟保持政治敏感。虽然近年来美国与印度的防务合作不断升温，但是“不结盟”和防务自主始终是印度海洋战略的基石。

（二）两国的“印度洋观”不同

在国际行为体界定利益的过程中，观念起着重要作用。印度与澳大利亚的“印度洋观”对两国印度洋利益的界定、印度洋战略的制定起着重要的规范性作用。

印度是正在上升的地区性大国，并有望成为世界大国，其“印度洋观”可谓野心勃勃。由于印度处于北印度洋的核心位置，并位于苏伊士运河—波斯湾—马六甲海峡这一能源通道的中段，再加上其在印度洋沿岸国

① Dennia Rumley, “The Indian Ocean Region: Security, Stability and Sustability in the 21st Century”, Australia India Institute, March 2013, p. 89.

家中首屈一指的海军实力，世界上很少有国家可以像印度主导印度洋这样享有如此有利的地理位置。印度希望将争夺印度洋主导权的有利位置转换为控制印度洋的实际能力。印度将印度洋视为“印度的洋”，力图掌握印度洋的绝对制海权，控制印度洋上的主要咽喉要道。同时，印度将印度洋视为自家后院，在印度洋诸多机制建设和安全对话中都排斥区域外大国的参与，担心它们会制衡印度的影响力。令人担忧的是，印度的民众、官员、学者都毫不掩饰争夺印度洋的战略野心，并将印度在印度洋的主导权视为无容置疑的“天然权利”。

与印度不同，作为中等强国，澳大利亚主张印度洋应是开放的、平静的海洋。在过去十年里，为了避免激怒中国，澳大利亚退出了由印度、美国、日本和其自己共同参与的“马拉巴”联合海军演习；澳大利亚也不愿与印度、日本、美国过分接近，以免引起最大贸易伙伴国——中国的担忧。澳大利亚之所以这么做，就是不愿意看到印度洋上的战略争夺逐渐激化。澳大利亚一直强调印度洋应成为开放性、包容性的海洋，主张美国、中国、日本等区域外大国在印度洋上均有合法、正当的海洋利益需要保护，构建印度洋安全秩序不应排斥它们的参与。澳大利亚强调印度洋的“无害通过权”，不愿意看到印度洋成为对澳不友好国家的势力范围。

（二）两国在印度洋上的战略目标不同

由于印度半岛的地理特征，印度洋对于印度国家安全具有无可比拟的重要性。印度三面皆为印度洋所环绕，如果印度洋为其他国家所控制，那么印度的国家安全就会受到严重威胁，所以印度将谋求印度洋主导权作为重要的战略目标。在制定和实施一套独立自主的海洋安全战略的过程中，印度的目标是：一是保卫印度的安全和海洋利益；二是控制邻近海域，特别是确保对巴基斯坦形成绝对的海上优势；三是继续加强能力建设，力图控制印度洋上的战略要点和关键水路；四是建立远洋海军对印度洋之外的地区施加影响。为此，印度更加重视海洋在印度国防和经济建设中的地位和作用，加紧制定并推行印度洋控制战略。①

澳大利亚地处南太平洋，为典型的两洋国家。澳大利亚在印度洋上的主要战略目标就是阻止对澳大利亚不友好的国家主导印度洋，特别是印度洋的咽喉要道，这是澳大利亚在印度洋的核心利益。澳大利亚本身对印度洋并无军事和政治野心，在印度洋上追求的战略利益也相对有限，如在构建地区安全机制上发挥作用、保护海上航道的安全、以对话手段解决地区冲突等。

六、印度与澳大利亚在印度洋上的竞争

印度与澳大利亚在印度洋利益上的重合为两国带来了合作，同样，两国印度洋利益的不一致也引起了两国政策的分歧。

（一）两国在印度洋制海权问题上有迎头相撞的可能

随着印度将印度洋变成“印度的洋”抱负日益明显，澳大利亚与印度在印度洋制海权问题上有迎头相撞的可能。澳大利亚可能并不情愿认可印度所宣称的在印度洋的“主导性”角色，更不要说在印度洋东北部建立印度的势力范围。澳大利亚对印度海军野心的担忧并不是什么新鲜事。② 澳大利亚认识到，印度故意迎合美国拉拢它制衡中国的意图，换取美国默认甚至是支持其扩大在印度洋的军事存在。澳大利亚担心印度完全控制北印度洋的制海权可能会威胁海上运输线的自由通航，进而威胁到澳大利亚的经济安全和海洋利益。

---

① 甘振军、李家山：“简析澳大利亚海洋安全战略”，《世界经济与政治论坛》2011 年第 4 期，第 62 页。

② David Brewster，“Australia and India：The Indian Ocean and the Limit of Strategic convergence”，Australian Journal of International Affairs，Vol. 64，No. 5，November 2010，p. 557.

（二）两国对中国印度洋存在的态度分歧

在对待中国在印度洋的角色和地位的问题上，澳大利亚与印度的观点并不一致。澳大利亚对印度排斥中国势力进入印度洋感到不满，怀疑印度意欲将印度洋变为排他性的、为印度所主导的势力范围。印度将中国在缅甸、巴基斯坦、马尔代夫的港口建设视为围堵印度的安全威胁。对于印度以捕风捉影的方式怀疑中国在印度洋实施“珍珠链”战略包围印度，澳大利亚持保留态度。澳大利亚并不将中国在印度洋的存在看作威胁，而是将其视为保护国际贸易所采取的的合法且必要的措施。出于自身安全和中澳关系的考虑，澳大利亚并不排斥中国在印度洋地区发挥一定作用，尤其是在中澳能源贸易如此重要的背景下。澳大利亚看到，目前在印度洋追求主导地位的是印度而不是中国。由于地理阻隔与缺乏远程投放能力，中国在印度洋的军事存在十分有限，短期内也难以扩大。况且中国的战略重心位于东亚—西太平洋地区，而不是印度洋。与中国不同，印度地处印度洋的核心位置，同时具备称霸印度洋的意图和能力，兼有美国的支持。不愿意坐视印度在此一家独大，这在一定程度上决定了澳大利亚欢迎中国在印度洋保持一定程度的有限存在。虽然对中国的共同担忧是一个重要的潜在因素，但中国因素不应作为推动印澳关系的主要动力。澳大利亚不愿在未来卷入中印争端。①

（三）两国在印度洋多边合作机制上的分歧

东亚地区众多以首字母缩写为简称的机构为国家间对话与合作提供了许多论坛，与东亚地区不同，印度洋地区在泛区域集团方面十分薄弱。这反映在地区内部国家的多样性、安全观的差异性、整个印度洋地区缺少任何真正的协议等方面。②

① David Brewster，The India-Australia Security Engagement，Gateway House Research Paper No. 9，October 2013，pp. 45—46.

② Ibid.，p. 49.

在印度洋多边安全机制建设上，印度一直持消极、抵触态度，而澳大利亚则抱积极、乐观态度。虽然印度也加入了环印度洋区域联盟（IOR－ARC）和印度洋海军研讨会（IONS）等多个印度洋区域合作组织，但是其始终坚持双边合作为主要途径，运用本国相对于印度洋其他国家的优势地位来实现自己的意图，而不愿受区域合作组织掣肘。正是澳大利亚与印度在多边主义上的分歧使印度洋多边合作机制一直停留在较低水平。

在印度洋区域合作组织内部，如环印度洋区域联盟和印度洋海军会议，澳大利亚与印度在议程设置、邀请成员国等问题上都存在分歧。比如，在 1997 年环印度洋区域联盟成立之初，印度就坚决反对澳大利亚提出的将安全议题纳入联盟讨论议程的提议。印度 2008 年主持召开了印度洋海军研讨会第一次峰会，印度共邀请了 31 个国家，其中有 27 个国家派代表出席。引人注目的是，印度并没有邀请在印度洋拥有重要战略利益的美国、中国、日本等区域外国家出席。这说明印度不愿意承认区域外大国在印度洋拥有重要海洋利益，也不情愿与区域外大国进行建设性的海洋安全合作，而是希望将印度洋的安全合作置于本国的领导与安排下。中国和美国希望成为印度洋海军研讨会的观察员国，然而由于受到印度的抵制一直未能如愿。虽然近年来印度在印度洋多边安全合作的态度上有所转变，但过程十分缓慢。

七、2013 年印度与澳大利亚在印度洋的最新动向

伴随着地缘政治重要性的上升，21 世纪见证了印度洋地区对于决策者、商人和学者来说，从相对被忽视到走向全球性舞台的过程。冷战的终结、全球化的加速、印度的开放和“向东看”政策、南非种族隔离的终结、澳大利亚的“向西看”政策以及对一系列非传统安全威胁尤其是对能源安全忧虑的加剧，使广义上的印度洋地区受到重视，尤其是对印度洋地

区内部、外部以及深层的安全和可持续利用与管理。① 随着印度洋地缘重要性的提升，印度与澳大利亚都加大了对印度洋地区的投入。未来两国在印度洋地区总体上合作前景广阔，但依旧存在变数。

（一）环印度洋区域合作联盟迎来新生

随着地区国家实力的增强，相关国家将会努力加强保护在“印度—太平洋”地区的经济利益。对于在印度洋存在贸易和能源利益的国家来说，通过支持印度洋地区安全机制，如印度洋海军研讨会和环印度洋区域联盟的发展来增加集体安全而不是个体安全将变得更加重要。②

印度逐渐意识到过去一味坚持的单边途径难以有效应对安全威胁多样化、国内冲突国际化的新安全形势，在应对复杂的印度洋形势时坚持区分“地区大国和区域外大国”是徒劳无益的。2011 年 11 月，在印度班加罗尔举行的部长理事会上，海洋安全议题尤其是海盗威胁第一次成为重点讨论议题。与会国一致认为，至少在原则上，应将环印度洋区域联盟建设成为海盗信息和经验共享、最优途径的平台。③ 印度对多边合作机制观念的转变有利于澳大利亚和印度一道在构建印度洋地区安全秩序中发挥领导作用，将印度洋地区合作水平提升到新的水平。在 2013 年 6 月印澳两国国防部长发布的联合声明中，两国决定通过双边和多边论坛，如印度洋海军会议和环印度洋区域合作联盟，继续促进在印度洋的地区合作。同时，印度应该通过提升印度洋海军研讨会和参与环印度洋区域合作联盟来保卫自身在“印度—太平洋”地区的经济和战略利益。总之，新德里应将它的“印度—太平洋”政策建立在包容性共存（即使同时也是竞争性的）基础上。④ 印度还希望与澳大利亚一道，共同承担起印度洋地区的领导角色。

---

① Research agendas for the Indian Ocean Region，Journal of the Indian Ocean Region，Vol. 6，No. 1，June，2010，p. 2.

② Defense White Paper 2013，Australia Government Department of Defence ，p. 14.

③ Dennia Rumley：“The Indian Ocean Region：Security，Stability and Sustability in the 21st Century”，Australia India Institute，March 2013，p. 91.

④ Vivek Mishra，India and the Rise of Indo-Pacific，September 30，2013，http：//thediplomat. com/2013/09/india-and-the-rise-of-the-indo-pacific/.

2011 年，印度和澳大利亚一道通过组建海洋安全工作组，将海洋安全相关议题首次纳入环印度洋区域联盟议程。印度于 2013 年 11 月主办了印度洋对话（Indian Ocean Dialogue），力图以此使环印度洋区域联盟成员国在海洋安全议题上进行更有效的合作，可能将主要聚焦于海盗和非法捕鱼等“微小”安全议题，这些是印度洋岛国主要关心的议题。①

（二）两国在印度洋的双边合作继续深化

印度和澳大利亚已宣布开展更广泛的防务合作，加强战略伙伴关系，这标志着亚太地区一个新的双边战略集团的形成。印度与澳大利亚之间新的合作关系形成于 2013 年印度国防部长安东尼（A. K. Antony）对澳大利亚、泰国和新加坡为期 4 天的访问期间，这是印度国防部长首次访问澳大利亚。印度和澳大利亚有着良好的贸易关系，但两国直到近期才建立起牢固的防务合作。两国都认为，按照国际法原则保障海上安全和航行自由对亚太及印度洋地区的经济增长和繁荣至关重要。2013 年 6 月 5 日，澳大利亚国防部长与来访的印度国防部长就两国国防合作举行正式磋商，会谈结束后两国签署了一项协议，计划于 2015 年举行两国首次海上军事演习。据 6 月 5 日印度政府发表的声明，安东尼和史密斯讨论了“包括海上安全和双边防务合作在内的共同战略和安全利益”。作为印度洋海军研讨会和东亚峰会（EAS）的成员国，印度和澳大利亚对各自关心的地区和国际安全问题以及防务合作交换了看法。②

澳大利亚在其发布的 2013 年国防白皮书中明确表示希望与印度一道维护“印度—太平洋”的稳定与安全，其在印度洋的安全特别是其海上航道上有着至关重要的战略利益。澳大利亚寻求发展与印度的战略伙伴关系以及与其他国家的关系，来对抗诸如海盗等威胁，管控主要大国在该区域部

---

① David Brewster，“The India-Australia Security Engagement”，Gateway House Research Paper No. 9，October 2013，p. 50.

② Sushil K. Singh，India，Australia strengthen defense ties，Asia Pacific Defense Forum，June 20，2013，http：//apdforum. com/en _ GB/article/rmiap/articles/online/features/2013/06/20/india-australia-defense.

署不断增长海军实力所的带来的潜在竞争。①

（三）两国在印度洋仍然存在激烈竞争的危险

澳大利亚在印度洋地区面临的最重要的安全挑战之一就是如何建立与印度的良好的安全关系。② 印度被普遍认为未来将在澳大利亚的安全中扮演重要角色。然而，由于印度希望将印度洋变为“印度的洋”，印度的战略家和政治家也毫不掩饰争夺印度洋主导权的抱负，澳大利亚担心印度在印度洋的野心过分膨胀，可能最终危及澳大利亚的切身利益。就澳大利亚与印度如何改善关系来说，仍存在很大的不确定性。澳大利亚已经将印度作为印度洋上重要的安全伙伴来看待，但印度只是开始将澳大利亚视作有用的伙伴。在一定程度上，印度将澳大利亚看作棘手的对象。印度在印度洋东南地区没有直接的安全利益，澳大利亚与美国亲密的关系时常令新德里在政治上感到不安。③ 在新德里看来，澳大利亚只是印度“向东看”战略的一部分，战略地位甚至不如日本、新加坡重要。同样，堪培拉一再表明，澳大利亚最重视的外交关系依次为美国、日本、中国、印尼，显然印度目前还没有得到澳大利亚的充分重视。随着综合实力的上升，印度的战略野心也急剧膨胀。印度已经不甘于南亚主导国的地位，它已经将目光投向了印度洋、东亚地区和西太平洋，这将成为澳大利亚的安全忧虑。

（四）未来两国在印度洋的关系走向

墨尔本大学发布的2013年《印度洋地区：安全、稳定与可持续性》认为，澳大利亚和印度应该共同倡导建立印度洋地区的战略新秩序。澳大利亚与印度这两个印度洋地区的强国可以联合起来，提高印度洋地区国家的地区意识与合作水平，两国还应该联合制定地区安全议程，深化安全保障

---

① Defense White Paper 2013，Australia Government Department of Defence ，p. 26.

② Dennia Rumley，“The Indian Ocean Region：Security，Stability and Sustability in the 21st Century”，Australia India Institute，March 2013，p. 82.

③ David Brewster，“The India-Australia Security Engagement”，Gateway House Research Paper No. 9，October 2013，p. 45.

关系。报告认为，在战略新秩序中，应该让中国成为积极参与者，而不应刻意回避中国甚至以中国为“假想敌”。[①]

在未来几年，印—澳关系可能成为印度洋地区最重要的安全关系之一。两国是印度洋地区主导性的海洋强国，地区内外都希望印澳在印度洋地区安全上承担更大责任。[②] 由于两国在印度洋地区都存在重要的战略利益，因此双方都认识到促进印度洋地区合作的必要性和重要性。两国需要在应对非传统安全挑战、保证印度洋通航自由、防止印度洋地区出现海军竞赛等领域通力配合。同时，由于两国的印度洋战略利益不尽一致，在印度洋上的合作也存在不确定性，印度与澳大利亚距离成为密切的合作伙伴还有很长的路要走。

中国作为印度洋上的利益攸关方，在印度洋上有切身利益需要保护。中国与印度、澳大利亚应相互承认各方在印度洋上的合法权益，与其他各国一道共同承担保护印度洋安全与稳定的责任。

---

① 周旭：“澳印联手建印度洋新秩序不应冷落中国”，环球网，2013 年 3 月 21 日，http://world.huanqiu.com/exclusive/2013-03/3754948.html。

② David Brewster，The India-Australia Security Engagement，Gateway House Research Paper No. 9，October 2013，p. 12.

中印领土争端中的水资源安全问题

李志斐*

历史上出现的水纷争事件中，有相当一部分是和领土争端交织在一起的，尤其是随着水资源日渐成为一种战略性的国家资源，为有效控制或者更多地占有实际水源，国家之间往往会借助各种手段来实际占有水源的所在地，造成领土争端或加剧本已存在的领土纷争的复杂化。在中印关系史上，领土争端一直是考验两个新生亚洲大国的重要问题，近些年，随着两国国内水资源形势的日趋紧张，水资源纷争不断，并且和领土争端纠合在一起，成为横亘在中印之间的一个复合型的难题。

一、中印领土争端现状与水资源分布

中国和印度是世界上两个最大的人口大国，也是世界著名的文明古国。虽然身为近邻，却因为中间横亘着雄伟浑壮的喜玛拉雅山和喀喇昆仑山，两国之间鲜有往来。在19世纪以前，中国与印度之间基本上都没有真正有效的边界线，大部分的交界处只有传统的势力范围界线，两国和平共处的状态一直维持着。印度成为英帝国的殖民地之后，一手炮制出了约翰逊线和麦克马洪线，从此搅乱了中印之间默契的边界划分格局。

---

* 李志斐，中国社会科学院亚太与全球战略研究院副研究员。

中印边界全长约1700公里，分西、中、东三段。西段长600公里，中段长450公里，东段长650公里。基于种种原因，中印边界全线从未正式划定，各段都存在着不同程度的争议。印度是目前唯一一个与中国存在陆地领土争端的邻国，两国领土争端的涉事面积多达12万平方公里，东段是藏南地区，争议面积9万多平方公里，现全部被印度控制；中段是中国西藏阿里地区同印度喜马偕尔邦和北方邦的接壤部分，共4块，约2000平方公里；西段是中国新疆的阿塞克钦地区，共3块，约3.3万平方公里，目前除了巴里加斯外全部被中国实际控制。在领土争端之中，争论最激烈的问题主要集中在东、西两段。

在中印边界的东段，1914年的西姆拉会议上，英国一手炮制出“麦克马洪线”，侵占中国9万多平方公里的土地。虽然中国政府坚决否定和反对印度单方面确定的“麦克马洪线”等侵略中国领土的行为，但印度当局利用新中国建国之初国际环境严峻的条件，越过传统习惯线向北部的“麦克马洪线”挺进，实际占有和控制了东部的藏南地区，之后两国围绕着“藏南地区”的主权问题争议不断。

1993年9月，为平息不断发生的边界摩擦，中印两国签署了《关于在中印边境实际控制线地区保持和平与安宁的协定》。两国围绕领土争端的外交努力不断，但一直没有取得实质性的进展。印度一直坚持“承认现状”、“固化实际占有”的思路，不断在东段领土争议地区采取实际行动，制造“领土化、行政化、人口化、军事化”的既成事实，企图迫使中国政府承认其对争议区的“实际管辖”。但事实上，中国对于印度的意图和做法一直给予坚决的否定和反对，中国维护领土主权完整的决心不会因为印度所谓的“实际占有”而有丝毫改变或动摇。近些年，随着中印两国水资源需求量的不断攀升，对水资源开发利用的程度也在不断加深，藏南地区的水资源安全问题成为了中印两国领土争端中的新因素。

藏南地区位于喜马拉雅山脉南侧，是中国进入南亚的重要通道，由于属于亚热带和热带季风气候，受印度洋西南季风的影响，该地区的降雨量大，终年温暖湿润，年平均降水在9000毫米以上，是世界上降水量最大的地区之一。藏南地区河流众多，是国际河流的集散地，分布有雅鲁藏布江、卡门河、西巴霞曲（苏班西里河）、丹巴曲、察隅河等。天然的地理位置和气候条件造就了藏南地区极其丰富的水力资源，据不完全统计，该地区的河流年径流量高达近2000亿立方米。

印度强占中国的藏南地区之后，为了“强化”自己的实际占有，就在争议领土上建立了“阿鲁纳恰尔邦”（Arunachal Pradesh），该“邦”共管辖18个县，其中8个县的领土全部在中国的领土范围之内，3个县的部分领土位于中国的领土范围内，共计占有中国领土6.7077万平方公里，是整个“邦”面积的80%。印度从内地大批移民到“阿鲁纳恰尔邦”，人口规模已经远远超过西藏自治区的人口总量，成为印度东北部面积最大的行政区。

为发展“阿鲁纳恰尔邦”的经济以及满足日益增多的移民人口的需求，印度试图充分开发利用“阿鲁纳恰尔邦”丰富的水力资源。统计数据显示，印度境内的布拉马普特拉河的水电蕴藏量为6.6065万兆瓦，占印度境内所有河流水电蕴含总量的44.42%，印控藏南河段水电蕴含量为5.0328万兆瓦，分别占印度境内布拉马普特拉河水电总量和印度全国河流可开发水电资源总量的76.1%和33.8%。① 对于印度来说，“阿鲁纳恰尔邦”的水电开发潜力是印度全国可开发水力资源的40%，可开发的水电量达6万兆瓦，目前已经确定修建项目总发电量大约为4.2万兆瓦，其余的1.8万兆瓦将很快确定开发地点。② 对印度政府来说，“阿鲁纳恰尔邦”是印度未来的发电站，国家应该克服一切挑战去发展“阿鲁纳恰尔邦”的水电资源。③ 印度商工部负责工业的部长塔邦·塔劳（Tapang Taloh）宣称，“阿鲁纳恰尔邦”具有巨大的发展众多水电项目的潜力，如果把这些潜力都挖掘出来，该邦的经济面貌将彻底改变，成为全国最富有的邦之一。④

---

① 根据印度电力部中央电力局所公布的数据计算得知，参见 http://www.cea.nic.in。

② “Hydropower project facing problem of clearances”, The Shillong Times, September 10, 2012, http://www.theshillongtimes.com/2012/09/10/hydropower-projects-facing-problem-of-clearances/.

③ “Arunachal moots dam policy”, The Telegraph, http://www.telegraphindia.com/1120802/jsp/northeast/story_15792767.jsp#.UldSMTWS0dV.

④ “Hydro-power projects will change the face of Arunachal”, http://www.sentinelassam.com/arunachal/story.php?sec=2&subsec=7&id=113556&dtP=2012-04-12&ppr=1#113556.

二、印度的水政策与争议领土上的水资源开发

印度属于缺水国家。据联合国人口协会 2010 年 10 月发布的《2010 年世界人口状况报告》统计，印度国内的总人口数量已经达到 12.15 亿，位居世界第二，[①] 其人均可用水资源量为每年 1729 立方米，按照 2000—2010 年的人口增长速度，到 2050 年，印度的人口数量将达到 16 亿，人均可用水量为每年 1403 立方米。[②] 人口数量的增长以及气候条件和水资源的天然分配不均，使得数亿印度人面临水资源短缺的威胁。据世界水资源发展报告显示，在可用水方面印度在 180 个国家中排名第 133 位，水质方面在 122 个国家中居第 120 位。此外，印度河流多属自然河流，雨水为其天然水源，雨季河流泛滥成灾，旱季则河水干涸，缺乏灌溉和航运能力。[③] 因此，如何更好地利用国内遍布的河流，充分利用水资源，实现综合效益的最大化，是印度国内一直热衷讨论和探讨的议题。

20 世纪 70 年代，印度的民间人士提出了“北水南调”和“北水东调”的设想，意即通过修建一系列的水渠、水库、水坝等水利设施，将北部恒河和布拉马普特拉河的丰沛水资源部分调配到南部和东部地区，解决当地旱季缺水和雨季洪涝的问题。1980 年，印度水利部提出“水资源开发的国家远景规划”，该规划就是通过将境内的几十条河流联成网络，实现流域之间的水资源调配。该计划有两大板块：一个是位于印度南部的半岛水系的开发，这一水系的特点是多为季节性河流，洪旱频发；另一个是位于印度北部的喜马拉雅水系的开发，这一水系的特点是多为常年流的河流，水量和水能资源十分丰富，这一板块的主要开发思路是在恒河、马哈纳迪河和布拉马普特拉河上修建一系列水库和连结渠系，连结各河将“富余”的

---

① UNFPA State of World Population 2010，UNFPA，October 20，2010.

② National Institute of Hydrology Water Resources of India，http：//www. nih. emet. in/water. htm.

③ 蓝建学：“水资源安全和中印关系”，《南亚研究》2008 年第 2 期，第 22—23 页。

水调往印度缺水地区。喜马拉雅水系的开发方案实际上是印度的“北水南调”工程。[①]

1987年，印度国家水资源理事会发布国家水政策，正式提出“河流联网计划”（National River Linking Project），该工程预计花费1200亿美元，计划连接37条喜马拉雅和半岛河流，修建1.25万公里的新水渠，在全国范围内调配水量1780亿立方米，可产生3.4万兆瓦的电力，可灌溉3500万公顷的土地，同时扩大了航行网络。[②] 该计划如果付诸实施的话，可以解决首都新德里等部分城市的供水短缺问题，缓解印度南部、东部598个县的旱情和83个县的涝灾。

最大化地开发水电资源已经成为满足印度国内能源需求的最佳选择，在第十二个五年计划中，加快建设水电站是印度确保国家能源安全的重要手段。在2007—2011的第十一个五年计划中，印度共建设了4750兆瓦装机容量的水电站，而在2012—2017的第十二个五年计划中，印度要建设装机容量超过3万兆瓦的水电站。[③] 为了确保印度经济年增长9%的发展目标，就需要保证15万—20万兆瓦的发电量。[④]

印度的水电开发加重，开发利用喜马拉雅水系是重中之重。印度河、恒河、布拉马普特拉河这三条水量和水能资源都很丰富的河流是印度境内的主要大河，它们均发源于中国境内的青藏高原，其中恒河、布拉马普特拉河属于喜马拉雅水系，而布拉马普特拉河凭借丰富的水系和水量以及较大的落差在喜马拉雅水系的开发板块中占据极其重要的地位。

布拉马普特拉河是印度最大的河流，按照印度官方的统计，其年径流量为5856亿立方米，占印度总地表径流量的31.3%。[⑤] 这一水量除了包括

---

① 李香云：“从印度水政策看中印边界线中的水问题”，《水利发展研究》2010年第3期，第68页。

② Brahma Chellaney, Water: Asia New Battleground, Washington, D.C.: Georgetown University Press, 2011, p. 210.

③ “Hydro Development Plan for 12th Five Year Plan (2012—2017)”, http://www.cea.nic.in.

④ “Hedel projects to thwart Chinese designs”, The Assam tribune, http://www.assamtribune.com/scripts/detailsnew.asp?id=feb0111/at05.

⑤ 数据来源于印度水利部，http://wrmin.nic.in/index3.asp?sslid=331&subsublinkid=820&langid=1。

中国雅鲁藏布江的入境水量，还包括了流淌在中国藏南地区的多条河流水量。印度在20世纪七八十年代就开始评估国内河流的水利开发潜力，其中布拉马普特拉河上预计可以修建226座水电站，印度正努力推动在布拉马普特拉河上修建200个大中小型大坝，[①] 其中相当一部分是处于藏南地区。2003年时，印度总理曾提出一份水电开发方案，计划在全国建设装机容量达5万兆瓦的水电项目，总计162个项目，分布于16个邦，其中42个项目位于“阿鲁纳恰尔邦”，装机容量达2.7293万兆瓦。[②] 可以说，开发布拉马普特拉河，尤其是其位于中印争议之地——藏南地区的部分是印度水电开发的重中之重。

表1　藏南地区（“阿鲁纳恰尔邦”）的水电开发情况

地点	可开发总量	装机容量25兆瓦以上的水电项目	已修建项目装机容量	占总数之比	修建之中的项目装机容量	占总数之比	边使用边建设的项目装机容量	占总数之比	计划开发的项目装机容量	占总数之比
藏南地区（阿鲁纳恰尔邦）	50328	50064	405.0	0.81	2710.0	5.41	3115.0	6.22	46949.0	93.78

资料来源：印度电力部中央电力局公布的数据，http：//www.cea.nic.in。

目前印度官方媒体公布的数据显示，“阿鲁纳恰尔邦”计划修建132座水电站，其中23座是发电量超过500兆瓦的大型水电站，据估计，23座水电站的总发电量将达到3.158万兆瓦。[③] 在2012—2017年间，“阿鲁纳恰尔邦”的26座水电站将投入使用，产生实际效益，总装机容量达9579兆瓦。按照“阿鲁纳恰尔邦”的官方资料，这一区域的水能资源开发潜力为5.0328万兆瓦，已建项目的装机容量405兆瓦，占可开发潜力的

---

① “India speeds up work on 200 dams”，Asian Age，2013.

② “Status of 50000 MW Hydro Electric Initiative”，February 12，http：//www.cea.nic.in.

③ R. Dutta Choudury，“Arunachal mounts pressure on Centre for dams”，http：//www.assamtribune.com/scripts/detailsnew.asp? id=oct2510/at05.

8.1%，而将来计划开发的装机容量为 4.6949 万兆瓦，占可开发潜力的 93.78%（见表 1）。可以说，“阿鲁纳恰尔邦”逐渐发展成印度水电开发与大坝建设的核心，计划修建的上泗昂水电站，装机容量达 9750 兆瓦，其规模仅次于中国三峡大坝。

表 2　印度“阿鲁纳恰尔邦”修建或计划修建的部分水电站

水电站名称	装机容量（MW）	水电站名称	装机容量（MW）
然甘纳迪（Ranganadi）	685	卡门（Kameng）	600
达旺（Tangwang）—I	750	意大林（Etalin）	4000
达旺（Tangwang）—II	800	胡同（Hutong）	3000
狄邦（Dibang）	3000	卡莱（Kalai）	2600
泗昂（Siang）上游	9750	滕卡（Tenga）	600
泗昂（Siang）中游	1000	纳比（Nabe）	1000
泗昂（Siang）下游	1120	纳迎（Naying）	1000
德姆威（Demwe）	3000	卡门（Kameng）—I	1620

资料来源：印度水利部中央电力局，http：//www.cea.nic.in。

三、印度的开发行为对中国周边安全的影响

印度“肆无忌惮”地在与中国存在主权争议的领土上开发水资源，导致中印两个亚洲大国之间的纠纷越来越明显地转向水资源，水资源从经济问题转变为政治问题。[①] 印度在中印争议地区的水资源开发举措对中国的周边安全形成了巨大的消极影响。

（一）获得国际河流水资源开发的优先权以对抗中国

印度在“阿鲁纳恰尔邦”的水资源开发相当一部分集中于布拉马普特

① 谢尔盖·马努科夫：“新德里与北京的政治目标正从领土转向水资源”，俄罗斯《专家》周刊网站，2013 年 8 月 29 日。

拉河上，属于针对国际河流水资源的开发。由于中印之间没有相关的针对两国共享国际河流的开发协议，印度就打算“先下手为强”，力图在中国尚未大规模地开发上游的雅鲁藏布江水资源之际，“抢先一步”争得国际河流水资源的开发权和使用权。

印度一直“担忧”中国在上游雅鲁藏布江段的水电开发进程，尤其是2010年11月12日，中国宣布雅鲁藏布江被截流，藏木水电站进入主体工程施工阶段，印度国内再次掀起“中国水威胁论”的高潮。印度国内相当一部分学者和官员认为中国在上游的开发不仅会较少流入印度的水流量，影响恒河流域的工农业用水，从而控制对印度的经济影响力，[①] 而且水电站可以使中国掌握控制西藏水资源的战略优势，将旱季截水、雨季放水作为向印度施压的新手段，一旦两国关系紧张或发生冲突，中国可以开闸放水，切断印度的通信线路，甚至将印度变成沼泽之国，[②] 所以印度需要警惕中国上游的水资源开发行为对印度的巨大安全威胁。

所以，正如印度很多媒体评论称，印度急迫地在“阿鲁纳恰尔邦”的布拉马普特拉河上快速修建一系列大坝，是为了争取其“下游国家开发权”，赢得与上游中国进行谈判的有利地位。同时，印度通过修建水利设施来治理布拉马普特拉河，可以阻止中国在墨脱地区实施“新三峡水坝”的计划，[③] 实现“先占先得”。[④] 印度官员称，中国的藏木水电站将在3—4

---

① “中国给印度准备水炸弹”，香港《太阳报》2010年11月21日。

② “River Runs Through it”，http：//timesofindia. indiatimes. com/home/opinion/edit-page/River-Runs-Through-It/articleshow/6320762. cms.

③ 印度国内所担忧的所谓“新三峡水坝计划”是指中国学者和专家提出的“南水北调大西线”设想，意即从雅鲁藏布江调水入黄河的大西线构想，主要包括两条引水线路，即第一梯级引水线路和第二梯级引水线路。第一梯级引水线路是从雅鲁藏布江上游的“朔玛滩”起，沿3588—3366米的高程，串怒江、澜沧江、金沙江、大渡河，至阿坝由贾曲入黄河，调水2006亿—3800亿立方米；第二梯级引水线路是在雅鲁藏布江大拐弯东引水，串察隅江、独龙江、怒江、澜沧江、元江、南盘江、金沙江、大渡河、岷江、涪江、白水江、白龙江，过秦岭，从天水和宝鸡入渭水，在陕西潼关和甘肃定远两处入黄河，可调水1880亿立方米。第二梯级调水工程的实施可进一步利用雅鲁藏布江水系和横断山脉水系下游的丰富的出境水和四川的长江洪水。（参见：中国黄河文化经济发展研究会、大西线南水北调工程论证委员会：“大西线南水北调工程建议书”，《当代思潮》1999年2期。）印度国内担忧一旦中国实施大西线构想，将大大减少雅鲁藏布江流入印度的水量，威胁其用水安全。

④ Ani Sasi，“Eye on China，Centre to fast-track Arunachal Hydro Projects”，http：//www. indianexpress. com/news/eye-on-china-centre-to-fasttrack-arunachal-hydro-projects/1179360/.

年内里竣工，印度需要推进在“阿鲁纳恰尔邦”的布拉马普特拉河上的水电站修建，以使在与中国的对抗中握有更大的筹码。[1]

（二）强化对争议领土的实际占有能力

对于印度来说，“阿鲁纳恰尔邦”的水资源对于其未来的经济发展具有重要意义，从目前的发展趋势看，印度会努力通过各种途径来强化对这一争议地区水权的占有和利用。按照第十二个五年计划，预计到2017年计划完成之时，藏南地区将近一半的水能资源将被开发完毕，并且随着河流联网计划的实施和布拉马普特拉河流域水利基础设施的完善，印度完全有能力实现将水调往缺水地区的计划。可以说，印度基本上已形成争议地区水资源开发利用现实的基础。[2]

印度这种实际占有水资源的行为会加强其对藏南地区争议领土的实际占有，并且与其在藏南地区不断提升的军事武装能力相呼应，共同强化对争议地区的实际控制能力。印度近些年不断地提升在藏南地区争议领土上的军事装备，2010年11月，印军组建了5000兵力规模的“阿鲁纳恰尔侦察营”，并且在中印边界东段的提斯浦尔（Tezpur）和贾布瓦（Chabua）空军基地各部署一个中队的苏－30MKI战斗机，其中贾布瓦基地的战斗机由最新购买的40架苏－30MKI中抽调。有评论认为，印度的目的主要是出于威慑战略的需要，原因是印度认为中国在雅鲁藏布江修建水电站会威胁到其“阿鲁纳恰尔邦”的水源供应，为了更加强有力地与中国进行水源之争，印度陆军要提升对中国内陆的攻击能力。所以，印度这种在中印边界争议地区实行“软”、“硬”兼施的占有行动，潜在威胁着中国的周边安全。

---

① “India Clears Hydropower Project on Brahmaputra to Counter China?” http：//www.sentinelassam.com/mainnews/story.php? sec＝1&subsec＝0&id＝149078&dtP＝2013-02-11&ppr＝1#149078；Urmi A Goswami，“Dam for dam in Arunachal”，http：//epaper.timesofindia.com/Default/Scripting/ArticleWin.asp? From＝Archive&Source＝Page&Skin＝ETNEW&BaseHref＝ETD/2010/08/06&PageLabel＝3&EntityId＝Ar00303&ViewMode＝GIF&GZ＝T.

② 李香云：“从印度水政策看中印边界线中的水问题”，《水利发展研究》2010年3期，第70页。

（三）争取国际承认，加剧中印领土谈判的复杂性和不确定性

印度在“阿鲁纳恰尔邦”水电资源的开发主体呈现多元化分布，既包括印度国家水电公司、东北电力公司、GMR 能源公司等国有企业，也包括“阿鲁纳恰尔邦”水电公司等地方企业，甚至还让一些私有公司参与开发。由于国家和地方的建设资金有限，印度还拉拢亚洲开发银行等国际机构的资金参与。

2010 年 6 月，亚洲开发银行通过了《印度国别伙伴计划（2009—2012）》，该文件同意亚行向印度贷款 27 亿美元，其中 6000 万美元用于“阿鲁纳恰尔邦”的水务治理和卫生改造项目，《印度快报》等印度媒体称之为“印度重大的外交胜利”。由于该文件涉及中印之间关于藏南地区争议领土的主权问题，遭到了中国的坚决反对，因此最终未能实施。

按照国际法的规定，国际组织无权涉足或干预主权国家之间的领土争议，即使是领土争议中的一国想把涉及争议领土的提案提交至国际法庭仲裁，也必须事先征得另一国的同意，否则国际组织无权涉足两国领土争议。印度拉拢亚洲开发银行投资其在与中国争议领土之上的水电开发项目，其目的一方面是加快对这一地区水权的占有和利用，另一方面是将水资源争端与中印领土争端结合起来，借助水资源项目扩大国际影响，博取国际社会的认同，取得对中印之间争议领土实际控制区的国际承认，并通过开发该控制区中的水资源达到加强对争议领土实际控制的目的。可以说，印度的做法既造成中国水权的潜在丧失，又使领土争议问题更加复杂化，加剧了中国对领土主权维护的难度。

（四）借助“气象战”制约中国

从地理学和大气物理学的角度讲，雅鲁藏布江大峡谷是由印度板块和欧亚板块碰撞而形成，大峡谷的形成相当于为印度洋暖湿气流北上开辟了一条通道，北上可到达青藏高原的腹地，当副热带西风槽前的西南气流覆

盖到青藏高原的东南部和南部地区之后，这些地方就会迎来丰富的降水。所以，雅鲁藏布江大峡谷很大程度上是西藏水源的生命线，青藏高原特殊的气候与生态环境与大峡谷的存在密切相关。

但是，目前印度在藏南地区的布拉马普特拉河大力开发水电资源的趋势向中国提出了预警，即如果印度在雅鲁藏布江大峡谷修建水库大坝的话，就可能将印度洋暖湿气流北上的通道封住，尤其是大坝建在大峡谷最狭窄的地方，就相当于在水汽通道的咽喉位置筑上一道铁门，阻挡住水汽的通过，严重影响印度洋水汽向内地的输送，从而一定程度上影响到西藏乃至西北地区的气候和生态环境。所以，印度如果利用藏南地区谷地特殊的地形地貌，控制了这条水汽通道，那么未来一旦与中国发生摩擦或者冲突，印度就可能会利用现代工程技术打“气象战”，使其成为打击和制约中国的新武器和新手段。

总之，印度对藏南地区水资源的开发利用，不仅可以实现将水调往国内缺水地区的计划，缓解国内的水资源短缺危机，还可以利用水资源的开发来客观上加强“阿鲁纳恰尔邦”与印度内地的联系和紧密度，增强中印领土谈判的复杂性和不确定性。印度在对中印争议领土上“无可畏惧”的水资源开发“精神”暴露了其迈向亚洲大国的过程中所体现的“进攻性”、排他性和掠夺性的发展理念。现在，中印关系的互动与构筑之中，水资源纷争和领土争端已经越来越紧密地联系在一起，并且相互作用，导致两个问题的解决日益复杂，成为中印睦邻互信关系构建和中国周边安全环境构建中的巨大挑战性因素。

四、中国的应对之策

随着经济的不断增长，中印两个正在崛起的亚洲大国对水资源的需求量会不断增大，对于拥有丰富水资源的雅鲁藏布江—布拉马普特拉河的战略重要性会认识得日益深刻。可以预见，由于实际控制着藏南地区，印度会愈加重视这一争议地区的水权实际利用。印度在中印争议领土上的大肆开发行为已经严重地损害了中国的水权，给中国的周边安全环境造成了严重的消极性影响，因此中国应充分认识到争议地区水资源的重要战略地位，采取措施最大化地保护自身的权益。

第一，关注和掌握印度在争议领土之上的行动，对于侵犯中国主权的行为给予坚决抵制。按照印度的中长期规划，为了完成所计划项目，尤其是河流互联网计划，其需要大量的资金投入，仅仅凭借国内的财力支持是远远不够的，其必然会去寻求各种投资渠道，特别是来自国际组织等方面的投资。因此，中国需要凭借在亚太地区的巨大经济影响力，来强烈反对各种来自国际组织等渠道的资金投入，阻止其参与争议领土之上的经济与政治事务，将争议范围保持在中国和印度两个主体之间，而不要扩大至地区或国际范围。近些年，印度配合着其在藏南地区的开发行为而不断增设兵力，摆出与中国要展开激烈的水源争夺战的架势，对此，中国应严密关注其在争议领土之上的重要动向，尤其是军事动向，适当情况下也要增强军事防御能力，保持对印度一定的军事威慑力。

第二，寻找利益共同点，探索合作新路径。从 1914 年印度强占了藏南地区至今，即便中国坚决反对和抵制，但印度丝毫没有在领土问题上有所退让，在这种争端现实既存的情况下，顺利地达成关于国际河流水分配的双边协议或条约基本上不存在现实可能性。但是一味地“你争我抢”不是解决问题的理性路径，只有合作才能解决根本问题，因此要寻求合作的新路径。现在，中国和印度之间仅存在关于雅鲁藏布江上游的部分信息分享，还缺乏深层次的合作。未来，中印之间可以“审时度势”地寻找双方的某些利益共同点，促进在水资源问题上合作的开展，从而一定程度上缓解在争议领土问题上的紧张气氛。

经济发展

印度难以推行第二代经济改革的原因及前景

文富德*

20 世纪 90 年代初期开始的经济改革使印度经济摆脱了长期停滞徘徊的局面，并逐渐进入高速增长的阶段。进入 21 世纪后，瓦杰帕伊政府开始进行第二代经济改革，就一些以前未曾触及的领域进行改革，比如修改对小型工业的保留政策，改革财政金融政策等。由于第二代经济改革必然牵扯到立法，面临来自印度社会各方面的极大阻力，因此瓦杰帕伊政府在新一轮大选中垮台了。面对着国内外巨大的政治经济压力，2004 年新上台的曼·辛格政府谨慎启动第二代经济改革，但由于执政联盟中左派的极力反对，第二代经济改革再次流产。2009 年曼·辛格政府再次上台后，打算重新启动第二代经济改革，但是美国爆发的国际金融危机不断深化又使经济改革再次搁置。2012 年，面对国际金融危机持续蔓延，欧洲国家主权债务危机恶化，印度经济增长大幅度放缓，印度金砖国家地位岌岌可危，曼·辛格政府终于不顾反对派的强烈反对，强力推行第二代经济改革。当然，这次改革依然也遭到来自印度社会各方面的阻力。造成印度政府难以推行第二代经济改革的原因是什么，改革前景如何等诸多问题，都是值得进行深入研究的问题，也是本文所要论述的主要问题。

* 文富德，教育部人文社会科学重点研究基地四川大学南亚研究所研究员。

一、第二代经济改革艰难进行

从 1991 年印度实行经济改革起，印度社会中就存在反对经济改革的呼声，只不过在经济改革进程中，当印度经济快速增长，社会经济各方面情况较好时，反对呼声就较小，反之则较大。但是，经过 20 多年经济改革，印度社会上下基本上已经达成共识：印度要发展经济，要成为发达国家，必须坚持经济改革。当然，第一代改革比较容易实行，因为其涉及的问题多少可以通过行政命令加以解决。但是，要深入进行经济改革，不仅涉及到经济领域改革，而且涉及到社会领域变革，因此一定会牵涉到立法，属于更困难的领域，如用外汇管理法取代外汇管制法，向国会提出保险监管法案，以及推行银行和外汇市场的自由化等。瓦杰帕伊政府在进行第二代经济改革时已经逐渐向这方面迈进。

（一）减少在公营企业中的股份

吸取拉奥政府公营企业私有化失败的教训，瓦杰帕伊政府停止实行关停并转政策，转而推行鼓励公营企业上市，逐渐减少政府在公营企业中股份的政策。在 20 世纪末期和 21 世纪初期的每个年度中，印度政府都从公营企业中撤出 1000 多亿卢比的资金。

（二）减少为小型工业保留的品种

经济改革以来，印度政府为修改这一保留政策做了大量准备工作，其中包括提高小型工业企业投资最高限额及减少保留工业品种。21 世纪初期，瓦杰帕伊政府决定减除列入保留名单的 14 种皮革制品、鞋类和玩具类产品。

（三）公布国家农业新政策

2000年瓦杰帕伊政府公布的国家农业政策规定，政策重点是有效地利用自然资源达到农业可持续发展；推动私营部门以租地合同方式经营现代农业；加速技术转让；鼓励农业投资；允许农产品自由流通和期货贸易，拓宽农产品市场；使合作社农业摆脱官僚控制和政治干预。该政策提出多达12个优先发展部门，包括保存生物资源、增进农民环保意识和发展畜牧业等。① 在粮食管理方面，把包括粮食在内的必需品公共分配体系交由各邦政府经管，粮食收购和供应任务由各邦政府来完成，印度粮食公司只需保存一定数量储备粮，以减少仓储费用，节约粮食补贴，缩小财政赤字。

（四）进一步开放外国私人投资

瓦杰帕伊政府将外国机构投资者在印度股票市场投资的最高限额从所投印度公司实收资本的24%提高至40%。外国对印度非金融公司直接投资，在个案审批条件下允许设立外商独资公司，但需将其中25%股权转让给印度国内投资者；如此投资总额超过5000万美元，则可保持其百分之百的股权，无需向印度国内投资者转让。政府还放松外汇资本账户管制鼓励印度公司对外投资，每家印度公司每年可向海外投资5000万美元；也鼓励印度公司海外筹资和进行股票投资。

此外，瓦杰帕伊政府决定修改《工业纠纷法》，将原定雇工100人以下工业企业可自行解雇员工的权利扩大适用于1000人以下工业企业。同时，上调对被辞退员工应得退职金的标准。

在2004年大选后执政的国大党政府并没有因为印度人民党政府因经济改革出现失误而下台就停止经济改革，而是坚持进行经济改革，但是显得十分谨慎。

---

① "Agro policy targets privatization growth", The Economic Times, July 29, 2000.

（五）继续放松对私营经济的限制

一是鼓励公私经济在经济特区内合作。鼓励公私合营完善基础设施建设，创建具有国际竞争力的经济特区。以公有、私有、合作经济或者政府及其代理等形式，陆续建立35个经济特区。二是进一步扩大私营经济活动的领域。允许私人企业开办铁路集装箱运输业务，鼓励私人企业建集装箱站，开展门到门运输服务，为主要港口货物进出口服务。[①] 三是出台激励发展食品加工业新政策。除印度私营部门已经经营的蔬菜、水果、粮食等食品加工外，鼓励肉类及海鲜产品加工。四是鼓励企业走出去，逐渐放松外汇控制，使卢比逐渐成为自由兑换货币。

（六）继续放松对外国投资的限制

一是提高政府办事效率。加快外商投资申请审批速度，凡是电力、电信、海港、道路、机场、石油、采矿等基础设施外商直接投资申请，保证7天内审批完毕。二是提高外资所占比例。将银行、保险外商直接投资比例由26%提高到49%，将电信业由49%提高到74%。在“自动路线”下外资在允许的绝大多数部门的比例升至100%。三是扩大外国投资领域。向外资开放零售商业，允许其以合资形式投资零售业，以改变印度落后的供销模式，使印度零售业发展成国际一流水平。还允许外资参与印度城镇和住房开发建设、基础设施建设和建筑开发项目。四是扩大出口加工区。五是加速经济特区建设。

（七）加速进行财政税收改革

一是调整财政投资方向。重视相当一部分没有从经济改革中获益的印度人民的利益。二是引入增值税。2005年4月1日起引入增值税，同时逐渐取消过去征收的中央销售税和附加货物税。三是取消电子硬件产品消费

---

① ［印］《经济时报》2005年2月14日。

税。2004年7月政府决定取消电子硬件产品8%的消费税，以促进电子硬件产品的消费与生产。四是控制通货膨胀。曼·辛格政府降低石油、钢材等的进口关税。

（八）继续坚持金融制度改革

一是提高外汇存款利率，利率逐渐市场化。从2005年4月1日开始，印度银行相继提高外汇存款利率。二是运用金融措施控制通货膨胀。新政府上台后，储备银行采取一系列金融措施如调整流动性比例等，以回收资金、抑制通货膨胀。三是保持外汇市场稳定，促使外汇市场整体秩序良好。四是保持适度外汇储备，以应付不动产领域的不确定性、国际油价的波动及财政领域的高额公共债务等情况对国家经济造成的冲击。[①]

此外，曼·辛格政府还继续坚持对公营经济的改革。在继续从公营企业撤出资金的同时，新政府对此采取的重要措施是鼓励公营企业合并。2005年，巴拉特电信公司与马哈纳贾电话公司两家公营大公司完成合并工作。

而且，在2009年5月，印度国大党以超过议会半数席位再次赢得大选胜利后，曼·辛格政府认为，印度要保持经济发展势头就必须进行全面经济改革。为此，新政府制定计划，准备再实施新一波以市场为导向的经济改革，同时推动改善穷人福利。[②] 2011年11月，印度政府试图利用冬季议会通过16项经济法案，启动第二轮经济改革。但在11月29日议会中却遭到联邦院和人民院的强烈抵制。2012年冬季议会期间，在经历两天激辩后，2012年12月5日，印度议会下议院终于以253票赞成、218票反对，率先通过辛格政府力推的零售业领域改革方案。6日，印度议会上议院也进行投票表决通过辛格政府力推的零售业领域改革方案。尽管此次投票不具法律效力，但是却被印度各方视为经济改革能否顺利进行的“风向标”。

---

① ［印］《金融快报》2004年10月27日。

② 艾米·卡兹明：“印度将重启市场化经济改革”，新德里，［英］《金融时报》2009年6月5日。

二、第二代经济改革难以推行的原因

20世纪90年代初期，印度开始进行经济改革，主要是取消生产经营许可证，整顿公营经济，放松对私营经济发展、外国投资和对外投资以及商品进出口的限制等。这些改革相对来说比较容易，主要通过行政命令就可以解决了。而要继续加速印度经济发展，必须进行新一轮经济改革，如劳工市场改革、价格改革、保险监管改革、银行改革和外汇市场改革等。但这一轮经济改革不仅必然涉及到立法领域，而且直接影响到相当一部分人的利益，从而致使经济改革更加困难。

（一）价格机制改革面临困难

在半管制经济体制下，政府通过主要商品法严格控制主要必需品的价格，从而保证社会经济发展和人民生活对主要商品的需要。为此，印度在中央政府设立民用物资供应总署，负责实施1955年必需品管制法和1980年防止必需品黑市交易和保持供应法，管制主要商品的期货贸易和监察必需品的公共分配系统。到1982年，列为监控名单的商品共66种，包括重要工业原料如钢材、水泥、石油制品、化工品、化肥及糖和棉布等日用必需品。政府对其实行管制价格或管制价格与市场价格并行的双重价格，并对其生产、销售和库存实行监控。20世纪90年代经济改革后，许多商品逐渐从管制价格监控名单中删除。20世纪90年代末期，印度仍受管制价格监控的商品有4类，即石油制品、化肥、食糖和药品。在工商界强烈要求下，政府表示逐步废止管制价格机制，2002年3月取消石油制品管制价格，2006年4月取消化肥价格管制，还承诺完全解除食糖价格管制。为在全球化下保护本国制药工业，印度将大幅度减少药品价格管制，但是在药品价格发生不规则变动时政府仍将进行干预。因此，管理价格将依然在印度存在，难以取消。由于洋葱价格暴涨严重影响印度人民生活和社会稳定，并进而危及政治稳定的情况不断出现，迫使印度政府对管理价格改革依然心有余悸。

（二）劳工市场改革难以进行

独立后，在半管制体制下，为了维护劳动者权益，避免劳资矛盾加剧和失业队伍扩大，印度政府通过各种立法对劳工市场进行干预，对资方行为进行某些规范和限制。目前，印度中央或邦政府共有45种劳工法，对雇员的最低工资、公司利润、生产安全、工业纠纷及工人解雇等作出种种严格规定。劳工法免除小型企业许多限制，实际上鼓励企业保持小规模、非正规状态，不利于实现规模经济。在1984年至1993年的10年间，超过100名雇佣员工的企业数目仅增加0.4%，而低于100名雇员的小型企业数量则增长3.6%。这些劳工立法虽然在一定程度上保证了工人的利益，但是其中某些立法如工业纠纷法，却已成为国家鼓励本国私人投资和吸引国外投资的障碍。劳工法的严格、僵化已经对经济增长带来严重的负面影响。如为保护工人的利益，《工业纠纷法》1982年修正法案规定，超过100名雇员的企业在裁员之前必须得到邦政府事先批准，而这实际上是很少被批准的；该法还要求企业工作环境的任何变动都需要至少提前21天通知，这造成企业间很难调换工人，即使在同企业内部调换工种也变得不易实现；企业停止经营活动或关闭企业也受到严格限制，这实际上提高了企业面对市场环境和技术变化时作出相应调整的成本，客观上限制了企业投资的积极性，不仅限制现有企业发展，也阻碍外国资本对印度投资。在工商界强烈要求下，印度议会曾经多次讨论修改该法案某些条款，但终因左翼政党和工会组织的强烈反对而未能成功。瓦杰帕伊政府曾经决定修改此法，将原定雇工100人以下工业企业可自行解雇员工扩大适用于1000人以下工业企业，上调对被辞退员工应得退职金标准，但依然未能获得议会通过。曼·辛格政府根本不敢对劳工法采取任何行动。印度劳动工资法改革依然任重道远，难以实质性进行。

（三）工业保留政策难以取消

独立后，受甘地主义经济思想的影响，印度历届政府对小型工业实行保护性保留政策，规定很多产品专门保留给小型工业生产，而不允许大中型企业生产。这种保留政策显然不符合市场经济的竞争原则，其在执行中也有某些实际困难，在 800 多种保留给小型工业生产的产品中，约有 200 种为小型工业根本没有条件生产的产品，而大中型企业又不许进入这些生产领域，结果只好依靠进口满足国内需要。因此经济改革后，印度社会中要求减少和废弃保留政策的呼声很高，但是遭到民族主义势力的反对，致使小型工业保留政策改革一直进展缓慢。到 2001 年初，这种保留给小型工业生产的产品仍有 812 种。实际上，对小型工业过度保护已成为印度工业发展和经济发展的障碍之一。印度政府为修改此保留政策做了大量准备工作，其中包括提高小型工业企业投资最高限额及继续减少保留工业品种。然而，由于此举有违甘地主义传统经济思想，因此不管哪届印度政府都难以取消小型工业保留政策。

（四）农业改革任重道远

独立以来，印度政府推行的土地改革政策成效不大。为了保证农业增产，印度政府还长期实行农业补贴政策。自 20 世纪 80 年代以来，印度对现代农业投入的补贴政策逐渐系统化，不仅对农用化肥、农用电力、农业灌溉实行补贴，而且对主要农作物保险、农业科研以及农业基础设施的修建和维护给予补贴。20 世纪 90 年代经济改革以来，改革对印度农业政策的触动最少。直到 2000 年印度政府才公布国家农业政策，规定在今后 20 年内农业年增产率将达 4%以上。而对关系农业发展的关键问题即土地制度却根本无法触动，甚至对关系印度农业发展前途的农业对外开放，也根本没有提及。可见，印度农业改革任重道远。当然，为了加速对土地的征用，以促进基础设施建设，2012 年第四季度印度政府通过土地征收法，私人投资项目征地只需要获得 80%的土地所有者同意，公私合营则降低至 70%。[1]

---

① 中国驻印度大使馆经济商务处："印度新《征地法》出台在激烈争论中艰难前行"，2012 年 9 月 4 日，http：//in. mofcom. gov. cn/aarticle/jmxw/201209/20120908319347. html。

（五）财政金融改革举步维艰

独立后，印度在中央政府和各邦政府之间逐渐形成联邦财政分税制，造成中央和地方财政关系长期紧张。长期以来，印度政府试图进一步完善联邦财政分税制，却因为中央政府担心财权过于分散影响财权集中而举步维艰。如为进行经济改革，加入经济全球化进程，印度已经逐渐降低商品进口关税，但是印度关税水平依然较高，然而由于产业界强烈反对，印度政府难以进一步降低关税。再如，不断增大的农业财政补贴不仅增加了政府财政负担，在一定程度上促使印度政府财政赤字居高不下，而且也不一定有利于农业发展。但是由于农民在印度人口中占绝大多数，在大选中占有极为重要的地位，历届政府不仅难以削减农业补贴，甚至还不断增加粮食补贴。又如经济改革以来，印度政府逐渐允许外资进入印度银行金融领域，但是政府对外国投资印度银行金融领域依然保留诸多限制；印度开始实行经常项目自由兑换，放松外汇资本账户管制，但是印度对资本项目自由兑换和货币国际化进程等仍然十分谨慎。2011 年 11 月印度储备银行决定，取消对储蓄利率的管制、对外资银行存在模式的控制及给私人部门授发额外银行牌照等。2011 年 12 月 18 日印度人民院通过银行业修正案，强化印度储备银行、印度竞争委员会对银行业的监管职能，提高外资持股上限，对单个 FII 持有私有银行股份上限由当时的 10%提高到 26%，持有公营银行股份上限由当时的 1%提高到 10%，并为银行牌照重启发放铺平道路。[①] 但为遏制印度卢比对美元汇率持续下跌趋势，2012 年 5 月 10 日，印度储备银行却要求出口商在内的所有创汇者将存放于银行的外汇收入总额的一半兑换成卢比，还对银行隔夜敞口头寸额度进行限制。可见，印度财政金融改革举步维艰，短期内难有大的突破。

---

① 中国驻印度大使馆经济商务处：“印度人民院通过银行法修正案：提高外资持股上限，重启银行牌照发放”，2012 年 12 月 21 日，http：//in. mofcom. gov. cn/aarticle/jmxw/201212/20121208494066. html。

（六）公营企业改革难有突破

长期以来，印度政府所属公营企业特别是各邦政府所属公营企业总是处于亏损状态。随着公营企业数量不断增多和公营企业规模逐渐增大，公营企业亏损也越来越严重，逐渐成为印度各级政府财政的巨大包袱，迫使政府不得不对公营企业政策进行必要改革。但是，由于公营经济特别是公营企业被看作是印度社会主义类型社会的一面旗帜，公营企业政策改革特别是私有化措施必然涉及广大工人的实际利益，因此其必然遭到左派政党和左翼势力的强烈反对；再加上由于工人和左派政党的坚决抵制和反对，严重阻碍经济发展的劳动工资法也难以进行必要的修改。因为只要政府推进这些改革，左翼政党和势力就会坚决抵制和反对，直到撤消对政府的支持，从而势必动摇政府的机政地位，因此印度公营企业政策改革难有重大突破。

此外，扩大对外开放仍阻力重重。如直到最近，向外资开放零售商业之所以在社会中引起强烈反对，不仅因为印度零售业规模庞大，而且因为其从业人员众多。据估计，在印度从事零售商业者超过 6000 万人，而印度零售商业主要为“夫妻店”，规模较小。反对人士担心，如沃尔玛、家乐福等超级零售商进入印度，其先进的经营方式、成熟的管理理念难免对印度以“夫妻店”家庭模式为主的零售业带来冲击，导致大批业主失业。因此，为保障“夫妻店”业主的利益，在放开商品零售市场时，政府也有较为严格的条款限制。新政策规定：开设外资超市的城市必须拥有 100 万以上人口；外资 5 年内投资规模须达 1 亿美元；外资超市本地商品进货率不得低于 30%。该政策虽然最终获得议会认可，但在执行中仍将遇到很大阻力：北方邦等 4 个邦明确表示反对该政策；在符合外资超市进入的 53 座城市中，有 28 座城市由反对党派执政。①

---

① 王磊：“印度国会抵制开放零售市场政策”，人民网，新德里，2011 年 11 月 30 日，http://world.people.com.cn/GB/16456691.html。

三、第二代经济改革发展的前景

要解决长期存在的众多劳动力失业问题，消除普遍存在的人民生活贫困问题，成为屹立于世界民族之林的世界大国，印度必须加速经济增长。为此，印度不仅必须坚持经济改革，而且必须深入进行经济改革。

（一）加速经济发展需要坚持经济改革

印度人口众多，经济发展水平依然不高，劳动力失业问题和人民生活贫困问题依然严重。目前，印度已经有4000多万城市人口寻找工作而没有找到工作，今后每年还有数千万人进入劳动力市场；还有数亿人生活在官方公布的贫困线以下，仍有大量人口生活在贫困线边缘，随时可能跌入贫困人口范围；也有数亿人是文盲，每年新增上千万儿童需要教育。要创造如此之多就业机会，防止刚脱贫人口重新陷入贫困，防止新增儿童成为新文盲，都要求印度加速经济增长，增加更多就业岗位，增加人民收入，加快消除贫困。同时，政府还要增加财政收入，扩大社会教育投资，大力发展教育事业，防止产生新文盲、新社会问题等。可见，印度各种社会经济问题错综复杂，为解决这些问题，必须加速经济发展；为此，印度必须加速经济改革。

当然，印度经济改革难度相当大，不是短期内可以完成的。首先，关税总体水平比较高，应进一步降低。印度目前许多商品关税还在20%以上，在世界各国关税水平普遍较低的情况下，这在一定程度上等于禁止进口，保护低效率本国企业。其次，对外国投资的许多限制依然存在。为此，一是要进一步放松外资股份限额。目前，印度在银行、保险和电信等许多行业只允许外资持有部分或较少股份。二是要进一步放松外资领域限制。目前，印度在农业等一些行业几乎禁止外资进入。三是要重新考虑向外国公司提供的优惠措施。印度政府经常为引资而放弃大量税收，实际上没有这些好处，投资方照样会实施这些投资项目。印度各邦政府往往进行缺乏成效的引资竞争，迫不及待地提供进口关税豁免待遇及补贴土地和电力。实际上，外国公司对这些优惠措施看不上眼，他们宁愿印度改造陈旧落后的基础设施，还希望看到印度劳动法规得到改革。

当然，印度经济改革还停留在经济市场化和全球化第一阶段，要进行第二阶段经济改革，如何解决和打破阻碍改革的既得利益问题将是对印度政府的考验。在深入进行经济改革方面，印度所面临的紧迫课题是：从根本上建立加强国际竞争力的政策体系，完善基础设施建设。印度经济改革在民主议会制下进行，存在尊重民意却难以发挥强有力政治领导作用的问题，但无论如何印度将继续坚持经济改革。印度已大范围地削减进口关税，提高外资股份限额，但其仍有许多行业实行高额关税，并限制外国投资，使这些行业处于保护之下。信息技术、商业流程外包和汽车制造业对外开放引入竞争后，已促使印度企业提高劳动生产率，其中一些企业还成为令人敬畏的全球竞争者，这些行业创造成了千上万个就业机会。因此，如何把这些成功经验推广到所有经济领域，也是印度经济改革需要解决的重要问题。

（二）社会经济问题鞭策印度坚持经济改革

印度人口众多，民族繁杂，政党繁多，社会多元化，社会问题错综复杂，政治问题尖锐激烈。长期以来，印度一直为财政赤字、经常项目赤字、通货膨胀及基础设施短缺等严重经济问题所困扰，在一定程度上导致印度经济长期增长缓慢。20 世纪 90 年代印度开始进行经济改革，其基本目标是：对外贸易迅速扩大，外国投资不断增加，国际收支明显改善，国民经济加速增长，综合国力有所增强。经过 20 多年的实践，经济改革已经取得举世公认的成就，经济增长加速，促使印度经济逐渐崛起。经济改革在印度社会已达成共识，即要解决社会经济发展中存在的诸多问题，必须进行经济改革，因此经济改革进程已不可逆转。但是，印度今后的经济改革将面临更多困难，因为印度经济发展中依然存在某些结构性因素，如基础设施落后，财政赤字庞大，通货膨胀高企，公营部门效率低下，劳工法僵化等，仍将妨碍印度经济快速增长。另外第一代经济改革主要集中在工业等领域，对农业、劳动力市场、小工业保留等方面很少触及或进展缓慢。另外第一代改革涉及人群多为中上阶层，承担政治风险较小；且不论是取消许可证制度、取消数额限制还是投资和贸易自由化等，都使经济改革涉及人群受益，对占全国60%劳动力利益的农业部门没有什么改革措施，实施起来较为顺利。而第二代经济改革面临的困难则多的多，如对于公营部门的改革，由于关系到大量工人下岗问题，因此必然遭到来自工会和左派政党的强烈反对。在印度这样一个特殊民主国家，这些社会问题如处理不当，势必会造成社会和政治动荡，但要彻底解决也需要印度坚持经济改革。

（三）经济改革成绩激励印度坚持经济改革

面对社会经济发展中的各种困难和挑战，20 世纪 90 年代经济改革以来经济加速发展的成绩还是激励印度政府坚持经济改革，因此 20 世纪 90 年代末期起印度各届政府还是大力推行第二代经济改革。这些经济改革必然牵扯到立法，势必面临来自各方面极大阻力，但改革趋势不可阻挡。在经济全球化进程中，印度要想在激烈的国际竞争中有所表现，唯一的选择是继续扩大和深入改革。曼·辛格联合进步联盟政府发布最低共同纲领规定六项执政原则：一是保持和促进社会和谐，加强法制；二是在10年或更长时期内，保证国民生产总值在可持续基础上年增7%—8%，扩大就业队伍，使每个家庭有稳定生活；三是提高农民、农工和工人的福利；四是在政治、教育和经济等方面保证妇女权利；五是对表列种姓、表列部族、和少数宗教教徒提供平等机会，特别是在教育和就业方面；六是发挥企业家、工商业者、科学家、工程师和其他专业人员等的创造性。其还对就业、基础设施、行政改革、公营部门、财政和外交等诸多方面提出指导性规定和承诺。

（四）经济改革教训告诫印度谨慎经济改革

印度虽为促进经济发展将继续进行改革，但由于印度特殊的社会政治背景，经济发展不一定能够保证政治稳定，从而决定印度经济改革进程不可能很快。印度经济改实践表明，为增加劳动力就业，消除贫困，必须加速经济发展，为此印度急需进行经济改革；但在议会民主制下，经济改革步骤不能太快，过激的经济改革势必导致政府倒台。1991 年国大党拉奥政府开始进行激进经济改革，使印度很快摆脱国际收支危机，并使印度经济很快恢复增长，但公营企业私有化等改革政策遭到反对派强烈反对，迫使政府暂时停止经济改革，使经济改革转向“中间道路”，国大党还是在大选中失败。1998 年印度人民党瓦杰帕伊政府上台后，坚持并深化经济改革，促使印度摆脱了西方国家经济制裁和亚洲金融危机的影响，推动高新技术产业高速发展，使印度经济进入高速经济时期。为寻求连任，2004 年瓦杰帕伊决定提前举行大选，满以为稳操胜券，然而广大人民并没有分享到经济改革的成果，使瓦杰帕伊政府在大选中倒台。由于经济发展并不能保证政治稳定，2004 年大选后执政的国大党曼·辛格政府虽坚持经济改革，但却十分谨慎。一是坚持公营经济改革，但步骤稳定。政府重在鼓励公营企业合并，但也不强迫合并，并实行支持公营经济发展的政策，如继续给予公营企业在投标中享受 10%价格优惠政策。二是放松对私营经济的限制，但逐渐放松。政府鼓励公私在经济特区内合作，并扩大私营经济活动领域，但却坚持逐渐放松的原则。三是放松对外国投资的限制，但稳步放松。政府鼓励外商到印度投资，但却坚持逐渐扩大外资开放领域，并注意加强外资管理。四是加速财税金融改革，但坚决打击违纪行为。如修订房地产管理法等，重申外国公民不能购买印度不动产。五是坚定支持工农业生产，提出开放农业还需 15 年。

实际上，印度国内反对经济改革的势力依然强大。多数政治运动所提诉求的一部分依据，在于他们认为穷人在印度转型过程中遭到忽视。在印度人口最多的北方邦，首席部长马亚瓦蒂已把自己定位成中央政府直言不讳的批评者及被压迫阶层的捍卫者。在西孟加拉邦，政府铁道部长班纳吉因鼓吹农民地权、反对塔塔集团在加尔各答附近修建汽车工厂计划而一举成名。尽管各党派为在大选中获胜都主张加速经济增长，在一定程度上支持经济改革，然而如果经济改革举措涉及广大民众利益，则势必引起反对党激烈反对。除印度人民党反对开放零售业外，印度共产党和许多地方政党也反对这些经济改革举措。未来印度政府只有坚持进行经济改革，才能加速经济发展。但由于经济发展并不能保证解决所有社会经济问题，也不能保证社会政治稳定，这就要求印度政府在经济改革进程中，要处理好改革、发展与稳定的关系，在保持经济发展和社会政治稳定的前提下，坚持进行经济改革。

四、结语

20世纪90年代经济改革以来，印度经济发展取得显著成绩，但是也存在诸多问题。因此，经济改革以来，印度社会中就存在反对经济改革的呼声。针对经济改革中存在的诸多问题和社会中反对经济改革的呼声，印度政府如何解决这些问题，是坚持进行经济改革，还是放慢甚至停止进行经济改革，甚至回到过去的老路上，这将在一定程度上决定印度经济改革的前景，还将在相当程度上决定印度经济发展的前景。但是，印度要增加劳动力就业，消除贫困，就必须加速经济发展，为此印度必须坚持经济改革。实际上，经济改革的成绩也在激励着印度坚持进行经济改革，经济发展中存在的诸多问题也在鞭策着印度继续进行经济改革。经过20多年的经济改革，印度社会上下基本上已达成共识，印度要发展经济，成为发达国家，必须坚持经济改革，因此印度经济改革仍将继续进行下去。只是由于印度社会问题错综复杂，经济问题根深蒂固，要从根本上解决经济体制问题很可能引发诸多社会问题，并最终导致经济波动和政治动荡，因此，任何印度政府都不敢进行过于激进的经济改革，以避免政府倒台。这在很大程度上决定了印度经济改革进程是渐进的，也是缓慢的。

2013年印度经济下滑与2014年发展趋势

张　立*

2013年印度经济可谓乏善可陈。除了经济增速继续走低外，其他一些重要经济指标的情况也不令人乐观。财政赤字、经常项目赤字和物价指数居高不下；卢比经历了大幅振荡；货币宽松政策收效不佳，这一切都给印度经济未来发展蒙上了阴影。然而，印度经济减速又绝非偶然，是一系列内外因素共同作用的结果，主要包括：（1）全球经济增长疲软导致的出口下降；（2）印度央行自2010年以来收紧货币政策导致实际利率上升的滞后效应；（3）更为重要的国内结构性因素，比如供应瓶颈、政策的不确定性以及投资项目审批及实施的长时间拖延等。结合印度近年来的经济发展轨迹及其根源来看，我们认为，2014年印度经济仍面临着较为困难复杂的局面。一方面，印度经济的基本面仍然稳固，而且印度政府的危机应对措施也在慢慢地发生作用，推动着经济的反弹回升，这是其未来经济形势中有利的一面；但另一方面，2014年是印度的大选年，政治因素上存在的各种不确定性将不可避免地影响到人们的预期和经济的走向；同时，那些能够用以刺激经济快速回升的数量型调控工具对于结构性问题的解决而言，其效果也相对有限。因此，综合各种因素分析，2014年印度经济形势有望趋于好转，但是其回升的幅度仍将会相当有限。

---

* 张立，教育部人文社会科学重点研究基地四川大学南亚研究所副研究员。

一、2013年印度经济持续下滑、陷入滞胀境地

自2011年起，印度经济就结束了此前7年年均8.2%的高增长，进入了增长慢车道。[①] 印度国内生产总值（GDP）的增速由2010财年的10.1%大幅降至2011财年的6.8%。此后，这种下行态势愈益显著，在2012年财年，印度迎来了近十年以来的最低增速，仅为5%。[②] 进入2013年后，印度经济依旧低迷不振。除了经济增速继续走低外，其他一些重要经济指标的情况也不令人乐观。财政赤字、经常项目赤字和物价指数居高不下，卢比经历了大幅振荡，货币宽松政策收效不佳，这一切都给印度经济未来发展蒙上了阴影。

（一）印度连续四个季度经济增速低于5%

数据显示，2013年一季度，由于制造业增势疲软，农业接近停滞，印度经济增速仅为4.85%；二季度（也就是印度2013—2014财年的第一季度），由于服务业增长放慢，仅为6.1%，工业下降0.8%，农业增长2.7%，印度经济仅增长4.4%，为自2009年一季度以来的最差表现；[③] 三季度，印度制造业和服务业增长变化不大，制造业仅增长1%，服务业增长5.9%，然而受农业增长率回升到4.6%和建筑业增长4.3%的推动，印度经济增速略微有所回升，为4.8%。[④] 截至2013年9月底，印度已经连

① 汪平："印度：一再探底惨收十年最差"，《国际商报》2014年1月7日。

② "印度全财年GDP增长5% 10年来最低"，http：//finance.jrj.com.cn/2013/05/31141915356376.shtml。

③ "India faces deepening slowdown：daily"，http：//news.xinhuanet.com/english/business/2013-08/31/c_132680114.htm.

④ "India's July-Sept. GDP grows 4.8 pct"，http：//news.xinhuanet.com/english/business/2013-11/29/c_132929773.htm.

续四个季度的经济增长率低于5%。

（二）制造业和出口等走势不妙，影响到人们对印度经济前景的预期

印度经济表现不妙并不仅仅体现在宏观经济的整体增速放缓上，其发展前景也令人堪忧。2013年8月，印度制造业产值出现近4年来的首次萎缩。经季节调整后，当月印度汇丰制造业采购经理人指数降至48.5，为连续第四个月下滑，反映出人们对印度经济前景的担忧。当月，印度出口订单也出现下滑，结束了连续11个月的增长。[①] 而农业的高增长看似也难以持续，因为2013年11月来临的强气旋“费林”使一些沿海的水稻主产区受到影响，导致数百万吨粮食减产，并对当地的房屋及其他基础设施等造成破坏。[②]

（三）高通胀、高财政和经常账户赤字等老问题并未消除

印度经济在其他一些领域的表现也不乐观。如高通胀、高财政和经常账户赤字曾一直是拖累印度经济的“罪魁祸首”，2013年以来，这些数据尽管都有所改善，但仍处于高位。

衡量印度通货膨胀的最主要指标——批发价格指数（WPI）2013年的增长呈现“U”形变化，从1月份开始一直呈下降趋势，4—5月份一度降到5%以下，只有4.7%，为2009年10月以来的最低点。但从6月起又开始反弹，到11月份，升至7.52%，为14个月来最高。高物价使得印度民众苦不堪言，其中食品价格特别是蔬菜价格上涨最为明显。如2013年9月，印度洋葱价格由一年前的每公斤15卢比增加到60卢比，印度消费者物价指数也达到了9%的高位。除了高通胀外，印度财政和经常项目双赤

---

① 王苇航：“印度经济告急说明了什么”，《中国财经报》2013年9月26日。

② http：//www.171english.cn/voa/news/2013/october/Cyclone.html.

字也持续存在。截至2013年10月，印度财政赤字总额仍约占到国内生产总值（GDP）的4.2%。在经常账户赤字方面，第一季度经常项目赤字为181亿美元，占GDP的3.6%；第二季度增加至218亿美元，占GDP的4.9%；第三季度通过严厉控制黄金等奢侈品进口，经常账户赤字情况出现好转，当季赤字额大幅缩减至52亿美元，占GDP比重降至1.2%。

（四）印度卢比大幅振荡、股市受挫

受经济持续下滑、经常账户赤字居高不下以及对美联储缩减量化宽松政策预期加速外资逃逸等因素的影响，印度的卢比2013年一度大幅贬值，成为全球表现最糟糕的货币之一。2013年5—8月，卢比对美元汇率跌幅高达20%以上，其中曾一度跌至68.85∶1的历史最低水平。但是，随后美联储暂缓退出量化宽松，印度新上任的央行行长拉詹也采取了一系列救市措施，印度卢比有所回升并趋于稳定，2013年底对美元的汇率维持在61∶1到62∶1的区间。在股市方面，以美元计价衡量，印度股市2013年累计下跌了3.1%，为亚洲主要股票市场中表现最差之一。[①]

（五）货币刺激政策效果不佳

为扭转经济失速的局面，自2013年2月份以来，印度央行已三次下调官方利率，累计达7.25个百分点。然而，从2013年8月份的经济情况来看，这三次降息未能缓解银行间市场的资金紧张局面，印度用宽松信贷来刺激经济复苏的办法未见明显成效。有分析指出，[②] 自印度央行放松货币政策到2013年第三季度，一年期银行间实际利率仅下降15个基点，而实际利率则因通胀减速而急剧上升。此外，由于经济增长显著放缓，银行资产质量恶化，这就意味着银行将拒绝降低贷款利率，因此货币放松并不会促使银行贷款迅速增长。

---

① 驻印度经商参处："印度股市创历史新高"，2013年10月31日，http：//in.mofcom.gov.cn/article/jmxw/201310/20131000373011.shtml。

② Johanna Melka，Eco Perspective，2013年3季度，http：//www.cei.gov.cn/doc/sjhwsd/2013081333231.pdf。

总之，正如诺贝尔经济学奖得主肯尼斯·罗格夫在 2013 年底就印度经济等问题接受专访时所言："印度经济更像是陷入滞胀。5%的经济增速对印度来说虽然不低，但相对于通胀来看是不够的。"①

二、影响印度经济下滑的主要原因

基于印度在全球政治经济格局中的重要地位和影响，其经济走势的这种显著变化自然会受到广泛的关注，对其发生缘由的探析也成为业界探究的重点。结合现有的一些文献和印度的经济表现情况来看，我们认为，可以将其大致归纳为以下四个方面的原因：

（一）外部经济环境不利

自美国次贷危机发生以来，全球经济深受震荡，至今尚未完全走出低迷不振的局面。世界主要的发达经济体问题重重，如美国、日本的经济复苏进程仍步履艰难，欧洲则深陷欧债危机的困扰。这些发达国家在过去十年里曾保持了年均 2.8%的 GDP 快速增长，但是在经过最近这次的国际金融危机冲击后，鉴于美、欧政府债台高筑导致财政政策被迫长期紧缩，增长潜力很有可能从过去的 2.8%左右下降到 1.8%。② 发达经济体作为全球最为主要的市场和技术、资本等来源地，其经济发展如果面临困难，不可避免地会通过贸易、投资等渠道将这种经济收缩的不利效应传导给包括印度在内的新兴经济体。而随着印度近年来与全球经济联系的日益加深，来自外部经济环境的这种影响也会相应增大。因此，有分析指出，正是美联储货币政策转向、全球经济增长乏力、贸易伙伴国家需求疲软等一系列不利外部因素打压了印度经济的增长空间。尤其是美联储货币政策转向的预

① 驻印度经商参处："诺奖经济学家：印度经济陷入滞胀而不是危机"，2013 年 12 月 24 日，http：//in. mofcom. gov. cn/article/jmxw/201312/20131200436591. shtml。

② 马骏："中国经济增长潜力下行六原因"，http：//www. caijing. com. cn/2010-09-04/110513210. html。

期不断升温，使得印度遭受了资本外逃和卢比大幅贬值等“池鱼之殃”，印度的经济形势也显得更为黯淡。2013 年 8 月 22 日，印度卢比兑美元的汇率持续惨跌至 65.25，创 40 年最低，部分分析师担心卢比在未来数月内或将跌至 70 的新低点，成为全球表现最为糟糕的货币之一。[①] 与此同时，大量热钱也撤离印度，仅仅从 2013 年 6 月以来的 2 个多月内，从印度流出的外国机构投资已超过 75 亿美元。这种状况不仅令依赖外资流入来弥补收支缺口、刺激经济增长的印度经济深受打击，同时也进一步加重了投资者的悲观情绪。

（二）经济周期因素

经济发展通常要经历一个从高峰到低谷的周期性循环波动过程。从这种视角来看，印度前几年的经济高增长就已经预示着在下一个阶段将迎来一定的降温调整。实际上，早在 2006 年底，著名的英国财经杂志《经济学家》（Economist）就认为，印度通货膨胀率已经飙涨到接近 7%，远高于亚洲平均值的 2.5%，其经济过热的风险超过了几年前的中国。[②] 尽管此后印度政府通过提升利率、限制出口、努力增加供给等方式进行了调控，但是通胀的势头并未得到有效遏制，以预算和经常项目双赤字为体现的宏观经济失衡现象也一直存在。尤其是进入 2008 年以后，由于食物及能源价格的不断升高，[③] 印度的通货膨胀率仍不断刷新攀升。而在国际金融危机全面爆发以后，印度政府为应对经济衰退的风险，又推出了扩张性的财政和货币刺激措施，这又必然会付出通胀风险加大的代价。为了遏制通胀，印度央行曾多次加息，使贷款利率处于高水平，这不仅抑制了消费，也导致该国固定资产投资不断下降。与 2007 年最高峰时相比，2012 年印度居民消费增长率下降了 3 个百分点，投资下降了近 10 个百分点。因此，有越来

① 杨可瞻：“印度卢比汇率创 40 年最低 7 月蔬菜价格同比涨 47%”，《每日经济新闻》2013 年 8 月 23 日。

② “印度经济过热恐比中国严重”，［新加坡］《联合早报》2006 年 11 月 28 日。

③ “Indian prices at three year high”，May 2，2008，http：//news.bbc.co.uk/1/hi/business/7379947.stm.

越多的观察者认为，印度经济放缓主要是投资减少所导致的。[①] 印度工商业联合会在 2011 年底开展的一项名为“全球危机及其对印度工业的影响”的调查也显示，对当前经济的不确定性以及对 2012 年经济危机进一步恶化的担忧与恐惧已经导致 50%的印度公司保留更高的现金余额，不再进行投资。这些 50%的受访者中，近 82%为大公司。[②] 而在外资方面，情况也不乐观。在 2010 年里，外国对印度直接投资（FDI）降低了 1/3，只有 240 亿美元（约合 1578 亿元人民币）。[③] 在接下来的 2012 财年里，印度的 FDI 又减少了 21%。[④] 总之，综合起来看，如果说前些年印度经济快速增长的确与宽松的货币与财政政策形成的景气繁荣有着密切关系的话，那么近期以来的经济放缓也必然有着经济周期性调整的因素影响，而外部环境的恶化不过是使得印度的经济着陆步子变得更“硬”一些而已。

（三）国内结构性因素

毋庸讳言，除了周期性因素的影响外，印度在基础设施、劳动力市场和投资环境等领域一直存在的结构性瓶颈也始终是制约印度经济实现持续高增长的重要障碍。印度现有基础设施的不完善在硬件上表现在公路破旧而不足、电力供应不足且不稳定、铁路货运线路短缺、港口破旧、城市拥挤，以及过度拥挤和令人窒息的繁忙机场等方面，在软件方面则表现在令人沮丧的婴儿死亡率和令人担忧的文盲比例所体现出来的医院和学校建设严重滞后等方面[⑤]。2012 年 7 月 30 日和 31 日，印度发生了连续两天的大面积停电，分别使 3.6 亿人和 6.8 亿人受到影响，这一事故被视为让人们

---

① 刘小雪：“印度经济放缓 投资减少是主因”，http：//finance. cnr. cn/jjpl/201206/t20120626_510020592. shtml。

② 李欣：“2012 印度企业现金持有量增加 投资减少”，2011 年 12 月 27 日，http：//finance. eastmoney. com/news/1351，20111227184654386. html。

③ 杨柳：“印度 2010 年外国投资下降 1/3”，http：//gb. cri. cn/27824/2011/02/25/2805s3164489. htm。

④ “美媒：沃尔玛等外国投资者扎堆撤出印度”，http：//finance. cankaoxiaoxi. com/2013/0723/243637. shtml。

⑤ Adil Zainulbhai：“确保印度在全球经济中的地位”，2007 年 10 月，http：//china. mckinseyquarterly. com/Economic_Studies/Country_Reports/Securing_Indias_place_in_the_global_economy_2058。

对这个国家经济的未来和成为世界超级大国的决心产生了怀疑。[①] 在劳动力市场方面，虽然印度有着劳动力供应充足的数量优势，但是缺少合格的技能型劳动者，同时其《劳动法》也较为严格，影响到了投资者的积极性，也不利于能发挥规模经济效应的大中型企业的建设发展。如印度《产业争议法》规定，所有超过 100 人的企业在解雇员工时，必须获得邦政府的批准，这就使得许多企业不愿扩大规模，以避免与劳动法冲突，但这又会在一定程度上制约印度企业竞争力的提高。而在商业环境和政府办事效率方面，印度虽然在近年来有所改进，但与投资者的期望相比还有差距。如韩国 POSCO 公司从 2005 年开始申请在印度建立总值 120 亿美元的炼钢厂，7 年之后，这项申请仍未能得到审批；印度政府在税收及监管方面也经常改变之前的规定，额外征收税项或改变市场条例，导致营商环境相当不稳定。如 2012 年 3 月，印度政府突然决定对英国沃达丰公司于 2007 年进行的一宗收购征收高达 26 亿美元的资本增值税。安永会计师事务所（E&Y）曾在其一份报告中指出，尽管印度已允许 100%的外资通过公私合作的方式进入基础设施项目，但存在着较为严重的监管不严、由于官僚作风而引起的不确定性和延误等问题，增加了外资投入的成本。该报告认为印度政府的腐败与官僚作风将使其在基建领域的国际融资步履艰难。[②] 总之，上述一些因素的存在不但直接影响到印度经济结构的塑造，如形成了以服务业为主导、制造业发展偏弱的较为畸形的产业结构，还削弱了印度吸引外来投资、扩大经济增长潜力的能力。

（四）制度因素

在一些经济学家看来，合理的制度安排是推动经济增长的关键，西方世界的兴起在很大程度上要归因于产权制度等的变迁改进。中国和印度经济改革以来所取得的成效似乎也印证了制度创新的重要性。因此，不无奇怪的是，也有许多观察者从制度视角来看待印度近年来面临的经济困境。

---

① 巴勃罗·布斯特洛："西班牙专家称印度经济增长黄金时代或将终结"，http://forex.hexun.com/2012-08-14/144728291.html。

② "政府效率低下使印度基建项目国际融资受阻"，http://in.mofcom.gov.cn/aarticle/jmxw/200706/20070604751326.html。

如哈佛大学经济学教授肯尼斯·罗格夫在分析印度增长势头为何减弱的原因时曾指出了四大原因，其中有三个是制度性因素：一是缺少了如同 20 世纪 90 年代早期改革时所获得的 IMF 等外部力量支持，而印度国内政治压力又不断阻碍经济自由化进程，从而导致经济自由化脚步放慢；二是各级政府部门贪腐严重，他们组成了一张阻碍改革的大网；三是中央政府比较集权，对地方政府放权不够。[①] 罗格夫由此认为，让印度重获活力的唯一办法，是通过权力下放以放松对各邦的经济束缚。英国《经济学家》香港负责人亚历克斯·特拉维里（Alex Travelli）也认为，缺乏改革措施是印度经济增长放缓的主要原因。[②] 他指出，近年来，印度采取了很多措施来吸引外资，例如放宽了对电信、单一品牌零售、石油和天然气产业外商直接投资（FDI）的限制，但是效果却不甚理想。如由于受到两项违规调查和担心印度对外商零售投资的限制，美国零售巨头沃尔玛就搁置了其在印度的商业扩张计划。

三、2014 年印度经济发展趋势

目前，各方对印度未来经济前景的判断仍存在着一定的分歧。持乐观态度的主要是印度官方人士。如印度央行行长拉詹 2013 年 10 月在美国哈佛大学演讲时表示，得益于政府相关委员会对数百亿美元大项目的审批放行以及 2013 年雨季农作物收成较好，印度经济将在 2013 年年底企稳回升。[③] 2013 年 11 月，印度总理经济顾问兰加拉贾（Rangarajan）也表示，本财年下半年印度经济将显著增长。[④] 在他看来，下半财年将看到季风季

---

① 禾木："经济增长乏力：印度的问题出在哪?"，《南方都市报》2012 年 11 月 25 日。

② "印度经济增长放缓累及国内众多产业"，http://www.fx168.com/fx168html/20130827/20130827175670080.htm。

③ 驻印度经商参处："印度央行行长称印经济将在年底企稳回升"，2013 年 10 月 16 日，http://in.mofcom.gov.cn/article/jmxw/201310/20131000351485.shtml。

④ 驻印度经商参处："印总理经济顾问预计本财年下半年经济将显著增长"，2013 年 11 月 14 日，http://in.mofcom.gov.cn/article/jmxw/201311/20131100391639.shtml。

节给经济带来的好影响，不仅农作物丰收，还会增加农村地区的消费需求；而已有起色的制造业下半财年将增长3%；政府前期采取的刺激经济措施也将在下半财年见效。而持悲观态度的则是如IMF和WBG等一些国际机构和经济学家，他们表示，印度经济形势仍较严峻，前景令人担忧。如2013年10月，IMF大幅下调印度2013财年经济增长预期至3.75%，WBG则将其由4月份评估的6.1%下调至4.7%。结合印度近年来的经济发展轨迹及其根源来看，我们认为，2014年印度经济仍面临着较为困难复杂的局面。一方面，印度经济仍然有着保持高增长的潜力，而且印度政府的危机应对措施也在慢慢地发生作用，推动着经济的反弹回升，这是其未来经济形势中有利的一面；但另一方面，2014年是印度的大选年，政治因素上存在的各种不确定性将不可避免地影响到人们的预期和经济的走向；同时，那些能够用以刺激经济快速回升的数量型调控工具，对于结构性问题的解决而言，其效果相对有限。这些深层次的结构性障碍还将在未来相当长一段时间内影响到印度经济增长的可持续性。另外，国际经济环境将会如何变化，也是影响印度2014年经济走势的重要因素。

（一）印度经济基本面仍然稳固

印度是拥有12亿人口的发展中大国，人口结构也比较年轻，这就意味着印度有着潜在而巨大的国内市场和消费需求。从供给面来看，印度国内有着较为完整的产业体系和丰富的资源储备，又实行积极的对外开放政策，这两方面因素就决定了印度经济有着较高的潜在增长率。肯尼斯·罗格夫对此也认为：印度目前离陷入中等收入陷阱还十分遥远，在全球较大的经济体中，印度的潜在增速是最高的。再从近年来的情况看，驱动印度经济增长的主要产业——服务业出口虽受欧美市场影响，出口额有所下降，但其竞争力仍很强；得益于国内廉价劳动力的推动，印度制造业也出现上升势头；新开设的外国工厂数量在增加，奥迪等国际大企业将生产线转入印度，三星和诺基亚等企业继续深耕印度市场，将生产环节放在印度从而面对终端消费市场。[①] 所有这些都将成为印度经济持续增长的坚实基础。

（二）印度政府不遗余力地出台各种反衰退措施，其政策效应逐渐显现

为了避免印度真正陷入经济衰退或支付危机之中，印度政府自 2013 年来已经出台了一系列相应的应对措施，包括降低信贷利率、开放新的投资领域以吸引外资、加快项目审批、鼓励国有企业投资、促进出口、抑制黄金进口等。如：2013 年 1 月，印度总理提议成立了旨在加快大型投资项目审批的内阁投资委员会（CCI）。此后，印度政府决定将 17 个大项目纳入快车道加速推进，这些项目总投资达 4 万亿卢比。印度财政部还对一些公共部门企业资本支出计划内的项目提请内阁加速这些项目的审批，其中涉及印度炼油巨头芒格洛尔、印度石油、印度斯坦石油等公司。2013 年 9 月，印度商工部工业政策和促进总局（DIPP）发布本财年第 6 号公告，正式调整和放宽部分领域的外资政策，以加大市场开放力度，努力吸引外资，挽救经济颓势。这些领域包括茶叶种植、石化冶炼、国防工业、快递业务、电信服务、单一品牌零售、资产重组、商品交易、信用咨讯、证券交易以及电力交易等。同月，该部门还发布内阁公告，提议允许 FDI 在铁路项目中占比 100%，外国投资者可 100%控股特殊目的公司（SPV），建设港口联通以及将矿山与工业中心连接到铁路网的铁路项目。2013 年 11 月，印度储备银行公告宣布了关于扩大外资银行在印开放经营的新政策。新政策宣布将通过给予外资银行近似国民待遇的措施，鼓励其在印度设立全资子银行。从这些政策推出后的实施情况看，有的效果还不明显，如在外资吸收方面，统计显示，2013—2014 财年上半年（4—9 月）印度累计利用外资 113.77 亿美元，同比下降 11%。2013 年 1—9 月累计利用外资

---

① 汪平：“印度：基本面稳固 经济增速将至 10 年来最低”，http：//news. xinhuanet. com/overseas/2013-08/21/c _ 125214627. htm? prolongation=1。

168.53 亿美元，同比下降 10%。[1] 但有的则进展较大，如在重大项目的审批方面，截至 2013 年 10 月，CCI 累计推动完成审批的大项目有 92 个，项目额达 3.5 万亿卢比，约占印度 GDP 的 4%。[2] 在改善经济项目赤字方面，印度也取得了可喜进展，2013 年第三季度较上年同期大幅减少了 158 亿美元。

（三）印度大选年的到来则给印度经济增添了不确定性

大选对印度经济的影响不可小视。除了不同政党在领导能力和经济政策取向上的差异对经济发展前景有所影响之外，大选结果还会影响到投资者的信心。如 2004 年印度大选结束后，因为人民党意外下台而使得投资者担心即将上台的国大党放慢改革步伐，印度股市在 2 天内大跌 17%。而 2009 年印度大选结束后，由于国大党胜选连任而使投资者认为确保了政策的连贯和政府的稳定，股市一度疯涨停盘创历史性行情。2014 年 5 月，印度又将举行全国大选，议会会重新洗牌。就目前情况来看，印度大选的前景仍扑朔迷离。有观察家认为，印度 2014 年大选的前景存在三种可能性。除了国大党延续执政和人民党实现政权更替外，印度政坛的第三势力（阵线）也可能异军突起，发挥更大作用，甚至可能出现来自第三党派的总理。[3] 还有不少政治人士预测，国大党和人民党都很难在大选中获得绝对优势，印度也可能将在大选后再度面临一个无任何政党联盟过半数的“悬浮议会”。然而，这次大选的特殊性却在于，它是在印度处于经济低迷、急需找到增长动力的背景下举行的，“印度的前景从来没有如此严重依赖一次大选。它未来的好坏将取决于能不能成立一个拥有多数席位的强力政府。”[4] 因为“悬浮议会”所带来的联盟政府必将使其面临更多的掣肘，其在推动一些必需的经济改革时也将面临更大的阻力和不确定性。所以，大

---

① 驻印度经商参处：“2013—2014 财年上半年印度利用外资下降 11%”，2013 年 12 月 17 日，http：//in.mofcom.gov.cn/article/jmxw/201312/20131200428592.shtml。

② 驻印度经商参处：“印度力推大项目审批但仍显不足”，2013 年 10 月 15 日，http：//in.mofcom.gov.cn/article/jmxw/201310/20131000350216.shtml。

③ 牛震：“莫迪：吹响进军新德里号角”，《文汇报》2013 年 9 月 15 日。

④ 吴顺煌：“印度经济转折要看 2014 大选”，《第一财经日报》2014 年 1 月 6 日。

选结果对印度未来几年的发展将有着十分重要的影响。一些分析人士认为，基于人民党总理候选人莫迪在古吉拉特邦所创造出来的经济“奇迹”，印度人民党若能上台，将有助于推出有利的外资吸引政策，可以预见 2014 年印度经济或将有一定程度反弹。但是无论如何，从 2013 年底到大选结果揭晓还有半年时间，在这一时间内不论是跨国公司还是本土企业都极有可能对印度市场的未来采取观望态度。因此，不足为奇的是，印度央行行长拉詹在其《2013 年印度储备银行金融稳定报告》中就警告说，“2014 大选成为印度经济不稳定的潜在来源”，在深陷危机 6 年之后，人们对印度金融体系的信心“依旧脆弱”。① 当然，为了争取赢得选举胜利，执政的国大党将会更加积极地争取扭转经济颓势，以取得选民的信任，但不能不看到的是，在面临高财政赤字和高通胀的情况下，印度政府的经济刺激空间实际上是相当有限的，而且这些政策之间相互还可能会产生顾此失彼的抵消效应。如 2013 年 9 月印度新通过的粮食福利法案，使印度的粮食补贴由每年的 40 亿美元增加到 200 亿美元，就对财政形成了巨大压力，将在一定程度上抵消此前政府财政紧缩政策的效果。

（四）印度经济中的“痼疾”和结构性矛盾难以在短时期内得到解决

正如国际三大评级机构之一标准普尔公司所称，印度的经济增长潜力正受到财政负担过重、结构性改革进展缓慢、基础设施服务短缺三大因素的抑制。而 2014 年新当选的政府还面临削减柴油价格补贴、如何为不断膨胀的食品和化肥等项目补贴融资、在全国范围内推广统一的商品服务税（GST）等诸多困难。② 除此之外，2013 年底，通货膨胀压力再度增加，印度央行行长拉詹表示，印度央行将综合考虑一系列出台的经济数据，力求通胀问题可控。通胀一方面增加了印度经济陷入滞胀困境的可能，另一方

① 萧达、王刚、杨明、青木、汪析、柳直：“世界进入‘多事之年’：选举、体育、对立成关键”，《环球时报》2014 年 1 月 3 日。

② 驻印度经商参处：“标普或于印度 2014 年大选后下调其主权信用评级”，2013 年 11 月 8 日，http：//in. mofcom. gov. cn/article/jmxw/201311/20131100382856. shtml。

面也将对印度央行采取松货币、稳经济的政策形成一定掣肘。从印度产业部门的实际表现来看，印度在新的一年里经济复苏的进程也不会太过平坦。印度联合工商会在2013年11月下旬发布调查报告称，虽然印度经济的“绿芽”在一些零星部门显现，但只有整个经济的投资循环启动，才能看到全面的经济复苏。该报告指出，通过对印度工业部门广泛调查分析，有20多个部门在2013上半财年增长趋势出现下滑，除非总需求的势头出现逆转，否则很难恢复整个经济的投资循环。[①] 汇丰银行2013年末发布的最新调查报告也显示，12月份印度服务业采购经理人指数（PMI）为46.7，较上个月下降0.5个百分点，为三个月以来的最低水平。该报告还指出，印度经济放缓已开始从制造业向服务业蔓延。由于服务业占印度经济的60%，再考虑到当前较高的融资利率和大选前的政策推进迟缓，印度经济短时间内将难以企稳回升。[②] 此外，在加快项目审批速度、尽快启动投资以拉动增长方面，印度也还需下大力气。据统计，目前等待CCI推动解决审批问题的公共及私人大型投资项目仍有330个，项目额达15.5万亿卢比（约合2580亿美元）。[③]

因此，综合以上各方面因素来看，基于印度政府反周期政策效应的逐渐显现和国际经济形势的好转，2014年印度经济增长有望保持温和的回升，但是基于大选的不确定性和各种结构性障碍在短期内难以有较大改观，因此其回升的幅度将会相当有限。

---

① 驻印度经商参处：“调查显示印度经济‘绿芽’难现”，2013年11月22日，http：//in.mofcom.gov.cn/article/jmxw/201311/20131100400453.shtml。

② “印度12月份服务业PMI降至3个月新低”，2014年1月7日，http：//www.indiacn.com/news/jingji/23701.html。

③ 驻印度经商参处，2013年10月15日。

印度经济改革对2014年大选的影响

宋志辉*

2012年8月以来，印度总理曼莫汉·辛格实施一系列旨在提振经济的改革，却遭到国内的强烈反对并引发一系列负面效应。截至2013年8月19日，印度卢比兑美元汇率频频创下历史新低，一个月内股市市值蒸发达10%，孟买Sensex股票指数也下跌10%。由于投资者担心印度巨额的经常账目赤字会导致印度过度依赖于海外资金，部分投资者开始从印度市场撤出资金。尽管如此，印度政府仍坚称其经济并未陷入危机，总理辛格试图安抚投资者情绪，称政府有足够的外汇储备，足以让卢比保持几个月的稳定。为了进一步稳定投资者的信心，印度政府于2013年8月推出了一系列措施来支撑卢比，包括给黄金、石油与其他主要大宗商品的进口设定上限，限定离境印度市民可携带外币数量，对企业海外投资进行限制等。由于跨国企业需要对新政策有更多了解，而且他们担心政治风向的转变可能会让这一政策发生扭转，辛格的新政策并没有促使海外资金涌入印度。印度经济的挫败已经造成政局动荡，甚至可能已经对2014年大选产生了影响。2013年12月8日，印度北方四邦地方议会选举结果揭晓，反对党印度人民党一举拿下中央邦、恰蒂斯加尔邦、拉贾斯坦邦三个邦，在总共520个议席中囊括374个议席，而国大党只得90席。印度执政的国大党在最新地方选举中惨败，最大反对党印度人民党则全面告捷，第三势力平民党也异军突起，这预示着印度政治格局掀起新变革，更将直接冲击将在半年内举行的全国大选。目前，印度大选的日期定于2014年5月。作为印度最大的在野党，印度人民党在中低收入阶层中有很高的声望，该党曾在

* 宋志辉，教育部人文社会科学重点研究基地四川大学南亚研究所副研究员。

2012 年 12 月北部和西部地区的选举中大获全胜，其总理候选人莫迪在古吉拉特邦拥有成功的执政经验，目前势头正旺。在 2014 年的大选中，印度人民党正在对国大党构成越来越大的威胁。

一、印度经济改革的负面效应逐步显现

2012 年 8 月，印度政府宣布，经过内阁会议审议，通过了进一步开放零售、航空和广播电视等行业的一揽子改革法令，相应增加外资在上述行业公司中的持股比例，同时还决定出售大型国有公司股份，以应对经济增速日益下滑，避免该国主权信用级别再遭调降。根据会后发布的公告，印度政府决定将多品牌零售业企业外资参股比重上限提高至 51%，航空业航空公司外资比重上限提高到 49%，广播电视业电视台和相关机构外资比重上限增至 74%。印度政府还决定，公开向私人资本出售印度斯坦铜业公司、国家铝业公司、矿产和金属交易公司以及印度石油公司 4 家大型国有控股公司股份，以弥补不断上升的政府财政赤字。[①] 从近两年的趋势来看，印度经济已滑入慢车道，增速持续放缓。此外，由于财政和贸易双赤字严重，通胀持续高位运行，印度经济结构存在不平衡缺陷。如何止住经济颓势和取信于民成为执政党的最大挑战，改革成为破解政经困局的唯一出路。遭遇困难的经济表现使得政府频频成为反对党的攻击对象，以印度人民党为首的反对派指责国大党贱卖煤矿，制造“煤炭门”议题，要求总理辛格辞职，给政府造成重压。此次由政府主导的经济改革虽然赢得执政联盟多数党派的支持，也在某种程度上增强了外资进入印度市场的信心，[②] 但是由于涉及多方利益，改革遭到国内多方反对，特别是中小交易商和反对派对相关改革措施强烈不满。印度全国贸易商联合会秘书长普拉温表示，国大党在遭到反对的情况下仍决定进一步开放零售市场令人失望。反

① “Manmohan Singh has rediscovered his vim; if only he had taken the tablets earlier”, The Economist, Sep. 22, 2012, http://www.economist.com/node/21563329.

② 汪平、赵旭：“印度经济改革面临巨大挑战”，《中华工商时报》2012 年 9 月 18 日。

对党、印度第二大党印度人民党领导人拉杰纳特·辛格说，印度人民党强烈反对改革措施，因为这将使国家丧失金融自主权，让农民和中小交易商利益受损。苏格兰皇家银行经济学家卡普尔认为，由于有此前零售业开放后被叫停的先例，这一措施能否得到落实仍有待观察。进入 2013 年以来，印度经济增速进一步放缓，经济改革的负面效应逐步显现。为了加大市场开放力度、吸引外资，挽救经济颓势，促进经济良性发展，印度政府于 2013 年 7 月 16 日推出针对 12 个领域外国直接投资条件的改革措施，大幅放宽对外资的限制。改革措施涉及电信、保险、石油、天然气和国防等重点行业，主要包括两方面：一是提高外国直接投资在该领域的投资比例上限。印度政府将电信领域的外国直接投资比例上限由原来的 74%提高至 100%；在保险行业，外国直接投资上限也提高到了 49%。二是减少投资审批环节，扩大“自动生效”的范围，将原先需由印度外国投资促进局批准的某些投资项目改为符合条件自动生效。比如，石油天然气领域的外国直接投资上限并无变化，仍维持 49%的比例，但由必须经外国投资促进局审批改为自动生效；在单一品牌零售领域，此前外国直接投资必须经外国投资促进局审批，现在改为投资比例占 49%以下的自动生效，49%以上的再报批；快递业务的外国直接投资仍维持 100%的上限，但取消了审批环节，改为自动生效。改革还涉及资产重组、股票、电力、茶叶种植等领域。不过，在呼声较高的民航、媒体以及备受争议的多品牌零售业等领域，印度政府并没有采取相应的投资改革举措。辛格政府的改革措施引发国内的强烈抵制。由于对经济改革持不同立场，来自草根国大党的 6 位政府部长宣布辞职。印度国内多个城市爆发大罢工，给印度经济造成 1500 亿—2000 亿卢比（约合 28 亿—38 亿美元）的损失，并重创银行、保险与交通业，使全国大部分学校、银行、商店等处于关门歇业的状态，交通运输业也陷入瘫痪。截至 2013 年 8 月 19 日，印度卢比兑美元汇率频创历史新低，一个月内股市市值蒸发达 10%，孟买 Sensex 股票指数也下跌 10%。[①] 由于投资者担心印度巨额的经常账目赤字会导致印度过度依赖于

---

① “Rupee tanks 110 paise, drops to 64.30 against US dollar”, Times of India, Aug 20, 2013, http://timesofindia.indiatimes.com/business/india-business/Rupee-tanks-110-paise-drops-to-64-30-against-US-dollar/articleshow/22070927.cms.

海外资金，部分投资者开始从印度市场撤出资金。尽管零售业改革方案最终在印度议会闯关成功，但是，在落实进程中，依旧止步不前。素有印度“经济改革之父”之称的辛格如今面对着一个十分尴尬的现状：2012年全年平均5.3%的经济增速创下了印度十年来最低水平，伴随而来的还有不断被国际评级机构警告降级的危险。改革引发的阵痛还波及印度政坛，印度联合政府的执政盟友纷纷借机向辛格发难，甚至不惜威胁退出联合政府，要求政府提前进行大选。反对党印度人民党更是借机向国大党发难，并且动作频频，显示出对2014年大选志在必得的决心。

二、经济改革失败的主要原因

2012年7月，印度总理曼莫汉·辛格登上了美国《时代》周刊亚洲版的封面。不过，封面上的辛格不再被渲染为头顶光环的救世主形象，而是一副孤独绝望的表情，配上显眼的“不达标者”的标签。就在3个月前，《时代》周刊还将辛格列为世界最有权力人物第19位，但实际上，自第二个任期以来，他的形象早已因为印度经济的低迷状态和政府的腐败丑闻而大打折扣，辛格头顶上的救世主光环正在褪去。[①] 在辛格本人看来，这一轮急风骤雨般的改革旨在提振国内萎靡不振的经济，同时避免印度的信用评级遭下调。但是，令辛格等改革派意想不到的是，大刀阔斧的改革措施并没有获得民众的认可，反而在国内激起了强烈反弹。其中，零售业领域的改革是印度国内矛盾的聚焦点。根据改革方案，诸如沃尔玛和乐购等国际零售业巨头可在合资企业中拥有51%的股份，印度希望外国零售商的进入可以带来物流及冷链仓储方面的专业技术，在促进印度农业现代化以及食品价格回落的同时，提升印度国内的就业率。但是，在面对外资巨头强大的竞争优势前，印度国内的小型零售业主纷纷担忧其会被挤出行业，因此成为首当其冲的反对者。印度经济发展的一大掣肘是破败的基础设施和

① 刘汉振：“印度总理曼莫汉·辛格：从‘救世主’到‘怠工王’”，《广州日报》2012年7月22日。

落后的制造业。2012 年夏的大停电事故，暴露出印度基础设施的落后，而破败的基础设施又严重束缚农业和制造业的发展。印度政府逐渐认识到，仅靠 IT、金融等服务业驱动的模式难以实现"包容性增长"目标，且是造成"穷印度、富印度"并存的重要原因。[①] 为此，印度政府希望借助此轮经济改革的契机，发展基础设施和制造业，构建更加平衡的发展模式。然而，由于印度目前的财政和经常项目赤字双双膨胀，已经令越来越多的投资者不安，全球零售巨头沃尔玛、保险公司伯克希尔哈撒韦等一些大公司近期纷纷撤回对印度的投资计划。在金融高度自由化的今天，鼠标轻轻一点，数十亿、上百亿的资金即可流进流出，而市场信心从不足到危机，有时候仅仅一步之遥。印度的零售业开放一波三折，虽说现在大门已经打开，但反对者们或明或暗设置的各种障碍使一些国际零售业巨头成了"惊弓之鸟"，不敢贸然进入印度零售市场。当前罹患"投资饥渴症"的印度只能通过进一步改革开放向国内和国外投资者们展现其开放的市场经济特征，方有可能赢得更多的投资者和他们的投资。未来一两年内，印度的贸易条件有可能继续恶化：一是美元整体疲软的态势可能不会改变，国际原油价格将会继续坚挺；二是印度经济瓶颈难消，通胀水平将维持在 7%上下浮动；三是发达国家经济复苏依然缓慢，其他新兴市场国家增长放缓，印度出口难有大的起色。在这种情况下，印度经常项目赤字还可能再创新高。如不适时采取果断措施，加大经济开放力度，那么印度的国际收支形势将日渐堪忧。现在，印度经济已经走到了一个十字路口，学界和业界要求改革的呼声很高。[②]

三、经济改革对 2014 大选产生巨大影响

2012 年刚刚结束总统选举，印度政界便开始为 2014 年的总理大选做准备。印度宪法规定，印度总统一职基本上是象征性和荣誉性的，而印度

① "Time magazine dubs Manmohan Singh as 'underachiever'", PTI News, July 8, 2012.
② "印度'投资饥渴'来由非浅"，《人民日报》2013 年 8 月 1 日，第 22 版。

总理掌握大部分的行政权力，为此，现任总理辛格为谋求第三次连任再次发起冲击。不过，自第二个任期以来，辛格的形象已经因为印度经济的低迷状态和政府的腐败丑闻而大打折扣，从以前的“救世主”变成了“后进生”，为挽回人气，辛格可谓使尽全身解数，开始打“亲民牌”，但效果似乎很有限。

（一）辛格政府“烧钱”拼大选无异于饮鸩止渴

2012年8月15日，辛格宣布一个规模700亿印度卢比的“超级”项目，为600万生活于贫困线以下的印度人免费赠予手机，并且还附送200分钟话费。《印度时报》声称，此举可以让600万人享受无障碍沟通的便利，对大选也十分有益。但有媒体质疑这完全就是个“面子工程”，认为这600万贫困线之下的印度人大多生活在连信号都没有的地区，对于还吃不饱饭的他们来说，要一部不能打通的手机并没有太大意义。2013年3月1日，就在西方世界全面财政紧缩之时，印度总理辛格却反其道而行之增加财政支出。印度2月28日宣布将新财年（2013年4月至2014年3月）预算定为16.65万亿卢比（1美元约合54卢比），较上财年增长16%。此次财政扩张由印度大型跨国企业和国内富裕阶级“买单”——政府将向他们课税以“开源”。辛格提出，要对收入超过1亿卢比的本地公司征收附加税，对于应税收入超过1000万卢比的个人征收10%的附加税。印度经济的增速放缓将是2014年印度大选的头等议题。萎靡不振的经济加剧了印度普通民众对改革不力的不满，并将矛盾指向了作为改革派先锋的辛格。过去的几年里，由于贪污腐败丑闻以及经济情势不明，国大党的支持率下滑，国大党希望通过改革赢回中产阶级选民的支持，并在2014年再赢得大选。在2014年5月大选日渐逼近的紧要关头，国大党计划推出一项“国家粮食安全法案”。根据这一法案，印度政府将扩大对贫困者的救济范围及力度，将向8.1亿民众提供远低于成本价（约相当于1/10）的粮食（小麦、米及其他粗粮）。与之相比，印度政府现阶段只对最贫困的3.18亿民众提供救济。毫无疑问，这将使数亿印度民众因此受惠，从而获得与之前相比更为廉价的粮食。但是，这同时意味着，印度政府每年需为此支出230亿美元（约合1413亿人民币）的巨款，将使印度每年的粮食津贴数额增加 45%，动用全印度年谷物产量的 1/3 之多。如若这一法案在国会获得通过并得以实施，印度全国近 70%的民众将能够从政府这一法案中受益，但如何筹措廉价粮食计划所需要的巨款，将成为印度政府的巨大难题。

（二）为赢大选政府忙“变脸”

为迎战 2014 年国会大选，印度总理辛格大刀阔斧将内阁“改头换面”以重塑国大党改革先锋形象。2012 年 10 月 28 日，辛格对内阁进行了“年轻化”改组。外交部长、司法部长、人力资源开发部长、国务部长等 17 个部级岗位都换上了“新面孔”,[①] 这是辛格自 2009 年大选之后最大幅度的内阁调整。然而，值得玩味的是，42 岁的拉胡尔·甘地并没有被列入内阁名单。身为索尼娅·甘地的儿子和尼赫鲁·甘地家族的嫡传子，拉胡尔预计将在 2014 年大选中被推举为国大党的总理候选人，但至今他仍一直回避在本届政府中担任正式职务。2013 年 1 月 19 日，拉胡尔·甘地被印度执政党国大党工作委员会正式任命为该党副主席，成为党内仅次于其母亲索尼娅·甘地的第二号领导人。对于拉胡尔坐上国大党第二把交椅一事，印度党内一些高官认为，拉胡尔未来接任总理的位置已成定局。国大党工作委员会宣布其成为国大党副主席的决定正式巩固了拉胡尔的地位，也将让他无可争议地接替现任总理曼莫汉·辛格成为未来的总理。但是，拉胡尔升任为国大党副主席，意味着他必须为贪污丑闻不断、振兴国家经济乏力的国大党注入新的生命力。但令人意外的是，拉胡尔却一再表示无意担任总理。2013 年 3 月 5 日，他再次表示自己无意竞逐印度总理之位。5 月 10 日，印度政府两名重要部长——铁道部部长帕万·库马尔·班萨尔和司法部部长阿什瓦尼·库马尔相继因政治及财政丑闻辞职。铁道部部长班萨尔辞职的原因是，他的侄子被控收取 16 万美元贿赂，以便为铁道系统内一名人员安排升迁。而司法部部长库马尔辞职则是因为高等法院指责政府大幅修改联邦调查人员一份调查报告草稿。此前，印度中央调查局在追查一些私营企业如何能在没有公开招标的情况下获得数以十亿美元计的煤田开采权，而库马尔被怀疑试图修改调查报告的草稿，以减轻其中对政府的指

---

① 马凌：“印度总理辛格‘变脸’迎大选”，21 世纪经济报道，2012 年 10 月 30 日。

责。在距离国会选举不到一年的紧要关头，这些丑闻令总理辛格领导的政府声誉受损。此外，辛格于2013年8月12日任命前国际货币基金组织（IMF）首席经济学家拉古拉姆·拉詹为印度央行行长，然而拉詹的到来并非印度命运的转折点。从曼莫汉·辛格连任总理到选择帕拉尼亚潘·奇丹巴拉姆担任财政部长，印度任命了许多备受尊敬的人物担任最显赫的政策职位，然而如此豪华的阵容未能阻止印度经济下滑。印度真正需要的是一系列类似于1991年危机之后在辛格领导下推行的那种大刀阔斧的改革，但由于正准备在2014年举行大选，印度政府几乎没有推行重大改革的政治空间。

（三）卢比"大贬"为执政当局敲响警钟

2013年8月以来，印度卢比对美元汇率持续大幅下跌，从年初到现在累计贬值幅度高达15%以上，成为亚洲表现较差的货币。贬值同时造成印度资本市场震荡，孟买证交所敏感30指数16日收盘时创下自2008年大熊市以来最大跌幅，汇率和股指的持续下跌使得外界担忧。在过去两年里，卢比对美元跌破25%，这是1991年印度政府承诺以黄金储备向国际货币基金组织换取贷款以来的最大跌幅。印度在野党印度人民党党首辛哈警告称，政府看起来已经失去了对经济的控制，政府造成的信用赤字和信任危机已"难以通过经济手段解决"，而必须借助政治程序，其言外之意是希望尽快举行全国大选。尽管总理辛格多次表示，印度不会回到1991年发生的支付危机中去，但严重的政府财政赤字和经济下行还是影响了人们对经济未来发展的信心。一些印度分析人士认为，这些震荡和下行很大程度上是印度国内政策问题所致。他们认为，管理不善、企业垄断加剧、腐败问题、官员渎职现象等导致失业率居高不下，制造业创新不足，出口创汇能力下降。尽管印度政府2012年宣布新一轮改革，审议通过了进一步开放零售、航空和广播电视等行业的一揽子改革法令，但未对吸引外资带来实质性推动。鉴于印度定于2014年5月举行全国大选，很多外国投资公司担心新一届政府在经济政策方面会有较大调整，对印度当前的改革普遍持观望态度。最近的市场动荡显示，政府必须加快经济改革的步伐，进一步开放市场，采取更加大胆的财政紧缩政策，促进增长，同时加大教育、医疗和基础设施方面的投入，否则各种经济指数还可能进一步下滑，印度将面对经济领域的危机。

（四）2014 年大选，各方胜算几何

1991 年，时任财政部部长的曼莫汉·辛格对印度进行大刀阔斧的改造，把印度经济带上了复苏的轨道。如今，印度又面临着相似的境况，已经身为印度总理的辛格却可能化身为解决这场危机的主要阻碍。[①] 不久前，美国联邦储备委员会主席伯南克曾暗示，他可能要在 2013 年晚些时候收缩美联储的量化宽松政策，从而提高收益率。国际投资者于是将资金从印度等新兴市场撤出，并重新投放回美国，导致印度卢比狂跌。然而对于印度而言，它所经受的不仅仅是货币危机这么简单，等待着它的是一场信誉危机。在 2013 年的前 5 个月，印度的工业投资额已经赶不上上一年的投资水平，更比前年下降了 2/3。作为过去 9 年的印度总理，辛格自然难逃其咎。在他的第二任期内，印度政府将精力过多地花在发放补贴上面，而对于仍然艰巨的结构性改革，如促进劳动力现代化进程和修订土地法等议题却关注不足。由于印度大选将于 2014 年 5 月开始，印度各政党已经开始了民意的争夺。但作为一个耄耋老人，就算国大党联合政府继续执政，辛格已不可能继续留任。而年轻的拉胡尔·甘地已一再表示自己无意竞逐总理之位，即使勉强上位，年轻且缺乏经验的拉胡尔也未必有能力驾驭印度这条大船。2013 年 6 月 10 日，印度最大的反对党、印度教民族主义政党印度人民党作出重大决策，任命该党强硬派政治红人、古吉拉特邦首席部长莫迪为党的新领袖，负责率领该党参加下届人民院选战，并将成为人民党的总理候选人。印度人民党曾两度执政，有过一段辉煌时光。该党 2004 年大选失利，至今熬了十年，下次大选志在必得。加上眼下国大党领导的联合政府腐败丑闻不断，政绩乏善可陈，印度人民党视 2014 年大选为其东山再起的绝佳良机。在印度，竞选主要不是执政理念、施政方针的较量，而在很大程度上是领袖魅力的比拼。印度人民党内目前资格最老且颇负盛名的

---

① "Manmohan Singh at 80", BBC News, September 25, 2012, http://www.bbc.co.uk/news/world-asia-india-19671397.

领袖是阿德瓦尼，但他毕竟已年届 85 岁，且 2009 年大选印度人民党由其挂帅，但未能挽回颓势。为确保下次胜选，印度人民党需要有新领袖，新面孔、新旗帜，于是莫迪这颗新星应运腾升。莫迪 1950 年出生，过去十几年带领印度人民党在西部古吉拉特邦连续三次赢得邦议会选举，这在今日印度可谓政绩卓著。更重要的是，他勤政务实，重视发展，在其领导下，近年来古邦经济增长迅速，尤其是制造业发展令人印象深刻。然而，莫迪的任命也引来各方非议，理由是印度人数众多的穆斯林选民不喜欢他。印度是仅在印度尼西亚之后的穆斯林人口第二大国，在其 12 亿总人口中，大约 15%（1.8 亿）为穆斯林。在当今印度政治势力高度分散化的情况下，穆斯林选民较为一致的政治取向对选举结果能产生举足轻重的影响。有研究指出，在人民院 543 个选区中，穆斯林能左右 200 个。① 但是，印度人民党很难得到穆斯林的选票。在印度政治中始终有一股右翼的印度教民族主义势力，自 1980 年以来，印度人民党就是他们的政治代表。1992 年 12 月，印度教狂热分子捣毁了北方圣城阿约迪亚著名的巴布里清真寺，声称要在其废墟之上恢复神圣的印度教大神罗摩之庙，从而在全国引发大规模两教冲突。在孟买，数千人（主要是穆斯林）惨遭非命。2002 年，古吉拉特邦又发生大规模宗教骚乱，数日里上千人遭杀害，其中多数还是穆斯林。印度舆论普遍认为，当时身为首席部长的莫迪对控制局势不作为，实际上是纵容印度教极端分子。甚至美国政府也持这种看法，至今仍拒绝向莫迪颁发入境签证。总之，印度人民党目前处于两难境地：为迎合印度教中产阶级的情绪、激发年轻选民的热情，他们需要莫迪这张新面孔；但莫迪又会把一些需要穆斯林选票的盟友吓跑，而这些盟友对印度人民党今后有可能与之联手问鼎中央，将是不可或缺的。如果莫迪高举“发展”旗帜，摒弃“寺庙之争”旧幡，印度人民党东山再起并非没有可能；反之，如果企图新旗旧幡并举，前景将不会光明。可以预料，不论哪方在 2014 年的大选中获胜，执政之路都将十分艰难。

---

① “Narendra Modi inducted into BJP's Team 2014，Amit Shah appointed general secy”，Zeenews，March 31，2013，http：//zeenews.india.com/news/nation/bjp-s-team-2014-announced-narendra-modi-named_838808.html.

社会政治

2013—2014年度南亚各国大选纷争对其政局的影响及中国的应对

戴永红[*]　李红梅[**]

随着南亚国家民主政治的发展，政党纷争走向激烈化和暴力化。党派繁多、数量大、多元化已成为南亚国家政党发展的一大特点。而2013年和2014年作为大选年，其间党派间的激烈竞争更为加剧，部分国家在此过程中出现了流血冲突和敌对党派间相互拆台现象，民主乱象愈演愈烈，但即便如此，尽管各国民主政治发展程度各有不同，各国依然没有偏离民主政治发展的轨道。在此背景下，本文分别对南亚8国围绕大选展开的政党纷争进行系统梳理、预测和相应评价，并指出其对南亚地区安全的影响。

一、大选下南亚多数国家政党纷争频仍

（一）印度：地方性政党逐渐发展强势，人民党意获压倒性胜利

近年来，印度地方性政党逐渐发展壮大，与以国大党和人民党为代表的全国性政党形成竞争之势，使得印度政治不可避免地走向多元化和分散

* 戴永红，教育部人文社会科学重点研究基地四川大学南亚研究所副研究员。
** 李红梅，教育部人文社会科学重点研究基地四川大学南亚研究所研究生。

化。目前，除古吉拉特、拉贾斯坦和奥里萨三个邦外，其余的邦都存在着各种各样的地区性政党。① 由于各邦利益诉求不同，在一定程度上为代表特定邦的地区政党提供了存在的必要性，如在泰米尔纳德邦、印控克什米尔和西北部地区的所有邦，地区性政党在其邦的群众基础不断壮大，全国性政党的力量难以企及，未来邦的权力自主意识的增强将成为印度政治民主化的一个必然趋势。例如作为印度政治风向标的北方邦，在 2012 年选举中尽管拉胡尔花了 2 年时间为国大党在该邦拉取选票，但最终国大党却只获得了 403 个议会席位中的 35 席，败给了穆拉亚姆·辛格·亚达夫领导的地区性政党——社会党（Samajwadi party）。② 同时地区性政党还善于通过联合的方式与执政党唱对台戏，例如 2013 年 10 月，11 个地区性政党成立了反国大党的组织——Samata Manch，在未来的几个月，该组织将在各大邦举行集会并邀请所有非国大党的党派参加，包括人民党。③ 而近期凯杰里瓦尔领导的以反腐运动著称的平民党（AAP）异军突起，在德里进行的地方选举中获得了 70 个席位中的 28 席，并在国大党支持下组建了新政府，该党主要集中于反腐和民生问题，为腐败严重的印度政坛带来了一丝希望，在获得民众好感情况下该党声称将角逐 2014 年全国大选。④

而以国大党和人民党为代表的全国性政党之间竞争也较激烈。2012 年 12 月 20 日，作为国大党的最大政敌人民党在西部地方选举中大获全胜，增强了古吉拉特邦首席部长莫迪当选 2014 年总理的可能性。⑤ 随后，国大党于 2013 年 1 月 19 日宣布正式任命拉胡尔·甘地为该党副主席，为其在大选中成为国大党候选人扫清障碍。此外，为扭转不利局面，制定新法案成为国大党在大选前争夺选票的有效手段，并通过了新的移民安置法案，

---

① “印度政治力量趋于多元化”，印度中文网，2012 年 12 月 28 日，http：//www. indiacn. com/national/zt/11141 _ 2. html。

② “印度国大党在地方立法选举中明显受挫”，新华网，2012 年 3 月 7 日，http：//news. xinhuanet. com/world/2012-03/07/c _ 122799536. htm。

③ “Now a Samata Manch to bulid anti-congress platform”，The Hindu，October 24，2013，http：//www. thehindu. com/news/national/now-a-samata-manch-to-build-anticongress-platform/article5265767. ece.

④ “India state polls：Common Man’s party wins Delhi seats”，BBC NEWS，December 8，2013. http：//www. bbc. co. uk/news/world-asia-india-25292627.

⑤ “印度反对党人民党 20 日在西部地方选举中大胜”，印度中文网，2012 年 12 月 21 日，http：//www. indiacn. com/national/zt/10771. html。

随后人民院又通过了备受争议的谷物廉价保障法案，规定政府将给全国67%的人口提供小麦和大米补贴，使得该法案成为了全球最大的福利计划。在印度面临财政赤字之际，该法案的通过备受争议，法案出台的第二天，卢比出现了进一步下滑的趋势。批评人士指责这是索尼娅·甘地领导的国大党为 2014 年大选拉票的最后一搏。① 人民党方面，2013 年 6 月 9 日，人民党决定推选现任古吉拉特邦首席部长纳伦德拉·莫迪为人民党总理候选人，以期在大选中打败国大党。随后两党开始大打口水战，国大党副主席拉胡尔指责人民党蓄意制造“政治分裂”和弱化国家世俗基础。在拉贾斯坦邦进行演讲时，拉胡尔说道：“国大党希望人们团结，不像人民党出于政治利益希望分裂人们。”② 辛格总理 2014 年 1 月 3 日还公开表示：“如果莫迪当选总理，对印度来说将是一场灾难。”③ 而莫迪在中央邦进行竞选演讲时则指责国大党基于社区、村庄和语言来分裂国家。④ 2014 年 1 月 15 日在接受《今日印度》采访时拉胡尔指责人民党“以个人为中心的原则，这不利于国家利益”，并表示自己做好准备接受国大党的命令。⑤ 2014 年 4 月 7 日印度大选正式拉开帷幕，5 月 16 日，历时 9 个阶段、36 天之久的印度大选结果最终出炉，人民党领导的全国民主联盟获得了压倒性胜利，夺得 543 个议席中的 334 席，而国大党领导的团结进步联盟遭遇历史惨败只获得了 63 席。5 月 26 日，莫迪宣誓就职并正式成为印度新总理，此次人民党胜选主要由于莫迪领导的古吉拉特邦在经济上的迅猛发展能给处于经济疲软中的印度带来发展的希望，人民希望莫迪的“古吉拉特邦发

---

① “How Bad, Really, Is India's New Food Security Bill?”, Forbes, September 2, 2013, http://www.forbes.com/sites/meghabahree/2013/09/02/how-bad-really-is-indias-new-food-security-bill/.

② “Congress unites, BJP divides people, says Rahul”, The Hindu, October 24, 2013, http://www.thehindu.com/news/national/congress-unites-bjp-divides-people-says-rahul/article5264854.ece.

③ “Modi's election as PM would be disastrous for India: Manmohan”, DAWN, January 3, 2014, http://www.dawn.com/news/1078121/modis-election-as-pm-would-be-disastrous-for-india-manmohan.

④ http://www.firstpost.com/politics/madhya-pradesh-do-shrinking-crowds-point-to-modi-fatigue-1239215.html.

⑤ “Ready for whatever congress wants me to do: Rahul Gandhi”, THE HINDU, January 15, 2014, http://www.thehindu.com/news/national/ready-for-whatever-congress-wants-me-to-do-rahul-gandhi/article5576659.ece? homepage=true.

展模式”能帮助印度走出经济困局。莫迪上台后就誓言要把印度带入“高铁时代”。

仔细分析此次大选的三方势力：国大党、人民党和平民党。[①] 平民党作为政坛新秀，其大举“反腐”和“民生”旗帜确实给腐败重生的印度政坛带来耳目一新之感，但缺乏执政经验和尚无系统的经济发展计划使其难成气候。而国大党领导的团结进步联盟问题重重：（1）腐败丑闻不断，如电信诈骗案、煤炭门丑闻以及最近与意大利间的军售贿赂问题。[②]（2）辛格政府改革乏力，经济增长缓慢，财政赤字居高不下，经济通胀严重，使国大党陷入信任危机。印度政策研究中心主席梅塔表示：团结进步联盟造成的政府基本机构的损坏将困扰整个国家，下届政府要做的第一件事情就是“恢复总理办公室”。[③] 以莫迪为首的人民党此次大选意外地结束了印度长达多年的“悬浮议会”，对印度政治来说无疑是一种进步，将有利于未来政策的制定和实施。但强硬的莫迪能否成为印度版“普京”，并带领印度进入新的经济时代，仍充满了不确定性，毕竟印度政治体制限制了其“集中力量办大事”的可能性。

（二）巴基斯坦：执政党压倒性优势明显，其他政党依旧百般阻挠

2013 年 5 月 11 日，巴基斯坦举行国民议会选举。穆斯林联盟（谢里夫派）获得 186 席成为议会第一大党，人民党获 42 席成为反对党，6 月谢里夫就任总理并组建新内阁。而在各省议会中，不同政党依然掌握着传统势力，其中穆斯林联盟（谢派）在旁遮普省执政，人民党在信德省执政，

---

① “印度大选会否影响中印关系”，参考消息网，2014 年 1 月 7 日，http：//world. cankaoxiaoxi. com/2014/0107/327774. shtml。

② “India scraps ＄753m Finmeccanica helicopter deal”，BBC NEWS，January 1，2014，http：//www. bbc. co. uk/news/world-asia-india-25568464.

③ “Some rights，many wrongs：At Express Adda，an assessment of UPA”，The India Express，November 15，2013，http：//www. indianexpress. com/news/some-rights-many-wrongs-at-express-adda-an-assessment-of-upa/1195033/.

第三大党正义运动党在开伯尔—普什图省执政，[①] 俾路支斯坦则由巴穆盟谢派与普什图人民民族党联合执政。旁遮普省作为巴政治的风向标，谁掌握了该省谁等于就掌握了大选，因为国民议会的 160 个席位来自该省，此次穆盟谢派的成功正得益于其在旁遮普省获得绝大多数席位，而伊姆兰·罕领导的正义运动党在该省却只获得了 4 个席位。伊姆兰·罕在拉合尔兴建了免费的癌症治疗医院，并注重在该省的民生发展，因此在旁遮普获得了大量支持并享有很高声望，但此次正义运动党获得的席位却不尽人意，随后该党发表了一份关于旁遮普选举舞弊的白皮书，指责穆盟谢派在该省选举中存在舞弊现象，要求选举委员会重新计票，并将该问题提交巴最高法院，但遭到驳回。

巴国内随后又进行了省议会和国民议会席位的递补选举，政党间竞争激烈。执政党穆斯林联盟（谢派）在选举中再次超过其他政党获得国家议会和省议会席位的多数。据非官方统计，执政党穆斯林联盟（谢派）获得了 5 个国民议会席位，并在 26 个省议会席位中获得了 13 席，主要由于穆斯林联盟（谢派）对旁遮普省的传统主导使其在递补选举中相比其他政党具有压倒性优势。而反对党人民党则百般阻挠，2012 年 8 月该党在参议院提出了一项议案，要求国民议会为劳动者保留 4 个特殊席位，以兑现人民党在大选时作出的给予劳工阶层在国民议会直接代表权的承诺，并提议对宪法第 51 条和 106 条进行修正以通过该议案，人民党此举旨在增加工人阶层对该党的支持率，为下一轮大选拓宽群众基础。同时，人民党领导人强烈反对谢里夫领导的政府对像巴基斯坦钢铁厂和巴基斯坦国际航空公司等国有资产进行私有化的行为，并表示将在议会内外进行强烈抵制。[②] 2013 年 11 月 21 日，由多党组成的反对党联盟集体提出申请召开国民大会会议，主要讨论继拉瓦尔品第悲剧、物价上涨后巴国内的法律与秩序问题，来自不同政党的 87 名成员签署了该申请，其中 45 人来自人民党，该申请涉及

① “巴基斯坦国家概况”，中华人民共和国外交部，2013 年 8 月，http：//www. fmprc. gov. cn/mfa _ chn/gjhdq _ 603914/gj _ 603916/yz _ 603918/1206 _ 604018/。

② “Constitutional amendment proposed：Bill tabled for reserving labourers’ seats”，Rtilive，August 28，2013，http：//rtilive. pk/2013/08/28/constitutional-amendment-proposed-bill-tabled-for-reserving-labourers-seats/.

讨论宪法第五十四条法案。[①] 2014 年 3 月，在与巴塔和谈问题上，谢里夫又重新组建新政府委员会与巴塔进行和谈，而委员会的成员主要来自穆盟谢派和军方，[②] 此举随后遭到了国民议会最大反对党——人民党领导人赛义德的强烈抗议，反对军方加入新政府委员会。[③] 因此可看出，尽管穆盟谢派获得压倒性优势上台执政，但未来巴民主之路绝非平坦，执政党面临着发展经济和反恐的双重任务，而其他政党的拆台行为使政策的贯彻备受阻力。阿富汗“后撤军”时代将增加巴国内安全变数。一方面巴阿边境地区的恐怖主义可能出现反弹趋势，另一方面随着印度在阿富汗影响力的上升，未来可能出现一个亲印的阿富汗政权，巴将腹背受敌，内外形势的不利将增加谢里夫政权的执政难度，同时为其他政党寻找口实挑战谢政权权威创造更多的机会。

（三）尼泊尔：和平进程艰难重重，政党纷争凸显民主脆弱

作为一个新兴民主国家，尼泊尔的政党纷争日益成为了阻碍该国民主进程的重要因素，而问题的症结在于修宪。自 2008 年第一届制宪议会选举以来，由于激烈的党派纷争，各政党无法在修宪问题上达成妥协，最终导致 2012 年 5 月 27 日制宪议会到期后自动宣告解散，随后由于各党派依然在族群和解、增加省份等制宪草案问题上无法达成共识，使得原定于 2012 年 11 月 21 日进行的制宪议会选举被多次推迟，对此尼大会党则指责选举的推迟是尼联共（毛）贪恋权力所致。2013 年 3 月，在尼各主要政党的妥协下成立了以首席大法官基尔·拉杰·雷格米为首的临时政府，领导新的

---

① “Opposition to submit requisition for assembly session today”, Rtilive, November 21, 2013, http: //rtilive. pk/2013/11/21/opposition-to-submit-requisition-for-assembly-session-today/.

② “TTP, govt committee meeting concludes; agreement on terms”, DAWN, March 5, 2014, http: //www. dawn. com/news/1091183/first-round-of-ttp-govt-committee-meeting-concludes.

③ “Army to be blamed if talks fail, says Shah”, DAWN, March 7, 2014, http: //www. dawn. com/news/1091610/army-to-be-blamed-if-talks-fail-says-shah.

制宪议会选举。[①] 6 月，临时政府宣布于 2013 年 11 月 19 日举行第二届议会选举，随后众多政治势力开始分化为两大对立阵营，尼联共（毛）、尼大会党、尼共产党（联合马列）和马迪西联合民主阵线四大政党支持如期进行选举，而以莫汉·拜迪亚领导的尼共（毛）为代表的 33 党联盟则坚持反对如期选举，尼共（毛）秘书长戴维·古隆向四大政党“喊话”称：“如果你们自认为有能力在忽视我们的情况下举行选举，那么请悉听尊便！”[②] 莫汉还威胁称该党将与前国王贾南德拉合作，以捍卫国家和民族主义，此举遭到了执政党的强烈反对。

随着选举日的逼近和各党派竞选活动的升温，以莫汉领导的尼共（毛）为代表的 33 党联盟誓言将扰乱选举进程，随后尼全国出现了抵制选举的大罢工、交通停运、汽车爆炸袭击以及恐吓选民等骚乱活动，凸显了尼泊尔民主政治的脆弱性与斗争性。但尽管如此，2013 年 11 月 19 日尼还是如期举行了第二届制宪议会选举。本次选举共有 124 个参选政党，出乎意料的是，在任执政党联合尼共（毛派）所获得的席位远落后于中间派的尼泊尔大会党和中间偏左的尼泊尔共产党（联合马列），仅获 80 席位居第三，而尼大会党获得 196 席成为第一大党，尼共产党（联合马列）成为第二大党。[③] 尼国内民众对此次选举的唯一期待是希望尼泊尔早日结束政治真空，许多人不再对各政党在竞选活动中为争取选票而做的承诺抱任何幻想，[④] 这表明尼泊尔的政治将朝着民众期待的方向变得更加实用主义。本届制宪议会的最主要任务将是制定一部新宪法，这也是尼民主政治的支柱之一，而作为对选举失败的本能反应，联合尼共（毛派）作出了不参与制定新宪法的决定。2014 年 2 月 10 日，在尼共（联合马列）的支持下，尼大会党主席柯伊拉腊当选新总理。然而未来尼民主政治何去何从，将主要

---

① “Blame game in Nepal over poll date delay”, The Hindu, April 13, 2013, http: //www. thehindu. com/news/international/south-asia/blame-game-in-nepal-over-poll-date-delay/article4611093. ece.

② “尼泊尔制宪大选开战升温 谈判大门难开”，中国新闻网，2013 年 7 月 24 日，http: //www. chinanews. com/gj/2013/07-24/5080797. shtml。

③ “尼泊尔公布议会选举结果”，新华网，2013 年 11 月 29 日，http: //news. xinhuanet. com/2013-11/29/c _ 118353585. htm。

④ Bikash Sangraula, “In key election, Nepal's tumult drives new pragmatism”, The Christian Science Monitor, November 17, 2013, http: //www. csmonitor. com/layout/set/r14/World/Asia-South-Central/2013/1117/In-key-election-Nepal-s-tumult-drives-new-pragmatism.

取决于执政党能否获得尼共（毛派）的支持并完成对宪法的制定。①

（四）阿富汗：腐败问题令现政府信誉扫地，安全阴影无法阻碍民主进步

2012 年 11 月 1 日，阿富汗选举委员会宣布下一届总统选举将于 2014 年 4 月 5 日举行，② 随后阿国内政党纷纷推荐侯选人并就总统选举展开竞争。目前合法的政党有近 100 个，但由于各政党力量弱小且分散，无法获得单独选举优势，加之随着 2014 年美国撤军计划的完成，阿国内安全形势不容乐观，为政党纷争下的总统选举增添了新的不确定因素。为了使大选能顺利进行并合乎民意，阿独立选举委员会主席法扎勒·马纳维宣布将允许塔利班和其他武装领导人参选。③ 卡尔扎伊也表示阿塔利班领导人毛拉·奥马尔可根据宪法作为总统候选人参加 2014 年大选，让人民决定是否支持阿塔。舆论普遍认为，在阿国内阿塔的影响力远大于卡尔扎伊政府，即将结束总统任期的卡尔扎伊留给阿富汗的政治遗产被认为是持续恶化的腐败问题，从上到下的严重腐败现象在阿已是不争事实。同时卡尔扎伊执政以来，阿国内经济脆弱不堪，贸易赤字呈逐年递增态势，特别是 2012 年达到了 90%以上，这在一定程度上使阿民众对卡尔扎伊政府失去了信心。

2013 年 8 月，艾哈迈德·优素福·努里斯塔尼当选阿新一届独立选举委员会（IEC）主席，负责领导 2014 年的总统选举。随后独立选举委员会制定了成为 2014 年总统候选人的三项条件：（1）获得 10 万名以上选民支持；（2）支持者来自 18 个省份以上；（3）选民以签字、指纹或选民卡号码方式表明支持。10 月 22 日初审名单出炉，符合条件的共 11 人。④ 从侯选人构成看主要分为两类：技术官僚和前军阀。前者倡导改善阿政府的腐败

---

① “尼泊尔选出 75 岁新总理 将同反对党谈判组联合政府”，环球网，2014 年 2 月 11 日，http：//world. huanqiu. com/exclusive/2014-02/4818978. html。

② “阿富汗确定 2014 年大选日期”，新华网，2012 年 11 月 1 日，http：//news. xinhuanet. com/world/2012-11/01/c _ 123899203. htm。

③ “塔利班获准参加 2014 年阿富汗大选”，人民网，2012 年 11 月 3 日，http：//military. people. com. cn/n/2012/1103/c172467-19484444. html。

④ http：//af. china-embassy. org/chn/afhdt/.

和低效形象，但该类侯选人权力基础较弱，政策执行阻力大。而后者社会关系网络广泛和复杂，影响力较大。[①] 大选临近使得候选人之间的竞争更加激烈，2014 年 3 月 6 日，阿现任总统卡尔扎伊的哥哥加尧姆·卡尔扎伊宣布退出总统选举，转而支持卡尔扎伊亲信、前外长扎勒迈·拉苏尔。[②] 4 月 5 日阿如期举行了总统选举，但第一轮选举无人获得半数以上选票，8 名候选人中前外长阿卜杜拉与前财政部部长阿什拉夫·加尼·艾哈迈德扎伊遥遥领先，阿卜杜拉暂获优势。6 月 14 日，阿卜杜拉与加尼进入了第二轮投票的最后角逐，7 月 7 日选举结果出炉，加尼以 56.4%的得票率领先，阿卜杜拉得票率为 43.6%。随后阿卜杜拉指责选举存在舞弊和造假行为，并拒绝承认选举结果。[③] 为了实现政权的平稳过渡，美国国务卿克里紧急进行调解并打破僵局，使得两位候选人最终同意于 7 月 17 日开始对 800 多万选票进行重新审计，最后的审计结果于 8 月份公布，美国与卡尔扎伊都表示希望新总统能于 8 月 25 日按期就职，以避免阿安全、稳定和经济受到影响。[④] 大选前，塔利班曾多次公开表示将会破坏选举，并威胁选民不要参与投票，但最终并未能阻挡阿人民对民主选举的参与，此次大选投票率超过了预期。此外，美阿关于双边军事协定谈判的僵局也使得阿国内部分人担心阿可能成为第二个“伊拉克”，特别是美国威胁将会在阿实行“零驻军”，无疑对阿国内安全局势构成很大影响。未来新选总统上台是否会与美国达成妥协，将很大程度上决定美国因素在阿的作用力。然而就近期频繁的恐怖袭击来看，即使新总统上台或者美阿签署双边军事协定，都难以改变阿目前所面临的糟糕安全局势，未来阿何去何从仍不容乐观。

---

① David Kashi, “Afghan Presidential Election 2014: Why Pro-Western Candidates May Not Align With US Intersets ”, International Business Times, February 14, 2014, http: //www. ibtimes. com/afghan-presidential-election-2014-why-pro-western-candidates-may-not-align-us-interest-1555460.

② “卡尔扎伊哥哥退出阿富汗总统大选”，环球网，2014 年 3 月 7 日，http: //world. huanqiu. com/exclusive/2014-03/4884816. html。

③ “阿富汗总统选举第二轮投票初步结果”，新华网，2014 年 7 月 7 日，http: //news. xinhuanet. com/world/2014-07/07/c _ 1111498346. htm。

④ http: //www. aopnews. com/today. html.

（五）孟加拉国：朝野两党复仇政治难解，民主选举之路污渍斑斑

1991 年孟加拉国恢复民主政治后，尽管实行多党政治，但真正能够执政的政党只有谢赫·哈西娜领导的人民联盟和齐亚·卡莉达领导的民族主义党，两党为争夺国家领导权一直处于对立状态，[①] 因此孟加拉国的政治被外界普遍称为“两个寡妇的斗争”或者“复仇政治”，这种政党斗争的结果加剧了孟加拉国的贫困和混乱，阻碍了民主发展的道路。联合国驻孟加拉国代表德萨利曾感叹道：“孟加拉国的民主受到两大主要政党的制约。两党的竞争有时达到了令人感到过分的程度，完全超出了民主的正常范围。”[②] 而孟加拉国民众也普遍认为两位夫人的敌对竞争是造成国家贫穷和腐败的主要原因。2009 年 1 月 6 日，重新执政的人民联盟领导人谢赫·哈西娜呼吁包括反对党在内的所有政党加强合作，不搞复仇政治，齐心协力推进国家发展。尽管执政党向反对党释放善意，但两党之间仇恨难解，从历史经验来看，不管哪个政党在大选中获胜，另外一个将坚定不移地扮演“捣乱者”的角色，通过罢工或者抗议来阻挠执政党的正常运作。以齐亚·卡莉达为首的民族主义党批评政府对反对派进行打压，坚持成立一个中立的看守政府，反对人民联盟操纵大选，并要求哈西娜必须下台。[③] 同时卡莉达还领导反对党联盟举行全国大罢工，并支持保卫伊斯兰联盟发起的“围困达卡”行动，号召商界抵制人民联盟搞单方面选举。哈西娜则指责民族主义党与恐怖组织为伍，要求民众支持人民联盟党，并主持召开了 14 党联盟会议，支持她担任过渡政府首脑监督选举。

2014 年 1 月 5 日，孟加拉国按选举委员会公布的日期如期举行大选，

---

① 张世均：“孟加拉国当代政党政治的特点”，《河南师范大学学报（哲学社会科学版）》2008 年第 1 期，第 79—82 页。

② Salah Uddin Shoaib Choudhury, Bangladesh Democracy in Doldrums, http://www.weeklyblitz.net/544/bangladesh-democracy-in-doldrums.

③ “Bangladesh general elections”, BBC NEWS, January 3, 2014, http://www.bbc.co.uk/news/uk-25584962.

哈西娜领导的人民联盟获得了压倒性胜利，一举拿下了 2/3 的多数席位。[①] 其胜选的主要原因在于反对党民族主义党因提出的参选条件没得到满足而未参选，即成立非党派的临时政府、哈西娜辞职、释放在押 BNP 领导人以及放松对 BNP 的严密监控。[②] 从历史上来看，孟加拉国的大选通常是成立一个中立的看守政府监督选举，以确保大选的公正性和自由性，但这次人民联盟党一改惯例，通过修改宪法使大选在执政党领导的政府监督下进行，无疑削弱了大选过程的公平性，卡莉达将其斥责为“可耻的选举闹剧”。[③] 1 月 12 日，哈西娜以新总理身份宣誓就职，为化解党派矛盾和取得全国性共识，她吸纳其他所有议会党派组建联合政府，其中民族主义党同意既加入内阁同时又扮演了反对党的角色。[④] 未来孟加拉国的民主政治能否和平延续，将取决于人民联盟党与民族主义党之间的相互妥协。

（六）斯里兰卡：种族鸿沟阻碍政治和解，民主政治在艰难中前行

2011 年 11 月，斯里兰卡执政的自由党候选人拉贾帕克萨开始第二个总统任期以来，该党在民族问题上与泰米尔全国联盟始终无法达成政治和解，双方依然僵持不下。[⑤] 为此，近年来自由党基本兑现了关于安置猛虎组织成员和使其重返社会的承诺。2013 年 1 月 13 日，斯安置与监狱改革部长钱德拉西里透露，在 2009 年逮捕和投降的 1.15 万名泰米尔猛虎组织骨干中，目前已有 1.1375 万名骨干重返社会，只有 125 名仍拘留看押

① “Bangladesh's ruling Awami League wins boycotted poll”, BBC NEWS, January 6, 2014, http: //www.bbc.co.uk/news/world-asia-25618108.

② 中华人民共和国驻孟加拉人民共和国大使馆，http: //bd.china-embassy.org/chn/bzyw/default.htm。

③ “Bangladesh's ruling Awami League wins boycotted poll”, BBC NEWS, January 6, 2014, http: //www.bbc.co.uk/news/world-asia-25618108.

④ “孟报纸要闻”，中华人民共和国驻孟加拉人民共和国大使馆，2014 年 1 月 12 日，http: //bd.china-embassy.org/chn/bzyw/t1118100.htm。

⑤ “斯里兰卡国家概况”，中华人民共和国外交部，2013 年 7 月，http: //www.fmprc.gov.cn/mfa_chn/gjhdq_603914/gj_603916/yz_603918/1206_604594/。

中。[①] 同时，政府在一些受叛乱影响的地区实施经济发展计划，并取得一定成就，受到了国际社会的肯定。联合国人道主义事务协调办公室行动总监约翰·京对斯里兰卡进行考察后就表示："在过去三年里，斯里兰卡所完成任务的规模、安置人员的步伐和基础设施发展的速度都是显著并且清晰可见的。"[②] 然而斯国内质疑声却不断，主要反对党统一国民党的现任领袖拉尼尔·维克拉马辛哈就表示，在安置北方难民问题上政府没有提供足够的救济，而泰米尔全国联盟则指责政府只是为了取悦国际社会而作秀。尽管如此，在 2012 年 9 月举行的东方省、北中省和萨巴拉加穆瓦省三省议会选举中，拉贾帕克萨领导的自由党却赢得了三省的议会选举。为了化解与泰米尔全国联盟的僵局，自由党承诺在北部地区举行选举，2013 年 9 月 21 日，在北方省议会选举中，泰米尔全国联盟赢得了所有 5 个地区的选票，成为该省最大党。同日，在西北省和中央省议会选举中，统一人民自由联盟获得压倒性胜利。[③]

目前斯国内政党纷争其实主要围绕民族问题展开，即僧伽罗人与泰米尔人的民族和解问题，这也决定着执政党与泰米尔全国联盟的政治和解进程。为了减少敌对，自由党做足了工作，既努力解决北方平民的安置问题，招募前泰米尔猛虎组织成员进入国家安全部队，又加大对北方省的经济重建力度，还首次在北方省举行议会选举。此前还领导成立了议会特别委员会，提出了政治解决国内民族问题的方案。然而，因为其却一直游离于议会特别委员会并拒绝加入，导致和谈无法开启，因为其认为这只是自由党领导的政府拖延时间的一个策略。其领导人杉潘坦告诉印度前外交部长索玛纳哈利·马雷阿·克里希纳："如果议会特别委员会有意提出政治解决方案并有相应的议程，我们愿意考虑，但我们不准备再次被欺骗了。"[④] 2013 年 9 月，泰米尔全国联盟发放了一份针对泰米尔青年的文件，

---

① "Sri Lanka Assessment 2013", South Asia Terrorism Portal, http://www.satp.org/satporgtp/countries/shrilanka/index.html.

② Ibid.

③ "Sri Lanka Assessment 2014", South Asia Terrorism Portal, http://www.satp.org/satporgtp/countries/shrilanka/index.html.

④ "Sri Lanka Assessment 2013", South Asia Terrorism Portal, http://www.satp.org/satporgtp/countries/shrilanka/index.html.

随后自由党领导的斯政府抨击该文件是在诱导泰米尔青年分子搞分裂主义，阻碍泰米尔人和僧伽罗人的友好关系，并倡导民众不要被挑衅性的声明所误导。[①] 未来斯里兰卡的政治走向将主要取决于自由党与泰米尔全国联盟间的政治和解，尽管这次自由党作出了相当让步，在北方省举行了议会选举，但双方僵局依然难破，主要原因在于两党间缺乏信任感，前者指责后者煽动泰米尔人分裂势力，而后者则指责前者独裁和打压异己势力。两党之间的对立将不仅加剧斯国内的动荡，同时还会破坏其民主进程。

（七）马尔代夫：党派纷争阻碍大选进程，司法干预凸显民主脆弱

2012 年 2 月，马尔代夫时任总统、民主党领导人纳希德宣布下台，随后马副总统穆罕默德·瓦希德宣誓就职。而纳希德认为他是在效忠于前政权的军警的枪口下被迫辞职的，并声称："我相信这是一个政变，是已宣誓就职的副总统的一个阴谋"。[②] 对此瓦希德予以否认，并认为纳希德是自愿辞职的，而自己的上台是通过宪法的权力转移，是合法的。回顾 2008 年纳希德上台以来，他和民主党在执政过程中阻碍重重，主要由于前总统加尧姆的亲信仍盘踞在马尔代夫的司法系统、政府机构以及军警等要害部门，政策推行的阻力较大。此外，反民主势力与宗教保守派也携手指责纳希德与犹太人、基督徒一同破坏伊斯兰教，因此对纳希德政府的政策百般抵制。2013 年 9 月 7 日，马尔代夫举行新的大选，参选的总统侯选人分别是前总统、民主党候选人纳希德、进步党候选人亚明和共和党候选人卡西姆。酝酿了一年并准备东山再起的民主党领导人纳希德在第一轮选举中赢得了 45.5%的选票，而他的对手——前总统加尧姆胞弟、进步党候选人亚

---

① "A Cyanide Capsule Courtesy TNA Dullas", Sri Lanka Foundation, October 3, 2013, http://srilankafoundation.com/2013/10/a-cyanide-capsule-courtesy-tna-dullas/.

② Sudha Ramachandran, "Maldives Election Fiasco: Betrayal of Democracy", The Diplomat, October 1, 2013, http://thediplomat.com/2013/10/maldives-election-fiasco-betrayal-of-democracy/?all=true.

明仅获得了25.35%的选票。① 按选举日程安排，第二轮选举将于9月28日举行，确定最终选举结果，但随后马最高法院宣布第二轮选举应被无限期推迟，对此民主党批评最高法院“完全无视宪法”、“背叛了民主和马尔代夫人民的意愿”，② 按马尔代夫宪法第111条规定，第二轮选举必须安排在第一轮选举后的21天内举行。后来最高法院又以第一轮大选存在舞弊为由，宣布取消选举结果，随后马选举委员会确定于10月19日重新举行第一轮大选，后由于警方干涉，大选被拖到11月9日才举行。

在2013年11月9日重新举行的第一轮大选中，民主党侯选人纳希德仍以46.97%的得票率领先，而进步党侯选人亚明只获得了36%的选票，位居第二。随后最高法院再次介入，强行将原定于11月10日举行的第二轮投票推迟至11月16日。在这期间，进步党候选人亚明努力争取到了作为中间力量的马尔代夫首富、共和党候选人卡西姆的支持，使得第二轮投票出现了峰回路转，亚明成功获得了51.61%的选票，超过了其对手——民主党侯选人纳希德。11月17日上午，马尔代夫选举委员会正式公布总统选举结果，亚明正式当选为马尔代夫新任总统，从而避免了马尔代夫总统“权力真空”的出现。③ 回顾马尔代夫整个选举过程，可谓一波三折，在这期间，各党派以及相关部门围绕大选公正性问题展开斗争，其纷争的背后实质是各党派以及利益集团间的政治博弈。民主党领导人纳希德在此次选举中的失利表明了马传统势力依旧强大，作为前总统加尧姆胞弟的进步党候选人亚明本次的胜选就是很好的说明。

（八）不丹：印度因素左右大选结果，民主困境下的政治受制于人

作为一个新生民主国家，近年来不丹不断巩固其民主体制，但仍难摆

① Sudha Ramachandran, “Maldives Election Fiasco: Betrayal of Democracy”, The Diplomat, October 1, 2013, http://thediplomat.com/2013/10/maldives-election-fiasco-betrayal-of-democracy/?all=true.

② Ibid.

③ “最美丽岛国迎来新管家”，《国际先驱导报》2013年11月25日，http://news.hexun.com/2013-11-25/159991986.html。

脱印度的干预，政党纷争背后的印度因素明显。目前不丹国内正式注册的政党共5个，其中主要的政党是功德党和人民民主党。2008年不丹举行首届国民议会选举时，功德党赢得压倒性胜利，该党主席吉格梅·廷莱就任首届民选政府首相。2013年7月13日，不丹举行了第二届国民议会大选，人民民主党在此次大选中获得胜利，赢得了47个国民议会席位中的32席，而功德党只获得15席，成为反对党，随后组建了以策林·托杰为首的新政府。[1] 在不丹大选的背后，除了功德党与人民民主党的政治博弈外，更多的是印度因素在左右选举进程。作为中印之间的"夹心小国"，不丹政治的变动总是受到印度的高度关注。功德党执政时曾试图打破与中印间的不平衡关系，摆脱印度控制，在中印间实行对等外交，被誉为"国民幸福形象大使"的功德党主席廷莱在这方面表现尤为明显。为了防止不丹的离心倾向，在2013年7月不丹举行第二届大选前，印度刻意停止了对不丹的煤气和煤油补贴，导致不丹国内油气价格翻倍，人民生活困难。面对经济前景的压力，民众对功德党开始感到不满，于是迅速改变了大选局势。在5月31日举行的初选中，功德党和人民民主党分别获得了45%和33%的投票率，而在7月13日的第二轮选举中，印度在经济上的施压导致选举向有利于亲印的人民民主党的方向发展，人民民主党最终取得了压倒性的胜利。

作为一个初尝民主政治的国家，不丹民主的发展难以摆脱印度的影响。尽管大选存在党派纷争，但目前不丹国内各政党都较年轻，力量还不够强大，能上台执政的只有功德党和人民民主党，而两党政治竞争的背后印度因素明显。未来人民民主党为不丹经济发展带来希望的同时，其政治独立性将难以得到保证。要实现经济与民主政治的同步发展，执政党需要在政治独立性与对印度的经济依附性问题上做好的平衡，这不仅将考验不丹执政党的政治智慧，同时还将有助于增强不丹在大国夹缝中生存的本领。

---

① "不丹"亲中"政党下台 印度欢呼亲华苗头被掐"，环球网，2013年7月15日，http://mil.huanqiu.com/paper/2013-07/4129957.html。

二、大选纷争对各国政局及南亚地区安全影响

南亚政党政治起步较早，多数国家独立后即建立了多党民主政体，但受内外矛盾影响，发展曲折缓慢，呈现出发展不平衡、反复分化组合、家族政治色彩浓厚等特点。近年来，在全球化深入发展和国际金融危机蔓延的大背景下，南亚政党政治发生深刻变化，出现了多党制普及、联盟政党主政、执政党的经济政策差异缩小以及政党纷争与政局变化呈现出“普遍化”与“常态化”的特点和现象，[①] 在“大选年”表现尤为明显，这种政党纷争将不可避免地对各国政局及南亚地区安全产生影响。

首先，“民主转型”中的国家比“成熟民主型”国家面临的挑战更大。对印度这样的所谓“成熟民主国家”来说，政党纷争与政局的周期性变化具有暂时性和可控性，即便是“大选年”，印度实现政权和平交替的可能性也较大，其政治文化相对达到了一个“文明”的高度。而对巴基斯坦、尼泊尔、孟加拉国等南亚所谓的“民主转型国家”来说，其政党纷争与政局动荡具有中期性、常态性和“不确定性”，特别是具有“地缘支点价值”的阿富汗和巴基斯坦两国，政党纷争与政局演变具有长期性、突发性和高度不确定性。究其原因，一是国内政治日趋“两极化”或者“多极化”并深陷“民主困境”；二是国内经济社会分化严重，导致社会矛盾突出；三是国际恐怖主义、宗教极端势力与部族民族矛盾作祟；四是美国等西方大国加大介入诱发乱局，使南亚部分国家陷入“民主乱象”。

其次，多数国家政策仍具延续性，少数国家有所侧重。从总体上来看，即使有些国家此次大选出现对手党上台执政，但在国家政策制定方面仍具有继承性和延续性，变动不会太大。例如印度人民党上台后把将延续国大党的经济改革政策，但在改革的范围和力度上可能将会加大，以摆脱印度经济增长乏力的状态。在对外关系上，人民党历来主张“不结盟”政

---

① 崔翔、杜小林：“南亚政党政治发展特点与趋势”，《当代世界》2013 年 10 月，第 76 页。

策，强调与邻国建立友好关系的重要性，在外交政策上的独立性更强。巴基斯坦方面，穆斯林联盟（谢里夫派）上台后把政策重点放在反恐和经济建设上。2013 年 1 月，巴相关报告显示，恐怖主义已成为其国家安全的“最大威胁”。[①] 对不丹而言，由于大选人民民主党获胜，未来该党的对外政策可能将更加偏向于印度，受印度操控的命运难摆脱。而阿富汗出现一个亲美的傀儡政权的可能性较大，同时也意味着其国内和平将遥遥无期，塔利班将继续“打到底”。相比较而言其他国家的政局相对影响较小，政策变动不会很大。

最后，部分国家的大选虽充满暴力，但对地区安全辐射小。在已完成选举的国家如尼泊尔、孟加拉国、马尔代夫，其选举过程虽不平坦，充满了暴力性和流血冲突，但对整个南亚地区的安全影响较小，其影响边界几乎在国内。而真正对地区安全有影响的将会是印度与阿富汗的选举，印度由于其民主政治发展较为成熟，政权的和平过渡疑问较小，因此对地区安全影响不大。而阿富汗的选举却一直伴随着暴力与恐怖袭击，自 2014 年 4 月大选以来恐怖袭击就呈现出明显的上升趋势，虽然未能阻碍选举的进程，但可以预计即使新总统上台，每况愈下的阿富汗安全局势仍难以改变。周边国家对此不无担忧，而美国对其守住在阿富汗的“反恐遗产”也缺乏足够的信心。

三、中国的应对

面对复杂多变的局面，中国需要不断强化“周边是首要”的意识，加快制定“大周边”战略，统筹南亚国家的周边外交与沿边地区的发展稳定，有效化解南亚周边的动荡风险，妥善处理大国地缘角逐。要重点做好两方面的工作。一是坚持以中国利益为核心，勿在政党间进行选边站。在对外关系中坚持国家利益为核心无疑是一国外交政策的根本要求和最终目

① “Pakistan Assessment 2013”, South Asia Terrorism Portal, http://www.satp.org/satporgtp/countries/pakistan/index.htm.

标，同时也是“实用主义”的基本表现。南亚国家作为中国的周边邻国，在对外交往中必须予以优先考虑。2013 年、2014 年南亚 8 国就有 7 国进行大选，这两年无疑是南亚国家的“大选年”，政党纷争激烈在所难免，对此中国需要保持中立立场，勿进行政党间的选边站，扮演好“旁观者”的角色，与各方政党保持等距离关系。二是利用经济优势吸引其他南亚国家，避免印度“过敏”。各新选政党上台后其政策上会总体保持一定的延续性，因此不论哪个政党上台都无需过分担忧，客观因素的综合影响使其在对华政策上变数不大。未来中国经济发展潜力巨大，因此可以利用我们的经济优势增强对其他南亚国家的影响力，加大与南亚国家的贸易往来以及对外投资。一方面可以通过经济上的“实惠”深化与南亚国家的关系，另一方面还可以减少印度的猜疑和担忧。此外，未来印度人民党上台后，可能将继续坚持该党传统的“实用主义”外交和“实力”外交政策，莫迪将重振印度经济，而中国作为全球第二大经济体、最大贸易国，加强与中国的经贸关系是印度未来经济发展的必然出路。

尼联共（毛）的分裂及未来政治走向

王 静*

尼泊尔共产党自1949年成立，在经历短暂统一的局面后就陷入不断分裂与整合的过程之中。由于长期思想不统一、分裂频繁和小党林立，再加上外部君主制高压，尼泊尔共产主义运动的力量一度非常弱小。然而，1995年尼泊尔共产党（毛主义）① 的诞生打破了这一局面，改变了尼泊尔共产主义运动的面貌。从1996年到2006年间，尼联共（毛）发动“十年人民战争”，并最终领导“七党联盟”推翻了君主立宪制。2006年结束人民战争走上议会道路的尼联共（毛）成为尼泊尔制宪会议第一大党，党主席普拉昌达和副主席巴特拉伊先后当选为尼泊尔政府总理。

尼联共（毛）是尼泊尔共产主义运动激进左翼的代表，也一度是尼泊尔共产主义运动中最强大的力量，长期团结是其胜利的保证。但是自2006年走上议会斗争道路以来，党内革命派与改良派对继续“武装斗争”还是“议会斗争”、军队合并及土地归属等问题的分歧不断增大。2012年6月，两派最终分道扬镳：尼联共（毛）副主席、革命派领袖基兰带走党内1/3力量，宣布重组尼泊尔共产党（毛主义）［（后简称“尼共（毛）”］。2013年年初，两党又分别召开“七大”并制定了两条对立的“总路线”。无论尼泊尔革命的最终结局如何，尼联共（毛）的这段历史都必然成为国际共

* 王静，中国社会科学院马克思主义研究院助理研究员。

① 2009年更名为尼泊尔联合共产党（毛主义），后文提及该党时一概采用“尼联共（毛）”简称。

产主义运动中的一个典型案例，值得进行深入研究和分析。

一、尼联共（毛）的分裂

2011 年 8 月，尼联共（毛）副主席即党内改良派代表巴特拉伊当选政府总理后，在极短的时间内促使尼联共（毛）作出了交出武器库钥匙、遣散尼泊尔人民解放军和返还战争期间“侵占”土地的决定，并且在出访印度期间与印度签署了被革命派视为“卖国”的“双边投资保护和促进协议”（BIPPA）。这些政策突破了党内斗争的底线，将尼联共（毛）推向分裂的边缘。

以基兰为首的革命派表示上述决定是在其不知情的情况下由改良派单方面作出的。针对这些决定，革命派发动了游行、示威、封锁道路和抵制党内会议等报复行动。此外，革命派领袖基兰、巴达尔以及革命派各地领导人紧急召开新闻发布会，宣布坚决拒绝归还土地。分列尼泊尔制宪会议第二大党和第三大党的大会党和尼泊尔共产党（联合马列）［简称尼共（联合马列）］先是拒绝参加巴特拉伊政府，后来又以制宪会议没有成功制定出一部宪法以及尼联共（毛）上缴土地不力为由逼迫巴特拉伊下台。尼共（联合马列）更是赤裸裸地表示，在尼联共（毛）签署交出军队和土地的协议后巴特拉伊已没有利用价值。此外，尼共（联合马列）强烈反对巴特拉伊政府与印度签订的“双边投资保护和促进协议”（BIPPA），据称该协议的“卖国”程度堪称尼泊尔历届政府之最。

巴特拉伊上台后施行的一系列中间路线政策使尼联共（毛）的内外环境发生根本性转变：对内而言，这些政策激化了党内矛盾，加速了党的分裂；对外而言，尼联共（毛）不断牺牲自己的根本性利益向制宪会议各反对党妥协，但尼泊尔制宪会议混乱局面没有丝毫改观，巴特拉伊最终被迫下台。无风不起浪，尼泊尔政界一直盛传巴特拉伊是印度间谍，理由是巴特拉伊及其副手与印度情报人员接触频繁。此外，关于尼联共（毛）党内高层腐败的消息也甚嚣尘上。

尼联共（毛）党内两条路线斗争由来已久，而巴特拉伊当选政府总理后党内改良派认为形势在朝着有利于自己的方向发展，因此不惜一切代价也要把议会路线进行下去。尼联共（毛）主席也是改良派代表人的普拉昌达不止一次表达过革命的悲观主义情绪。他认为和列宁、毛泽东的时代不同，在如今历史条件下根本无法继续进行武装斗争，如果搞武装斗争就会迫使美国和印度出兵，那么尼泊尔就会沦为阿富汗和伊拉克一样的下场。[①]此外，普拉昌达还曾提出过政权的非阶级本质概念，认为在尼泊尔发展和平革命是可能的。

2006年以来，尼联共（毛）的阶级依靠上移趋势明显。尼联共（毛）在十年人民战争期间的阶级基础是农民、城市贫民、工人、学生和贱民。但是近年来，党内改良派倒向城市中产阶层和资产阶级，阶级基础上移。针对这一点基兰曾在2010年11月的帕朗达会议上作出批评："我党的领导层尚未实现革命性转变，需要为政治路线的失败负全责。究其原因在于，领导层放弃了对下层阶级的信任，反而开始依赖上层或者反动阶级，阶级依靠上移趋势非常明显；在意识形态上，党的领导层开始转向折中主义和无政府主义；在政治上从中间派倒向改良派和民族投降主义。"[②] 2010年，为了打破尼泊尔制宪会议的僵局，在革命派的强烈要求下，尼联共（毛）曾秘密通过了发动"人民起义"的决议。党内革命派用大巴车从全国各地运载数千名群众进入加德满都，意在发动一场"起义"，但由于党内改良派和城市中产阶层的消极，这场起义失败了。革命派谴责改良派领导人普拉昌达和巴特拉伊说一套做一套，没有利用其在中产阶层中的影响有力配合革命派行动。来自尼联共（毛）贸易联盟的工人表达了对改良派的不信任，认为改良派已经将他们出卖给了资本家，不再保护和代表他们的利益。在尼联共（毛）分裂时，有200多名工人代表指责上层贪腐并随革命派离开。巴特拉伊任总理期间曾以非法占用公共用地之名清理了巴格玛蒂河沿岸的250个贫民窝棚，此举令加德满都左派震惊，因为城市贫民一直

① Paul Chaston, "Plot to turn Nepal into another Afghanistan", Iraq: Prachanda, http://www.zimbio.com/Nepal/articles/XsWJSZAFvMj/Plot+turn+Nepal+another+Afghanistan+Iraq+Prachanda.

② 王静："继续议会斗争，还是人民起义？尼联共（毛）面临关键抉择"，《国外理论动态》2012年第2期。

是尼联共（毛）的支持者。[①] 另外，2013 年 2 月尼联共（毛）召开“七大”，6 天花费 4.375 亿卢比，主要是由资本家和有钱人赞助的。[②]

2012 年 4 月的第 2 周，革命派在印度德里的格罗尔巴格酒店秘密集会筹划分裂。该会议的重要议题是：在没有武装力量的支持下分裂是否可行？与会代表判断，在过去的 6 年间有 3000 名武装战士并未投降，在大部分武器上缴政府的情况下，仍有不少武器和军火被藏起来，这些训练有素的战士和武器足以支撑一支新党的成立。2012 年 6 月 16—18 日，革命派召集 75 个地区的 3000 名干部在尼泊尔加德满都召开全国会议，宣布与尼联共（毛）决裂以及新党尼共（毛）的成立。该党通过新的党章，选举基兰为新党主席，巴达尔为总书记，高拉夫为书记。新组建的尼共（毛）带走了母党 149 名中央委员中的 45 人，原党 48 个侧翼组织中的 36 个，至少是尼联共（毛）总体力量的 1/3。[③]

值得关注的是，革命派的基层动员能力远远强于改良派，因此尼共（毛）从基层分割走的力量会远远超过 1/3。以尼泊尔凯拉利地区的土地归还事件为例，在尼联共（毛）作出归还土地承诺的一年半后（到 2013 年 4 月为止），由于尼共（毛）的抵制，尼泊尔凯拉利地区寸土未还，这显示尼联共（毛）制定的政策无法在基层得到落实。尼联共（毛）本打算将一块 0.15 平方千米的土地归还给国王贾南德拉的亲戚，但这块土地最终被尼共（毛）夺取。尼共（毛）在凯拉利地区的书记马赫什·巴杜瓦表示：“尼共（毛）绝不容许将土地退还给地主阶级。并且根据政策，尼共（毛）还将占领更多的土地，并将占领土地分给烈士家属、穷人和失地农民。尼共（毛）将夺取尼联共（毛）手中全部土地，因为后者在为统治阶级的利益服务。”[④]

---

① Post Bahadur Basnet, “Revolution in Nepal: Bolshevik-style?”, http://www.idsa.in/idsacomments/RevolutioninNepalBolshevikstyle_pbbasnet_200313.

② “Nepal Maoists to Hold National Convention After Over 20 Years”, http://zeenews.india.com/news/south-asia/nepal-maoists-to-hold-national-convention-after-over-20-years_826235.html.

③ “The Times of India” report: Split in Nepal Maoist party will revive relations with CPI (Maoist), Jul 2, 2012, 10.26AM IST. http://timesofindia.indiatimes.com/city/delhi/Split-in-Nepal-Maoist-party-will-revive-relations-with-CPI-Maoist/articleshow/14588481-cms.

④ Republica Report, “Baidya Maoists seize private land in kailali”, http://www.myrepublica.com/portal.

尼共（毛）认为，尼泊尔正在沦为帝国主义和扩张主义的新殖民地，当前尼泊尔社会的主要矛盾是广大人民群众与受到印度保护和支持的国内买办资产阶级以及封建地主之间的矛盾。在新党尼共（毛）的成立大会上，普拉昌达和巴特拉伊被宣布为“外国势力的傀儡”和“革命叛徒”。该会议通过的政治文件认为，所谓“普拉昌达路线”是一个错误，而2006年全面和平协议的签署是对人民、革命和国家利益的背叛。“通过与封建主义、买办和官僚资产阶级的合作和无休止的扯皮无法制定出一部宪法……无论是制定一部宪法，还是进行另一场选举，都是徒劳的。”① 基兰表示新党的目标是在尼泊尔建立一个人民民主共和国，为达成这一目标将采取合法和地下斗争的手段，不排除发动一场人民战争的可能性。尼共（毛）正在着手重建军队，建立平行法庭和平行政府。大会呼吁尼联共（毛）党主席普拉昌达和副主席巴特拉伊回到“正确的”路线上来，并对尼共（毛）和尼联共（毛）的合并保留可能。

二、两个“七大”和两条“总路线”

2013年1月9—12日和2013年2月2—7日，基兰领导的尼共（毛）和普拉昌达领导的尼联共（毛）分别在加德满都和黑道达召开“七大”。两个“七大”分别为未来两党政治走向定调，因此格外引人瞩目。尼共（毛）强调其党承继自21年前的尼泊尔共产党（团结中心），而非尼联共（毛）。分裂之初，革命派将其名称改回“尼共（毛）”，也是想说明自己才是“正统”。普拉昌达领导的尼联共（毛）希望通过“七大”消除分裂造成的不利影响，挽回声誉，证明自身的合法性。如果说分裂之初双方还对合并保留了可能，那么两个“七大”的召开和两条“总路线”的制定则表明两党在政治路线和意识形态上进一步分化，合并的希望更加渺茫。

尼联共（毛）在黑道达召开的“七大”标志着该党由一支革命党向社

① Kiran, Comrade Kiran's answers to journalists at Press Conference on 19th June 2012, http://democracyandclasstruggle.blogspot.co.uk/2012/06/comrade-kirans-answers-to-journalists.html.

会民主主义性质的议会党方向跨进了一大步，在此之前曾经有过“春邦会议”和“帕朗达会议”的左右摇摆。2005 年 9—10 月间的“春邦会议”是尼联共（毛）向议会党转变的标志性开始，使尼联共（毛）的政治路线从武装斗争过渡到了和平进程，并为尼联共（毛）与七党联盟于 2005 年 11 月签订“12 点协议”提供了意识形态依据。“春邦会议”举行时，基兰及其他领导人正被关押在印度监狱中，直到 2006 年 11 月和平协议签署后才被释放出来。因此，2007 年美国对印度在转化尼泊尔毛派方面取得的成绩表示了赞赏。而革命派曾多次要求开正式会议对“春邦会议”复议。2010 年尼联共（毛）在过喀地区召开的“帕朗达会议”对“春邦会议”的基本理论进行了纠正：尽管存在尖锐对立，革命派和改良派还是达成最低限度的共识，即一旦“和平”和“制宪”进程失败，尼联共（毛）将发动“人民起义”。然而，会议未对“失败”进行明确界定并达成意见统一，这就为后来的分裂埋下了伏笔。

尼共（毛）的“七大”则坚持经典的马克思列宁主义和毛泽东主义的理论指导地位，会上制定了“基于人民战争基础之上的人民起义”总路线。该党着手重建人民军队，恢复武装斗争。大会秘密决定将党的青年侧翼组织、国家志愿者转变成一支军事组织。这次大会形成了以基兰为主席的 51 名委员的新中央委员会，高拉夫留任副主席，巴达尔任总书记，古隆和比普莱普任书记。就在尼共（毛）“七大”闭幕不久，2013 年 2 月 13 日党的总书记巴达尔（曾是享有崇高声望的尼泊尔人民解放军最高指挥官）赴尼泊尔武装革命的诞生地春邦庆祝人民战争 18 周年，并重申党对革命的承诺。目前该党遭到诟病的是党的领导层老龄化问题，该党中央的多数委员年龄偏大，培养新一代接班人的任务急迫。此外，该党还肩负着在尼泊尔人民和爱国者普遍对制宪会议失去信心和耐心的情况下，制定有效战略，继续领导尼泊尔革命前进的历史使命。该党还需在国际上广泛联合印度共产党（毛主义）、世界革命运动、南亚毛派协调委员会等毛派共产党和进步力量；在国内以“爱国主义”和“民生”为口号，广泛团结尼泊尔人民和爱国者建立统一战线。同时该党面临着各反对党纠结美印对其进行政治倾轧和武力镇压的危险。

改良派的尼联共（毛）“七大”抛弃了长期奉行的“持久人民战争道路”路线，将“从新民主主义进入社会主义”替换为“从资本主义进入社会主义”。[1] 在尼联共（毛）“七大”召开前的一次采访中，党的副主席施瑞斯塔将党的新路线定性为一次重要的“对毛泽东主义的背离”，他说，“根据目前国内外的形势，我们判断，通过新民主主义革命进入社会主义是不可能的。我们会保持共产主义精神，但纲领是社会民主式的，我们将通过资本主义进入社会主义。……‘七大’的意识形态方针将把‘通过新民主主义革命进入社会主义’修改为‘通过资本主义进入社会主义’”。施瑞斯塔还表示，党将放弃反印立场，并将工作的重心放在“选票”和“席位”上，党必须改变形象，如果不改变就面临被淘汰的危险。[2]

尽管尼联共（毛）“七大”并没有否定毛泽东思想的指导地位，而是将原指导思想中的“毛泽东主义”替换为“毛泽东思想”，但是路线的转变意味着该党放弃了毛泽东思想中重要的新民主主义革命理论。尼联共（毛）在四个方面背离了毛泽东思想：第一，尽管尼泊尔君主制被推翻，但尼泊尔社会尚存大量封建因素，封建根基并未彻底清除，尼联共（毛）归还土地的政策又使新民主主义土地革命的成果面临毁于一旦的危险，尼泊尔新民主主义革命尚未完成，更不用说建立一个新民主主义国家了；第二，尼联共（毛）放弃新民主主义理论，向“社会民主主义道路”靠近，实际上就是放弃尼泊尔革命和政治的领导权，并在很长一段时间内甘愿做一支议会在野党；第三，尼联共（毛）放弃新民主主义革命理论的同时，也意味着对新民主主义革命主要对象“帝国主义”（主要是印度和美国及其代理人大会党）的投降，这是对马列毛经典理论的重大偏离；第四，最关键的是，尼联共（毛）交出了军队，放弃了新民主主义革命三大法宝中的武装斗争。

至此，尼联共（毛）的基本路线开始与尼共（联合马列）趋同，尼共（联合马列）也是在议会道路有所成就后，在其“五大”上放弃革命路线的。尼共（联合马列）实际上是民主社会主义性质的政党，该党前领导人阿迪卡里曾经表示：“仅仅根据卡尔·马克思在一个世纪前的文字来行动将一事无成，但人民认可这个名字（共产党）。我认为改个其他名字也没

---

① KTM Metro Reporter，“Seventh General Convention Of UCPN-Maoist ”，http：//66.7.193.115/news/seventh-general-convention-of-ucpn-maoist.

② Himalayan News Service，“Ucpn-M to dump Maoism：Shrestha”，http：//www. thehimalayan-times. com/fullNews. php? headline=UCPN-M+to+dump+Maoism%3A+Shrestha&NewsID=364252.

什么问题，如果在其他国家的话，我们可能就是社会民主党了。”[①] 从尼联共（毛）和尼共（联合马列）的例子可以看出，既能长期从事议会斗争，又能保有革命性和阶级性的共产党实属少见。

除了理论上的重大变化，尼联共（毛）的权力结构也发生重要变化。自分裂以来，由于基兰等党内领导人的离去，该党关键位置出现多处空缺。三位最高领导人都试图将亲信安插在重要部门，在内部权力分配上出现分歧，大会因此推迟开幕。大会最终形成了普拉昌达任主席、巴特拉伊和施瑞斯塔为副主席的三极权力格局。尽管普拉昌达再次当选党主席，但是声望已经大不如前。副主席施瑞斯塔在思想主张上与普拉昌达和巴特拉伊略有不同，例如普拉昌达和巴特拉伊为了成为议会第一大党，不惜放宽党员的准入尺度，但是施瑞斯塔提出党至少要保留共产主义的名义以及捍卫国家主权独立。尽管一部分党员仍然相信普拉昌达会兑现对未完成革命的承诺，但是大会形成的路线还是令不少党员感到困惑。一些基层党员就一些问题与党内上层发生激烈争执，例如基层党员要求公开博伽蒂—谢尔臣委员会关于上层腐败的调查报告；质疑“普拉昌达路线”的地位；批评某些上层领导的生活方式和资产数额；不同意大会所形成文件中“主要敌人”的缺席（此前，印度、美国和以大会党为代表的资产阶级政党都是党的主要敌人）；反对巴特拉伊政府与印度签订的“双边投资保护和促进协议”(BIPPA)；否定巴特拉伊政府的成就；对文件中未提及在人民战争中牺牲的同志和群众表示愤慨；批评“新路线”腐蚀了革命的信用等。有报道称，会后有 6 名地方委员会委员脱党转入基兰领导的尼共（毛）。

三、美国和印度对分裂后两党的态度

苏联解体后，美国对外政策仍然保有浓重的“反共”色彩。2001 年“9·11”事件之后，美国政府加大反恐力度，在其公布的“恐怖主义”组

① 徐扬：“尼泊尔共产主义运动的发展及其特点”，《当代世界社会主义问题》2008 年第 3 期。

织名单上，尼联共（毛）和印共（毛）等共产主义政党赫然在列。2007 年小布什在臭名昭著的“共产主义遇难者纪念碑”落成式上的演讲更是将共产主义等同于恐怖主义和法西斯主义。

自 2006 年尼联共（毛）回归政治主流后，尼联共（毛）曾多次要求美国将其从全球恐怖主义名单删除，但都遭到拒绝。2010 年 1 月，奥巴马政府任命的驻尼大使斯科特·H. 德利斯强硬表示，虽然毛派在很多方面发生改变并已经跻身尼泊尔政治主流，但只有满足如下几个条件，美国才会考虑将其从恐怖主义名单上撤销，即“放弃具有威胁的武装力量（共产主义青年团的暴力行为）”、“参与人权进步”、“放弃（共产主义）信仰和观念”、“不组织罢工”等。[①] 2012 年 6 月尼联共（毛）发生大分裂，美国对其态度迅速发生改变。2012 年 9 月 6 日，美国国务院宣布，有关部门经过彻底审议后认定，尼泊尔联合共产党（毛主义）“已经不再参与威胁美国公民或美国外交政策的恐怖活动”，近年来该党派曾在选举中胜出并领导尼泊尔联合政府，同时已采取措施撤销从事恐怖活动的机构，所以美国决定将其从全球恐怖组织名单中去除。美国这一举措使得尼联共（毛）遭美国冻结的所有资产获得解冻，同时美国公民和实体能够在不申请许可证的情况下与该党派实施交易。[②] 法新社 2012 年 9 月 7 日报道，尼联共（毛）表示将提升同华盛顿的关系。《尼泊尔电讯报》7 日评论认为，美国此举意在诱惑尼联共（毛）一步步靠近“印美轴心”，抵抗中国在尼泊尔的影响力。[③]

尼联共（毛）的分裂完全符合美国的战略安排。美国的意图是将尼联共（毛）改造成另一个尼共（联合马列），进一步鼓励和拉拢改良派的尼联共（毛），分化、瓦解乃至最终消灭革命派的尼共（毛）。

2013 年 4 月，尼共（毛）领导尼泊尔 57 个政党（从最初的 33 个政党增加到 57 个）联合抵制尼泊尔 6 月的大选。长期在第三世界国家推行民主政治的前美国总统吉米·卡特要求政府用暴力镇压尼共（毛）：“我希望，

---

① 王静：“尼联共（毛）的发展及面对的挑战”，《马克思主义研究》2011 年第 8 期。

② “美把尼泊尔联合共产党剔除全球恐怖主义名单”，环球网，http：//world. huanqiu. com/exclusive/2012-09/3104131. html。

③ “美‘恐怖黑名单’删掉尼执政党被指诱其反华”，环球时报，http：//military. people. com. cn/n/2012/0908/c1011-18955894. html。

基兰领导的革命派如果继续阻止民众参加选举或阻碍大选会遭到逮捕，并因非法活动罪遭受惩罚”。[①] 经过7年的议会僵局，尼泊尔革命及尼泊尔人民的基本利益不仅没有得以巩固和推进，反而出现了大幅度的倒退（比如土地和军队问题）。尼共（毛）对资产阶级宪政制度的高度不信任态度其实代表了大多数尼泊尔人民的心声。卡特的表态充分展示了美式宪政制度的实质，即资产阶级专政：尼泊尔人民必须接受资产阶级的政治规则，否则将遭受武力镇压。

美国及各国大资产阶级面对敌人一直善于采取分而治之的大战略。在尼泊尔，自2006年以来，假如尼联共（毛）及尼共（联合马列）能够联手合作，团结统一的左翼共产党势力将在议会中占据绝大多数，这意味着通过和平方式及议会斗争，尼泊尔革命也将继续顺利地前进，大地主、大资产阶级及美国、印度的势力将进一步被边缘化——正如拉美地区的委内瑞拉所发生的那样。但是，在美国及印度的安排和期待下，尼共（联合马列）选择和大会党站在一起，大拆尼联共（毛）的“戏台”，这使尼泊尔革命陷入了长期停滞状态。如今尼联共（毛）已经分裂，表明左翼革命力量进一步削弱。

第二次世界大战后，印度继承大英帝国的衣钵，继续在南亚推行扩张主义政策，对尼泊尔实行政治、经济和文化全面控制。该局面并没有随着2006年尼泊尔君主立宪制的终结而结束，不论是尼泊尔制宪会议七年的混乱局面，还是此次尼联共（毛）的分裂，印度都是幕后推手。尼联共（毛）“七大”软化了反印立场，将印度从主要敌人名单上删除，表现出了明显向印度靠拢的倾向。

与尼联共（毛）相反，尼共（毛）仍然将美国、印度等帝国主义国家视为头号敌人，“反帝”色彩十分浓厚。该党强调，尼泊尔政府一直无所作为，印度扩张主义的干涉力度在尼泊尔全面上升，包括政治经济社会和决策部门。该党于2012年9月5日向当时还是巴特拉伊领导的政府开出列有70项要求的清单，其中“反印”的内容有：废除1950年尼印和平友好条约、废除1965年尼印双边安全协定、废除马哈卡里条约、终止印度政府

---

① Eric Ribellarsi，“‘Life and Death’ for Nepal Coup Regime”，https：//revolutionaryfrontlines. wordpress. com/2013/04/06/in-nepal-jimmy-carter-urges-arrest-of-opponents-of-elections/.

在尼支持的小型发展工程项目等。该党还要求“控制和管理”尼印两国间的无障碍边界，要求印度终止对尼泊尔的“边界侵犯”，未经授权印度安全人员不得进入尼泊尔，禁止印度牌照汽车驶入尼泊尔，禁止印地语和英语的电影、录像及出版物等。此外，尼共（毛）还要求禁止外国对媒体的投资，关闭廓尔喀招募中心以及禁止利用尼泊尔作为反华活动的秘密基地等。①

尼联共（毛）与被列为印度政府头号安全威胁的印共（毛）同气相连，一直是印度政府的大忌惮。党主席普拉昌达在印度统治阶级残忍杀害印共（毛）中央政治局常委及新闻发言人阿萨德同志和中央政治局常委金尚吉同志时保持了沉默，但却在印度共产党（马克思）（在印度毛主义者看来是修正主义政党）的创始人之一、曾任印度西孟加拉邦首席总理的乔蒂·巴苏去世时，派一名中央委员会代表带着“献媚”的信件前去吊唁。2013 年 5 月 25 日，印共（毛）伏击国大党车队，炸死了切蒂斯格尔邦国大党头子和邦前内政部长马亨德拉·卡尔马等人［卡尔马曾于 2005 年组建地方武装“和平行动”，残忍屠杀印共（毛）和普通民众］。普拉昌达给国大党发去唁电，但却对印度政府给印共（毛）贴上“恐怖主义”标签毫无反对。② 普拉昌达上述行为表明其急于与印共（毛）划清界限并向印度政府靠拢。

面对尼联共（毛）“七大”的巨大转变，印度方面表示，尼联共（毛）通过抛弃以前的“人民革命路线”而采取一种“资本主义革命”，对“促进新德里与毛主义的关系有积极重要的影响”。更赞许尼联共（毛）成为了一支实行务实政策的“重实效的力量”。③ 也有印度观察家对尼联共（毛）上层与下层进一步分化表示担忧。部分印度分析人士认为，尼联共（毛）的决定对印共（毛）是很好的示范。

---

① The Hindu Report，“Nepal Maoist faction serves ultimatum”，http：//www.thehindu.com/news/international/nepal-maoist-faction-serves-ultimatum/article3863011.ece.

② Basanta，“International Dimensions of Prachanda Neo-revisionism”，http：//democracyandclasstruggle.blogspot.com.

③ The Kathmandu Post，“India's Nepal hands watch Maoist shift”，http：//www.ekantipur.com/the-kathmandu-post/2013/02/11/nation/indias-nepal-hands-watch-maoist-shift/245191.html.

四、从尼联共（毛）的分裂反思议会道路

2006 年 4 月，在尼联共（毛）军队占领尼泊尔 80%领土的局面下，尼联共（毛）领导七党联盟逼迫国王下台。2006 年 11 月，尼联共（毛）同政府和谈并签署《全面和平协议》，宣布停止武装加入议会。2007 年 1 月，尼泊尔政府颁布临时宪法。2008 年 4 月，尼联共（毛）参加制宪会议选举并当选第一大党。2008 年 8 月，尼联共（毛）党主席普拉昌达当选第一任政府总理。2009 年 5 月，普拉昌达在大会党和尼共（联合马列）的排挤下被迫辞职。2009 年 5 月，大会党和尼共（联合马列）联合候选人尼帕尔[尼共（联合马列）]就任尼泊尔第二任政府总理，但于一年后被迫辞职。接下来是 21 个月的漫长政治僵局，尼泊尔制宪会议举行 16 次大选均未选出政府总理，该选举打破了吉尼斯世界纪录。2011 年 2 月，尼联共（毛）主席普拉昌达退出大选转而支持尼共（联合马列）候选人卡纳尔，卡纳尔当选尼泊尔第三任政府总理，但也于半年后被迫辞职。2011 年 8 月，尼联共（毛）副主席巴特拉伊与制宪会议第四党马德西人民权利论坛达成“4 点秘密协议”以换取支持，以微弱优势当选尼泊尔第四任政府总理。2012 年 5 月 27 日，尼泊尔第一届制宪会议宣布解散（曾多次延期，都未能制定出宪法），巴特拉伊转为看守政府总理。2013 年 3 月 14 日，尼泊尔临时政府成立，制宪会议四大政党达成共识，推举没有党派背景的大法官格雷米出任临时政府总理，取代看守政府总理巴特拉伊。由于尼共（毛）等 57 个政党的反对，原定于 2013 年 6 月的大选取消，临时政府宣布将于 2013 年 11 月 19 日举行第二届制宪会议选举。

7 年以来，尼泊尔社会一直在徘徊不前，如今似乎又回到了起点。但无论如何，2006 年推翻国王统治结束尼泊尔君主立宪制，开启制宪会议的民主化进程，这是尼联共（毛）10 年人民战争取得的成果，是尼泊尔历史上一次显著的历史进步。可以说，这 7 年乱哄哄的议会民主也是尼联共（毛）10 年武装斗争的成果，没有武装斗争，连今天的议会民主都不会。尼联共（毛）中的巴特拉伊等人从一开始便倾向于议会斗争，只是当时尼

泊尔王室实行独裁统治（经常禁止议会），迫使巴特拉伊等人拿起武器。于是，当国王统治被推翻，尼泊尔迎来议会民主后，尼联共（毛）内部必然产生分歧。

然而事实证明，议会民主无法解决尼泊尔面临的历史问题。制宪会议各政党之间的阶级矛盾无法调和，制宪会议长期陷入僵局。比如，是否解除尼联共（毛）的武装、是否向地主返还10年人民战争期间农民夺取的土地，这是尼联共（毛）与大会党斗争的焦点，从根本上看，这是剥削阶级与被剥削阶级之间的尖锐斗争，保护地主阶级和资产阶级的利益，便要伤害农民阶级和工人阶级的根本利益。在这个问题上，无法通过议会斗争的方式得以解决，尼泊尔打破吉尼斯世界纪录的7年议会斗争乱局便是明证，现在代表广大农民阶级和工人阶级利益的尼联共（毛）革命派分裂出去并退出议会也是明证。

尼泊尔议会乱局将议会民主的真谛充分展示在人民面前。比如，在尼联共（毛）与大会党之间的斗争处于胶着状态的时候，为何最终是尼联共（毛）作出大幅让步，而不是相反？因为在普拉昌达和巴特拉伊看来，10年人民战争结束前在首都加德满都附近的战争中已经失利，因此他们认为尼联共（毛）没有足够的力量夺取全国政权，认为单凭自己的武装力量无法消灭对立面，更何况还有印度及美国干涉的危险。所以，表面的议会斗争的背后其实是两大阵营各种力量的综合较量，其中军事力量的作用最重要。尼联共（毛）中的巴特拉伊派认为武装斗争无法取胜，因此只能寄希望于议会斗争，并不惜任何代价要将议会民主继续下去。在这种心态下参加议会斗争，最终的结果只能是自己不断作出大让步，比如解散军队、返还土地等，而这势必动摇自己的阶级基础并导致党内产生分裂，使十年革命成果面临毁于一旦的危险。这就是国际共运中不断出现的现象：原来进行武装革命的共产党一旦放弃武装参加议会斗争，最终往往一败涂地。

因此，尼联共（毛）的军事武装力量越强大，它在议会斗争中的主动权就越大。能否综合利用这两种方式并将尼泊尔革命推向前进是尼泊尔共产主义运动面临的重大课题。眼下尼泊尔内部革命派与改良派之间矛盾不断激化并最终分裂，从整体上看不是一个积极信号，但以基兰为代表的革命政党和革命武装的存在，起码能在很大程度上防止统治阶级突然发动反革命政变、对共产党人进行血腥屠杀。在这个意义上，这种分裂又是坏事中的好事。

综上所述，议会斗争的背后其实是各阶级经济、政治、文化、军事实力的综合较量。代表无产阶级及底层农民利益的政党参与议会斗争，在大多数情况下会处于劣势，其根本原因是，虽然其代表最大多数人民的利益，但其综合力量往往不及资产阶级政党（比如媒体被资产阶级所垄断、政党选举所需的金钱也由资产阶级所把控），更何况整个游戏规则都是由对方所设定，因此尽管无产阶级政党代表绝大多数人利益，却往往无法彻底赢得选举。而事实又证明，代表两大对立阶级利益的政党无法通过议会方式在根本问题上取得共识，无产阶级政党放下武装走向议会道路往往意味着向资产阶级妥协让步，尼联共（毛）参与议会斗争的历史鲜明地证明了这一点。

马克思曾指出："资本家在他们的竞争中表现出彼此都是虚伪的兄弟，但面对着整个工人阶级却结成真正的共济会团体。"[①] 在世界各国的议会斗争中往往出现这种状况，资产阶级不管是一党还是两党还是多党，面对左翼劳动阶级的威胁时总是结成"真正的共济会团体"，团结一致地对抗敌人。无论哪个阶级，组织是需要成本的。人数广泛但经济、文化、组织力量匮乏的劳动阶级要达成这个状况则相对困难得多，劳动阶级的政党也往往四分五裂，甚至内斗频繁、不断地相互攻击。各国共产党的历史业已证明，议会斗争阶段的共产党比武装斗争阶段的共产党更容易发生分裂。此外，苏联解体后，整个共产主义运动没有中心的组织者和协调者，因此一党内部出现矛盾更容易走向分裂。

总而言之，只有依靠先进阶级的先锋队——真正的无产阶级政党，才能将广大工农大众紧密地团结起来，摆脱一盘散沙或者分裂内斗的局面，最终形成可以跟地主阶级和资本家阶级进行抗衡的政治、文化、经济及军事力量。只有工农大众拥有了这种力量，才能推翻剥削和压迫他们的社会制度，实现工农大众的解放，实现工农大众的民主、自由及人权。

美国极力向全球推广的政治经济制度，其根基或第一信条便是在社会财富（包括生产资料和消费资料）的分配两极分化的背景下，承认和保障私有财产的神圣不可侵犯。这整套制度的基础建立在资产阶级的统治之

---

① 马克思：《资本论》第3卷，人民出版社1975年版，第221页。

上，其最核心的东西便是从根本上保障剥削阶级对工农大众的统治权力。这套制度虽然也有选举、选票等形式上的民主，但它无法保障人民大众的基本权益。尼联共（毛）参加议会选举后，被迫解散军队并向地主退还“革命侵占土地”，十年革命成果面临毁于一旦的危险，这个事例就充分证明了以上结论。

五、对分裂后两党发展走势的评估

尼共（毛）和尼联共（毛）“七大”之后，其各自的政治倾向、路线、立场都已泾渭分明。对于尼共（毛）来说，为了赢得其基本群众的支持，必然要继续保有强大的军队、推进土地革命，以及将斗争矛头对准尼泊尔大资产阶级及美印势力。由于两党历史上复杂的关系，未来发展顺利的一方将对另一方产生强大的分化、融化作用。在这种局面下，对于美国、印度及其在尼泊尔的附庸势力来说，新成立的尼共（毛）无疑是最大的、最危险的敌人。为了对付这个最大的敌人，美国及印度将不得不放松对尼联共（毛）的限制，给后者留下一定的发展空间。假如尼联共（毛）的中间路线进展不大或者彻底失败，这无疑会从反面促使尼共（毛）进一步发展壮大，从而极大地威胁美印的地区利益。

当然，美国及印度不会轻易地完全信任并扶持尼联共（毛）。尽管尼联共（毛）“七大”之后政治路线继续向中间调整，但是相对于大会党和尼共（联合马列）来说，它仍然是一个左翼政党，并且与中国的关系密切。当然，假如尼联共（毛）政治路线更加右倾，变为彻底的民主社会主义政党，并在对外关系上更加依附于印度和美国，那么不排除美印大力扶持尼联共（毛），并用之对抗、分化尼共（毛）的局面。

在以上背景下，未来两党政治走势可能有三种情况：

第一种，两党关系处于持续对立、相互攻击的状态。一旦时机允许，在美国和印度的安排和期待下，资产阶级掌控的政府及军队很可能会对尼共（毛）采取武力压制措施，致使尼共（毛）重新进入地下状态甚至彻底失败。此时尼联共（毛）不论保持沉默还是参与镇压，都会给自身带来最尴尬的局面。对于美印势力以及尼泊尔资产阶级来说，尼共（毛）一旦失败，尼联共（毛）的利用价值也就大打折扣。在这种局面下，尼联共（毛）很可能会继续步步嬗变，先是删除名称中的“毛主义”后缀，接下来放弃共产党主张，直至转化成一支社会民主党，其阶级基础将和尼共（联合马列）重合。由于尼共（联合马列）在尼泊尔中产阶级和资产阶级里影响深远，走社会民主主义路线的尼联共（毛）最终只能沦为尼共（联合马列）的小跟班，丧失国内和国际影响力并最终销声匿迹。

第二种，两党联手，里应外合，人民起义和议会斗争相结合，相辅相成，解决国际共运中的一大难题，将尼泊尔革命推向一个新的高度。这是最理想的局面，但从目前各方信息看，要达成这个局面也是最困难的。

第三种，由于势均力敌，尼泊尔政府军无法对尼共（毛）武装产生威胁。而尼泊尔长期处于严重政治危机和宪法真空中，经济衰败，民生日艰，广大民众对西方宪政体制完全失去信心。在此情况下，尼共（毛）及其主张的社会主义道路逐渐被尼泊尔全民接受。大批民众和爱国政党加入尼共（毛）领导的新一轮人民运动，尼共（毛）的阶级基础不断扩大，尼共（毛）领导尼泊尔人民打开尼泊尔人民革命新局面，通过武装斗争或者和平方式使尼泊尔进入新民主主义社会直至社会主义社会。

浅析不丹功德党2013年大选失败的原因

唐明超*

不丹2013年大选是其自2008年首次实行民主选举政府以来的第一次换届选举，备受世界瞩目。印度、欧盟等西方国家和国际组织对此非常重视，纷纷派遣观察团前往观察。而不丹选举委员会为搞好这次大选足足准备了5年，从全面宣传民主选举到政党领导人、妇女、记者的培训，从去国外取经到提高自身素质，从采购投票机到组织选举等，认真而踏实地做了大量准备工作。

不丹的这次大选共有4个政党参加，分别是不丹功德党（Druk Phuensum Tshogpa）、人民民主党（People's Democratic Party）、不丹协力党（Bhutan Kuen-Nyam Party）和不丹公权党（Druk Chirwang Tshogpa）。在第一轮选举中，不丹功德党获得44.52%的选票；而人民民主党比2008年仅获2个席位的表现要好许多，获得32.53%的选票；紧跟其后的是不丹协力党和不丹公权党，分别获得17.04%和5.91%的选票。① 但在第二轮选举中，人民民主党加大了竞选力度，大肆渲染和攻击功德党政府时期国内印度卢比短缺、物资供应不足、物价不断上涨、高失业率和未完全兑现承诺，以及不印关系紧张是因为功德党政府首相与中国关系升温所致，大大削弱了功德党的形象；印度政府此时也煽风点火，宣布印度取消对不丹民用燃气和煤油的补贴费；再加上不少民众正对国内的印度卢比和物资供应不足而牢骚满腹，从而导致大多数选民特别是青年选民转向选择

---

* 唐明超，四川国际和平与发展研究中心副研究员。

① National parliamentary Assembly 2013: primary round, http://www.election-bhutan.org.bt/NAResult2013/.

了人民民主党。最终结果是不丹功德党以 15 席[1]比人民民主党的 32 席而败北，成为议会中的反对党。

功德党大选失败，究其原因主要有两方面：一方面是对内的一些政策失误和未完全兑现承诺；另一方面是对外翅膀还未长硬就想独自飞翔而得罪了印度。

一、不量国力，经济发展失衡

不丹功德党政府其实是一届具有很强领导能力和工作能力的政府。其党首即政府首相吉格梅·约色尔·廷莱毕业于印度圣·斯蒂芬学院，获得美国宾夕法尼亚州立大学公共管理硕士学位，曾两次出任不丹皇家政府时期的首相，还担任过不丹东部 6 个宗的宗长和外交部、内政部、文化部大臣，具有丰富的工作经验和很强的工作能力。其麾下十名内阁大臣大多也在皇家政府时期任过要职（如益西·金巴毕业于美国威斯康星州麦迪逊大学，获经济学硕士学位，曾在四世国王身边工作过，曾两次出任不丹皇家政府首相，还担任过财政部、贸易和工业部大臣；坎杜·旺楚克曾担任过贸易和工业部大臣、外交部大臣，也曾两次出任不丹皇家政府首相），工作经验都非常丰富，工作能力也很强。他们是四世国王吉格梅·辛格·旺楚克“国民幸福总值”治国理念的忠实执行者。无论是四世国王吉格梅·辛格·旺楚克，还是五世国王吉格梅·克萨尔·囊杰·旺楚克，包括王室成员，都对功德党党首吉格梅·约色尔·廷莱领导的首届民选政府非常信任，并十分放心，功德党政府 5 年来的工作表现完全证明了这一点。

功德党政府 2008 年上台执政后，尽管不丹经济受到美国金融危机、欧元区主权债务危机和印度卢比过度波动的影响，但是其仍然以平均年增长率 7%[2]的速度发展；即使 2012 年不丹受到印度卢比短缺的严重影响，经

① National parliamentary Assembly 2013: primary round, http://www.election-bhutan.org.bt/NAGResult2013/.

② Bhutan 2012 growth rate third in SAARC region, Nov. 18, 2013, http://www.kuenselonline.com/bhutans-2012-growth-rate-third-in-saarc-region/#.Ur0hA7KcHAI.

济发展处于放缓的趋势，但仍然取得年增长率4.6%[①]的好成绩，在南盟地区排名第三。5年来，他们完成了不丹第十个五年计划99%[②]的目标任务，国家经济增长了55%—56%；5年前从廷布需要花费8天时间才能到达的5个格窝，如今只需要1天时间就能到达；5年前有30%的不丹人生活在贫困线（月收入低于1096努）以下，而5年后，经世界银行确认只有12%的不丹人生活在贫困线（月收入低于1700努）以下；小学入学率基本上达到了100%。

但是，功德党政府想实现不丹“独立自主、自力更生”的心情太迫切了，在制定相关政策和计划时完全没有考虑到不丹的实际国情和国力，因而产生了一些“闭门造车”的官僚主义作风，发生了一些本不该发生的事情，如印度卢比危机，菜荒、粮荒、禽蛋和肉荒，燃油燃气短缺等。这些都严重影响了选民们的日常生活，导致部分选民对功德党政府极为不满。

（一）忽视国力，盲目大搞工程建设

功德党在四世国王吉格梅·辛格·旺楚克和五世国王吉格梅·克萨尔·囊杰·旺楚克共同推动的不丹2008年首次国会选举中以45席比2席的优势赢得大选，独自组阁开始实践不丹的民主治理国家进程。由于功德党政府首相及其内阁成员大多曾在不丹皇家政府担任过要职，因而对不丹四世和五世国王想要不丹在经济上尽快实现“自力更生”的梦想非常了解。功德党执政后没有顾及到不丹的现实经济实力，就开始了最庞大的和雄心勃勃的水电站建设计划，想以水电兴国。

为了能尽快实现不丹经济“自力更生”的梦想，争取早日不看别人脸色而完全按照自己的想法搞经济建设，功德党政府从修建楚卡水电站的丰厚收益（每年扣除还贷还能收益几十亿印度卢比）中看到了实现这一梦想的希望，于是大力实施水电兴国战略，计划投资5000亿努在未来10年里

---

① Bhutan 2012 growth rate third in SAARC region，Nov. 18，2013，http：//www. kuenselonline. com/bhutans-2012-growth-rate-third-in-saarc-region/#. Ur0hA7KcHAI.

② PM thanks civil servants，Feb. 19，2013，http：//www. kuenselonline. com/pm-thanks-civil-servants/.

修建 10 座大型水电站，[①] 以实现到 2020 年全国总发电量达到 1 万兆瓦，[②] 除去国内需求外，剩余电量出口印度，赚取更多的钱，为国家经济建设所需资金奠定坚实的基础，并希望依靠水电建设在未来 10 年里把不丹建设成一个中等收入的国家。

然而，由于不丹是一个依靠外援搞经济建设的国家（不丹第一和第二个五年计划发展所需资金共计 2.129 亿卢比，全由印度援助；在第十个五年计划期间，印度向不丹提供了 340 亿卢比[③]的无偿经济援助；不丹还要求印度向其第十一个五年计划提供 450 亿卢比[④]的经济援助），自己几乎没有什么财力，再加上近年来欧洲发生主权债务危机，以前向它提供经济援助的国家都纷纷减少或停止了援助，因此它的建设资金来源非常有限。要想完成上述庞大的经济建设计划，就只能依靠举债，并且只能向印度举债。因为世界上同不丹建立正式外交关系的国家不多，而能借钱给它搞经济建设的国家更是少之又少。2009 年，经过不丹国王和功德党政府的不懈努力，印度政府出于对印度东北地区严重缺电的利益考虑，终于同意了他们关于援助不丹修建 10 座水力发电站的请求。

此外，为了吸引更多的游客到不丹旅游，为国家经济建设赚取更多外汇，功德党政府还大规模扩建道路和帕罗国际机场，并新建扬普拉、吉列普和巴特帕拉塘国内机场。

功德党政府执政的短短 4 年时间里就有 4 座大型水电工程和 3 个国内机场先后开工建设。可想而知，以不丹弱小的经济实力，怎么能承担得起这么多大型工程建设的辅助费用？（因为这些工程的建设费用不丹不用掏 1 卢比，主要来自印度 70％的贷款和 30％的捐赠）一是不丹严重缺乏建筑工人，导致 5 万多名印度劳工进入不丹帮助不丹人实现梦想；不丹要负担这些劳工的吃住问题，从而引发生活日用品、农产品和建筑原材料的进口激

① 功德党政府计划在 2020 年前再修建 10 座水电站，即姑日河（1800 兆瓦）、普纳昌河一期（1200 兆瓦）和二期（1020 兆瓦）、达加河（126 兆瓦）、芒得河（720 兆瓦）、散科斯（2585 兆瓦）、阿莫河（540 兆瓦）、恰姆卡尔河（770 兆瓦）、汪河（570 兆瓦）、科龙河（600 兆瓦）和布纳卡（180 兆瓦）。

② Bhutan Power Corporation Limited：10 hydropower projects finalised，March 26，2009，http：//www.bpc.bt/archives/334.

③ http：//www.kuenselonline.com/india-bhutan-to-discuss-funding-for-11th-plan/＃.UsAg57KcHAI.

④ Ibid.

增，导致国家外汇储备减少和物价飞速上涨，民众怨声载道。二是不丹每年要偿还大量贷款利息。据国王吉格梅·克萨尔·囊杰·旺楚克 2013 年 12 月 7 日向全国观众发表电视讲话时说："国家在第十个五年计划期间光偿还利息就达 90 亿努，[①] 到第十一个五年计划结束时将还要偿还 150 亿努的利息。"

（二）忽视民情，盲目鼓励消费

功德党政府为了发展国内消费市场，推动国内经济快速发展，实施了一项"鼓励居民借钱消费，向需要者提供低息贷款"政策。政府首先是开放汽车和房地产市场，并以低息贷款和减税的方式扶持汽车经销商和房地产开发商，让他们进口大量的汽车和修建大量的商品住宅楼；其次是向购车和购房者发放大额低息贷款，鼓励居民买车买房；第三是向购买大宗家具、家电和其他高档消费品的居民也提供低息贷款，刺激居民对家具、家电和高档消费品的消费。这样一来，不丹居民就养成了有钱要消费、无钱借钱也要消费和大手大脚花钱及好逸恶劳的生活习惯。脏活累活请人干，挣钱不多的活也不干，这就导致大量外国劳工进入不丹务工，进而增加了不丹印度卢比的开支。因为这些劳工大部分是来自印度，所以要付给他们印度卢比。

（三）忽视国情，未抓好米袋子和菜篮子

不丹是一个内陆山国，不仅国土面积小，而且除了水和森林资源外其他资源十分匮乏。虽说是一个农业国家，但是每年所生产的农产品还不能满足国民的需求。根据不丹农业部 2012 年的统计，以前不丹平均每年生产蔬菜约 3.0595 万吨，只能满足 60％人口的需求。2011 年不丹从印度进口了价值近 40 亿卢比的农产品，其中肉类价值 6.293 亿卢比、蔬菜类价值 2.86 亿卢比、鱼类价值 1.6 亿卢比、奶制品价值 6.698 卢比、大米价值 11 亿卢比，还有蛋类、咖啡、茶、食用油和糖等。

---

① http：//www.kuenselonline.com/no-problem-is-insurmountable-hm/＃.UsAsxrKcHAI.

由于功德党政府执政后，一门心思地只顾抓大工程建设，而忽视了抓好与老百姓生活息息相关的米袋子和菜篮子工程。2012 年年初，不丹爆发印度卢比短缺后，印度边境城镇的商人卖商品给不丹人时不再收取努而要收取印度卢比，致使不丹货币努在非正规市场上与印度卢比的汇率贬值了 20%，[①] 从而引起从印度进口的商品成本和运输成本增加，同时推高了国内商品零售价格，进而引发通货膨胀。不丹国家统计局 2012 年 4 月 27 日报告称，以 23 个中心城市和乡镇的不丹人家庭所购买的 363 种消费产品和服务的平均零售价格为依据，不丹 2012 年第一季度的物价与上年同期相比上涨了 9.4%；其中食品价格上涨超过 11%，非食品类商品超过 8%，非酒精饮料超过 10%，酒精饮料略低于 28%，服装和鞋类接近 14%，家庭维修和服务约为 19%，燃料为 6%左右，交通运输服务为 9.5%左右，麻醉剂药品接近 48%，国产和进口香料超过 24%，国产酒为 25%，蔬菜超过 13%，水果超过 32%。又据不丹国家统计局 2012 年年底称：不丹 2012 年第三季度的物价与 2011 年同期相比上涨了 11.17%。

功德党政府在发生印度卢比短缺后采取了一些紧急补救措施。如，农业部计划在不丹现有约 95 平方千米的有限耕地上，采取在不同生态区内夏季和冬季集中种植的方式，加快农产品生产；同时要求全国各地机关单位、部队、学校、建筑工地等直接与农民或农业合作社签订农产品种植购销合同，以确保农产品的种植和供应；政府在 2012—2013 财政年度预算中给农业部分配了 3200 万努，以加快农产品生产，并计划在“十一五”计划结束时可以在鸡蛋、蔬菜和乳制品生产方面实现自给自足。

首相吉格梅·约色尔·廷莱 2012 年 3 月 6 日在全国电视讲话中恳求“国人必须面对现实，立即改变消费观念和经济习惯，要节约开支。因为国家目前的支出远远超出了国家的财政收入，经济已经受到了巨大影响，所以我们必须要限制进口，控制卢比流出。为了国家的主权，我们应该自立，必须自立”。

---

① 为了国家独立和反对印度经济控制的需要，不丹于 1974 年正式发行自己的货币——努扎姆（简称“努”）。皇家政府当时规定努的币值与印度卢比的币值平行挂钩，即 1 努＝1 印度卢比，并允许印度卢比在不丹自由流通使用。从此以后，这两种货币就在不丹境内和印度边境城镇边贸交易频繁的地区自由平行流通使用。久而久之，不丹人在脑海里就没有把印度卢比当成外币的概念，从印度商人那里购买商品时无论是付努还是付印度卢比都一样，不用兑换。

尽管在功德党政府采取一系列措施后，不丹的农产品产量有所增加，物价有所回落，但是老百姓还是受到了不小的伤害。

（四）忽视培训，失业率居高不下

不丹虽然经济不发达，收入也很低，可是年轻人特别是青年学生们毕业后往往不愿去公司和私营企业工作，只是一门心思地想进政府机关当公务员。尽管近年来不丹在轰轰烈烈地大搞水电站、机场、道路、桥梁和住房建设，需要大量各种各类人员参与其中，但是年轻人一是缺乏相关的职业培训，二是不愿去，从而导致一些行业劳动力紧缺，不得不招聘大量外国人，特别是印度人到不丹工作，帮助不丹实现梦想。不丹前劳工部大臣白玛·旺达2012年5月29日在经济与金融研讨会的记者招待会上说：不丹平均每年要付给7.5万—8万名外籍劳工约70亿印度卢比的工资，其中约有5.3万名外籍劳工持有工作许可证。据不丹劳务部门的统计，2012年有5.6011万名持证外籍劳工[①]在不丹工作，其中印度籍劳工有5.1616万名；在印度籍劳工中，有3.0249万人受雇于水电工程项目，其余2.1367万人受雇于修建房屋、飞机场等建筑业和其他服务行业。而不丹年轻人的失业率2012年达到7.3%。[②] 这样大量雇用外籍劳工，无形中增加了不丹的外汇开支。

为了解决长期缺乏熟练建筑工人问题，不丹劳动和人力资源部于2011年和2012年先后与印度贾普拉卡斯联合建筑有限公司和印度斯坦建筑公司等签署培训谅解备忘录，公司同意每年为不丹培训几百名青年水电建筑工人。[③]

尽管如此，失业还是使很多学生和其父母沮丧，多年的希望和教育梦想破火，多年的投资“打了水漂”。到“十一五”计划结束时，国家需要为学生创造2万多个就业机会。由此可见，不丹要想降低失业率，首先需要国人特别是青年学生们转变就业观念，其次需要政府加大培训力度和加

---

① http：//www.cabinet.gov.bt/？p=966.

② http：//www.kuenselonline.com/national-assembly-sanctions-plan/#.UsAmCrKcHAI.

③ http：//www.cabinet.gov.bt/.../state%20of%20the%20nation%20re....

强就业指导。

（五）忽视选情，未完全兑现承诺

功德党政府刚上台执政时向选民承诺在其执政的 5 年期间要办好 153 件事。首相吉格梅·约色尔·廷莱 2013 年 3 月 4 日在年度国情报告中称，完全兑现的有 135 件，部分兑现的有 15 件，[①] 完成率达 99%。可是，有的选民并不买账，认为功德党政府还有些承诺只是落在纸上，并未兑现。

据不丹媒体报道，选民对功德党政府未兑现承诺意见较大的主要有三件事情：一是承诺为公务、商务和紧急情况引进直升机服务；采取适当政策，扩大公共交通、改善交通条件和安全保障、提高公共交通服务水平和质量，让国民轻松自如地乘坐公交车，以减少对私家车的购买欲望，减少交通堵塞和环境污染。二是承诺将不丹建成医疗旅游区域中心，以满足印度次大陆日益增长的高质量医疗服务的需求。政府将允许外国直接投资建设多个“五星级”私立医院来实现这一承诺。三是承诺通过立法保护合法的弱势和贫困群体，对弱势群体提供无偿和平等的法律援助，确保法律的公正和公平。

如上所述，不丹功德党政府没有根据不丹的经济实力和国情，忽视农产品生产，盲目大量开工建设水电站、道路、机场和住宅楼，并招聘了大量外籍劳工，还鼓励居民大手大脚地借钱消费，造成生活日用品和农产品、汽车、汽油、家具、家电、高档消费品和建筑原材料进口激增，使国家外债高筑（2012 年国家债务约 735 亿努，[②] 2013 年已经达到 1000 亿努[③]），进而造成外汇储备不够用而爆发国内印度卢比严重短缺，致使老百姓无卢比到印度去购买商品、诊治疾病、交学费和房租等，再加上国内通货膨胀和高失业率，让民众对功德党政府感到非常不满。这就是功德党政府不量国力，想在国家经济建设道路上一口吃出个胖子的结果。

---

① http：//www. kuenselonline. com/broken-promises/＃. UsF33rKcHAI.

② http：//www. thebhutanese. bt/rupee-crisis-to-have-long-term-impact-on-bhutans-socio-economic-development/.

③ http：//www. kuenselonline. com/no-problem-is-insurmountable-hm/＃. UsAsxrKcHAI.

二、捍卫自主权与印度政府间的矛盾越来越大

不丹功德党政府刚上台执政时同印度政府之间的关系处得非常好。印度总统普拉纳布·慕克吉和总理曼莫汉·辛格都非常看好不丹首届民选政府，并尽力支持和援助民选政府提出的一些经济建设项目，如兴建10座大型水电站、3个国内机场、彭措林连接印度西孟加拉邦哈西马拉的铁路、多日巴日火车站等，扩建帕罗国际机场和东萨姆水泥厂，将互联网和移动通信连通到每个格窝（有的还连通到社区），建设居民安全饮用水供给系统等。

2013年2月8日和9日，不丹首相吉格梅·约色尔·廷莱率不丹高级代表团访问印度，在新德里会见印度普拉纳布·慕克吉和总理曼莫汉·辛格时，双方回顾了两国之间的关系，并对不断增强的友好关系和友谊表示满意；还讨论了共同关心的其他问题，比如水电领域的合作，以及进一步整合两个经济体；还同意建立一个两国政策对话论坛。慕克吉说："印度珍视与不丹之间的关系，并赞扬吉格梅·约色尔·廷莱作为不丹第一个民选首相所起的作用。"曼莫汉·辛格请吉格梅·约色尔·廷莱首相放心，印度政府会履行对不丹的所有承诺，包括水电项目。

那么，是什么原因迫使印度政府在不丹2013年换届大选的最后一轮选举中放弃了在第一轮选举中得票领先的功德党，转而支持得票第二的人民民主党呢？究其原因主要有三：

（一）甩开印度，自己制订规划

早在皇家政府时期，不丹就有不少官员对印度在制订不丹经济发展计划方面只考虑印度的利益和大包大揽的做法内心感到非常不满，强烈希望自主，但苦于不丹经济建设需要印度大量资金和技术援助而又感到十分无奈。不丹前财政部大臣旺迪·诺尔布曾抱怨说，"在制订经济发展计划时一切都要听从印度的，否则，不是这样不行就是那样不行"，完全不能按

照不丹自己的意愿进行。

不丹功德党政府执政后就开始甩开印度，按照自己的想法制订不丹未来经济的发展模式和规划，并于2009年聘请美国麦克锡顾问公司为不丹制订了雄心勃勃的经济发展2020年远景规划和近期发展计划（其中包括不丹第十个五年计划），希望通过不懈努力，能够早日实现国家经济“自力更生”的梦想。依此远景规划和近期计划，不丹功德党政府于2010年提出要发展再生能源——风能和太阳能发电以弥补冬季枯水时电力不足的缺陷，降低国家能源安全风险；修建扎西岗、布姆塘巴特巴拉塘和吉列普纳雅巴斯底国内机场，改善旅游交通条件，促进旅游业快速发展，实现2012年接待游客10万人的目标；扩大国家高等教育，将不丹建设成知识型社会和“世界级教育中心”。为了确保这一目标的实现，前教育大臣塔姑·辛格·包杰于2010年同首相吉格梅·绝色尔·廷莱签订《高等教育合同》之后，又同廷布市长和20个宗长签订了《快速提高教育质量合同》，力争到2013年实现小学入学率达到100%、初中入学率达到75%的目标。他说：“不丹要‘发起一场知识革命’，强调我们能解决经济赤字，但不能解决知识赤字。签订教育合同的目的是将不丹转型为一个以知识为本的社会。这项政策有利于国家进一步推动经济和社会发展的需要，也有利于实现国家整体发展和经济发展的愿望。”不丹功德党政府的这一做法让印度感到不满。

（二）行使自主外交权，加速与他国建交

自1907年建国到2007年这100年里，能自主行使外交权一直是不丹政府和人民梦寐以求的事情。直到2007年初，不丹五世国王吉格梅·克萨尔·囊杰·旺楚克访问印度，同印度正式签订《2007印度—不丹友好条约》时，不丹政府和人民的梦想才终于实现。《2007印度—不丹友好条约》对不丹来说具有里程碑意义，因为它不仅使不丹终于收回了被印度劫去多年的外交自主权，而且改写了不丹与印度两国关系的性质，即不丹从过去印度的附属地位变为现在印度的亲密朋友和平等伙伴。根据新条约，不丹可以自主处理外交事务而不再接受印度的“指导”，并可以从其他国家购买非杀伤性武器装备而无需得到印度的许可。从此以后，不丹在国际舞台上再也不用看印度的脸色行事了。

寻求支持，扩大交往。功德党政府想通过不丹竞选2013—2014年联合国安理会非常任理事国来提高不丹的国际声誉和地位。尽管换届选举要到2012年才进行，但是功德党政府内阁成员从2010年就开始扩大全球交往，利用外访和会见到访客人之机积极游说，寻求他们对不丹竞选2013—2014年联合国安理会非常任理事国的支持。无论与其建交还是没有建交的国家，都设法努力争取。他们先后访问了联合国总部、丹麦、瑞士、西班牙、印度、斯里兰卡、韩国、泰国、美国、奥地利、墨西哥、乌干达、古巴、伊朗等。此外，不丹首相吉格梅·约色尔·廷莱2012年6月在参加联合国可持续发展大会期间与30多个国家的元首和首脑举行了会晤，以寻求支持。

争取支持，扩大建交。在2007年之前，不丹要想与谁交往、与谁贸易、与谁建立外交关系，没有印度点头同意就甭想。不丹从建国到2006年底，只同世界上22个国家建立了外交关系，只与印度和孟加拉国有正式的贸易往来。为了争取国际社会对不丹竞选2013—2014年联合国安理会非常任理事国的广泛支持，功德党政府从2009年1月开始小试牛刀，自主加快了与他国建立外交关系的步伐。从2009年1月至2013年3月底，在短短的4年多时间里不丹先后同比利时、巴西、古巴、塞尔维亚、缅甸、越南、埃及、亚美尼亚、斯洛文尼亚、哥伦比亚、阿塞拜疆等31个国家建立了正式的外交关系，使其同世界上建交的国家达到53个，这一点着实让印度政府感到不爽。

非常遗憾的是，尽管功德党政府努力做了很多工作，但是在2012年10月18日正式投票选举中，不丹仅获得192张选票中的20张选票，而另两个竞选对手柬埔寨和韩国分别获得62张和116张选祟，不丹在第一轮选举中就被淘汰了。其败因正如不丹首相吉格梅·约色尔·廷莱在竞选后回答记者提问时说的那样，不丹当时只与世界上45个国家有外交关系，而柬埔寨和韩国与世界上几乎每个国家都建立了关系。不丹未能赢得联合国安理会非常任理事国席位，应归因于不丹与其他国家的外交关系缺乏。

不过，通过这次安理会的竞选过程，不丹建立和构建了与世界上许多国家的关系和交往，进一步巩固了不丹的独立和主权，增强了国际社会对不丹及其人民的尊重和善意。

（三）欲打破封锁，与中国过于亲密

不丹与中国虽然至今还未建立正式的外交关系，但是由于两国山水相连，两国人民之间有着悠久的传统友谊和边界贸易，尤其是不丹人民同中国藏族同胞在许多方面有着千丝万缕的联系。中国藏传佛教高僧阿旺·纳姆加尔对不丹的历史有重大贡献，所以不丹人民至今仍然把中国西藏首府拉萨视为他们心中的佛教圣地，因而不丹人民和历届政府都坚持与中国友好相处原则。

印度想方设法从经济、贸易和外交等方面掐住不丹的脖子，使其不要与中国靠得太近。在经济建设方面，印度虽然向不丹提供大量的资金和技术援助，但在规模和领域方面进行控制，使其朝着有利于印度利益的方向发展。在贸易方面，不丹对印度的依赖非常大，80%以上的买卖是同印度做的，而至少99%的贸易运输要过境印度；燃气和汽油完全靠印度提供。在外交方面，印度干预不丹同中国的边界谈判，不让不丹放弃卓克拉姆（印度认为此地位于中、不、印三国交界处，具有重要的战略地位），尽管不丹原则上已经同意中国提出解决争议区的一揽子方案，愿意放弃卓克拉姆，但由于印度的干扰，不丹同中国的边界谈判自1984年开始以来至今还未达成最终协议。

不丹对印度的这些做法感到十分不满。2012年6月，不丹首相吉格梅·约色尔·廷莱借在里约热内卢召开联合国可持续发展大会之机，同中国总理温家宝举行了首次历史性会晤，就两国关系、边界问题和不丹竞选非常任理事国席位等事宜交换了意见，还表示愿尽早与中国建立外交关系的意愿。此事一经报道，立刻引起了印度的不满。印度媒体曾报道说：不丹首相吉格梅·约色尔·廷莱在其政府任期内会见中国总理，致使不丹与印度的关系恶化。

综上所述，不丹功德党政府对内没有处理好建设与民生需求的关系，使国家背负高额外债，从而引发印度卢比短缺、通货膨胀、高失业率和未完全兑现承诺等问题，使不少选民对其感到非常不满；对外因擅自行使自主外交权，不断扩大与国际社会的交往，加速与他国建立外交关系，还擅自会晤中国总理，并意欲早日实现与中国建立正式的外交关系而得罪了印度，致使该党在不丹 2013 年首次换届选举中未能战胜人民民主党而获得连续执政。

由此可见，印度不支持不丹功德党继续执政的最主要原因是：印度一直不希望不丹有一个强势政府，即一个自己驾驭不了的政府。它在这次大选中打击不丹功德党而支持人民民主党的做法能起到两个作用：一是给不丹功德党一点颜色看看，让其想清楚以后到底应该怎样做才能在不丹政治舞台上连续“混”；二是对不丹其他政党起到敲山震虎的作用，使其不要得罪印度，否则就不会有“好果子”吃。

国别报告

2013年印度综述

范名兴*

2013年是印度第十六届大选的前夕，竞选的准备工作已经紧锣密鼓地开始了。各派政治势力先后把活动的重心转移到争取民心和选票上来，相互之间公开的攻讦和拆台，暗地里的纵横捭阖日趋激烈。年内，执政联盟的弱势和反对党的牵制以及国际经济环境的不确定，使政府在内政、外交和经济领域的成绩大打折扣。印度在政权相对稳定但平庸中迎接着蓄势待发的政治厮杀。

一、执政联盟的政绩差强人意

2013年上半年又有一个重要盟友“德拉维达进步联盟”（简称DMK，在人民院拥有18个席位）退出政府，进一步削弱了“团结进步联盟”在议会中的地位。辛格政府内受盟友干扰，外被反对党制衡，在经济社会改革进程中举步维艰。2013年最引人注目的举措是拖延多年的“粮食安全计划”的实施，这个使全国2/3的国民享受每月5公斤低价粮的计划，意味着联邦政府每年需增加230亿美元的财政支出，粮食补贴数额增加45%。[①]此外，2013年开始在51个县推行“农业补贴直接转账”计划，并且计划年底普及全国。在立法方面，为平息民众对频繁发生的强奸事件的不满，

* 范名兴，四川国际友好联络会南亚与东南亚研究中心研究员。

① 秦清：“印度酝酿出台粮食安全法案”，《法制日报》2013年5月14日。

议会通过了对刑法的修改和工作场所对女性性骚扰惩治法案；在社会各界的强烈要求下，通过了“人民监督法”（Jan Lok pal）等。但是，更多的法案（有些是本届政府上台时提交议会的）仍然没有获得议会通过。尤其是反对党在联邦院拥有多数，有的提案即使在人民院通过，也难过联邦院这一关。议会会议时常被打断和休会，遂使本届议会成为讨论和通过议案最少的议会之一。

上半年，东北地区 3 个邦议会选举中，国大党保住了梅加拉亚的执政地位，但在年底进行的五邦议会选举中惨败，失掉了拉加斯坦邦和德里邦的政权，只保住了米佐拉姆邦；而印度人民党在四个邦获胜。因为这一选举被认为是 2014 年大选的预演，格外引人瞩目。选举结果明确地反映了选民中普遍存在“反现政”、反对国大党的趋势。其实，在印度人民党执政的中央邦也明显存在这种情绪，但是国大党没有相应的策略来利用这一倾向。另一方面，在德里，选民对执政 15 年的国大党政府明显不喜欢，但是印度人民党也没有利用这一形势取得绝对多数。这在一定程度上预示着，在未来的大选中，两大政党都不拥有绝对优势，从而为大选后可能出现“悬浮议会”埋下伏笔。

辛格总理在独立日讲话中强调建立一个政治稳定、社会和谐和环境安全的印度。事实证明，这只是一个善良的愿望。实际上，印度社会混乱，恐怖、刑事案件频发，民众缺乏安全感。年内，虽然抓获了几名恐怖组织头目，但是恐怖事件仍不断发生。据统计，2013 年 11 月份以前，死于恐怖事件的人数为 749 人，其中平民 247 人，安全部队人员 60 人，恐怖分子 342 人。[①] 7 月 7 日菩提伽耶的连环爆炸案发生在过去鲜见恐怖事件的比哈尔邦和佛教圣地，表明恐怖主义组织在印度“开辟了新的战线”。[②] 据内政部报告，令政府头疼的“红色恐怖”（印共“毛派武装”）仍然势头不减，且有从北向南蔓延的迹象。[③] 此外，社会动乱给人民生命财产造成重大损失。9 月份，在北方邦穆扎法纳加尔发生印度教与伊斯兰教社团之间的大规模流血事件，“其严重性在于它是自 1969 年 9 月古吉拉特骚乱之后第一

① 印度反恐网，November 12，2013，http：//satp. org。

② Bodh Gaya attack：The story of culpable neglect，July 9，2013，http：//www. rediff. com.

③ Maoists trying to open new theatre in south India：MHA，PTI，Nov. 24，2013.

次波及农村地区的骚乱”。[①] 骚乱造成60人死亡，5.0955万名无家可归的平民寄居在58个救济站。截至11月中旬，仍有1万人不能返回家园。[②]

官员腐败、警察不作为等加重了法律和秩序的恶化。有些政客本身就是戴罪之身，据报道，在切蒂斯格尔邦议会选举中，总共983名候选人里竟然有113人牵连各类刑事案件，比例达11%。[③] 群众对政府本身的腐败和反腐方面的不作为愈加不满，认为辛格内阁“只有被逼到墙角时才作出反应，表现迟钝、勉强，缺乏勇气”。[④] 不仅如此，9月份，内阁提出的一份“违法议员保护令”（即对违法的议员实行豁免）遭到包括国大党副主席拉胡尔·甘地和反对党的共同反对，不得不撤销。风波虽然平息，辛格总理的支持率却降至低点。印度“发展中社会研究中心”以“如果马上进行大选”为题进行的民意测验表明，60%的人认为“团结进步联盟”政府是腐败的。2004年曾有一次类似的民调，当时23%的人认为以印度人民党为首的“全国民主阵线”政府执政的5年里腐败有所滋长；而2013年这次民调表明，69%的人认为“团结进步联盟”政府第二次执政的4年里腐败有增无减（2011年时持同样看法的只有39%）。[⑤] 政府为改善形象推行的一系列惠民政策，其结果也不尽人意。如：“全国农村就业计划”，78%的人了解，47%的人感到受益；“免除农民贷款计划”，64%的人了解，30%的人称受益；“粮食安全法案”和对农民直补的“补贴直接转账”政策由于刚开始推行，因此了解的人和受益的人更少，分别为19%和21%。[⑥] 由此可见，大部分人不满意辛格政府的政绩，而且认为其第二任期不如第一任期。农村民众主要不满意政府忽视农村发展，城市人不满意的主要是官

---

① Colonel (retd) Anil Athale, The danger signal from the Muzaffarnagar riots, September 19, 2013, http://www.rediff.com.

② “Muzaffarnagar riots: ‘41,000 people have returned home’”, November 13, 2013, http://www.rediff.com.

③ 70 pc MP lawmakers crorepatis; 32 pc have criminal cases against them, December 13, 2013, http://www.rediff.com.

④ Birthday bumps, http://www.indianexpress.com/news/birthday-bumps/1119040/2.

⑤ “Growing number believe that the BJP is better at handling corruption”, July 24, 2013, http://www.thehindu.com/news/national/two-out-of-three-say-upa-is-corrupt/article4945558.ece.

⑥ “What may happen if India voted TODAY!”, July 25, 2013, http://www.rediff.com.

员腐败，而通货膨胀是城乡民众不满的共同原因。[①]

近 20 年来，印度一直是“悬浮议会”和联合政府执政。起初，人们还对这种政治格局抱有一定的期望，希望这样可以对执政党有所掣肘，防止一党独大，专治擅行。经过实践，一些人清醒地看到，政治稳定是有效执政的前提，政府有明确而强大的民意支撑才能有所作为。在执政联盟中，主要执政党地位脆弱，做任何重大决定都不得不慎而又慎，任何一个盟友都可制造一场危机。长此以往，执政联盟永无宁日，何谈政绩？

二、各政党进入大选倒计时

印度将于 2014 年 5 月前举行大选。大选的前夕，各政党的竞选机制已经开始启动，一切努力都围绕争取选票来进行。

年初，全印国大党委员会斋浦尔会议对竞选的原则、主题等作出了决定，即联合所有非教派、进步力量，同分化和极端化印度社会的势力做斗争；向群众广泛宣传“团结进步联盟”政府的政绩；党内破除任人唯亲的风气，实行推荐候选人负责制；选择候选人时兼顾其胜算性和忠诚性；缩短邦、县级党主席的任期和继任限制（分别减为 3 年和 2 个任期）；与巴基斯坦进行对话必须坚持原则；向选民许诺每年新增 1000 万个就业岗位。为争取民心，政府冒着进一步扩大财政赤字，增加财政负担的风险，推行“粮食安全计划”、现金支付农民补贴等项目，反对强占农民土地。5 月下旬，“团结进步联盟”政府在执政 9 周年之际发表了长篇业绩报告，并建立专门的网页，列数其执政成就，仅单独成文的执政第四年（2013 年）的工作计划项目就罗列了 90 页。国大党在五邦议会选举中失利后重整旗鼓，重点加强对少数社会阶层的工作，推行专对他们的利民措施，如医疗补贴、培训就业、培养少数阶层妇女干部等。同时，拉胡尔·甘地在参加印度工商联合会（FICCI）的年会时许诺：不让企业因为决策迟缓而受损，政府

① “Growing number believe that the BJP is better at handling corruption”，July 24，2013，http：//www.thehindu.com/news/national/two-out-of-three-say-upa-is-corrupt/article4945558.ece.

已经批准价值 5 万亿卢比的 300 个项目，以刺激经济复苏。[①]

大选在即和地区因素促使国大党最终决定支持单独设立“特仑甘纳邦”，企图在要求独立建邦的选民中扩大支持率，[②] 甚至不顾可能引起其他要求单独建邦的地区的连锁反应，导致本党议员联名对以国大党为主的联合政府提出不信任案。

主要反对党——印度人民党（BJP）年内成立了竞选委员会，由其母体——国民志愿者同盟青睐的古吉拉特邦首席部长莫迪担任主席和该党下届总理候选人。初步确定竞选主题为“选择好政府，首选 BJP”。年中，印度人民党以“公共政策研究中心”的名义发表《用事实说话——印度人民党为首的全国民主阵线与国大党为首的团结进步联盟政绩对比》的宣传材料，详细列举两者执政期间的经济社会政策和取得的不同成果。莫迪任首席部长的古吉拉特邦决定耗资 250 亿卢比兴建巴特尔雕像（雕像高 182 米，将成为全球最高雕像，是美国自由女神像的 2 倍，圣雄甘地最高的雕像不过 86 米）。巴特尔是印度民族独立运动领导人之一，独立后任副总理兼内政部长，因说服诸多土邦加入印度联邦，为国家统一作出了贡献。同时，他也是国大党内偏右势力的代表，其政策主张（包括对华政策）与尼赫鲁的主张有一定的差别，被当时的人民同盟（印度人民党的前身）等右翼势力所欣赏。

从年中开始，第三势力联合又老话重提。10 月份，社会党等 14 个地区性政党开会酝酿和协商联合组成“非国大党、非印度人民党”的统一阵线，它们一致指责国大党和印度人民党忽视经济社会发展。以现有政治力量对比，这些地方性政党的实力已不可小觑；但是，力量分散，只有联合才能与国大党和印度人民党抗衡。在刚结束的邦议会选举中，新组建的平民党（Aam AadmiParty，AAP）在新德里脱颖而出，以其反腐的旗帜，草根、廉洁的形象和利民惠民的政策主张得到选民的拥护，走上执政道路，为印度政坛带来一股清新风气。它的成功增强了第三势力的信心和吸引力。

---

① “Corruption is bleeding our people dry”，The Hindu，December 22，2013.

② Renu Mittal，“Why Congress finally said YES to Telangana”，July 27，2013，http：//www. rediff. com.

三、宏观经济低迷，复苏乏力

在全球经济环境不利的背景下，印度坚持改革，如放宽包括电信和国防建设等12个部门和多品牌零售行业外商投资限制，允许亚马逊等在印开店，酝酿对外国投资者开放电子商务领域等，其经济增长速度虽然明显放缓，仍然在发展中大国位居第二，[①] 经济基本面尚属稳固。年内火星探测器的发射和烈火－5式远程弹道导弹的试射成功，显示了印度经济、科技、国防实力的增强。但是，印度社会的自身结构性问题日益突出，基础设施瓶颈约束日益明显，使之增长速度连续两年减缓，“8%的时代已经不再”。[②]

（一）经济增长预期一再下调

继印度储备银行和财政部分别将2013年度经济增长预期由5.7%和6.1%调为5.5%和5.0%—5.5%之后，总理经济顾问委员会和亚洲开发银行等都下调了预期，亚行指出：印度经济放缓主要受固定资本积累放缓、制造业滞后、结构改革缓慢等供给方面因素的影响。[③] 有的机构甚至将预期估算在5%以下，如大公国际资信评估有限公司发布的最新国家和地区信用等级中，预计2013和2014财年经济增长率约为4.5%和5.5%。[④] 2013年10月，印度储备银行将本财年经济增长预期下调至4.8%。世界银

---

① Prashant Panday，Dysfunctional Parliament，obstructionist politics to blame for economic woes，The Times of India，August 29，2013.

② “Gone are the days of 8% growth：Moody's on India”，http：//news. rediff. com/commentary/2013/oct/17/liveupdates. htm.

③ 亚洲开发银行：《2013年亚洲发展展望》（补充版）。

④ 大公国际资信评估有限公司：“大公下调印度主权信用等级”，2013年11月1日，www. dagongcredit. com/content/details114 _ 9205. html。

行则从4月的6.1%下调至4.7%；国际货币基金组织的预测由7月份的5.6%[①]下调至3.75%。[②] 数据表明，印度本财年第一季度增长率仅4.4%，为4年里最低。第二季度虽有回升，但势头不劲，仍未超过5%。新加坡星展银行经济学家拉奥认为，印度经济颓势已经见底，但仍处于低迷状态，缺乏持续回升的迹象。[③] 临近2014年大选，内部党派斗争加剧将影响到政府政策的制定和贯彻执行，这种负面影响至少将持续到新政府上台以后。

（二）财政状况堪忧

外贸赤字（2013年10月份为105.6亿美元；[④] 由于努力促进出口，压缩进口，11月份已减至92.20亿美元）较大和外资流入减少，导致财政赤字居高不下和卢比大幅贬值。卢比自4月份开始下跌，到9月份降至40年来最低点。7月份以来，印度政府通过采取收紧现金供应、控制美元外流以及抑制黄金进口等措施应对卢比贬值，但收效有限。由于卢比大幅贬值将抬升对油价的补贴，本财政年度头4个月的财政赤字已经达到全年的62.8%，预计全年财政赤字率将达7%，很难将其控制在此前设定的4.8%的目标范围内。大公国际资信评估有限公司已将印度本、外币主权信用级别从BBB+下调到BBB，评级展望维持负面。[⑤] 11月7日，“标普”确认印度的信用评级为最低档——BBB－，展望为负面。

（三）物价上涨，群众不满

为减少高财政赤字对通货膨胀的刺激，印度政府一直企图利用境外流

① “Growing number believe that the BJP is better at handling corruption”, July 24, 2013, http: //www. thehindu. com/news/national/two-out-of-three-say-upa-is-corrupt/article4945558. ece.

② 驻印度经商参处，2013年10月17日。

③ “印度经济增长率仅为5%，创10年来最低”，新华网，2013年6月1日。

④ 陶梦萦：“印度10月贸易赤字水平为105.6亿美元”，腾讯财经，2013年11月11日。

⑤ 大公国际资信评估有限公司：“大公下调印度主权信用等级”，2013年11月1日，http: www. dagongcredit. com/content/details114 _ 9205. html。

入的金融化资金去填补经常账户赤字缺口，但是近期外资大量出逃给印度带来巨大的震荡。在此情况下，政府和央行实行了一系列限制资金进一步外流和吸引海外印度人资金的措施，如通过对进口黄金增加关税、限制印度人向国外汇寄卢比减少经常项目赤字；储备银行提高利率以收紧国内市场流动性等，但收效不显。2013 年 9 月，印度的物价指数上涨了 6.46%。到 10 月 30 日，国内大米平均批发价格比上年同期上涨了 14%。据印度人民党公共政策研究中心统计，截至 5 月份，土豆的价格由 2004 年 5 月辛格政府上台时的 2 卢比涨到 20 卢比，9 年里涨幅为 900%；小麦和牛奶分别由 9 卢比和 14 卢比涨到 28 和 45 卢比，涨幅分别为 211%和 221%。① 2013 年以来，多地爆发抗议物价上涨的群众游行示威，与警察发生冲突，有人甚至不堪经济重负而厌世自杀。物价上涨抑制了消费，又成为经济增速下滑的原因之一。

（四）军费开支面临削减

经济不景气势必影响印度军方雄心勃勃的扩军计划。11 月下旬，辛格总理在一次会议上提醒三军指挥官，要认识全球战略中心向亚太转移的新形势，特别是美国重心移向亚洲和中国的崛起，以及由此产生的安全和经济后果。印度经济近两年下滑，而且“继续面临国际经济形势不确定，汇率游移变动和贸易体制崩溃的环境”。面对这一“现实的和严重的挑战，军队必须照顾国防投入和国家资源之间的平衡，根据布料大小裁剪衣服”。② 他警告不要重蹈苏联与美国军备竞赛的覆辙，国防建设要把质量放在第一位。上一年度印度军费开支曾削减 1400 亿卢比，2013 年预算的 2.06 万亿卢比也可能有所削减。

应该承认，从中长期看，只要印度改变弱势政府的状况，坚持推进市场化改革，继续提升投资水平，充分利用丰厚的人口红利，经济增长的潜力还是存在的。

---

① Public Policy Research Centre, BJP led NDA Vs Congress led UPA, A Reality Check, June 21, 2013.

② “Prime minister hints at trimming defence budget”, http://www.rediff.com, November 22, 2013.

四、中印建立“新型大国关系”

2013 年辛格总理遍访美国（9 月）、俄罗斯和中国（10 月），法、英等欧洲国家政府首脑联袂到访印度，表明印度与大国关系维持稳定发展，但发展过程中不乏曲折。

印美关系依旧不冷不热、不远不近。[①] 对美国的“亚太再平衡”战略，印度正在进一步观察，但已明确表态，不会与他国捆绑在一起围堵中国。据传，作为该战略的一部分，美军寻求在印度南端的特里凡得琅设立空军基地，被印度官方明确拒绝。辛格访美前表示，强劲的双向经济商业合作关系应是两国战略伙伴关系的基石。当前，印度担心美国悄然恢复对巴基斯坦援助，重启两国战略对话，将使美巴关系回暖，从而增强巴基斯坦的筹码。面对美国全球监听丑闻，印度政府也加强防范，如要求官员使用本国信息中心提供的邮件服务，禁止使用美国的邮箱，在境外使用一次性密码收发电子邮件等。年底发生的印度外交官在美国被关押羞辱事件激发了印度人的强烈自尊心和反美情绪，鉴于面临大选，印度政府借势对美采取空前严厉的报复行动，使两国关系降至低点。

印俄关系的重点仍是军事合作。辛格来华前访俄，强调两国传统密切的军事技术合作是其战略伙伴关系至关重要的组成部分。访问期间，辛格与俄方探讨了导弹技术、海军技术和武器系统等方面的合作问题，印度还将向俄罗斯租赁第二艘核潜艇。11 月份，延宕十余年的改装航母“维克拉玛蒂亚”号交付印度海军。印防长访俄期间，进一步商讨共同研制第五代战斗机计划，这将是印俄 110 亿美元的最大国防合作项目。

与印美、印俄关系相比，中印关系的发展更为引人注目，也是本年度印度外交上的一个亮点。

---

① 吕鹏飞、王晓越：“监控丑闻笼罩印美关系”，人民网，2013 年 9 月 26 日。

（一）年内实现总理互访

印度对中国新一届领导人寄以期望，对习近平主席致函辛格总理和提出改善中印关系的五点建议非常重视。印度官员认为，这五条建议表明中国新一届领导人将继续强调两国经济关系，保持战略沟通以使两国关系沿健康轨道发展。① 印度各界对习近平主席与辛格总理在德班的会晤给予高度评价。

2013 年 5 月份，李克强总理访问印度，实现了两国“跨越喜马拉雅山的握手”。中国总理首次出访的第一站选择印度，表明中国政府新领导人对中印关系的高度重视，真诚希望与印度建立新型的大国关系，也有利于逐渐打消印度对中国的疑虑。此访成果颇丰，中印决定：倡议建设孟中印缅经济走廊；鼓励两国地方省市缔结友好关系；开展民用核能合作；加强三军交流。特别是：“双方承诺积极看待并支持各自与其他国家的友好关系”，视对方为“天然的合作伙伴”，把对方的成就看作己方的机遇。这次访问提升了中国及其领导人在印度各界的形象，李总理开放、自信、坦诚、务实的风范在印度赢得了民心。② 印度防长盛赞称，这一访问是两国关系的里程碑，给印度人民留下了深刻印象。

6 月份，李克强在会见印度国家安全顾问时再次表示：愿与印方共同努力，推动孟中印缅经济走廊、工业园区、区域贸易安排和铁路等合作取得积极进展，实现中印两大市场对接，培育亚洲合作新亮点，打造世界经济新引擎。③ 中印两国外交部长在国际场合多次会晤，共同表示继续全力落实李克强总理访印成果，深化务实合作，增进相互信任，进一步加强在国际热点问题上的合作。

根据中印双方上述协议精神，两国工商界已经采取实际行动，以便将中国的“向西开放政策”同印度的“东向政策”结合起来，通过孟中印缅经济走廊项目连接中印两大市场及东亚和南亚。9 月份，由中国 50 家公司

① “India NOT nervous in dealing with China”，http：//www. Rediff. com，March 23，2013.

② 中国驻印度大使馆：“汇聚战略共识、构建战略互信”，http：//in. china-embassy. org/chn/zywl/t1042785. htm。

③ 同上。

组成的代表团访问印度，与 60 多家印度公司探讨交流合作，签署了 15 份合同，中方将从印度进口价值 3.38 亿美元的棉纱、水产品及农产品等。这些合同无疑有助于在一定程度上缩小印度贸易逆差。此外，中印第六次反恐磋商和中印边界问题特别代表第 16 次会晤，先后在 4 月和 6 月进行。在反恐磋商中，双方就国际和地区反恐形势及双边反恐合作等问题深入交换了意见和看法。

10 月底，辛格总理访华，其间两国发表了《中印战略合作伙伴关系未来发展愿景的联合声明》，在边界、交通、能源、跨境河流、文化、教育、地方交往等方面签署了 9 项合作文件。以此访为标志，实现了 1954 年以来两国总理首次年内互访，这对中印战略合作伙伴关系不断深化、两国友谊与合作薪火相传具有重要意义。[①] 尤为外界关注的是双方签署的《中印边防合作协议》，该协议的第 10 条规定，旨在保持 4000 公里实际控制线上的和平、安全和稳定，同时重申任何一方都不得针对另一方使用武力。协议还规定在两军之间建立热线电话，一旦冲突发生，彼此间保持“最大限度的克制”。有印度媒体甚至认为这是《印美核协议》以来最重大、最持久的外交成就，具有里程碑意义。辛格的访问表明，“印度需要战略伙伴，国防合作和与邻国有意义的接触，这一观点已经悄悄地自信地成为主流”。[②] 辛格此次访华实现了“重大的外交突破”，[③] 是印度 2013 年度外交中“最耀眼的一瞬”，也为确保中印关系保持上行态势打下了坚实基础。[④] 中国外交部官员也表示，愿意通过辛格访华期间签署的协定来解决印度对边界争端和跨界河流以及贸易逆差等问题上的担忧。

（二）中印妥善处理所谓“帐篷对峙”

在中印关系上，印度政府继续持积极态度，同时，来自非官方的杂音依然存在。2013 年 4 月份，由于两国在边界“实控线”走向上存在不同的理解和认知，在中印边境西段发生所谓“帐篷对峙”事件。两国根据 2012

① 蓝建学：“从辛格访华看中印关系新动向”，《瞭望》2013 年 10 月 28 日。
② Tarun Vijay，“Strategic India moves on”，http：//www.Rediff.com，October 25，2013.
③ 姚亿博：“‘老邻居’辛格来了”，《瞭望东方周刊》2013 年 11 月 4 日。
④ 王世达：“中国与印度：建设‘新型大国关系’”，中国经济网，2013 年 10 月 31 日。

年1月签署的协定的精神，通过磋商机制，从外交层面及时有效地解决了纠纷，阻止了事件进一步升级。

在有些媒体津津有味地炒作“中国入侵印度领土”的时候，印度官方站出来说话，坚持认为这是双方对未定边界的实际控制线走向的认识不一致造成的。印外长指出，它不过是一桩“地区性事件”，否认是“冲突”，甚至不认为是“对峙”。[①]《印度时报》以“印度低调处理中国入侵”为题报道，印度军方高官承认，“事件发生地是印中双方对于‘实际控制线’认识存在分歧的地区，常有类似事件发生，双方可以通过协商机制和平解决这类问题”。一些比较客观的分析家认为，中国在南海和西沙问题上“咄咄逼人”，但在中印边境并非如此。[②]

这样，一起被媒体炒得沸沸扬扬的边境偶发事件实现了“软着陆”，证明中印之间有关边界问题的合作磋商机制确实能够发挥“危机管控”的积极作用，使边界争端不致干扰两国关系大局。在7月举行的中印边境事务磋商和协调工作机制第三次会议上，两国对边境地区形势保持总体和平稳定给予积极评价，重申在两国边界问题彻底解决之前，双方将共同维护边境地区的和平与安宁，并将继续通过对话和协商为此作出努力。国防部长安东尼访华期间表示，印度高度重视发展双边关系，双方应共同努力保持边境地区的和平安宁。当前，中印双方正认真贯彻落实两国领导人达成的重要共识，着眼两国关系大局，增进互信，加强务实合作，共同维护中印边境地区乃至南亚地区和平稳定。根据双方达成的共识，两国将在年内举行第三次陆军反恐联合训练，开展海、空军和院校、青年军官等团组交流。

（三）印度对华仍然存在疑虑，缺乏信任

中印在合作竞争过程中，难免有矛盾甚至利益冲突。除了经济贸易等领域的互信尚待增强外，更重要的是在安全和国防方面印度对中国存在疑

---

① Exclusive：Ladakh incursion by China a localised matter，says Khurshid，http：//www. rediff. com，May 02，2013.

② B. Raman，“Chinese intrusion is a matter of concern，not alarm”，April 23，2013，http：//www. rediff. com.

惧心理，其表现就是竭力增强军事实力，以期取得与中国的某种平衡。印度总理办公室的报告仍然认定中国部队在边境西段频繁“入侵”。《印度斯坦时报》发表评论指出，在印中边境军事较量和摩擦持续存在的情况下，印方必须要有针对中国的战略威慑。评论说，印度需要建立一支具有能够深入敌方领土进行打击同时又能保护己方基地不受损害的特种部队。国防部长安东尼宣布，印度希望与中国达成更多理解与共识，但同时也会持续强化领土争议地区的军事实力。7月份，印度内阁安全委员会（CSS）最后批准了在中印边界增编山地进攻作战部队（第17集团军）的计划，预计在今后7年里将耗资6400亿卢比组建这一部署在中印边界东段的攻击部队，这支由4.5万士兵组成的部队将编配独立的装甲旅和炮兵旅各一个。[①] 外长库尔希德为这一决定辩护时称，为了国家利益需要采取任何必须的适当行动；印度争取和平，也要做好最坏的准备。近来，除在“阿鲁纳恰尔邦”（我藏南地区）加紧修筑24条公路线外，印度正在规划新建14条边境战略铁路线，以备在紧急情况下快速地向中印、印巴边界运兵。印方已经成立由内政部牵头的部际委员会监测实际控制线局势；成立了专门委员会，加速拉达克地区的基础设施建设。同时，决定2017年前在中印边境“实控线”上的150个印军哨所中的98个哨所增加兵力，另外新建35个哨所。印度外交部高级官员私下表示：中印关系是很难处理的，印度能够应付，印度并不紧张。[②]

另据英国《简氏防务周刊》网站4月4日报道，印度陆军正在组建锡金侦察部队，目前处于招募新兵阶段。这支部队计划部署在与中国接壤的有争议的印度东北边界地区。它将与早先组建的拉达克侦察联队协同，在中印边境一线执行侦察、巡逻、守点任务。

印度媒体和学界有些对华不友好的分子仍然不时就中印关系发难。正如印度人自己指出的，在印度，“媒体被称为‘第四产业’，极度不负责任，为了获取收视率和广告费，它们不惜制造耸人听闻的消息，完全不顾

① 人民网—国际频道，2013年7月19日。关于该集团军的人员编制，媒体报道说法不一，少者4万，多者8万。

② “India NOT nervous in dealing with China”，http：//www.Rediff.com，March 23，2013.

新闻道德”。[1]“帐篷对峙”期间，印度情报局前官员不负责任地宣称，印度情报机构的内部评估认为，有将近 2000 平方公里的印度领土目前被中国实际控制。有的媒体刊登挑拨性文章称：小国越南、菲律宾等都在挑战中国的领土霸权，而印度却在步步后退。[2]

为增进中印两国媒体间的相互了解和合作，9 月中旬，首届“中印媒体论坛”在新德里举行。论坛由中国国务院新闻办公室和印度外交部共同举办，两国 20 多家主要媒体负责人、记者及专家学者约 80 人与会。印度外交部长萨尔曼·库尔希德莅临会议并讲话，他认为，中印边界问题并非不可逾越，中印双方都在努力根除两国关系中的不和谐因素。

五、谨慎处理印巴边界摩擦，继续推行“东向战略”

印度与南亚地区邻国保持着高层接触，与斯里兰卡、马尔代夫共同签署了《印度洋安全条约》。三国以此为合作平台，在打击海盗、恐怖主义及军火走私等方面加强海上安全合作。但是，印度干预邻国政治事务的情况仍时有发生。如在不丹选举期间，中断对该国的煤气和煤油补贴，以激起选民对当时的不丹政府的不满，影响选举结果，为亲印的“人民民主党”造势。此外，印度外交受国内政治干扰的问题仍然明显。如辛格总理迫于泰米尔纳德邦地方政党的压力，以“人权”为由缺席在科伦坡举行的“英联邦政府首脑会议”。与孟加拉国的陆地边界协议也因议会反对党的掣肘而无望通过，迫使孟加拉国驻印度高级专员亲自去古吉拉特邦游说印度人民党的领导人莫迪。[3]

---

① Prashant Panday，“Dysfunctional Parliament，obstructionist politics to blame for economic woes”，The Times of India，August 29，2013.

② R. N. Ravi，“Smaller nations stand up to China's hegemony，we don't”，April 29，2013，http：//www. Rediff. com.

③ Jyoti Malhotra，“India's foreign policy paralysis”，August 5，2013，http：//www. Rediff. com.

印巴关系持续紧张。2013年初开始，在印巴边境的查谟—克什米尔印巴控制线发生一系列小规模冲突，6月、8月再次发生类似冲突。直到10月中旬，边境纠纷和摩擦仍在继续。据印媒报道，截至10月15日的一周内，在印巴边界和实际控制线发生的越界事件就有10起，年内已达130起。“尔德节时双方边防武装人员互赠甜食以表祝贺的惯例今年取消”。[①] 印巴紧张局势骤然升级，被认为是该地区近10年以来最严重的冲突事件，使该地区成为“全球最危险的地区”。[②] 联合国秘书长潘基文8月中旬访问巴基斯坦，目的之一就是缓和印巴局势，敦促两国开启谈判，建立互信。美欧各国政府也纷纷通过外交渠道希望双方保持克制，勿使局势升温。

自2003年停火协议签署以来，印巴双方关系一直在缓慢修复。2012年12月，巴印双方还就放宽两国公民相互往来签证达成协议。虽然发生上述冲突，从长远看，和谈仍是印巴之间解决矛盾的主基调。因为印巴两国都希望维护稳定的外部环境，不希望冲突升级。谢里夫在大选获胜后曾向外国记者表示，新政府将致力于全面推动经济发展，并寻求同印度重塑关系，8月19日他在电视讲话中呼吁改善印巴关系，说两国不应将资源浪费在徒劳无功的战争上，而是应该用于对抗贫穷与教育问题。8月巴基斯坦宣布释放365名在押的印度人，这被看作是缓解紧张关系的姿态。

印度领导人也表现出一定的诚意。如：9月份印巴总理在纽约会晤前夕，印控克什米尔地区又发生恐怖袭击事件，造成伤亡，辛格总理仍然坚持认为该事件不会影响与巴基斯坦总理谢里夫的对话。两人会晤时，都表示希望改善关系，都认为“实际控制线附近的和平安宁是前提”，都承诺要重启贸易对话。谢里夫呼吁给两国关系“创造一个新的开始”；辛格承诺印度“真诚地致力于解决所有同巴基斯坦存在的问题”，包括通过对话解决克什米尔问题。目前，印—巴部长级联合小组已重建。年底，两国边防武装力量（巴基斯坦巡逻骑警、印度边境安全警察）终于达成协议，将加强沟通，控制越线（停火线）事件。两国关系保持稳定的前景仍然值得期待。

---

① “No exchange of Eid sweets along LoC this time”, October 16, 2013, http://www.Rediff.com.

② “India-Pakistan region most dangerous place in the world”, January 31, 2013, http://www.Rediff.com.

但是，印巴缓和之路很难一帆风顺。两国在是否要大国（主要是美国）调停克什米尔问题上有分歧；印度坚持巴基斯坦首先落实“其领土不能用来掩护敌视印度的恐怖分子”的承诺。一年来，巴基斯坦显得比较主动，而印度忙于国内事务，回应不够及时，致使两国紧张关系迟迟得不到缓和。

继续推进东向战略。印度正在与东盟十国谈判签署“服务及投资协议”，作为双方自由贸易谈判的一部分内容；积极推动建设印度—湄公河区域经济走廊。同时，双方决定增强商务理事会和贸易投资中心的作用，争取在 2015 年将双边贸易额增至 1000 亿美元。印度还将增设一名常驻东盟大使。

印度与越南和缅甸的军事合作趋势继续发展。印度把越南作为介入南海事务的重要战略支点。由于两国的武器装备都以俄罗斯产品为主，其间开展军事合作有很好的基础。印度向越南提供其俄制舰艇和飞机的零部件和人员训练。年初印度副总统访越，会见了越南党和国家的主要领导人。9 月底和 11 月下旬，越军总参谋长和越共总书记先后访印。印度声称：南海问题应由有关国家根据联合国海洋法和平解决，印度主张航海自由，并以“纯商业目的”为借口与越南合作在南海进行非法开采，其行动表明印度将继续介入南海事务的意图。《印度教徒报》7 月 28 日报道，印度政府计划向越南提供 1 亿美元的国家信用贷款，用于采购印度的 4 艘大型海洋逻巡船。印度已做好向越南出口国产最精锐武器装备的准备，其中包括印俄联合研制的“布拉莫斯”导弹等先进装备。越南海军曾多次邀请印度海军在越南中部的芽庄港永久驻留，并希望印度帮助提升其海军规模和实力。

印度三军首脑年内访问缅甸表明印度加紧向东南亚国家推行军事外交。7 月底，缅甸海军参谋长对印度进行了为期 4 天的访问，访问期间，他与印度国防部高官举行了广泛磋商。印度同意增加在印度接受培训的缅甸官兵数量，在印度造船厂建造至少 4 艘近海巡逻舰，供缅甸海军使用。与此同时，印度面对印缅边境武装分子渗透和武器毒品走私日趋严重的问题，采取行动加强边防。计划调动边境保安部队 41 个营约 4.1 万人替换阿萨姆步枪联队，在今后 5 年内，斥资 500 亿卢比进行印缅边境的基础设施建设。[1]

印度和日本关系也继续走近。在李克强总理结束对印访问仅仅一周之后，印度总理辛格就前往东京进行访问。辛格保证，印度和日本的关系将比以往更密切。印度还加强了与日本的政治、经济和安全方面的合作，明确表示支持日本提出的“公海航行自由”主张。12 月初，日本天皇在间隔 53 年后访问印度，受到高规格的接待；首相安倍也将成为 2014 年印度共和日的贵宾。

6 月，A.K. 安东尼访问澳大利亚，成为首位往访该国的印度国防部长。双方约定在 2015 年举行首次海军联合军演，还商定了军事人员交流和增加双边对话等事宜，旨在加强双边的防务和战略合作。

即将到来的 2014 大选预计不会改变印度目前的政治力量分散、地方政党作用增强的状况。不确定的选民意志，没有任何政党单独取得绝对多数的“悬浮议会”，脆弱的联合政府，[2] 这些问题将给印度的稳定和发展提出不少难题。

① “41k BSF troops，Rs 5，000 cr infrastructure for Myanmar border?”，November 24，2013，http：//www. rediff. com.

② Prashant Panday，“Dysfunctional Parliament，obstructionist politics to blame for economic woes”，The Times of India，August 29，2013.

2013年巴基斯坦综述

李 伟*

2013年对巴基斯坦来说意义重大。政治上民选政府首度完成5年任期，堪称巴政治进程的里程碑；谢里夫在5月大选中获胜，三度出任总理，巴总统、陆军参谋长和高等法院首席大法官也都换人，巴政治呈现崭新格局。外交上继续深化与中国等国的关系，努力修复与美、印、阿的关系，外部环境有所改善，但旧有症结难解。经济上维持低速增长，但制约经济发展的诸多问题仍难以解决。安全上推行反恐新政，主张与“巴塔”和谈，但和谈前景不容乐观，总体形势依然严峻。

一、内政

2013年，巴内政可谓承前启后，人民党完成5年任期，巴组建看守政府负责大选；谢里夫领衔穆斯林联盟（谢里夫派）5月在选举中大胜，且随着总统府、军队和高等法院陆续换届，巴呈现崭新的政治格局。

（一）人民党完成任期，巴组建看守政府负责大选

3月16日，巴基斯坦议会事务部发布通告，宣称国民议会于当日午夜结束5年任期，期满解散，内阁也于同日解散。这是有史以来巴民选政府

* 李伟，中国现代国际关系研究院南亚所助理研究员。

首度完成任期，获得了外界较高评价。多家媒体当天评述，16日是巴基斯坦政治进程中的“里程碑”。巴基斯坦《新闻报》的社论写道：“在这个国家的历史上，首个民选政府完成任期，创造历史。”美联社评述称，人民党执政前政局动荡，大小政变不时发生，本届国民议会“存活至今”本身就是一种成功。[①]

国民议会和内阁解散后，按照规定将成立看守政府，直至议会选举产生新政府。看守政府负责组织国民议会选举和完成新政府权力交接，并处理新议会和政府产生之前的国家事务。但是，巴看守总理的出炉却并非一帆风顺。根据巴宪法，人民党和反对党有3天时间磋商看守政府总理人选，如果双方在规定时间内未能就人选达成一致，该问题将被提交至一个议会委员会，而该委员会将有3天时间从人民党以及穆斯林联盟（谢里夫派）提交的提名人选中挑选出看守政府总理。后该议会委员会也未能达成一致，最终交由巴选举委员会定夺，经过投票，哈扎尔·汗·霍索获得了选举委员会5名成员中的4票，当选看守政府总理。巴舆论认为，霍索是最有希望确保大选自由、公平的看守总理人选。霍索曾经从1994年起担任联邦伊斯兰法院首席大法官职务，现在已经退休，他在巴基斯坦不同民族和政客间都享有很不错的声誉。[②]

（二）谢里夫赢得大选[③]

2013年5月11日，巴基斯坦举行国民议会和4个省议会的选举，谢里夫领导的穆斯林联盟（谢里夫派）成为第一大党而获得组阁权，得以上台执政。根据巴选举规定，在国民议会342个议席中，直接选举产生272个席位，另外70个席位为保留席位（妇女60席，少数民族10席），由各政党所得席位按比例分配，获得172席即可组织新一届政府。最终，穆斯

① “巴基斯坦国民议会‘毕业’”，新华网，http：//news. xinhuanet. com/world/2013-03/18/c_124469134. htm。

② “巴基斯坦任命哈扎尔·汗·霍索出任看守政府总理”，人民网，http：//news. xinmin. cn/world/2013/03/25/19380144. html。

③ 本节内容和数据参阅和引用陈继东老师发表在《四川大学学报（哲学社会科学版）》2013年4期上的“巴基斯坦大选与新政府政策走向”一文，文中就不一一列举了，在此表示感谢。

林联盟（谢里夫派）获 186 席，人民党获 40 席，正义运动党获 35 席，统一民族运动党获 23 席。最后伊斯兰神学会（JUI－F）与穆盟（谢里夫派）达成协议：两党在中央和俾路支省联合执政。从 4 个省的情况看，穆斯林联盟（谢里夫派）除了在中央执政外，还在旁遮普省单独执政，在俾路支省联合执政，两个最大在野党各在一个省与其他党联合执政。以正义运动党为首的三党联盟以简单多数在开伯尔一普赫图赫瓦省执政，该省的在野党为穆斯林联盟（谢里夫派）和伊斯兰神学会，势力较为强大。人民党与统一民族运动党在信德省联合执政，该省的在野党实力很小，对执政党联盟不构成重大挑战。以穆斯林联盟（谢里夫派）联合地方政党组成的三党执政联盟以微弱多数在俾路支省执政。

（三）总统府、军队及高等法院陆续换届

一是马姆努恩·侯赛因 2013 年 7 月 30 日当选巴第 12 届总统。根据巴宪法，总统由参议两院及四省议会所有议员间接选举产生，共 702 张选举人票，过半数者获胜。但由于部分议席空缺，同时以人民党为首的反对党抵制选举，此次大选只有 520 余名议员参加。穆斯林联盟（谢里夫派）凭借其在国民议会、旁遮普省、俾路支省议会中的优势地位，选前即稳操胜券。侯赛因 1940 年生，是纺织业大亨，20 世纪 60 年代就是穆盟积极分子，对谢里夫忠心耿耿，曾任谢派副主席及信德省支部秘书长，1999 年短暂出任信德省省长，后被军方解职。[①] 侯赛因之所以被谢里夫选中，主要是因为其忠诚，同时又出身信德省，利于团结信德人，淡化谢派的旁遮普色彩。二是拉希勒·谢里夫出任陆军参谋长。2013 年 11 月 27 日，原陆军中将拉希勒·谢里夫担任陆军参谋长。拉希勒 1956 年 6 月出生于俾路支省首府奎达一个军人世家，其兄沙比尔·谢里夫在 1971 年印巴战争中战死，被授予巴军方最高荣誉。拉希勒先后在拉合尔政府学院和巴基斯坦军事科学院学习，此后还赴英法等国深造。获任陆军参谋长前，拉希勒长期负责巴军训练评估工作，参与制定巴军发展战略。2007 年，基亚尼成为巴陆军参谋长，巴军界开始反思军队发展战略。拉希勒提出国内恐怖威胁与印度

---

① “Mamnoon Hussain”，http：//en. wikipedia. org/wiki/Mamnoon _ Hussain.

威胁同等严重，主张加大对国内恐怖分子打击力度，并参与制定了巴国内新反暴乱战略。[①] 三是吉拉尼成为新一任高等法院大法官。11 月 27 日，吉拉尼当选新一任高等法院大法官，并于 12 月 12 日正式接替乔杜里。之前高等法院与乔杜里个人有密切关系，吉拉尼的政治和社会地位难以与之匹敌，吉拉尼任大法官后，高等法院强势地位恐难继续。

总统府、军队和高等法院陆续换届，谢里夫政府的政治格局逐渐成型。由于总统侯赛为谢里夫嫡系，忠于谢里夫；而新法官由总统任命，难以像前任乔杜里一样强势，顺从谢里夫派的可能性很大；拉希勒·谢里夫此前并非陆军参谋长的热门人选，能够黑马杀出主要在于其资历较浅，属学院派领导，性格沉稳，“不像野心家”，为谢派的安全选择，因此新一届谢里夫政府的稳定性和控制力超强，原有“四驾马车”现象恐难以成型。但是，军方的特殊地位也难以改变，对政府外交、安全及反恐等决策仍将保持强大影响力。

二、外交

谢里夫上台后，继续深化与中国等国的关系，并大力修复与美国、印度和阿富汗的关系，巴外交环境有所改善，但症结仍在。

（一）与中国的关系

中巴关系继续全方位深入发展。一是中国接管瓜达尔港，瓜港成中巴合作典范。当地时间 2013 年 2 月 18 日，巴时任总统扎尔达里宣布，瓜达尔港的运营权正式移交给中国。瓜达尔港自然条件极为优越，为天然深水良港，进港水深超过 15 米，且离“全球石油生命线”霍尔木兹海峡只有约 400 公里，其将可能成为欧洲、非洲和西亚地区与远东地区的海上交通运

① “Gen Raheel Sharif as I know him”, http://www.thefridaytimes.com/tft/gen-raheel-sharif-as-i-know-him/.

输枢纽，也会是中亚地区通往印度洋的最近出海口，这对于促进巴当地经济发展，提升中巴对阿富汗、中亚和中东等地的经贸往来，以及增加中巴的能源供应等都大有裨益。

二是高层频繁互访，签订多项合作协议。当地时间 2013 年 5 月 22 日，中国总理李克强对巴进行正式友好访问。这是李克强就任总理后首次出访，并与巴方发表联合声明。李克强总理会见了巴基斯坦时任总统、总理、参议院主席、国民议会议长、主要政党领导人、三军参联会主席及陆、海、空军参谋长等，并与巴各界人士进行广泛互动。双方签署了政治、经济、海洋、航天、能源、交通、文化等领域的合作文件。7 月 3—8 日，应李克强总理的邀请，巴总理谢里夫对中国进行了访问。双方明确了在政治、经贸、能源、反恐、人文及地区等问题上的全方位合作，共签署了 8 份协议和备忘录，包括打造中巴经济走廊的长期建设计划。会后，双方还发表了《关于新时期深化中巴战略合作伙伴关系的共同展望》。

三是继续在通信、金融、能源等方面深入合作。通信方面，2013 年 9 月 25 日，在第 64 届国际宇航大会期间，中国航天科技集团公司所属中国长城工业集团有限公司与巴基斯坦签署《巴基斯坦国家位置服务网一期工程协议》。协议约定在巴基斯坦建设 5 个 CORS 站点，并于 2013 年底前建成巴基斯坦国家位置服务网一期工程。巴基斯坦国家位置服务网的建成，将完成北斗卫星导航系统在国外的首个 CORS 网项目。金融方面，2013 年 5 月 23 日，中国银联国际与巴基斯坦 MCB 银行共同宣布，全面开通该行旗下 1.2 万家商户受理银联卡。这是继巴基斯坦超过六成 ATM 接受银联卡后，首次实现银联卡在商户的刷卡支付。同时，巴基斯坦哈比银行 9 月决定在新疆直接设立分行。成立于 1941 年的哈比银行是目前巴基斯坦最大的一家银行，总部设在巴首都伊斯兰堡，在巴国内设立分支行超过 1400 家。能源方面，中国帮助承建的信德省达瓦特大坝于 3 月 9 日竣工；11 月 26 日，中巴合作的位于卡拉奇的“海岸能源项目”启动；12 月 25 日，中国核工业集团公司承诺可以为巴基斯坦新建的两台核电机组提供 65 亿美元的贷款。

（二）与美国的关系

美巴关系有所改善，但根本分歧难解。谢里夫上台后，即刻表态要加强与美国的关系，美方也反应积极，双方高层互动频繁。美国务卿克里8月访巴，宣布两国就反恐、边境管理和推动投资等方面恢复高层战略对话。9月联大会议上，谢里夫与奥巴马会晤。10月20—23日，谢里夫访问美国，与奥巴马举行会谈。谢里夫访美期间，双方达成多项合作意向，包括将两国科技合作协议延长5年至2018年。经济方面奥巴马承诺进一步加大对巴扶持，双方拟推出未来5年扩大经贸往来的共同计划，美商会也将力推召开美巴经济论坛，讨论两国经贸的实质问题。同时，美加大了对巴援助，决定重启此前搁置的对巴16.4亿美元的援助，其中13.8亿军用、2.6亿民用。军用为提升反恐能力，包括强化通信、夜战、维护海上安全和战机精确打击能力；民用将集中于能源、经济和教育领域。

但是，美巴关系存在天生缺陷，根本分歧难以弥合。一是双方反恐立场不一，特别是无人机行动难协调。美认为巴打恐未尽全力，一直坚持无人机越境打击恐怖分子，且认为无人机行动安全高效，不违反国际法；巴则认为该行动侵犯了巴主权，误伤大量平民。二是双方在阿富汗问题上也互不信任。美认为巴反复无常，巴认为美过河拆桥。美既想巴推动阿塔谈判，又担心巴不可控制；巴则担心阿塔最终和美达成协议后，自己会被双方“抛弃”。同时，美巴两国各自国内的民意也对两国关系形成冲击。

（三）与印度的关系

印巴关系有所缓和，但摩擦不断。一是印巴贸易创新高。2012—2013年度，印度对巴基斯坦的出口增加约15%，从巴基斯坦的进口也增长30%。从2012年4月至2013年2月，印度对巴基斯坦的出口增加至近16亿美元，高于上年同期的14亿美元，进口从3.75亿美元提高到4.88亿美元。同时，印度原棉对巴基斯坦出口2.7亿美元，较上年增长313%；人造纱出口增长110%，塑料增长32%，棉纱和布增长222%，石油增长608%，豆类增长30%。同样，从巴基斯坦进口的石膏增长957%，原棉增长 148%，羊毛原料增长 99%。[1] 此外，为促进印巴贸易，巴商务部在 5 月 20 日召开的巴基斯坦—印度联合商业理事会（PIJBC）首次会议上，决定成立 6 个不同领域的委员会，以解决印巴贸易中面临的问题，促进两国贸易自由化。这 6 个委员会分别涉及汽车、制药、纺织、农业、贸易基础设施和金融领域。

二是高层互访增多，谢里夫大力修复与印关系。3 月 9 日，巴基斯坦时任总理阿什拉夫抵达印度进行朝圣，受到印度外交部长胡尔希德的“拥抱”欢迎。大选之前，谢里夫即通过媒体传声，声称“如果我当选为总理，我将确保巴基斯坦不会成为针对印度的基地”。[2] 7 月 5 日，巴基斯坦特使会见印总理辛格，转达谢里夫亲笔信，表示“真诚希望推进两国关系”。9 月 29 日，印度总理辛格与巴基斯坦总理谢里夫在纽约举行会晤，两人就管控克什米尔地区紧张局势取得共识。

三是克什米尔仍是困扰两国关系的死结，边境冲突不断。1 月 6 日，两国发生边境交火事件，巴一死一伤，双方相互指责对方于当日凌晨越境袭击了各自控制的克什米尔地区。1 月 16 日，印巴再次交火，双方多人伤亡，印巴仍互相指责，这是自 1 月以来印巴在克什米尔发生的第四起冲突致死事件。2 月 14 日，印巴双方边境再起冲突，一名巴军死亡。5 月，双方互相打死对方囚犯。谢里夫上台后，双方边境冲突仍未好转，8 月、9 月、10 月又发生多起交火，多人死亡。

（四）与阿富汗的关系

谢里夫努力恢复对阿关系，但仍有摩擦。谢里夫上台后，表态支持阿富汗主导的和平进程，与阿关系取得一定改善，主要表现在两个方面：一是高层会晤增多。7 月 21 日巴基斯坦国家安全与外交事务顾问阿齐兹出访阿富汗。8 月 26 日，阿富汗总统卡尔扎伊访巴。11 月 30 日，谢里夫访问阿富汗。二是巴阿合作促进阿和谈进程，巴释放多名塔利班囚犯。1 月 18

---

① “印度—巴基斯坦贸易创高峰出口增长 15%”，http：//www.tnc.com.cn/info/c-014002-d-3311628.html。

② “巴基斯坦大选领先者谢里夫呼吁努力改善与印度的关系”，参考消息网站，http：//world.cankaoxiaoxi.com/2013/0509/205950.shtml。

日，巴承诺释放所有塔利班囚犯，以促进阿和平进程。9 月，巴释放塔利班前二号人物巴拉达。11 月 20 日，阿富汗高级和平委员会代表团访巴，欲与塔利班组织进行和平会谈。

但是，巴阿边境摩擦仍时有发生。5 月 1 日晚，双方部队在边境交火，冲突导致 1 名阿富汗警察死亡，9 名巴基斯坦士兵受伤，3 座军营和 2 座哨塔被摧毁，双方都指责对方在边境地区率先开火，这也是近年来两国在边境地区发生的最为严重的冲突。5 月 5 日，巴基斯坦对其与阿富汗边境的武装组织据点发动攻击，击毙了 16 名武装人员。5 月 7 日，阿富汗外交部发布了一份措辞强硬的声明称："如果巴基斯坦部队再次进行任何无端攻击的话，巴基斯坦则将对任何结果承担责任。"①

（五）与中东国家的关系

一是与伊朗的关系。双方能源合作迈上新台阶。2 月 23 日，伊朗迈赫尔通讯社报道，伊朗将在瓜达尔港修建价值 40 亿美元的炼油厂。巴总理顾问表示，伊朗的炼油厂将具有每日精炼 40 万桶原油的能力。2 月底扎尔达里访问伊朗并签署了该炼油厂的正式协议。2 月 24 日，尽管承受着来自美国的压力，但在面临新能源危机的情况下，巴还是决定继续伊朗—巴基斯坦天然气管道项目。但是，伊朗答应给巴用于修建两国之间天然气管道项目的 5 亿美元贷款中途却出现波折，伊朗官员 12 月 14 日表示，伊朗已经取消了拟向巴基斯坦提供的 5 亿美元贷款。此外，10 月 26 日，伊朗、巴基斯坦边境发生冲突，多名伊朗边防人员死亡。

一是与土耳其的关系。土耳其承诺增加对巴投资，双方签署备忘录。7 月 16 日，土耳其承诺未来 3 年在巴投资 10 亿美元，还计划在巴开设电视频道，用土耳其语和乌尔都语播放。土巴两国在文化教育方面的合作也在展开，目前巴有 23 所高校教授土耳其语和文化。12 月 25 日，巴基斯坦与土耳其签署贸易备忘录，拟在未来半年内完成特惠贸易协定的谈判，以扩大贸易规模和促进投资便利化。巴方鼓励土方私营部门在巴能源、煤

---

① "阿富汗与巴基斯坦就两次边境冲突相互指责"，参考消息网站，http：//world. cankaoxiaoxi. com/2013/0508/205100. shtml。

业、风电水电、基础建设等关键领域进行投资，双方还同意鼓励银行互设分支机构。

三、经济

总体来看，2013 年巴基斯坦经济维持低速增长，但制约经济发展的诸多问题仍难以解决。谢里夫上台后执行了一系列经济新政，未来巴经济有望缓慢复苏。

（一）GDP 增速有所下降，维持低速增长态势

2012—2013 财年（2012 年 7 月—2013 年 6 月，下同），根据前 9 个月的数据，巴基斯坦全年 GDP 增速为 3.6%，低于上财年的 4.4%；[①] 农业增长 3.3%，低于上财年的 3.5%；[②] 大型制造业增长 2.8%，高于上财年的 1.2%；[③] 服务业增长 3.7%，低于上财年的 5.3%。[④] 这样，第一产业占 GDP 总量的 20.06%，第二产业占 20.33%，第三产业占 59.61%。[⑤]

2012—2013 财年消费占据 GDP 总量的 87.66%，比上财年低 1.2 个百分点，其中私人消费（居民消费）占 GDP 总量由上财年的 78.53%降至 76.98%，下降了 1.55 个百分点。相反，公共消费增长了 0.35 个百分点，由 10.33%增至 10.68%。[⑥]

投资方面，投资占 GDP 比重由上财年的 12.5%增至 14.22%，增长了

---

① 巴基斯坦财政部：Pakistan Economic Survey 2012－2013，Growth and Investment，http：//finance. gov. pk/survey/chapters _ 13/01-Growth%20and%20Investment. pdf。

② 巴基斯坦财政部：Pakistan Economic Survey 2012－2013，Overview of the Economy，http：//finance. gov. pk/survey/chapters _ 13/executive%20summary. pdf。

③ 巴基斯坦财政部：Pakistan Economic Survey 2012－2013，Growth and Investment，http：//finance. gov. pk/survey/chapters _ 13/01-Growth%20and%20Investment. pdf。

④ 同上。

⑤ 同上。

⑥ 同上。

1.72个百分点。①

（二）农业生产形势较好

农业生产全年增长率为3.3%，为巴提供了45%的就业机会。② 巴农业为其他产业提供原材料，且为工业产品的主要消费市场，同时也是巴外汇的主要来源，但是因为恶劣的天气，巴棉花和大米减产。具体而言，农作物生产增长3.3%，畜牧业生产增长3.7%，林业生产增长0.1%，渔业生产增长0.7%。③

（三）制造业增长较慢

制造业占据了整个工业总值的63%，④ 但同样受到国内外众多因素的干扰，如能源危机、法制不健全以及安全形势不稳导致工厂大量时间无法开工。这些因素导致了制造业的缓慢增长，2013年增长了3.5%，去年仅为2.1%。⑤

（四）财政赤字减少，税收增加

2012—2013财年，巴财政赤字占GDP的比例为4.6%，较上财年的6.4%提升了1.8个百分点。⑥ 同时，巴政府努力通过各种渠道增加税收，如将包括纺织和皮革在内5个出口行业的税率由零增至2%，对一些进口

① 巴基斯坦财政部：Pakistan Economic Survey 2012－2013，Growth and Investment，http：//finance. gov. pk/survey/chapters _ 13/01-Growth%20and%20Investment. pdf。

② 巴基斯坦财政部：Pakistan Economic Survey 2012－2013，Overview of the Economy，http：//finance. gov. pk/survey/chapters _ 13/executive%20summary. pdf。

③ 同上。

④ 同上。

⑤ 同上。

⑥ 同上。

的工商业产品征收 5%的关税等。[①] 巴 2012—2013 财年征税 2.381 万亿卢比，前 10 个月税收收入已达 1.5052 万亿，较上财年同期增长 5.5 个百分点，全年额外增加税收为 410 亿卢比。

（五）高通胀状况有所改善

2012—2013 财年，巴高通胀状况有所善，已跌至个位数。以消费者价格指数（CPI）衡量，巴基斯坦通货膨胀率由上财年的 10.9%降至 7.5%。CPI 的两大组成部分——食品通胀和非食品通胀同比增长分别为 6.6%和 8.1%，低于财年同期的 11.1%和 8.9%。[②]

（六）公共债务仍然维持很高水平

2012 年 7 月—2013 年 3 月，巴公共债务达到 13.627 万亿卢比，占到 GDP 总量的 59.5%，与上年同期的 59.8%基本持平。其中内债达到 8.796 万亿卢比，外债为 4.831 万亿卢比。[③]

（七）进出口总额都有所增加

2012—2013 财年前 10 个月，巴出口总额达 20.147 万亿卢比，较上财年同期增长 4.2%；食物出口增长 12.3%，纺织业出口增长 6.1%，其他制造业增长 8.7%。同期进口总额为 33.042 万亿卢比，贸易逆差达 12.895 万亿卢比，较去年的 12.867 万亿卢比略有提高。同时，巴经常项目赤字也有所减少，由上财年同期的 3.354 亿卢比降至 1.418 万亿卢比。[④]

---

① 巴基斯坦财政部：Pakistan Economic Survey 2012－2013，Overview of the Economy，http：//finance. gov. pk/survey/chapters _ 13/executive%20summary. pdf。

② 同上。

③ 同上。

④ 巴基斯坦财政部：Pakistan Economic Survey 2012－2013，Trade and Payments，http：//finance. gov. pk/survey/chapters _ 13/08-Trade%20and%20Payments. pdf。

由此可见，巴2012—2013财年的经济仍未摆脱低增长态势，这主要由于：一是持续的能源危机严重制约巴工业生产。未来，巴能源需求还会增加，亚洲开发银行日前发布报告称，巴能源需求将自2010年的0.8460亿吨油当量提高至2035年的1.458亿，年增长率为2.2%；电力缺口在最高峰时一度达到40%。[①] 二是经济结构不合理。世界银行曾发布报告称，因宏观经济不稳、低投资和储蓄率、商业环境不佳及低生产率等原因，巴面临低增长困境。[②] 此外，巴安全局势不佳、对外援依赖过重均对其经济增长造成损害。谢里夫上台后推行了一系列经济新政，包括缓解能源危机、对多个国有企业推行私有化等，且年底获得了欧盟的超普惠制地位，国际货币基金组织认为巴经济将从2014—2015财年会有将显著增长。[③]

四、反恐与安全

巴基斯坦恐怖袭击频发，安全局势未见根本好转。谢里夫上台后推行新的反恐战略，主张与“巴塔”和谈，但“巴塔”前头目哈基姆拉遭美无人机轰炸身亡，新头目法兹卢拉拒绝和谈，和谈陷入僵局。

（一）恐怖袭击高发，安全局势仍未好转

主要呈现三大特点。一是恐袭持续高发，伤亡惨重。自2007年以来，巴反恐局势急剧恶化，一直持续至今。2013年巴全年伤亡人数达5379人，[④] 其中平民和安全人员成为最主要的袭击目标。同时，恐怖分子尤其

① “Energy Outlook for Asia and the Pacific（2013）”，http：//www.adb.org/publications/energy-outlook-asia-and-pacific-2013.

② “South Asia Economic Focus，Fall 2013 ：A Wake-Up Call”，http：//www.worldbank.org/content/dam/Worldbank/document/SAR/SAEF%20Fall%202013.pdf.

③ “ IMF satisfied with Pakistan's economic progress”，http：//www.dawn.com/news/1055026/imf-satisfied-with-pakistans-economic-progress.

④ “ Fatalities in Terrorist Violence in Pakistan 2003－2014”，http：//www.satp.org/satporgtp/countries/pakistan/database/casualties.htm.

是“巴塔”早已将攻击区域跨出部落区，全面渗透至旁遮普、卡拉奇等地。此外，“巴塔”在选举期间疯狂作恶，制造多起大型恐怖袭击以清算政治仇人，向政府施压以获取更多生存空间，如人民党、普什图人世俗政党“人民民族党”和“统一民族运动党”就因主张严打“巴塔”而在选举期间屡遭袭击。2013 年 4 月 26 日，“人民民族党”竞选总部遭炸弹袭击，导致数十人伤亡。人民党主席比拉瓦尔·布托为躲避恐袭极少公开露面，甚至缺席其外祖父老布托的祭日。

二是广泛采用自杀式爆炸袭击。据统计，巴境内 2013 全年共发生 43 起大型自杀式恐怖袭击事件，共导致 751 人死亡。① 6 月 15 日，一名“巴塔”女“人弹”引爆奎达女子大学校车，后奎达医院也遭袭击，两起爆炸共造成包括奎达地区副专员在内的 50 余人死亡。“巴塔”还组建儿童突击队，组织多名少儿参加“人弹”训练。

三是教派冲突激烈。近年来，巴宗教氛围愈加保守，教派冲突此起彼伏。巴 2013 年全年共发生教派冲突事件 128 起，共导致 525 人死亡，914 人受伤。② 如 1 月、2 月，“巴塔”伙同“坚格维军”在卡拉奇和俾路支省首府奎达发动针对什叶派教徒的特大恐袭。11 月，巴陆军总部拉瓦尔品第发生宗教冲突事件，引发全国范围内的大抗议。

（二）谢里夫实施新的反恐战略

主张与“巴塔”和谈，但进展缓慢。谢里夫上台后大力推动和谈，表示“枪弹不是解决问题的方法”，并制定了解除（dismantle）、遏制（contain）、阻止（prevent）、教育（educate）和再融入（reintegrate）5 层反恐战略。解除指加强国家安全力量、反恐法制建设，推进警察系统改革及打恐能力，提升情报共享及边境管理水平，以减小恐怖威胁。遏制和阻止包括提升基建防卫，有效应对突发事件及伤亡人员的善后工作，建立高效的审判系统等。教育指反击极端主义宣传，有效发挥媒体作用。再融入指与

---

① “Fidayeen（Suicide Squad）Attacks in Pakistan”，http：//www. satp. org/satporgtp/countries/pakistan/database/Fidayeenattack. htm.

② “Sectarian Violence in Pakistan：1989－2014”，http：//www. satp. org/satporgtp/countries/pakistan/database/sect-killing. htm.

恐怖分子对话，改造关押恐怖分子，谢里夫视和谈为其中关键。9月9日，谢里夫主持召开全国政党大会，与会代表就与“巴塔”和谈达成一致。但11月1日，“巴塔”原头目哈基姆拉在北瓦济里斯坦首府米兰沙阿一营地开会时遭美无人机炸死，当时巴政府正派官员赴白沙瓦等地会见“巴塔”代表，哈基姆拉之死使和谈中断。11月7日，“巴塔”临时头目阿斯马图拉·沙欣·比塔尼宣布，“巴塔”斯瓦特头目法兹卢拉成该组织埃米尔。法兹卢拉1974年生于斯瓦特地区的尤素夫赛部落，入读由巴极端组织“执教先知教法运动”头目苏菲·穆罕默德所办的经文学校，后获穆罕默德亲睐成为其女婿，并于2002年接替被政府关押的穆罕默德掌管该组织。后来，法兹卢拉率该组织加入“巴塔”，成为“巴塔”斯瓦特头目，享有充分的行动自主权。法兹卢拉极端保守，在斯瓦特地区强行推行伊斯兰教法，自办电台宣传反西方和“圣战”思想并反复播放，绰号“电台毛拉”；自办宗教法庭裁决当地事务；反对电视、电脑、舞蹈、唱歌等一切娱乐活动，男人须留长须，妇女不可参加选举和接受教育。2008年，法兹卢拉率领“执教先知教法运动”与政府达成协议，巴政府释放“执教先知教法运动”头目穆罕默德，允许其在马拉坎德等地推行伊斯兰法，并准许法自办电台和经文学校，以换取当地和平。但巴政府当年8月即宣称取缔“巴塔”，法兹卢拉由此认为政府不可信，因此强烈反对和谈。此外，“巴塔”以释放成员、巴军撤出部落区及美停止无人机攻击等为先决条件，政府难以满足其和谈要求，且“巴塔”内部派系众多，政府和谁谈也是难题，加上巴军对和谈仍有保留，因此尽管谢里夫政府全力推动和谈，但和谈前景仍不容乐观。

2013 年孟加拉国综述

李建军*

2013 年，看守政府制度存废之争、对伊斯兰大会党领导人战争审判、“沙巴格运动”兴起以及保卫伊斯兰联盟新兴政治势力的崛起导致大选前孟加拉国政局持续动荡。不过大选能否如期举行的悬念已解，大选势必如期进行。经济方面增速放缓，好在主要经济指标如 GDP 增长率、外贸出口、外汇储备等表现良好，但经济发展也面临动荡持续政局与支柱产业——成衣业亟需转型的挑战。外交方面继续执行全方位外交政策，努力消除大选前政局动荡产生的不利影响，在积极发展同中国、印度、美国等国家关系的同时，与日本的关系日益紧密，但与巴基斯坦的关系产生裂痕，外交形势总体良好。

一、政局持续动荡，大选将如期举行

（一）看守政府制度未被恢复

2011 年 5 月 10 日，孟最高法院宣布宪法第十三次修正案违宪。从废除看守政府制度之日起，两年多来，卡莉达·齐亚领导的反对党联盟为恢复该制度与现总理哈西娜领导的人民联盟持续对抗。2013 年，18 党反对党联盟连续发动数十次大规模的诸如“人链”、“公路行进”、“封路”、“围

* 李建军，教育部人文社会科学重点研究基地四川大学南亚研究所助理研究员。

攻达卡”等全国性的罢工、游行和集会活动，抗议活动不断升级，暴力频繁发生，已有 300 余人丧生。哈西娜政府对反对党联盟日益高涨的诉求予以回击，坚决不退让，并一再声明不会恢复看守政府制度。10 月 24 日，哈西娜总理任期届满，看守政府制度如未废除，也是本届政府交权的日期。看守政府存废之争造成的政治僵局终见分晓。当天，卡莉达·齐亚发表讲话，宣称从 10 月 25 日起，哈西娜政府将成为非法政府。从 10 月 25 日起至年末，卡莉达·齐亚领导的 18 党联盟持续举行大规模反政府活动，活动的诉求已由恢复看守政府制度演变成抵制新一届大选，民族主义党在全国 65 个县组建“全党行动委员会”。该委员会由活跃的青年党员组成，主要职能是抵制任何人民联盟单方面组织大选的意图，孟政治危机不断加深。

（二）对伊斯兰大会党领导人战争罪的审判为政局发展增添变数

2012 年孟成立国际战争罪法庭，启动了 1971 年独立战争罪犯的审判工作，伊斯兰大会党领导人是主要审判对象。伊斯兰大会党的 9 名领导先后被捕并被指控，随着审判的进行，其中 6 名现任、前任领导人被判死刑或终身监禁。2013 年 2 月 28 日，该党副主席侯赛因·赛义迪被判死刑。9 月 18 日，助理总书记卡迪尔·毛拉被终审判处死刑，并于 12 月 10 日被处决。该审判对孟政局带来了三个方面的重大影响：首先，引发了严重的暴力冲突。伊斯兰大会党及其学生组织为阻止战犯审判、要求释放被捕的该党领导人以及抗议对该党领导人的判刑，在全国各地持续发动抗议示威与暴力活动，造成近百人死亡。其次，现政府对伊斯兰大会党的打压导致该党以后的发展充满了诸多不确定性。该党前任与现任领导人被捕后留下的权力真空被新一代领导人填补，其领导策略有待观察。从目前表现出的事实可以预测，该党更趋暴力化。2013 年 8 月 1 日，孟高等法院裁定该党为非法政党。高等法院在裁决中认定，该党于 2008 年向孟选举委员会所做政党登记无效。这意味着该党将不能参加新一届大选，导致该党以后的发展方向更充满了不确定性。第三，战争罪犯的审判正由单一的政治事件向宗教事件演变，引发了宗教冲突。该党及其学生组织对孟多地的印度教社区与佛教社区同时实施了暴力破坏活动。仅 2013 年 3 月 1 日到 20 日短短 20 天，孟就至少有 500 间民房、300 座寺庙、300 家商店被焚毁或破坏，多名少数族裔被杀害。

（三）“沙巴格运动”的兴起

“沙巴格运动”的起因是民众对于伊斯兰大党领导人卡迪尔·毛拉被判终生监禁而不是绞刑表示不满，从 2013 年 2 月 5 日起响应网络自由派博客写手的号召自发在达卡市中心沙巴格十字路口举行示威。该运动提出了“六点宣言”：将伊斯兰大会党前助理总书记毛拉在内的战犯判处死刑；修改《国际刑事（审判庭）法案》；将所有通敌者记录在册；取缔伊斯兰大会党等宗教性政党；取缔由战犯掌握的社会经济团体；严惩任何试图阻挠战犯审判的团体和个人。[①]“沙巴格运动”发起者称该项运动项的目的是推动政府审判战犯，阻止伊斯兰大会党及其学生组织以宗教为由进行破坏活动；同时反对伊斯兰教政治化，支持世俗政府。

“沙巴格运动”参与者与伊斯兰大会党之间爆发的冲突，导致首都达卡经历了大规模的示威与暴力活动。伊斯兰大会党在全国的清真寺和宗教学校举行示威与暴力活动，抗议“沙巴格运动”，而“沙巴格运动”示威者则呼吁民众抵制伊斯兰大会党及其学生组织在全国范围内实施的暴力活动。运动支持者呼吁民众重新唤起 1971 年独立战争期间的“三月精神”，抵制伊斯兰大党及其学生组织。双方发生的暴力活动造成超过 70 人死亡，公私财产损失严重，导致孟加拉国社会秩序持续混乱与动荡。

（四）保卫伊斯兰联盟新兴政治势力登上政治舞台

保卫伊斯兰联盟（Hefajat-e Islam）是一个伊斯兰组织，2010 年开始崛起，总部在吉大港。其联合了 12 个左右的伊斯兰组织，成员主要来自于

---

① “Youths submit do-list for JS”，The Daily Star，February 11，2013，http：//archive.thedailystar.net/newDesign/news-details.php？nid=268651.

宗教学校。这些宗教学校未受政府的资助，不在政府的监管之下。其学生来自于低收入家庭，接受宗教教育，从宗教学校毕业后很难适应社会经济发展的需要。该联盟在孟全国64个县均设立了分支机构，并努力整合伊斯兰团体，力求强化伊斯兰势力的组织性和影响力。其开始进入人们的视线是源于其2013年4月6日组织了20多万激进的穆斯林"围困达卡行动"反制"沙巴格运动"，抗议该运动对战犯判处死刑以及反伊斯兰教行为。该联盟领导人艾哈迈德·沙哈·莎菲批评政府利用"沙巴格运动"传播无神论，以独立战争思想诋毁伊斯兰教，并对政府提出了具有伊斯兰原教旨主义色彩的13点诉求。保卫伊斯兰联盟新兴势力登上政治舞台是孟政治发展中的一件大事，其影响力与号召力在反制"沙巴格运动"的过程中已彰显出来。

（五）单边选举将如期举行

虽受反对党联盟的强烈抵制，但根据孟政局的发展情况，新一届选举的相关准备工作已就绪，执政党人民联盟将如期进行单边选举。其原因如下：第一，11月18日，哈西娜成立了选举期间政府并出任总理，任命了8名来自盟友的新内阁成员。第二，11月25日，选举委员会首席专员卡兹·拉齐布乌丁宣布大选举行的日期，大选将于2014年1月5日举行，候选人须于12月2日前向选委会递交提名表格。第三，11月29日，人民联盟公布了参选名单，在297个选区提名了党内候选人。同时，执政联盟中的小党，除民族党、公民独立联盟和人民共和党外，均已公布了本党议员候选人名单，共计竞争149个席位。第四，12月2日是递交选举提名文件的最后期限，但反对党联盟没有一个政党提交提名文件。第五，12月13日是下届大选参选人撤回提名表格的截止日期，由于民族主义党和其他党派拒绝参选，总参选人数减少至651人，有154个选区只有1名合格参选人。根据选举委员会12月15日的统计结果，151人自动当选，其中127人来自人民联盟，余下均为与人民联盟结盟的党派：21人来自民族党，3人来自民族社会党，2人来自工人党，1人来自民族党（曼久派）。根据孟宪法，一个党派及其联盟至少需要151个议席才能组建政府。对人民联盟而言，其无需盟党的协助，只需24个席位即可在新一届大选中占据绝对优势，其已稳操胜券。

二、经济增速放缓，面临诸多挑战

据世界银行的测算，2013 财年（2012 年 7 月 1 日－2013 年 6 月 30 日）孟 GDP 增长率为 5.8%，近三年来首次下降，比上一财年的 6.03%下降了 0.23%，远低于孟政府设定的 7.2%的目标。国家主权信用等级被国际评级机构大公国际评定为“BB－”级，评级展望稳定。但受对抗性政党政治、成衣工潮、全球经济疲软等不利因素影响，经济发展面临诸多挑战。

（一）经济增速虽放缓，但主要经济指标表现良好

2012—2013 财年孟 GDP 增长率与前三年 6%以上的增速相比，首次降至 6%以下，增速虽放缓，但经济基本保持了平稳运行，主要经济指标表现良好，具体如下：

1. GDP 表现尚可

据孟统计局数据显示，以 1995—1996 财年价格数据为统计基础，2012—2013 财年孟实际国内生产总值为 1330 亿美元；若以 2005—2006 财年价格数据为统计基数，2012—2013 财年孟实际 GDP 将达 1510 亿美元。①2013 年 9 月，孟政府开始以 2005－2006 财年作为基准年进行经济数据统计。按照新的统计方法计算，2012－2013 财年孟年人均收入首次突破 1000 美元，达到 1044 美元，实现了较大幅度的提高，更加接近中等收入国家的目标，位列南亚国家第四位。

---

① “孟上财年 GDP 达 1510 亿美元”，中国驻孟大使馆经商处，2013 年 9 月 4 日，http：//bd. mofcom. gov. cn/article/jmxw/201310/20131000349274. shtml。

2. 外贸出口保持增长态势

外贸出口继续实现增长。2012—2013 财年孟外贸出口额为 270.2 亿美元，同比增长了 11.18%。成衣出口 215.2 亿美元，较上财年出口 190.89 亿美元增长了 12.71%，创历史新高，成衣出口占总出口额的 79.63%。[①] 孟目前是世界上仅次于中国的全球第二大成衣出口国，在全球成衣市场所占份额为 4.8%。在成衣出口中，梭织服装出口同比增长 14.96%，达到 110.39 亿美元，而针织服装出口同比增长 10.43%，达到 104.75 亿美元。值得一提的是，本财年成衣对非传统市场的出口比上一财年增长了 28.75%，达到 29.74 亿美元。除成衣业外，黄麻产品出口表现也很优异，其出口总额达 136 亿塔卡，总出口量达 17.7 万吨，创近 5 年来新高。

3. 财政赤字控制较好

2012—2013 财年，财政赤字占孟国内生产总值的 4.3%（不含补贴），低于 5%的预算目标。外商直接投资同比涨幅 9%，商品贸易赤字同比下降 10.74%。[②] 受政局持续动荡、经济乏力等原因的影响，孟税务部门本财年完成征税 10829.973 亿塔卡，距 11225.9 亿塔卡的预期目标缺口近 400 亿塔卡。

4. 外汇储备创新高

2012—2013 财年侨汇收入达到 145 亿美元，同比增长 12.59%。2013 年收到外国援助和贷款共计 27.86 亿美元，其中无偿援助 6.517 亿美元。在援款来源中，世界银行下属的国际开发署位居首位，为 9.019 亿美元；其次是亚洲开发银行和日本协力局，同为 6.704 亿美元；印度为 1.7948 亿

---

① "Garment exports cross ＄20b mark", The Daily Star, July 10, 2013, http://archive.thedailystar.net/beta2/news/garment-exports-cross-20b-mark/.

② 王丹红："孟加拉国本财年外商直接投资同比涨幅 9%"，国际在线，2013 年 8 月 27 日，http://gb.cri.cn/42071/2013/08/27/6871s4232574.htm。

美元，中国为 1.7569 亿美元，欧盟为 6807 万美元。[①] 孟外汇储备屡创新高，2013 年 6 月 26 日达 152.9 亿美元，8 月 13 日达 160.35 亿美元，创历史新高。出口较快增长、劳务报酬汇款以及较低的进口支付是外汇储备持续增长的主要原因。[②]

（二）经济发展面临的问题

1. 大选前政治分裂和政局走向的不确定性

看守政府的存废之争导致政治冲突不断，街头暴力愈演愈烈，政局持续动荡。新一届大选的日程已公布，相关准备工作已就绪，势必如期举行，但大选的不确定为政局走势更添变数。反对党联盟为表达政治诉求频繁地举行罢工活动，对孟经济健康发展造成严重伤害。

2013 年 1—10 月，孟各政党已累计举行全国大罢工 41 天，死于政治暴力的人数达 250 人。2012 年 6 月—2013 年 12 月 8 日，因政局动荡引发的暴力事件严重打击了交通行业，共造成 42 人死亡、500 多人受伤，经济损失高达 420 亿塔卡，[③] 孟出口商也因无法及时装船运输而遭受订单取消和延迟付款等损失。2013 年上半年，政治罢工和封路运动等造成经济损失 4900 亿塔卡，约占国内 GDP 的 4.7%。在此期间，不论是个体投资还是公共投资均受到严重影响。2013 年，在地方企业注册登记的投资建议下降 27%，在外资企业注册登记的投资建议下降 10%。[④] 政局持续动荡给作为经济支柱的成衣业造成重大损失，成衣业出口严重受阻。仅 2013 年 9—12 月的 3 个月内，成衣业就遭受了大约 1 亿美元的损失，仅 11 月的损失额就达 5 千万美元，国外订单数量也创下新低，部分采购商开始向印度、印尼、

① “孟未使外国援助金额持续上升”，中国驻孟加拉国大使馆经商处，2013 年 8 月 14 日，http://bd.mofcom.gov.cn/article/jmxw/201308/20130800245526.shtml。

② “孟外汇储备创历史新高”，中国驻孟加拉国大使馆经商参赞处，2013 年 8 月 19 日，http://bd.mofcom.gov.cn/article/jmxw/201308/20130800253710.shtml。

③ 中国驻孟加拉国大使馆使馆要闻，2013 年 12 月 13 日，http://bd.chineseembassy.org/chn/bzyw/t1108753.htm。

④ 中国驻孟加拉国大使馆使馆要闻，2014 年 1 月 26 日，http://bd.chineseembassy.org/chn/bzyw/t1123190.htm。

越南和柬埔寨等周边国家转移。12月1—9日的9天内，由于道路封锁，共有价值约240万美元的订单被取消，政治冲突导致的破坏和火灾造成的损失也超过了190万美元。

2. 成衣业需转型升级

不断提高的工资水平和安全问题使孟经济增长面临重要挑战，当前孟成衣业正处于十字路口，其转型升级迫在眉睫。成衣业是孟支柱产业，对孟国民生产总值贡献度为16%左右，在出口创汇和劳动就业等方面亦贡献巨大。自2005年出口收入达68亿美元以来，成衣出口收入逐年增长，年均增幅达16.6%。2012—2013财年，成衣出口在总出口中所占比重由20世纪80年代的6%逐渐上升到79.63%，成为孟赖以赚取外汇最重要的来源。成衣业直接从业人员为400万，其中80%是女性，吸纳了约50%的工业劳动力。孟成衣业将继续保持快速增长，到2020年产值有望达到420亿美元。长期的低工资是驱动孟成衣业高速增长的因素之一。据国际劳工组织发布的报告，孟制衣工人的最低工资为每月3000塔卡（约合39美元），此数额仅为其他亚洲国家工人工资的一半。柬埔寨、印度、巴基斯坦、斯里兰卡及越南工人的最低工资均处于70—80美元之间。1985年至今，孟加拉国仅调整了三次工人工资结构，最近的一次为2010年，最低工资标准从1662塔卡调整为现今的3000塔卡。2013年，孟低工资政策难以维系，成衣厂工人多次举行罢工游行要求涨薪。9月21日，5万名成衣工人在首都达卡发动了有史以来最大规模的罢工游行，要求雇主提高最低工资标准。一些工厂发生骚乱，部分工人罢工，并以具有破坏性的举动抗议目前的低薪待遇。抗议引发的骚乱持续了6天左右，近百家成衣厂停工。经劳资谈判，12月6日孟政府发布成衣工人最低工资公告，每月最低工资调整为5300塔卡，从12月1日开始执行，新增加的一项内容是工人工资每年将得到基本工资5%的增长。涨薪后，孟成衣业的成本将增加12%—13%，成衣业的竞争力受到一定削弱。

成衣业安全问题的井喷式爆发导致孟成衣业形象严重受损。2012年11月24日，达卡市郊的塔兹林时装公司制衣厂起火，导致大约110名工人死亡，150人受伤。这是孟加拉国历史上伤亡最为惨重的工厂火灾事故。时隔两天，11 月 26 日，达卡郊区的一家制衣厂再次发生火灾。2013 年 4 月 24 日，达卡市萨瓦乡拉纳大厦倒塌，造成 1127 死亡，约 2500 人受伤，成为全世界最严重的建筑物自行倒塌灾难。火灾和建筑物倒塌等致命事故暴露了孟成衣业的危险状态。6 月 26 日，美国政府暂停了对孟的普惠制待遇，要求孟成衣业进行整改，提出加强劳工标准和促进工人安全作为恢复该制度的前提条件。欧盟也已经明确表示将仿效美国，重新评估对孟普惠制待遇问题。普惠制的取消将产生连锁反应。欧盟普惠制被撤销后的第一年，孟 GDP 增长可能会下滑 1.8 个百分点，其中最严重的影响将体现在服装行业；第二年下降幅度可能缩小至 0.6 个百分点。货物出口第一年将下降 2.2 个百分点，第二年为 2.1 个百分点，此后三至五年可能继续下降 2.1 个百分点。经常账户余额也将受到影响，其中前两年分别会下降 1 个百分点，此后三到五年年下降 1.1 个百分点。由于出口收入下降，私人消费和私人投资也将被遏制。[①] 经济增长产生负面影响后，相关减贫进度也将被拖延。由此可见，孟成衣业处于改革的十字路口。

三、积极发展对外关系，开展全方位外交

2013 年，孟继续奉行独立自主、不结盟政策，努力消除大选前政局动荡产生的不利影响，在同中国、印度、美国等国家积极沟通的同时，与日本的合作更加紧密，同南亚国家的传统关系得到发展，但与巴基斯坦的关系产生裂痕，外交形势总体良好。

（一）与中国的关系

1. 各级政要互访交流

孟中各级政要广泛接触，互访交流，传统友谊继续得到巩固。1 月 8

① “国际货币基金组织警告：孟经济增速将放缓”，中国驻孟加拉国经商参处，2013 年 12 月 11 日，http：//bd. mofcom. gov. cn/article/jmxw/201312/20131200422069. shtml。

日，云南省副省长高树勋访孟，拜会孟外长莫尼、商务部长卡德尔、工商业联合会主席卡兹等，在孟推介首届中国—南亚博览会。6 月 6 日，孟总统哈米德出席在昆明举行的首届中国—南亚博览会开幕式。8 月 27 日，孟陆军参谋长卡里姆一行访华，国务委员兼国防部长常万全会见。8 月 28 日，孟奥委会主席伊克巴尔·布延将军一行访华，国家体育总局副局长、中国奥委会副主席杨树安会见。9 月 2 日，总参谋长房峰辉会见来访的孟空军参谋长埃纳穆尔一行。9 月 21 日，孟议长乔杜里在昆明出席国际和平日暨中国—南亚和平发展论坛开幕式并演讲。同日，中国国家副主席李源潮会见乔杜里。9 月 24 日，哈西娜总理在纽约会见中国外长王毅。10 月 19 日，孟外长莫尼访华。11 月 13 日，副总参谋长兼中国国际战略学会会长孙建国会见来访的孟加拉国际与战略研究所代表团。

中国就孟加拉国由于看守政府存废问题导致的政局僵局积极斡旋。中国驻孟大使李军先后拜访哈西娜总理、主要反对党民族主义党主席卡莉达·齐亚和民族党主席艾尔沙德就推动朝野对话问题展开斡旋，呼吁各党展现善意，通过对话解决分歧。12 月 11 日，中国特使、外交部亚洲司司长罗照辉代表中国政府访孟，与卡莉达·齐亚和哈西娜会谈时表示，中国政府希望孟政局稳定、经济发展，对孟当前政局而言，对话、合作、和平、稳定至关重要。

2. 经贸合作不断推进

2013 年，孟中经贸往来密切，双边贸易稳步提升。受惠于 2010 年中国对孟实行免关税和免配额的优惠政策，2012－2013 财年孟对华出口额继续大幅增加，达到 4.58 亿美元，比上财年增长 14%。2013 年，双边贸易额突破 100 亿美元，创历史新高。中国对孟直接投资取得不错实绩。3 月 14 日，湖北电力勘测设计院中标孟加拉国诺瓦布甘杰 100 兆瓦重油电站项目，项目金额 1.25 亿美元。7 月 4 日，哈尔滨电气集团公司所属哈电国际工程公司与孟加拉国电力发展总署在达卡举行巴库 275 兆瓦火电项目合同签订仪式，巴库火电项目是孟目前总装机容量最大的燃煤电厂项目。7 月 23 日，华为赢得孟加拉国运营商 Banglalink 价值 3 亿美元的网络升级合同，这一升级包括现代化移动网络、重构频段、扩容及提供与 3G 兼容的基础设施和服务。9 月，中国企业投资 2200 万美元在孟出口工业加工区建造亚洲纺织厂，由中方独资经营，将为孟带来 1450 人的就业机会。10 月 22 日，两国政府共建的兰帕尔燃煤电站举行奠基仪式。该电站设计装机容量为 132 万千瓦，预计耗资达 20 亿美元。11 月 7 日，中国机械工程公司与孟加拉电信签署“孟加拉固网智慧化项目”合同，合同金额约为 1.83 亿美元。

（二）与南亚国家的关系

1. 与印度的关系

2013 年，孟印两国关系良性发展，困扰两国发展的边境安全、水资源分配等问题未成为焦点，印度对孟发展提供大力援助，成为孟最强力的地区盟友。

第一，高层间互访与磋商不断加强。孟印高层间互访与磋商不断加强，两国关系良性发展，印度对哈西娜政府提供了强力支持，其中印度总统慕克吉访孟是两国关系的一大突破。1 月 28 日，印度内政部长辛德访孟，两国签署《孟印引渡协议》，引渡条款中首次允许两国通过正式程序将本国内藏匿的对方国罪犯交予对方。2 月 8 日，印度外交秘书莱玛塔伊访孟，与孟外交秘书莱哈克举行外交秘书莱级磋商，双方就加强各领域合作以及互联互通、提斯塔河分水等重大问题交换了意见。2 月 16 日，印度外长萨尔曼·库尔西德访孟，两国就水资源分配、交通和贸易等合作项目进行了磋商。2 月 17 日，孟印发表联合声明，双方同意延长《孟印内陆水域过境及贸易议定书》的有效期。3 月 3 日，印度总统慕克吉访孟，这是自 1974 年以来印度总统首次访孟。访问期间在与孟总统和总理的会谈中慕克吉强调，印度将恪守对孟承诺，履行与孟签署的各项协定。10 月 29 日，印度驻孟高级专员萨兰拜会哈西娜总理，并就孟政局等交换意见，表明了在孟下届大选问题上的立场。11 月 11 日，孟外长莫尼在印度会见印外长库尔希德，双方就双边关系、地区问题等交换了意见。同日，哈西娜总理之子乔伊与印度驻孟高级专员萨兰举行会面，讨论了孟当前政局和下届大选等问题。12 月 4 日，印外交秘书莱苏贾塔访孟，这是他就职以来首次访孟，与孟方讨论了政局与双边关系等问题。11 月 6 日，孟印内政部长在两国边境联合主持了“孟印共同撤退仪式”，两国将定期在边境地区轮流举行联谊活动，借助两国共同的文化建立友好气氛。

第二，经济合作日益紧密。2013 年，印度对孟经济发展提供大力援助，两国经贸关系稳步前进。2 月，印度外事部长萨曼向孟哈西娜总理交付 5 千万美元赠款。5 月 12 日，印度驻孟高级专员沙伦向孟财长穆希特交付第二批 5 千万美元赠款。7 月 12 日，印度向孟发放第三批 5 千万美元赠款。这三批合计 1.5 亿美元的赠款来自于 2012 年印度政府承诺给予孟 10 亿美元的最高信贷额度，并从中拿出 2 亿美元用于发展孟优先建设的项目。6 月 8 日，印度工业联合会与孟投资局共同决定，在印孟双边贸易中取消所有非关税贸易壁垒，以促进双边贸易发展。8 月，孟印开放 2 个边贸市场，以促进两国边境地区贸易和人员往来。8 月 21 日，孟纺织和黄麻部长访问印度，两国签署了一份纺织部门合作的谅解备忘录。两国纺织部门将通过联合工作小组建立合作体制机制，作为一个主要的贸易促进机制。10 月 21 日，两国在达卡举行第九轮关税问题联合工作组会议。2012—2013 财年，孟对印出口 5.64 亿美元，比上财年的 4.98 亿美元增长 13.15%，已成为印度在南亚最大的贸易伙伴。2013 年印对孟出口 41.8 亿美元，比 2012 年的 42.4 亿美元略有下降，但其每年向孟走私货物达 40 亿美元。

2. 与南亚其他国家的关系

2013 年，孟在南亚地区注重发展与印度关系的同时，与不丹、斯里兰卡两国的关系也发展顺利，但其对伊斯兰大会党领导人毛拉处以死刑导致与巴基斯坦相互指责，两国的关系蒙上了一层阴影。

1 月 14 日，不丹国王旺楚克夫妇访孟，拜会拉赫曼总统和哈西娜总理，出席阿底峡纪念塔奠基仪式。同日，斯里兰卡外长佩雷斯到访，会见哈西娜总理与外长莫尼，两国同意加强双边贸易、互联互通、应对人口贩卖以及重启两国驳船业务。1 月 21 日，孟同意为不丹提供永久过境通道，双方已在年底前签署相关协议。过境通道协议签署后，不丹可通过孟四个陆地口岸以及蒙格拉港、吉大港过境运输物资。4 月 23 日，孟与斯里兰卡外交秘书莱在科伦坡举行两国第二轮外交部磋商。双方决定成立工作组，推动两国贸易往来。双方同意在诸如南亚自贸区等多边框架下加快关税减让步伐，取消非关税壁垒和超关税措施，合理制定敏感产品清单。11 月 14 日，哈西娜总理赴斯里兰卡参加第 23 次英联邦政府首脑会议，会见斯里兰卡总统拉贾帕克萨，并出席了会议开幕式和相关专题会议。

12 月 15 日，巴基斯坦内政部长尼萨尔公开谴责孟加拉国，称孟对伊斯兰大会党助理总书记毛拉处以绞刑处置是一起“司法谋杀”。12 月 16 日，巴基斯坦国民议会以多数表决通过了一项决议，对孟以反人类罪名义对毛拉执行死刑表示严重关切，希望孟政府不要重揭历史创伤，善意处置孟伊斯兰大会的各领导人相关诉讼案。12 月 17 日，孟政府向巴基斯坦驻孟高级专员递交一份备忘录，强烈抗议巴政府在孟伊斯兰大会党助理总书记毛拉行刑一事上的反应，强调这是孟加拉国内政，符合国民愿望，谴责巴以多数表决通过相关决议，特别是巴内政部长将此评价为“司法谋杀”。12 月 18 日，哈西娜总理公开指责巴基斯坦政府干涉孟加拉国内政，强烈谴责巴对孟处置战犯毛拉一事的反应。当日孟民众前往巴驻孟高级专员署举行集会和游行示威活动，抗议巴在此事件上的立场。

（三）与西方国家的关系

2013 年，美英等西方国家继续就民主建设、反恐、应对气候变化等方面对孟展开援助与合作，孟美军事合作常态化，经贸关系更为紧密。

1. 与美国的关系

2013 年孟美经贸关系不断发展，两国签署了《贸易与投资合作论坛协议》，该协议谈判历经 4 年多，标志着两国经济关系更为紧密。同时，由于孟成衣业发生大楼倒塌与火灾事故等悲剧性事件，美国暂停孟加拉国享有的普惠制优惠政策。2012—2013 财年，孟对美出口货物总额达 54.19 亿美元，较上一财年的 51 亿美元增长了 6.25%，货物出口总量增长 20.05%。目前美是孟货物出口第一大伙伴国，孟对美出口的主要产品包括服装、纺织品、帽子和冻虾等。①

孟美两国政治关系保持良好，军事合作呈常态化。1月15日，美向孟海军和海岸警卫队提供10余艘高性能舰只，帮助孟提升维护海洋资源安全能力。1月26日，美国会众院4人代表团访孟以实施美国国际开发署项目，哈西娜总理接见。5月26—27日，美孟围绕发展与管理、贸易和投资、安全合作及区域整合4个主题进行第二次双边伙伴对话。10月22日，两国签署《孟美反恐合作谅解备忘录》，美将在孟反恐设备现代化方面提供协助，两国还将加强执法部门合作，共同打击洗钱、维护网络安全、保护港口海岸安全等。11月5日，孟加拉国一美国“第二次双边防务对话和军事规划讲座”举行，两国就加强军事合作等议题展开广泛讨论。11月7日，孟首次通过美国政府有关“千年挑战账户”的相关评估，在预防腐败、保障经济领域的性别平等权益等方面的表现获得美国肯定。11月9日，孟空军和美太平洋空军举行5天的联合演习。美国共有80名空军人员和3架C—130运输机参演。11月16日，美国国务院主管南亚和中亚事务的助理国务卿尼莎·比斯瓦尔访孟，就推动孟朝野对话问题展开斡旋，并广泛接触孟各界人士。11月25日，孟美在华盛顿签署《贸易与投资合作论坛协议》，协议签署后，两国举行第一次贸易与投资合作论坛会议。值得深思的是，同日孟政府宣布大选日程。12月3日，美国缉毒局与孟内政部签署多边合作备忘录，旨在打击区域及国际间有组织犯罪、非法毒品和麻醉药品跨境走私等。12月13日，孟海军从美国购买的“BNS Somudra Joy”号高续航力巡逻舰抵达吉大港，该舰目前是孟海军中最大的军舰，共有船员167人。12月22日，美国国务院发表声明，不向孟第10届议会选举派出观察员，但相信孟仍有可能组织自由、公正、取信于民的选举，以兑现其民主承诺。

2. 与欧洲国家的关系

2013年，孟与欧洲国家继续保持良好关系，欧洲国家积极为孟提供发展援助。成衣业是双方关注的问题，欧盟对孟提出了警告，如成衣业问题

① “孟对美货物出口增长6.25%”，中国驻孟加拉国大使馆经商参赞处，2013年8月12日，http://bd.mofcom.gov.cn/article/jmxw/201308/20130800241692.shtml。

不能改善，将取消孟成衣产品进入欧盟市场的免关税待遇，但同时欧盟对孟成衣业的改善亦提供了大力帮助。

1月，法国为孟提供4500万美元贷款，以协助孟实施“大达卡可持续发展城市交通项目”。该项目的目标是通过建设高效、可持续发展、环境友好、安全的城市交通系统，提交加吉普尔至通吉城市居民的生活水平。1月18日，英国国务部长瓦尔西访孟，拜会哈西娜总理和民族主义党主席卡莉达·齐亚。4月，欧盟为孟提供365万欧元以帮助易受灾人群降低受灾风险，资金将用于更好地增加易受灾农村和城市地区的学校和社区实施，以减少灾害损失。5月28日，欧盟通过决议，继续给予孟纺织品进入欧盟市场的贸易优惠待遇。6月3日，挪威和国际劳工组织孟加拉国分部在孟签署合作协议，挪威将提供250万美元用于对孟成衣业等领域的工人进行培训等。7月31日，欧盟与孟签定新的《全球永续发展协议》，以解决孟成衣产业虐待劳工的问题，如果违背承诺，孟将丧失免税进入欧盟市场的资格。8月，荷兰驻孟大使表示，将继续支持孟成衣业，帮助成衣业制定符合工作和安全的标准。10月，加拿大外交部南亚司司长麦克阿瑟访孟，与孟外交秘书莱哈克就投资、贸易、科教合作、应对气候变化等举行会谈。10月25日，英国拨款480万英镑支持国际劳工组织帮助孟政府、成衣厂主和工人切实提升安全生产水平。

（四）与日本的关系

日本安倍晋三再次上台后，即开始标榜所谓“俯瞰地球仪式”的“价值观外交”，孟加拉国亦是日本外交布局当中的重点之一。2013年，孟日伙伴关系更加紧密，日本对孟奉行“金元政策”，以巨额经济援助开道，不断深化两国伙伴关系。自孟独立以来，日本已累计承诺向孟提供援助110亿美元，实际到位援助70亿美元。1月13日，日本国际协力局宣布，向孟提供45亿塔卡援助，用于支持孟本地中小企业发展。2月20日，孟与日本国际协力局签署4个项目协议，日本将为孟提供7.84亿美元贷款和800万美元赠款，贷款利息为0.01%，还款期为40年，宽限期为10年。日方将帮助孟建设达卡市城铁，该项目总额27亿美元，JICA提供85%的资金，剩余资金由孟方提供。[①] 3月10日，孟与日本国际协力局签署一项合作协议，日方将向孟提供10.4亿美元贷款，利率为0.01%，还款期为40年并有10年宽限期。这是日本向孟提供的数额最大的一笔贷款，有关贷款将用于建设四大工程：3座达卡至吉大港的高速公路大桥项目、供水项目、孟北部综合发展项目和可再生能源发展项目。[②] 6月，孟与日本签署《低碳增长伙伴协议》，日本将在节能减排方面向孟提供技术及物资支持。7月，日本向孟提供200万美元无偿援助以设立一种农民能买得起的新型农业保险，保护农民在遇到极端天气时减少损失。当月，日本协力局提供10亿达卡给孟加拉中央银行，作为孟加拉成衣厂改善公共安全的专款。当月，日本捷卡基金出资90亿塔卡（约合1.13亿美元）支持吉大港城市建设，该资金主要用于改善吉大港城市交通管理、河道疏浚工程以及自然灾害应对管理三个方面。12月2日，日本驻孟使馆向孟监督公平大选联盟赠款，用于进行大选监督工作。

---

① 中国驻孟加拉国大使馆使馆要闻，2013年3月20日，http：//bd.chineseembassy.org/chn/bzyw/t1023097.htm。

② 中国驻孟加拉国大使馆使馆要闻，2013年3月11日，http：//bd.chineseembassy.org/chn/bzyw/t1020313.htm。

2013年尼泊尔综述

黄正多*

2013年尼泊尔的政局只有一个关键词：选举。围绕选举的政治斗争，从最早的是否同意由首席大法官雷格米担任过渡政府总理，到辩论什么时候举行制宪会议选举，再到最后的什么时间起草宪法。尼泊尔政局虽然一直充满变数、起伏不定，但这持续一年多的政治僵局终究还是被打破，制宪会议选举顺利完成。

一、政治僵局被打破，大选顺利完成

（一）雷格米担任临时政府首脑

2008年选举产生的尼泊尔第一届制宪会议在历经4届政府、4次延期之后，终未能就新宪法达成一致，宪法起草工作无果而终。2012年5月27日，尼泊尔制宪会议宣告解散。根据临时宪法条款，如果总理失去制宪会议和议会成员资格，其也将失去总理的职位。5月29日，尼泊尔总统亚达夫发表声明，要求巴特拉伊以看守政府总理的身份继续处理政府日常事务，直到产生新一届政府。[①]

---

* 黄正多，教育部人文社会科学重点研究基地四川大学南亚研究所副研究员。

① “President directs Bhattarai govt to work in caretaker status; assures of ‘peaceful and democratic outlet’”, http://www.nepalnews.com/home/index.php/news.

2012 年下半年以来，尼泊尔各政党就总理人选进行了多次协调和磋商，但是一直到 2013 年初，各政党仍难就总理人选达成一致共识。为了打破政治僵局，确保第二届制宪会议选举的顺利举行，尼联共（毛）主席普拉昌达提议由尼泊尔最高法院首席大法官基尔·拉杰·雷格米（Khil Raj Regmi）担任临时政府总理。2013 年 3 月 13 日，尼联共（毛）、尼泊尔大会党、尼共（联合马列）和马迪西联合民主阵线四大主要政党通过多次谈判，最终达成《十一点协议》，同意由首席大法官雷格米组建一个过渡政府，其担任临时选举委员会主席，行使临时政府总理的职能。该委员会共 11 人，由雷格米和 10 位部长组成。在领导过渡政府期间，雷格米不再担任首席大法官，直到新的制宪会议选举出新总理，过渡政府的主要职责是确保 2014 年第二届制宪会议选举的顺利举行。根据协议，看守政府被解散，前总理巴特拉伊结束了 18 个月零 18 天的任期，搬回到自己的旧居。[①] 与会各党在协议中还同意于 6 月 21 日举行新的制宪会议选举；在尼联共（毛）关心的原反政府武装加入政府军后的职衔问题上，各党同意给予 1 名上校和 2 名中校名额；各党将共同成立“真相与和解委员会”，负责解决内战遗留问题；[②] 4 大主要政党向总统亚达夫提交了修改临时宪法的《25 点协议》，并提议组建一个高层次的政治协商委员会，以辅助临时政府顺利运转，协助政府解决重大问题。

3 月 14 日，尼泊尔首席大法官基尔·拉吉·雷格米在总统亚达夫的主持下宣誓就职“临时选举委员会”主席。21 日，由雷格米领导的宪法委员会提名了选举委员会的官员，并在 24 日得到了总统的任命。此举结束了尼泊尔自 2012 年 5 月制宪会议解散后为期 10 个月的政治僵局，扫清了各党派在和平进程中的障碍和分歧，拉开了新的制宪会议选举的序幕。政府更迭引起尼泊尔国内及国际社会的关注，尼泊尔主要政党都对协议的签署表示高兴，印度和美国也分别发表声明，对《十一点协议》的达成及政局进展向尼方表示祝贺和支持。中国对尼泊尔主要政党就推动制宪进程达成共识并组建临时选举委员会表示欢迎。作为友好邻邦，中国衷心希望尼泊尔

① “Bhattarai moves to former residence after 18 months and 18 days in Baluwatar”，http：//www. nepalnews. com/archive/2013/mar/mar14/news07. php.

② 张松：“尼首席大法官就任新总理”，http：//news. xinhuanet. com/world/2013-03/15/c_124461984. htm。

各派政治力量继续通过对话协商寻求政治共识，早日完成和平与制宪进程，实现政治稳定和经济发展。①

但是对于雷格米担任临时政府总理，仍然有不少反对的声音，包括前首席大法官以及一些社会组织，他们都认为由首席大法官领导政府将破坏权力制衡的原则，造成行政与司法的混乱。② 4 大党之外的许多小党派也持反对意见，认为这是由 4 大党强加的决定。③ 尼共（毛）联合 20 余个边缘政党在该协议签署之前就举行过为期两天的全国关闭及抗议示威，禁止车辆通行，禁止社会成员上班，禁止公私机构开张营业。他们通过这样的方式表达对首席大法官领导临时政府方案的强烈批评，认为这是“外国干涉的结果”，是“主要政党在外国操纵下的阴谋”。更为激进的尼共（毛）则宣布于当天下午继续组织为期半天的全国关闭，以抗议《11 点协议》的签署。尼共（毛）主席拜迪亚声称他的政党不会参加由首席大法官领导的过渡选举政府举行的制宪会议。

临时政府成立以后，随着大选的临近，尼泊尔国内各政治势力就大选相关问题的争议更加激烈。首先尼共（毛）极力反对 6 月 21 日举行大选，百般阻挠投票者注册，并声称不会在选举委员会注册，除非撤销此前由总统签署的为首席大法官担任总理移除法律障碍的法令，其认为选举应该由所有的政党而不是政府的官僚机构来组织。④ 随后的几个月，尼共（毛）仍然拒绝就选举问题与政府及四大党进行合作，并再次重申除非四大党同意改变现政府，修改此前签署的《11 点协议》，以及总统为解决（首席大法官就任总理）宪法问题而签署的《25 点协议》。⑤

在选举法上，临时政府同组成前制宪会议的各党派进行了咨询和磋商。但尼联共（毛）同组成毛主义联邦民主共和联盟（FDRA）的其他小

① 中国驻尼大使馆网站，http：//www. fmprc. gov. cn/ce/cenp/chn/xwdt/t1021333. htm。

② “Civil society group takes to streets against plan to form CJ-led govt”，http：//www. nepalnews. com/archive/2013/mar/mar02/news07. php.

③ “Big four fail to convince fringe parties on CJ-led govt”，http：//www. nepalnews. com/archive/2013/mar/mar12/news08. php.

④ “CPN-M not to register with EC unless demands met”，http：//www. nepalnews. com/archive/2013/may/may01/news17. php.

⑤ “CPN-M to sit for talks only if four-party agree on changing govt”，http：//www. nepalnews. com/archive/2013/jul/jul08/news01. php.

党一起反对关于制宪会议代表权的1%的门槛条款，认为其使小党派的声音被淹没，而大会党和尼共（联合马列）支持这一条款。此外，双方也就候选人是否应该公布财产状况发表了不同观点。① 在选举日期的确定上，虽然《11点协议》中已经确定为6月21日，但由于尼共（毛）和其他一些小党派的反对，再加之主要政党之间也未能就某些问题达成一致，因此制宪会议的选举日期迟迟未能决定，但截至选举委员会规定的政党注册日期的最后一天（5月30日），共有140个政党注册参加选举。② 6月14日，经过长时间的讨论和协商，政府终于宣布制宪会议选举将于11月19日举行，同时通过了选举法案的草案，并且得到了总统的最后批准。

8月28日，高级政治委员会（HLPC）举行会议，决定继续与尼共（毛）等反对制宪会议选举的政党举行对话，以期所有的政党都能参与11月19日举行的制宪会议选举。③ 但尼共（毛）领导的33党联盟声称，高级政治委员会以安全为名在制宪会议选举期间动用军队是一种将国家引入混乱的阴谋行为，如果军队被错误地使用，将带来极其严重的后果。④ 由于尼共（毛）参与制宪会议选举的条件过于苛刻，临时政府和各主要党派都不能接受，因此9月19日，主要政党一致同意在没有尼共（毛）领导下的33党联盟参与的情况下进行制宪会议选举，33党联盟也声称没有必要继续与主要政党对话，并不会参与制宪会议选举。⑤ 从大选前的11月11日起，该联盟还在全国范围内发起罢工和一系列关闭活动，导致学校停课、商店歇业、交通受限，以此抵制大选。此外，尼泊尔多地炸弹威胁等暴力事件的发生也随着选举临近而大幅上升。面对各种威胁，为保证大选的顺利举行，尼泊尔总统签署法案，同意在选举期间调动军队。随后，

① "Parties differ on proposed election law; top leaders skip interaction with govt", http://www.nepalnews.com/archive/2013/apr/apr04/news17.php.

② "Number of political parties registering with EC reaches 140 on last day", http://www.nepalnews.com/archive/2013/may/may31/news05.php.

③ "HLPC decides to continue initiatives to bring poll opposing parties into election fray", http://www.nepalnews.com/archive/2013/aug/aug28/news09.php.

④ "CPN-M led 33-party alliance accuses govt of trying to push country into conflict", http://www.nepalnews.com/archive/2013/sep/sep05/news01.php.

⑤ "33-party alliance sees no meaning in further talks with major parties", http://www.nepalnews.com/archive/2013/sep/sep18/news01.php.

6.2 万名军人开始部署于 240 个选区，以应对恐怖活动、敌对势力和反对政治派别对大选的干扰和破坏。从 11 月 18 日起到 20 日大选结束，尼泊尔政府还封闭了和中印两国的边境口岸。

（二）新一届制宪会议选举产生

2013 年 11 月 19 日，尼泊尔第二届制宪会议选举如期进行，该次选举共改选 601 个席位，575 个席位由选举产生，其中 240 席按简单多数制选出，335 席按比例制选出，其余 26 席由内阁会议提名后任命。尼泊尔第二届制宪会议选举投票结果显示，在 240 个直选席位中尼联共（毛）只获得 26 席，尼泊尔历史最长的政党尼泊尔大会党赢得了 105 席，尼共（联合马列）位列第二，赢得了 91 席。按比例制选出的不分区席位中，尼泊尔大会党获得了 91 席，尼共（联合马列）获得 84 席，尼联共（毛）获得 54 席。在选举产生的所有选票中，尼泊尔大会党以 196 席位居第一，尼共（联合马列）与尼联共（毛）分别以 175 席和 80 席居于第二、第三位。

本次选举是尼泊尔结束内战以来的第二次议会选举，与 2008 年首次制宪大选相比，此次选举最引人注目的变化是该国政党在制宪会议中的排位发生重大变化。原尼泊尔第一大党尼联共（毛）以不小的差距落至第三位，而尼联共（毛）在 5 年前则获得 220 席。获得 196 席的尼泊尔大会党 5 年前在首届制宪会议选举中赢得第二位，当时获得 110 席。获得 170 席的尼共（联合马列）5 年前获得 103 席。

根据尼泊尔临时宪法，制宪会议第一次会议必须在选举结果公布后 21 天内进行。但由于尼联共（毛）宣布抵制计票结果，称选举存在舞弊和阴谋，并拒绝提交不分区选举席位名单，尼联共（毛）还与其他一些政党结成 18 党联盟，要求当局成立高级别的调查小组，对选举过程进行独立调查。该联盟称，如果这一要求得不到满足，将拒绝加入新一届制宪会议；而其他党派也因内部矛盾而无法及时递交本党按比例制选出的议员名单，尼泊尔选举委员会在 20 天内被迫三次推迟公布选举结果。由于尼泊尔政治缺乏有效的争端解决机制，加之国内各政治派别存在较大分歧，在一些问题上矛盾非常突出，因此即使新一届制宪会议顺利完成，新政府的组建以及未来的制宪进程仍然不会一帆风顺。尼联共（毛）虽然在此次大选中失利，但仍然在尼泊尔政坛上占有重要位置。普拉昌达领导的尼联共（毛）虽未加入新政府，但由于制宪会议制定宪法需要 2/3 以上的议员通过，因此该党今后的政治立场将直接影响到新宪法的制定，如果没有尼联共（毛）的参与，宪法的通过将非常艰难。12 月 18 日，尼联共（毛）的一位高级领导人表示，在经历了最近选举的可耻失败之后，他们的政党无意继续留在即将组成的新政府中，其将通过继续充当反对党，在宪法起草中发挥建设性的作用。[①] 12 月 24 日，大会党、尼共（联合马列）和尼联共（毛）三大政党达成四点协议：通过由制宪会议组成的委员会来调查选举舞弊事件；继续发挥高级政治委员会的作用；承诺一年内制定新宪法；成立真相与调停委员会。[②] 随后，包括三大党在内的 8 个政党签署了四点协议，这为制宪会议的最终组建以及新制宪会议第一次会议的顺利召开铺平了道路。

普拉昌达领导的尼联共（毛）在此次大选中遭遇重创，尼泊尔各党派在国内政治中的地位发生重大变化，其原因是多方面的。

一是尼泊尔国内政局持续动荡，社会治安恶化，经济停滞、物价飞涨，民众对政府的不满导致对前期主要执政党尼联共（毛）在选举中影响较大。从 2008 年尼泊尔废除了君主制到其成为民主共和国以前，尼泊尔经历了多次选举，但各当政党的表现并不令人满意。2008 年的第一次制宪会议选举，尼泊尔人民选择了尼联共（毛）作为一次新的尝试，但政治乱象持续，社会治安甚至比国王时代更加恶化。在经济上，国民生产总值年增长率不超过 3%，人民生活水平没有得到明显改善。因此，选民用手中的选票表达了对政府工作的严重不满，而在过去 5 年中尼联共（毛）作为全国最大的政党先后两次执掌政府，选民也许认为主要的责任理应由最大的政党和这 5 年中执政时间最长的政党来承担。正如《加德满都邮报》总编乌帕得亚所说，选民在投票站发出了有力的讯息。他说："选民在投票站对毛派分子的反弹非常有力，不仅是因为他们没有能力出台对和平进程最

① "UCPN（M）will play a constructive role in constitution drafting process by staying in the opposition"，http：//www.nepalnews.com/index.php/news/28463-UCPN-（M）-will-play-a-constructive-role-in-constitution-drafting-process-by-staying-in-the-oppositio.

② "Four-point agreement between top three parties"，http：//www.nepalnews.com/index.php/news/28687-Four-point-agreement-between-top-three-parties.

为重要的宪法。选民们对政党的失败发泄自己的不满，看来，由于他们是2008年选举后的最大政党，所以首当其冲。”[①]

二是尼联共（毛）政党声誉受损，影响下降。尼联共（毛）在内战时期甚至在放下武器、回归主流政治以后，为壮大势力、扩大影响，将一些社会上的流氓、混混吸收到其青年组织中，这些人到处敲诈勒索，偷盗甚至强抢村民财物，给政党形象抹黑。另外，尼联共（毛）执政时期，政府官员的腐败也影响到了政党的声誉。在老百姓看来，尼联共（毛）已不是当年高举解放穷人旗帜的革命政党，一些领导人的贪腐引起民众反感。其他政党还批评尼联共（毛）从政府赔偿前反政府武装官兵的数十亿尼泊尔卢比中获取大量好处。[②]

三是尼联共（毛）的分裂导致其政治力量分化。由于在基本路线、军队整编以及对印度的态度等重要问题上存在矛盾和分歧，尼联共（毛）内部长期存在改良派与革命派的斗争。2012年6月，尼联共（毛）中央第一副主席莫汉·拜迪亚（又名基然）领导下的强硬派（莫汉·拜迪亚派）宣布成立尼泊尔共产党（毛主义），尼联共（毛）最终走向分裂。分裂出来的尼共（毛）带走了母党45名中央委员，而被认为是毛派支柱和根基的26个工农学知妇团体中亦有19个加入新党，尼联共（毛）至少损失总体力量的1/3。由于尼共（毛）在基层民众中有很大影响，随着尼共（毛）联合其他边缘政党抵制本次大选，多次举行游行、罢工和关闭行动，尤其是在一些农村地区派人宣传抵制选举，有时甚至采用暴力活动干扰和阻止大选。尼共（毛）的分裂、抵制和宣传减少了尼联共（毛）的大量选民，不可避免地导致尼联共（毛）政治力量弱化，在新一届的制宪会议选举中也因此受到重大影响，这成为后者失利的重要因素。

四是政党转型失败，导致下层人民的支持减少。2013年2月，尼联共（毛）召开“七大”，并通过普拉昌达的政治报告。报告完成了该党从极左意识形态到中间政党的急转弯，不仅武装斗争等激进路线不复存在，而且连原先的反印爱国等主张也不见踪影。在阶级立场上，尼联共（毛）放弃

---

① “Once Dominant Maoists Routed in Nepal Election”，http：//www.voanews.com.

② 张松、吕鹏飞：“尼泊尔‘民主化’5年不见起色”，环球网，http：//world.huanqiu.com/depth_report/2013-11/4600027.html。

了对下层阶级的信任，反而开始依赖上层或者反动阶级。在意识形态上，党的领导层开始转向折中主义和无政府主义。在政治上，从中间派倒向改良派和民族投降主义。[①] 尼泊尔的一些学者甚至认为现在的尼联共（毛）比普遍认为已成“社会民主党”的尼共（联合马列）更“右倾”。普拉昌达的政治意图十分明显，就是完成路线转型，争取尼泊尔中产阶级以及国际社会尤其是印美的支持。[②] 但尼联共（毛）没有料到，这一转型不仅使他们失去部分穷人的支持，更没有换来中产阶级的支持。

五是尼联共（毛）在联邦制问题上的立场也是大选失利的原因之一。近年来，该党提出主要以民族和语言一致性为基础实行联邦制，这引起了尼国内很多民众的非议和不满。不少尼泊尔学者也认为，以民族为基础划分国家很可能使尼泊尔未来陷入民族对立和争斗之中，再次导致国家的动荡，甚至引起国家的分裂。此外，外部势力也可能利用民族议题为借口介入和操纵尼泊尔内政。

此次选举另一个值得关注的现象是国内外给予了更多的关注。在国际上，89岁的美国前总统吉米·卡特亲赴加德满都与各方势力领导人进行会晤，并现场观察、监督大选投票。印度尤其重视尼泊尔的这次大选，2013年7月，印度外交部部长萨尔曼·库尔希德对尼泊尔进行了为期一天的访问。印方宣布，将捐赠764辆汽车用于支持尼泊尔制宪会议选举。此次捐赠的汽车价值5亿印度卢比（约合818万美元），其中48辆供尼泊尔临时选举委员会使用，其余716辆供尼泊尔警察和军警使用。[③] 大选之前，印度最主要的情报机构——印度调查分析局一名官员彼德·哈纳曼访问加德满都，并与尼泊尔不同阶层领导人进行会晤。而印度调查分析局负责人阿洛克·乔希则常年在加德满都的雷德森酒店办公，从2013年12月5日来尼后就一直忙于会见亲印度的尼政党代表。[④] 从国内来说，尼泊尔民众参

---

① 王静：“继续议会斗争，还是人民起义？——尼联共（毛）面临关键抉择”，《国外理论动态》2012年第2期。

② 张松、吕鹏飞：“尼泊尔‘民主化’5年不见起色”，环球网，http：//world. huanqiu. com/depth _ report/2013-11/4600027. html。

③ “印度赠764辆汽车支持尼泊尔制宪大选”，中国新闻网，http：//www. chinanews. com/gj/2013/07-09/5022303. shtml。

④ “尼媒：中印争夺尼泊尔 印度已处于领先优势”，http：//www. guancha. cn/Neighbors/2013 _ 12 _ 10 _ 191621. shtml。

与投票的热情很高，据尼当地媒体报道，有超过 70%的民众不惧危险出门投票，创下历次选举投票率之最。尼民众虽然对政府不满，对政党十分失望，但他们仍然对尼泊尔未来的政治变革充满了期待。大家都不希望国家在没有宪法、没有稳定政府的绝望中生活，他们认为投票是给政党最后一次机会，也给国家一个前进的机会。[①] 很多民众在经历长期的动荡之后，都希望尼泊尔能组建一个权威性的政府，保持政局的稳定，带领尼泊尔走出低迷和困境。国内选民的积极投票，国际和地方观察员、尼泊尔民间监督团对选举活动的监督和参与，都保证了选举更加公正、合法。

二、农业再次获得丰收，总体经济形势有所改观

2012—2013 财年尼泊尔国内生产总值为 192.9 亿美元，人均国内生产总值为 717 美元，国内生产总值增长率从 2011—2012 财年的 4.6%下降到 3.7%。世界银行 2014 年 6 月发布的《全球经济展望》报告预测，2013—2014 财年度尼泊尔经济增速将达到 4.4%，但之后两年的增速将下降至 4.3%。[②] 而尼泊尔政府则预计 2013—2014 财年经济增速将达到 5.5%。

农业是尼泊尔的经济命脉，在尼经济中发挥了非常重要的作用。农业对尼泊尔国内产生总值的贡献超过 1/3，尼想要实现 2022 年迈入发展中国家行列的目标，很大程度上取决于吸纳了全国 66%以上就业人口的农业部门的发展水平。2012—2013 财年，尼泊尔农业增长率仅为 1.3%，这远低于上一财年的 5.0%，也大大低于过去 10 年 3.3%的农业平均增长率，[③] 这主要是因为天气原因导致农业增长放缓。而 2013—2014 财年尼泊尔粮食增产 9.4%，谷物产量提高到 956 万吨，增产 82.4 万吨，但目前政府对农

① 张松、吕鹏飞："尼泊尔'民主化'5 年不见起色"，环球网，http：//world. huanqiu. com/depth _ report/2013-11/4600027. html。

② "世行预测尼泊尔本年度经济增速将达到 4.4%"，中国驻尼泊尔大使馆经商处网站，http：//np. mofcom. gov. cn/article/jmxw/201406/20140600626155. shtml。

③ 《Economic Survey》（Fiscal Year 2012/13），Government of Nepal Ministry of Finance.

业的财政预算仅占到全部预算的4.8%，而农业尚未成为政府优先发展的领域，这将对尼泊尔实现成为发展中国家的目标构成挑战。[①] 虽然粮食产量有了较大幅度的增长，但由于国内产量无法满足市场需求，2012—2013财年仅前10个月，尼泊尔谷物进口额就增加至211.2亿卢比，而前两个财年的全年谷物进口额分别为209.2亿卢比和134.1亿卢比。谷物进口量的大幅增长表明，尼泊尔正在从粮食出口国转为粮食进口国。[②] 为了解决这些问题，尼泊尔农业部下设的技术委员会正在制定尼泊尔"农业发展战略"，该战略将成为未来20年尼泊尔农业发展的蓝图。该战略计划将尼泊尔农产业的年增长率从现在的3%提高到5%，土地生产率从现在的每公顷1600美元提高到5000美元，劳动生产率从现在的每人800美元提高到2000美元。[③]

尼泊尔工业基础薄弱，规模较小，发展也较为缓慢，在经济中所占的比重最低，但是通过工业政策的制定和工业项目的实施可以改善尼泊尔的投资环境，吸引更多国内外的投资，提高工业产量和生产率，增加更多的就业机会，提高企业出口能力，减少贸易逆差。为了增加投资，尼泊尔成立了一个总理领导下的投资委员会，2012—2013年度也被宣布为尼泊尔"投资年"。虽然政府采用了众多办法和措施来促进工业增长，但由于政局不稳定、能源危机以及其他问题，尼泊尔工业增长明显放缓。2012—2013财年，工业增长仅为1.5%，只有上一财年增长率的一半，而过去10年的工业平均增长率也有2.7%。[④]

服务业在尼泊尔经济中占有最大的份额，居于最重要的地位。2012—2013财年，服务业增长为6%，高于上一财年增长率的4.5%，也高于过去10年的服务业平均增长率的5.3%。[⑤] 而尼泊尔财政部发布的2013—2014财年预算中期回顾报告显示，本财年前6个月尼泊尔服务业表现良

---

① "尼泊尔想要迈入发展中国家行列，必须优先发展农业"，中国驻尼泊尔大使馆经商处网站，http://np.mofcom.gov.cn/article/jmxw/201405/20140500581811.shtml。

② "尼泊尔正由粮食出口国转向粮食进口国"，中国驻尼泊尔大使馆经商处网站，http://np.mofcom.gov.cn/article/jmxw/201406/20140600635321.shtml。

③ "尼泊尔'农业发展战略'将禁止外国资本进入初级农业生产领域"，中国驻尼泊尔大使馆经商处网站，http://np.mofcom.gov.cn/article/jmxw/201404/20140400553617.shtml。

④ 《Econonomic Survey》(Fiscal Year 2012/13)，Government of Nepal.

⑤ Ibid.

好，全年增长率有望达到 6%。[①] 作为尼泊尔重要支柱产业的旅游业在 2013 年度有了较大的发展，当年创造直接就业岗位 50.4 万个，占尼泊尔全国就业岗位总数的 3.4%，2014 年预计将占到 6.4%。2013 年尼泊尔共吸引游客 79.6 万人次，创造旅游收入 4.2 亿美元，2014 年预计吸引游客数将达到 86.1 万人次，旅游收入将增长 11.9%。2013 年旅游业总体对尼泊尔国内生产总值的贡献达 16 亿美元，占 GDP 的 8.2%，其中旅游业直接贡献达 7 亿美元，占 GDP 的 3.9%。[②]

在引进外资方面，据 2013 年联合国贸发会议全球投资报告统计，2012 年度尼泊尔吸收外商直接投资下降为 9200 万美元，而 2011 年为 9500 万美元，下降了 3.16%。2012 年，尼泊尔位列外商直接投资吸收国排名的倒数第二位，远远落后于其他南亚国家。尽管实际吸收外资有所下降，但外商投资意愿正在增强。2013—2014 财年前 7 个月（2013 年 7 月—2014 年 1 月），尼泊尔吸引外资 164 亿卢比。随着水电行业成为吸引投资的大热门，整个能源领域已成为外资投入的最大领域。本财年前 7 个月，尼能源行业共吸引外资 109.4 亿卢比，占尼吸引外资总量的 66.7%。而截至 2014 年 1 月，尼泊尔累计吸引外国直接投资（FDI）达到 1131.8 亿卢比。[③]

在对外贸易方面，2013—2014 财年前 9 个月，尼泊尔对外贸易总额实现 5923.9 亿卢比，同比增长 19.1%。其中，出口额实现 682 亿卢比，同比增长 19.9%；进口额达到 5241.9 亿卢比，同比增长 19%。尽管地毯、服装等传统外销产品的出口有所增长，但总的贸易逆差仍然扩大了 18.8%，达到 4559.9 亿卢比。[④] 据尼泊尔央行统计，2013—2014 财年前 10 个月，尼泊尔贸易逆差达到 5058.1 亿卢比。过去 5 个财年，尼泊尔贸易逆差呈现逐年增长趋势，这主要是尼泊尔产业竞争力严重不足以及投资疲软等因素造成的。为了促进出口、减少贸易逆差，尼泊尔政府在 2013—

① “尼泊尔政府预计本财年经济增速将达到 5.5%”，中国驻尼泊尔大使馆经商处网站，http：//np. mofcom. gov. cn/article/jmxw/201403/20140300508441. shtml。

② “2013 年尼泊尔旅游业为尼创造 50 万就业岗位”，中国驻尼泊尔大使馆经商处网站，http：//np. mofcom. gov. cn/article/jmxw/201403/20140300529686. shtml。

③ “尼泊尔累计吸引外国直接投资达到 1131.8 亿卢比”，中国驻尼泊尔大使馆经商处网站，http：//np. mofcom. gov. cn/article/jmxw/201402/20140200492294. shtml。

④ “本财年前九月尼泊尔贸易额增长 19%”，中国驻尼泊尔大使馆经商处网站，http：//np. mofcom. gov. cn/article/jmxw/201405/20140500588847. shtml。

2014 财年制定了 1000 亿卢比出口额的目标，但由于政府促进贸易出口政策的缺陷，这一目标看来似乎难以实现。

2013—2014 财年，因为印度卢比贬值，尼通货膨胀率在 2013 年底曾一度超过 10%，但在 2014 年 3 月又降低到了 8.9%。尼泊尔政府预计本财年通货膨胀率可控制在 8.5%，但亚洲开发银行认为迫于工资压力、燃油价格上涨、低利率及弱势卢比等因素，尼泊尔本财年通货膨胀率将依旧高达 10%。①

三、2013 年度尼泊尔对外关系的发展

尼泊尔外交政策的基本目标依然是维护国家的主权、统一和独立，增进国家在国际舞台上的地位和尊严。② 为了达到这一目标，尼泊尔将继续以联合国宪章、和平共处五项原则、不结盟原则、国际法和普遍遵守的国际准则为指导，在平等、合作的基础上谋求发展与邻国特别是中国和印度的友好关系，并将与中国和印度的关系作为自己最重要的双边关系，在与两国都建立密切关系的基础上奉行中立外交和平衡政策，同时进一步发展同其他友好国家的关系，拓展国际空间。尼泊尔是不结盟运动和联合国活跃的会员国家，在南亚区域合作联盟内尼泊尔为该地区的合作与发展发挥了积极的作用，尼泊尔政府不允许任何势力利用尼泊尔领土从事反对邻国和友好国家的活动。

（一）与中国关系的发展

尼泊尔非常重视发展同中国的睦邻友好关系。在加德满都举行的尼中建交 58 周年的庆祝活动上，尼泊尔许多政党领导人以及专家学者纷纷高度

---

① “亚洲开发银行认为尼泊尔本财年经济增速仅能达到 4.5%”，中国驻尼泊尔大使馆经商处网站，http：//np. mofcom. gov. cn/article/jmxw/201403/20140300513470. shtml。

② Nepal's Foreign Policy，Nepal's Foreign Policy Ministry of Foreign Affairs.

赞扬尼中关系发展所取得的成就，重申支持一个中国政策，西藏和台湾是中国不可分割的一部分，并且绝不允许尼泊尔的领土为反华活动所利用。前总理、尼联共（毛）领导人巴特拉伊还说，尼泊尔是中国与南亚之间的一座充满活力的桥梁。[①] 尼中关系已经成为了一种全方位的关系，体现在政治、军事、经济和文化等多个方面。在政治上，两国多位高层领导实现了互访。2013 年 4 月 14 日，应中国邀请，尼泊尔前总理尼、联共（毛）主席普拉昌达对中国进行了长达一周的访问。18 日，习近平主席会见了普拉昌达，双方围绕四个问题展开了会谈：尼泊尔经济发展、双边关系、两党关系以及西藏问题。双方表达了对双边关系的重视，以及希望进一步提升中尼关系的愿望。[②] 6 月 4 日，尼泊尔副总统帕拉马南达·杰哈对中国进行为期 5 天的访问，并参加在中国昆明举办的首届中国—南亚博览会。6 月 24 日，国务委员杨洁篪抵达尼泊尔首都加德满都，进行为期两天的访问。杨洁篪同尼泊尔官员讨论了当前尼泊尔的政治形势、投资项目以及中国担心的安全问题。

在军事交流领域，应中国军方邀请，尼泊尔陆军总参谋长拉纳上将于 6 月 13—20 日对中国进行了为期 8 天的访问。7 月 19—25 日，拉纳上将再次率团访问中国，与中国军方高级官员举行会谈，同时中国向尼泊尔提供两所流动医院，以应对自然灾害。7 月 22 日，尼泊尔军方访问团与中方签署协议，中方提供价值 16 亿卢比（约合 1.09 亿人民币）的非武器军事援助。[③]

在经济领域，近年来，尼中贸易快速增长，2013 年双边贸易总额突破 20 亿美元，中国已经成为尼泊尔第二大贸易伙伴。但是，贸易不平衡是困扰尼中贸易的一个重要问题。2013—2014 财年前 10 个月，尼泊尔对中国的贸易逆差达 635 亿卢比，其中中国向尼泊尔出口货物贸易总额达 658 亿卢比，尼泊尔向中国出口货物贸易总额仅有 23 亿卢比。尼泊尔与中国的进

---

① "Nepal is a 'vibrant bridge' between China and South Asia: Bhattarai", http://www.nepalnews.com/archive/2013/aug/aug02/news02.php.

② "UCPN (Maoist) chief Dahal meets Chinese President", http://www.nepalnews.com/archive/2013/apr/apr18/news23.php.

③ "China provides non-lethal military assistance worth Rs 1.6 b", http://www.nepalnews.com/archive/2013/jul/jul22/news19.php.

出口交易主要集中在中国西藏地区，中国向尼泊尔出口贸易总额仅次于印度向尼泊尔出口贸易总额。[①] 2012—2013 财年，中国对尼承诺投资额为 56.9 亿卢比（约合 6470 万美元），其中 26.2 亿卢比（约合 2980 万美元）来自大陆地区，30.7 亿卢比（约 3 合 490 万美元）来自香港地区，首次超过印度成为尼泊尔年度最大承诺外资来源国；而印度上财年对尼承诺投资额为 25 亿卢比，增长 9%。[②] 2013—2014 财年前 6 个月（2013 年 7—12 月）中国对尼直接投资达 174.1 亿卢比，同期尼泊尔吸引外资的总量为 269.8 亿卢比，中国占到总量的 65%。与上年同期相比，尼泊尔吸引外资大幅增长，涨幅高达 177.85%，这主要得益于中国企业对尼水电行业投资的迅猛增长。前 6 个月，中国对尼水电行业投资达 162.1 亿卢比。[③]

在旅游合作方面，尼中双方都日益认识到旅游业不仅是尼泊尔的支柱产业，也是尼中双边关系的桥梁和支柱，双方应该采取更多有力的措施促进双方的合作。4 月 3 日，尼泊尔旅游与民航部长在接受中国新华社采访时表示，中国已经稳居尼泊尔旅游业的第二大市场，尼泊尔今后将会把更多的注意力放在吸引中国游客身上。

此外，尼中之间还展开了富有意义的文化交流。尼泊尔参加了首届中国—南亚博览会，以及 10 月 17—21 日在中国杭州举行的传统工艺展，尼泊尔民族特色建筑参加了在中国青岛举行的国际园艺展等。

（二）与印度关系的发展

2013 年尼泊尔与印度进一步加强交流与沟通，在相互理解、信任的前提下，促进在各领域、多层次和全方位的合作。4 月 27 日，尼联共（毛）主席普拉昌达访问印度，同印度高级官员举行会谈。7 月 9 日，印度外交部长萨尔曼·库尔希德对尼泊尔进行为期一天的访问，旨在进一步加强印

① “本财年前十月尼泊尔对中国贸易逆差达 635 亿卢比”，国际在线，http：//gb.cri.cn/42071/2014/06/20/5931s4583807.htm。

② “中国跃居上财年尼泊尔最大外资来源国”，商务部网站，http：//www.mofcom.gov.cn/article/i/jyjl/j/201308/20130800268897.shtml。

③ “本财年前 6 个月中国对尼泊尔直接投资占其吸引外资总量的 65%”，中国驻尼泊尔大使馆经商处网站，http：//np.mofcom.gov.cn/article/jmxw/201401/20140100469512.shtml。

度与其北方邻国尼泊尔的关系。对于尼泊尔即将举行的大选，库尔希德指出这是巩固民主的一个重要步骤，自由和公平的选举将会推进尼泊尔的民主建设与社会繁荣。为了支持尼泊尔制宪会议选举，印方当天宣布捐赠 764 辆汽车，价值 5 亿印度卢比（约合 818 万美元）。尼泊尔总统亚达夫、临时政府总理雷格米当天分别会见了库尔希德。印度外长称，无论尼泊尔将采取何种政治体制、制定何种宪法，印方都支持尼泊尔人民的选择。[①]

经济方面，印度仍然是尼泊尔最大的贸易伙伴和重要援助国。2012—2013 财年，尼泊尔对印度的出口占尼泊尔总出口额的 65.2%，对其他国家的出口则仅占 34.8%；尼泊尔从印度的进口占尼泊尔总进口额的 65.9%，对其他国家的进口则仅占到 34.1%；尼泊尔与印度的贸易额占尼泊尔总贸易额的 65.8%，与其他国家的贸易额则仅占 34.2%。[②] 8 月 26 日，为了发展水电项目解决电力危机，尼泊尔总统拉姆·亚达夫倡议“尼泊尔、印度和中国需要在水电产业领域共同努力，带动整个地区的繁荣”。他指出，尼泊尔需要重点发展水电产业以摆脱对矿石燃料的依赖并满足能源需求。对此，印度表示已经准备好提供各种方式的援助，以帮助尼泊尔发展水电产业。[③] 另外，为了缩短货物在尼泊尔与印度加尔各答港之间的转运时间，尼泊尔政府已开始采取包括与印度签署货物转运协议、实现自动化通关申报联网等多项措施，如果尼政府能与印度签署货物转运协议，尼泊尔自印度以外国家进口的货物将可以直接抵达尼泊尔边境口岸办理通关，转运时间将大幅缩短，尼泊尔进口商的进口成本也将大幅降低。

（三）与国际多边组织以及美国、日本、德国、加拿大等国关系的发展

由于尼泊尔仍然属于世界上最不发达国家，所以世界银行等国际组织给予了尼泊尔在资金方面尽可能多的援助和支持。据尼泊尔财政部发布的

---

① “印度赠 764 辆汽车支持尼泊尔制宪大选”，中国新闻网，http：//www.chinanews.com/gj/2013/07-09/5022303.shtml。

② 《Economic Survey》（Fiscal Year 2012/13），Government of Nepal.

③ “尼泊尔望中印协助其发展水电项目解决电力危机”，环球网，http：//www.chinanews.com/gj/2013/08-27/5209622.shtml。

公告显示，世界银行连续多年成为尼泊尔最大的国际多边发展援助组织。2012—2013 财年，世行向尼提供的援助达 2.314 亿美元，占尼接受外援总额的 24%；排名 2—5 位的国际多边援助组织分别是亚行（1.0120 亿美元）、联合国（6866 万美元）、防治艾滋病—肺结核—疟疾全球基金（2824 万美元）以及欧盟（2807 万美元）。目前，世界银行正在实施的对尼援助项目共 20 个，总金额达 15 亿美元，主要援助领域包括能源、交通运输、城市建设、农业、教育和医疗卫生等。[①] 此外，亚洲开发银行将向尼泊尔政府提供一笔 2000 万美元的资金援助，用以帮助尼泊尔政府实现其 2012 年制定的职业教育及训练制度规划，提高国家职业教育学院的教学质量以及向失业和未充分就业的年轻人提供工作技能培训。[②] 9 月 19—21 日，南亚国家青年企业家大会在加德满都举行，旨在为青年企业家提供交流经验的平台以及增强他们之间的相互关系。[③]

美国在尼泊尔大选时表达了对尼泊尔民主、自由和繁荣的支持。11 月 16 日，时年 89 岁的美国前总统吉米·卡特访问尼泊尔，拜会了总统拉姆·亚达夫、临时政府总理雷格米等尼泊尔重要领导人。卡特强调举行选举及制定一部宪法的重要性，并认为尼泊尔各方应该互相理解、达成共识。日本为尼泊尔制宪会议选举提供 1.421 亿卢比的资金，主要用于选举相关物资的采购；提供 2500 万卢比的援助用于改善尼农民的生活水平，主要通过在一些山区发展环境友好型农业。[④] 4 月 29 日，为期两天的“尼泊尔国家日”在德国科隆开幕。这一活动由德尼友好协会举办，并以“尼泊尔改变　改变尼泊尔”为主题。5 月 7 日，尼泊尔与加拿大成立了商业执行委员会，致力于加强双边贸易和经济关系。

---

① “世界银行连续多年是尼泊尔最大的国际多边发展援助组织”，商务部网站，http：//www. mofcom. gov. cn/article/i/jyjl/j/201406/20140600621308. shtml。

② “亚洲开发银行向尼泊尔提供 2000 万美元援助”，商务部网站，http：//www. mofcom. gov. cn/article/i/jyjl/j/201306/20130600179704. shtml。

③ “South Asian-Youth Entrepreneurs Conference from Sept 19”，http：//www. nepalnews. com/archive/2013/sep/sep15/news16. php.

④ “Japanese assistance of Rs 25 m for improving livelihoods of farmers through environmentally harmonizing agriculture”，http：//www. nepalnews. com/archive/2013/aug/aug05/news15. php.

2013年阿富汗综述

曾祥裕*

进入2013年，阿富汗局势表现得较为平静：政局变化不大，经济继续发展，外军按计划逐步撤离。但就实质而言，阿局势的不确定性进一步凸显：大选前景不明，对塔利班等反政府武装的和谈与“招安”均无实效，外军特别是美军在2014年之后继续驻扎的前景迟迟难以明朗化，经济仍高度依赖外援和外国驻军消费，毒品问题再次呈周期性恶化。总体而言，阿富汗2013年局势尚属平稳，但仍远不足以应对2014年及其后的严峻考验，其未来走向不容过度乐观。

一、政局总体平稳，2014总统大选成政坛焦点

2013年阿富汗政局保持平稳，相对较大的波折有三次。一是人民院（议会下院）在1月14日要求国防、内政、工商、经济等11名部长就各部预算执行缓慢、经费使用不足50%一事到议会接受质询。当时仅7名部长到会，议会对此予以拒绝，坚持要求11名部长在议会3月复会后全部到会。[①] 二是

* 曾祥裕，教育部人文社会科学重点研究基地四川大学南亚研究所助理研究员。

① The Situation in Afghanistan and its Implications for International Peace and Security: Report of the Secretary-General, March 5, 2013, pp. 3—4, http://www.un.org/ga/search/view_doc.asp?symbol=S/2013/133&referer=http://unama.unmissions.org/Default.aspx?tabid=12263&Lang=E.

议会在7月以应对安全局势不力并纵容腐败为由罢免内政部长，[①] 卡尔扎伊被迫任命前驻巴基斯坦大使达乌德扎伊为代理内政部长。三是围绕《独立选举委员会和选举投诉委员会组织与授权法》和《选举法》而出现数轮纷争。早在2012年9月24日，人民院即通过了选举制度改革相关法案，但其部分内容为长老院（议会上院）所否决。[②] 2013年4月14日，议会两院联合委员会终于解决分歧，通过法案，但卡尔扎伊在4月30日和5月20日连续两次拒绝签署法案，按宪法程序将其退回议会重新审议。直到7月20日，新《选举法》才在议会两院通过之后最终得到总统批准。新法案体现了各派政治势力的妥协：规定以常设的选举投诉委员会来处理选举争议（该委员会本为选举前后设立的临时机构，大选后一定时间即解散），删除了原来设想的以法院取代选举投诉委员会来处理选举争议的条文，同时也删除了长老院和卡尔扎伊均反对的该委员会5名委员应包括2名外籍委员的规定。[③]

随着大选日益临近，总统职位的角逐者迅速明朗化。阿现行宪法规定总统连续任职不超过两届，故已任总统两届的哈米德·卡尔扎伊不能在2014年角逐总统职位，不过阿国内某些政治势力并不希望遵守这套规则。六七月份，阿南部重镇坎大哈省和西部的赫拉特省陆续出现若干政治集会，要求或者推迟大选，或者特许卡尔扎伊再次参选。[④] 集会者认定唯有卡尔扎伊才能维护国内安全，引起国内外各界严重疑虑，怀疑其为卡尔扎伊阵营放出的试探气球。上述要求受到在野势力激烈反对，卡尔扎伊最后也出面表态，重申会遵守宪法，不会再次出马竞选，算是平息了一场风波。

---

① “阿富汗动态”（2013年7月），中国驻阿富汗大使馆网站，http：//af.china-embassy.org/chn/afhdt/P020130805682589013093.doc。

② The Situation in Afghanistan and its Implications for International Peace and Security：Report of the Secretary-General，December 13，2012，p.2，http：//unama.unmissions.org/LinkClick.aspx？fileticket=AtmMyLd _ _ Io%3d&tabid=12263&language=en-US.

③ The Situation in Afghanistan and its Implications for International Peace and Security：Report of the Secretary-General，September 6，2013，p.3，http：//unama.unmissions.org/LinkClick.aspx？fileticket=ki90zfhHebw%3d&tabid=12254&language=en-US.

④ “阿富汗动态”（2013年6月）、“阿富汗动态”（2013年7月），中国驻阿富汗大使馆网站，http：//af.china-embassy.org/chn/afhdt/。

独立选举委员会在10月公布并于11月最终确认了11人的总统候选人名单，具体包括2009年总统大选中卡尔扎伊的首要对手、现阿富汗民族联盟主席、前外长阿卜杜拉·阿卜杜拉（Abdullah Abdullah），前外长拉苏尔（Zalmai Rasoul，为参选刚刚辞职），哈米德·卡尔扎伊总统之兄加尧姆·卡尔扎伊（Qayum Karzai），伊斯兰联盟主席、前圣战者指挥官萨亚夫，前国防部长瓦尔达克，前内阁资政阿尔萨拉，前国家安全过渡委员会主席、前财长加尼，前楠格哈尔省长谢尔扎伊，伊斯兰党（古尔布丁派）领导人海拉尔，20世纪70年代的阿富汗总统达乌德之孙纳伊姆，前人民院议员苏尔坦佐伊。这份名单颇为令人眼花缭乱，但真正有影响力的候选人并不多，主要是在野阵营的民族联盟主席阿卜杜拉·阿卜杜拉、执政阵营的拉苏尔，以及与当局关系较密切的加尼三人。

第二次出马竞选总统的阿卜杜拉·阿卜杜拉政治根基颇为深厚，他在2001年之前即任“北方联盟”政府外交部长，卡尔扎伊政府上台后出任阿富汗外长至2006年。在2009年的第二届总统大选中，阿卜杜拉在选票极为分散（参选者多达40人）的情况下，仍然得票第二，与卡尔扎伊一起进入第二轮投票，实力颇为可观。此后，阿卜杜拉一直苦心经营阿富汗民族联盟，与各派势力搞好关系，此次参选即得到现第一副总统法西姆，高级和平委员会主席、前总统古尔布丁·拉巴尼之子萨拉胡丁·拉巴尼等重要政治人物的支持。此外，阿卜杜拉团队的民族构成也较为均衡：阿卜杜拉本人为普什图和塔吉克双重血统；与其搭档的第一副总统候选人系伊斯兰党（Hezb-e-Islami Afghansitan，HIA）领导人汗·穆罕默德（Khan Mohammad），普什图人；第二副总统候选人为老资格的统一党（Hezb-e-Wahdat）领导人穆哈其克（Mohammed Mohaqeq），哈扎拉族。① 在国内安全问题上，阿卜杜拉态度较强硬：强调和平虽然重要，但塔利班如不愿放弃暴力并参加和平进程，则应将其击败；② 又说虽然欢迎塔利班放下武

① Mohammad Asif Ahmadzai，“HIA deputy leader named as Dr. Abdullah 1st VP”，Pajhwok Afghan News，October 1，2013，http：//www. elections. pajhwok. com/en/2013/10/01/hia-deputy-leader-named-dr-abdullah-s-1st-vp.

② Saleha Sadat，“Abdullah On Prisoner Releases，Peace and Foreign Policy”，Tolonews，November 12，2013，http：//www. tolonews. com/en/afghanistan/12570-abdullah-on-prisoner-releases-peace-and-foreign-policy.

器参加大选，但可惜这一前景是不可能实现的。[①]

前外长拉苏尔与卡尔扎伊关系密切，实力较强，值得关注。拉苏尔的优势一是有较强劲的政治根基。拉苏尔 2001 年之前任阿富汗前国王查希尔的秘书处主任，回国后长期出任卡尔扎伊的国家安全顾问，属于其核心幕僚，2010 年出任外长要职，正式走上政坛前台。拉苏尔出身亲王室势力，与卡尔扎伊合作超过 12 年，与两派政治势力均关系密切，成为一大有利因素。二是有较大的知名度。拉苏尔早年在喀布尔受良好教育，后来在法国学医，此后长期在欧洲活动，通晓英、法、意等多国语言，长期在查希尔阵营和卡尔扎伊阵营经营对外事务，在国内外都有一定知名度。第三是参选团队民族构成较均衡。拉苏尔本人是普什图人，第一和第二副总统候选人分别为前第一副总统、“民族英雄”艾哈迈德·沙阿·马苏德之弟、塔吉克人艾哈迈德·齐亚·马苏德（Ahmad Zia Massoud），以及阿首位女省长、前妇女事务部长和文化与教育部长、哈扎拉族女政治家萨罗比（Habiba Sarobi）。[②] 这种组合明显是要争取妇女、哈扎拉人和塔吉克人选票：挑选妇女为竞选搭档一举颇为大胆，对女性选民颇有吸引力；而马苏德家族的光环在部族主义和家族政治盛行的阿富汗也颇有影响力。

但拉苏尔方面的不利因素也很多。首先是与卡尔扎伊的密切关系是把双刃剑，既能吸引卡尔扎伊支持者的选票，也会疏远反卡尔扎伊的选民。很多人一直严重怀疑掌权 12 年之久的卡尔扎伊是否乐意从政坛“裸退”，推测他会积极推出代理人参选，自己当“影子总统”，“退而不休”。在此背景下，拉苏尔如被外界视为卡尔扎伊的代理人而非有独立见解的政治家，其政治形象和选情必会受到严重拖累。卡尔扎伊反复表示对大选持中立立场，不偏向任何候选人，但拉苏尔有意参选一事却是卡尔扎伊在 9 月份会见俄总统普京时率先披露的（拉苏尔本人直到确认参选资格的最后一天才正式办理参选手续），此举明确无误地表明了两人的密切关系。其次是政见不够清晰。拉苏尔公开表达的政见并不清晰，只是强调要保障国家

---

① Hasan Khan，“Abdullah Abdullah calls on Taliban to shun violence”，Central Asia Online，April 12，2013，http：//centralasiaonline. com/en _ GB/articles/caii/features/pakistan/main/2013/04/12/feature-02.

② Nathan Hodge，“Afghan Candidate Seeks Backing of Women，Young”，Wall Street Journal，November 13，2013，http：//online. wsj. com/news/articles/SB10001424052702303914304579194930370017364.

的团结，要维护安全、发展经济，重申和谈的重要性等，但并未阐明具体怎么做，也未能推出与其他候选人有足够区别度的政策主张。[①] 这很大程度上也是由于拉苏尔其实很难与现政府相互切割。第三是拉苏尔长期负责外交事务，更多地属于专才而非通才，政治历练还很不够（这与同系外长出身的阿卜杜拉迥然不同），离成熟政治家的标准还有不少距离，而合格的外长未必能成为合格的总统。第四是年龄偏大。拉苏尔公开宣称自己的主要目标是争取青年选民和妇女选民，但其本人已年届 70，是所有参选者中年龄最大的，在年龄上确实优势不大。

前财长加尼为普什图人，在贝鲁特的美利坚大学读大学，在美国哥伦比亚大学获人类学博士学位，曾在世界银行工作，并在喀布尔大学和霍普金斯大学等任教。2001 年后任卡尔扎伊的经济顾问和财长，2004 年辞职后任喀布尔大学校长。2009 年曾出马竞选总统，虽排名第四，却仅得到不足 3%的选票。[②] 加尼的优势一是政治观点较明确。加尼明确表示，一旦当选，将包容竞选对手并组建联合内阁，且要保证内阁成员至少有 60%为 25—45 岁人士并重点关注青年的诉求，会继续积极推动与塔利班和解，还要严打腐败，改善治理；二是其第一副总统候选搭档为乌兹别克实权人物杜斯塔姆，影响很大；三是与卡尔扎伊当局虽关系密切，但辞去部长职务已数年，相对超脱，与现当局仍有一定距离；四是与国际社会特别是美国联系深厚，容易得到国际支持。然而，加尼的知识分子形象和国际背景也是有利有弊，虽有助于其赢得受西式教育的阶层特别是某些青年的欢迎，但其他阶层却未必能放心地把总统职位交给一名知识分子，而竞选对手也着力指出加尼过于国际化（海外生活 23 年），无法把握阿富汗国情。[③]

---

① 对拉苏尔的专访可见 Nathan Hodge, “Afghan Candidate Seeks Backing of Women, Young”, Wall Street Journal, November 13, 2013, http://online.wsj.com/news/articles/SB10001424052702303914304579194930370017364; “Q&A: Afghan Presidential Candidate Zalmai Rassoul”, Wall Street Journal, November 13, 2013, http://online.wsj.com/news/articles/SB10001424052702303914304579194983811629524。

② Ashraf Ghani Ahmadzai, Tolonews website, http://www.tolonews.com/elections2014/ashraf-ghani-ahmadzai.

③ Ali M Latifi, “Q & A: Afghan Candidate Ashraf Ghani Ahmadzi”, Al Jazeera website, October 6, 2013, http://www.aljazeera.com/indepth/features/qa-afghan-candidate-ashraf-ghani-ahmadzai-201310611725757232.html. 加尼颇为不满地表示，这完全是对手的宣传攻势，因为他 13 年来一直扎根阿富汗，最近几年更是走遍了全国的 34 个省，超过 140 次。

引起关注的还有加尧姆·卡尔扎伊。此人虽为现总统哈米德·卡尔扎伊之兄，但其政治根基并不深厚，名望不佳，且卡尔扎伊家族本已饱受诟病，恐难以成为大选中的“黑马”。为避免选票分散，以前总统穆贾迪迪为代表的政治人物已出马劝说希望不大的候选人主动退选，卡尔扎伊也公开表示理想的竞选格局应该是 2—4 位候选人，[①] 但迄今尚无人主动退出。看来 2014 年大选仍将出现选票分散的局面，第二轮投票在所难免，各政治势力和选票的排列组合要到第二轮投票才会最终明朗化。鉴于塔利班和伊斯兰党（希克马蒂亚尔派）这两大武装反对派均明确要求抵制 2014 年大选，甚至自 9 月起即开始出现一系列袭击选举机构和工作人员事件，[②] 而 2009 年的第二次大选的投票率和安全状况也远逊于 2004 年的首次大选，故 2014 年 4 月的第三次总统大选的投票率和安全状况必然会成为总结阿富汗政治发展的已有成效、观察局势未来发展趋势的重要指标。

2010 年轰动一时的喀布尔银行弊案在 2013 年 3 月审结。特别法庭判处 21 名被告 2—5 年不等的徒刑，其中喀布尔银行创始人和原行长均被判监禁 5 年，分别罚款 2.88 亿美元和 5.3 亿美元。喀布尔银行本为阿富汗最大的私营银行，储户达 200 万，但该行却长期秘密向利益关系人违规放贷，供其在海湾地区炒房渔利。[③] 该行 92%的放贷（8.61 亿美元，占阿当时国内生产总值的 5%）集中于 19 名个人或机构，包括卡尔扎伊总统之兄马哈茂德·卡尔扎伊（Mahmood Karzai）和副总统法西姆之弟哈辛·法西姆（Haseen Fahim）等政治家族。2008 年开始的金融危机令海湾房地产泡沫破裂，导致炒房者资金链断裂，无法及时还贷，最终拖垮了喀布尔银行。阿中央银行被迫动用 8.25 亿美元来援救喀布尔银行，助其渡过难关。[④] 此事在 2010 年引发严重危机，直接导致大批公务员和军警领不到工资，后更

---

① “阿富汗动态”（2013 年 8 月）、“阿富汗动态”（2013 年 10 月），中国驻阿富汗大使馆网站。

② The Situation in Afghanistan and its Implications for International Peace and Security：Report of the Secretary-General，December 6，2013，p. 3，http：//unama. unmissions. org/Portals/UNAMA/Documents/SC _ report _ 6 _ Dec _ 13. pdf.

③ Ben Farmer，“Kabul Bank gets Afghan bail-out”，The Telegraph，September，6，2010，http：//www. telegraph. co. uk/news/worldnews/asia/afghanistan/7984515/Kabul-Bank-gets-Afghan-bail-out. html.

④ Ibid.

发生阿中央银行行长以调查此案人身安全受到威胁为由而逃亡美国并宣布辞职的戏剧性事件。此案现在虽已审结，但大批贷款损失并未得到挽回，以马哈茂德·卡尔扎伊和哈辛·法西姆为代表的大批违规贷款人未受处罚，甚至根本就不是本案被告。[①] 这种不明不白、轻描淡写的结案方式显然难以取信于阿富汗民众和国际社会，对阿政治发展和社会稳定的长期影响颇为不利。

二、实现全面防务移交，外军继续驻扎前景不明，安全态势严峻，和谈“招安”均无实质进展

继法国、比利时等 2012 年从阿完全撤出作战部队之后，2013 年度又有澳大利亚完全撤出作战部队，德国开始撤军，英国从阿撤走驻军 0.38 万，剩余的 0.52 万人拟于 2014 底前全部撤离，只保留少量后勤和培训人员。美军在 2013 年度从阿富汗撤出 3 万多人，驻阿部队规模下降到 3.4 万。[②] 按计划，美方将在 2014 年 4 月大选后撤离其余作战部队。驻阿联军各国特别是美国均反复表示不会对阿富汗弃之不顾，撤离作战部队后仍将继续对阿提供各种安全支持，包括军费支持、军备援助、人员培训、作战顾问等，美、英、德等国还明确表示将在 2014 年之后继续在阿保留一定规模的非作战部队：德国愿继续派驻约 800 人，以支持北约在阿培训任务，援助当地军队；英国愿保留 3500 人以上的驻军，可能仍会驻扎在赫尔曼德省；意大利也表示愿在“后 2014 时代”继续为阿安全部队提供培训及咨

---

① “Kabul Bank fraud: Sherkhan Farnood and Khalilullah Ferozi jailed”, BBC website, March 5, 2013, http://www.bbc.co.uk/news/world-asia-21666689; Matthew Rosenberg, Azam Ahmed, “Afghan Court Convicts 21 in Kabul Bank Scandal”, New York Times, March 5, 2013, http://www.nytimes.com/2013/03/06/world/asia/afghanistan-convicts-21-in-kabul-bank-scandal.html? _r=0.

② “阿富汗动态”（2013 年 11 月），中国驻阿富汗大使馆网站，http://af.china-embassy.org/chn/afhdt/P020131203588646404069.doc。

询；土耳其也有意在 2014 年之后向阿派驻维和部队。[①] 然而，最关键的问题即美国在“后 2014 时代”的驻军规模和形式却一直众说纷纭，莫衷一是。披露的驻军信息少的有两三千人，多的有 3 万人，美参议院军事委员会主席则表示其规模或在 0.6 万到 1.2 万之间。[②] 美方公开表示只要求在喀布尔附近的巴格拉姆空军基地驻军，卡尔扎伊则披露美方实则要求在楠格哈尔、帕尔旺、巴尔赫、喀布尔、帕克蒂亚、坎大哈、赫尔曼德、赫拉特等省保留 9 个军事基地。[③] 出乎预料的是，美阿迟迟未能签署《双边安全协定》(BSA)，美国在阿继续驻军的问题也由此始终未能敲定。受此拖累，其他国家在阿继续驻军的问题同样悬而未决。尽管北约 28 国和其他 22 个在阿军事行动出兵国的国防部长 2013 年 2 月底即公开宣布将为阿安全力量正常运转提供资金保障，强调北约将继续通过培训、咨询与协助方式增强阿安全能力，阿方也明确表示希望北约领导的非作战部队 2014 年之后能继续在阿驻扎，但北约秘书长还是不得不明确警告阿方，如双方未能达成有关协议，北约将不会在阿从事训练、支持等任务。2013 年年底，北约秘书长、最高军事指挥官、德国防长、美国防长轮番出场，敦促阿富汗尽快与北约签署安全与防务合作协定（SDCA)。[④]

尽管如此，阿境内仍从 6 月 18 日起启动第五阶段安全移交，涉及 95 个县。移交完成后，北约联军将转而执行支持培训任务，阿全境安防责任将由阿富汗国家安全力量承担。[⑤] 到 2013 年 10 月 31 日，阿富汗国民军员额达到 18.53 万人（建设目标为 18.7 万)，另有空军 0.87 万（计划到

---

① “阿富汗动态”（2013 年 4 月）、“阿富汗动态”（2013 年 5 月）、“阿富汗动态”（2013 年 7 月），中国驻阿富汗大使馆网站，http：//af. china-embassy. org/chn/afhdt/。

② “拜登力主大幅削减驻阿富汗美军 保留两三千兵力”，人民网，2014 年 1 月 17 日，http：//world. people. com. cn/n/2014/0117/c1002-24153530. html；“美军提出去留方案　逼阿总统卡尔扎伊决择”，人民网，2014 年 1 月 23 日，http：//world. people. com. cn/n/2014/0123/c1002-24203604. html；“阿富汗动态”（2013 年 5 月），中国驻阿富汗大使馆网站，http：//af. china-embassy. org/chn/afhdt/P020130713494042753897. doc。

③ “阿富汗动态” （2013 年 5 月），中国驻阿富汗大使馆网站，http：//af. china-embassy. org/chn/afhdt/P020130713494042753897. doc。

④ “阿富汗动态”（2013 年 2 月）、“阿富汗动态”（2013 年 3 月）、“阿富汗动态”（2013 年 4 月）、“阿富汗动态”（2013 年 12 月），中国驻阿富汗大使馆网站，http：//af. china-embassy. org/chn/afhdt/。

⑤ “阿富汗动态” （2013 年 6 月），中国驻阿富汗大使馆网站，http：//af. china-embassy. org/chn/afhdt/P020130714492044784213. doc。

2016 年底达到 0.8 万人)。到 11 月 18 日，阿国民警察达到了 14.166 万人，另有中央监狱部警卫队 0.49 万人；同期阿地方警察部队员额则达 2.45 万，分布于 29 省的 122 个县，仅尼姆鲁兹、潘杰希尔、萨曼甘、和努里斯坦 4 省尚未建立地方警察部队。① 阿富汗安全部队在本年度承担作战任务的比重大大增加，导致了颇为惨重的伤亡。国民军伤亡人数较 2012 年同期上升了 14%，警察伤亡数则上升了 15%。② 具体而言，2013 年 4 月至 10 月底的半年间国民警察部队有 1273 名丧生，地方警察部队则有 779 人丧生；8 月中至 11 月中这 3 个月间的袭击行动有 74%均针对阿安全部队（同期针对国际安全援助部队的袭击只占 2%)。③

在美军加速撤军的情况下，塔利班似已变得更为大胆，其表征之一是将 2013 年的年度性“春季攻势”以伊斯兰教兴起初期的穆斯林名将、号称“安拉之剑”的哈立德·本·瓦利德的名字命名。2013 年度的安全形势确实颇为严峻。初步统计显示，2013 年前 10 个月的安全事件比 2012 年同期上升了 13.2%，8 月中至 11 月中的 3 个月发生安全事件 5284 起，比上年同期上升 13.9%。自杀式爆炸袭击和路边炸弹仍然是反政府武装的主要袭击手段。2013 年前 10 个月共发生自杀式爆炸袭击 89 起（其中 45 起集中在坎大哈、赫尔曼德、巴克蒂卡和喀布尔南方 4 省)，与 2012 年同期水平持平。2013 年前 10 个月的平民伤亡达 7394 人，其中 2568 人丧生，4826 人受伤，比 2012 年同期增加 13%。特别不幸的是，反政府武装和政府武装之间的交火事件在前 10 个月直接造成 456 名平民死亡，1454 人受伤，同期上升 36%。④

2013 年发生多起严重袭击事件。1 月 16 日，阿富汗国家安全总局大楼继 2012 年末的严重袭击事件之后再遭塔利班自杀式爆炸袭击，平民伤亡达

---

① The Situation in Afghanistan and its Implications for International Peace and Security: Report of the Secretary-General, December 6, 2013, p. 5, http: //unama. unmissions. org/Portals/UNAMA/Documents/SC _ report _ 6 _ Dec _ 13. pdf.

② “阿富汗动态”（2013 年 11 月)，中国驻阿富汗大使馆网站，http: //af. china-embassy. org/chn/afhdt/P020131203588646404069. doc。

③ The Situation in Afghanistan and its Implications for International Peace and Security: Report of the Secretary-General, December 6, 2013, pp. 5—6, http: //unama. unmissions. org/Portals/UNAMA/Documents/SC _ report _ 6 _ Dec _ 13. pdf.

④ Ibid., pp. 5, 7, 8.

30人。21日，喀布尔市内靠近国家安全总局、美国大使馆和内政部的交通警察大楼遭5名武装分子自杀式袭击，武装分子盘踞大楼并与安全部队激烈交火，导致3名警察死亡，10余人受伤。3月9日，阿富汗国防部遇袭，1名袭击者和9名平民死亡，14人受伤，而来访的美国国防部长哈格里当时正在楼内参访。4月3日，武装分子对法拉省一法院发动袭击，造成至少53人死亡，90人受伤。6月11日，塔利班在喀布尔市中心靠近美国大使馆和最高法院的地段发起自杀式炸弹袭击，至少17人死亡，39人受伤。6月25日，阿富汗总统府遇袭，3名安保人员和4名武装分子在交火中死亡。8月3日，印度驻拉拉巴德领事馆遭恐怖袭击，造成至少9名平民死亡，23人受伤。① 9月13日，赫拉特美国领事馆遇袭，至少8人死亡。10月18日，联军车队在喀布尔遇袭，袭击者和两名平民丧生。11月16日，针对大支尔格会议设施的爆炸事件导致8名平民丧生，23人受伤。10月14日破获了一起超大规模的卡车炸弹袭击阴谋，袭击者预谋使用27吨炸药和68枚反坦克地雷。② 此次行动一旦得逞，后果将不堪设想。12月25日，塔利班又向美国驻阿富汗大使馆发射两枚火箭弹，幸好使馆无人伤亡。整个2013年，共有132名联军士兵阵亡，其中美军有84人。③

塔利班继续使用刺杀攻势。继2012年底袭击国家安全总部并重伤其局长，以及成功刺杀尼姆鲁兹省警察局长之后，④ 塔利班在2013年10月又以炸弹袭击成功刺杀卢格尔省省长贾马尔，水利与能源部长、赫拉特省实权人物伊斯梅尔·汗2014年初则从炸弹袭击之下侥幸逃生。政要的家人也不安全：3月，昆都士省一自杀式炸弹袭击导致包括人民院议长易卜拉希米的父亲、两位兄弟和一个侄子在内的7人丧生；⑤ 7月17日，阿国家安

① “阿富汗动态”（2013年1月）、“阿富汗动态”（2013年6月）、“阿富汗动态”（2013年8月），中国驻阿富汗大使馆网站，http：//af. china-embassy. org/chn/afhdt/。

② The Situation in Afghanistan and its Implications for International Peace and Security：Report of the Secretary-General，December 6，2013，p. 6，http：//unama. unmissions. org/Portals/UNAMA/Documents/SC _ report _ 6 _ Dec _ 13. pdf.

③ “阿富汗动态” （2014年1月），中国驻阿富汗大使馆网站，http：//af. china-embassy. org/chn/afhdt/P020140209444273177785. doc。

④ “阿富汗多名官员遭遇袭击”，《人民日报》2012年12月11日，http：//world. people. com. cn/n/2012/1211/c57507-19856208. html。

⑤ “阿富汗动态” （2013年3月），中国驻阿富汗大使馆网站，http：//af. china-embassy. org/chn/afhdt/P020130403702007345754. doc。

全顾问斯潘塔一兄弟遭枪击身亡。

美阿方面继续力推执行已数年的和谈与"招安"的双重策略，但二者均无实质进展，前景难以乐观。据统计，截至 2013 年 11 月 19 日，已有 7532 人参加"和解与重返社会计划"。① 但从塔利班的活跃程度来观察，这些投诚者对塔利班的意志和实力并未产生实质影响，而且迄今尚无任何塔利班高级指挥官参加该计划，这进一步削弱了人们对"招安"行动的信心。

美塔和谈在 2013 年度出现积极迹象，而喀布尔当局与塔利班的和谈则毫无进展。美方此前已公开向塔利班提出了三大要求，即同"基地"组织断绝关系、放弃暴力、承认阿富汗宪法。塔利班在 2013 年 6 月 18 日同意重开卡塔尔办事处，称此举是为了"政治解决"阿富汗问题，并公开表示不允许"利用阿富汗领土来威胁他国安全"，② 外界将此解读为塔利班已同意与"基地"组织断绝关系，美方也将此视为积极进展。然而，在放弃暴力和承认阿宪法（同时意味着承认根据该宪法产生的现政权）方面，塔利班迄今没有任何松动。就在塔利班重开卡塔尔办事处的几天之后即发生袭击阿富汗总统府的严重事件。尽管卡尔扎伊不断释放积极信号，表示"作为阿富汗公民的奥马尔也可参选总统"，甚至亲自带队访问卡塔尔，派遣高级和平委员会代表团赴巴基斯坦接触塔利班人员（据报道，代表团接触了刚获释的前塔利班领导人巴拉达尔，但阿方予以否认），③ 放出消息称愿在沙特或土耳其与塔利班重开谈判，④ 塔利班方面仍然不为所动，反复重申决不承认喀布尔傀儡政权，决不与其谈判，这就相当于彻底否定了美方的第三个条件。喀布尔方面虽一再放出风声，称正在沙特等地就重启和平

---

① The Situation in Afghanistan and its Implications for International Peace and Security：Report of the Secretary-General，December 6，2013，p. 4，http：//unama. unmissions. org/Portals/UNAMA/Documents/SC _ report _ 6 _ Dec _ 13. pdf.

② The Situation in Afghanistan and its Implications for International Peace and Security：Report of the Secretary-General，December 6，2013，p. 2，http：//unama. unmissions. org/LinkClick. aspx? fileticket=ki90zfhHebw%3d&tabid=12254&language=en-US.

③ "阿富汗动态"（2013 年 11 月），中国驻阿富汗大使馆网站，http：//af. china-embassy. org/chn/afhdt/P020131203588646404069. doc。

④ The Situation in Afghanistan and its Implications for International Peace and Security：Report of the Secretary-General，December 6，2013，p. 2，http：//unama. unmissions. org/LinkClick. aspx? fileticket=ki90zfhHebw%3d&tabid=12254&language=en-US.

谈判事宜“秘密”接触塔利班，但也不得不坦承其所接触的并非塔利班关键成员，不具备重要影响力。[①]

即便是塔利班与美方和谈，其诚意也令人怀疑。分析人士无从辨识此举的真实动机是要尽速结束冲突，还是要加速美军撤离步伐，或是要离间美方与喀布尔当局的关系。其实，美塔谈判的进展迹象确实起到了分化美阿的作用：美国虽反复重申和谈进程应由阿方领导，卡尔扎伊仍感到自己被甩到了一边，极度不满之下甚至在 2011 年末召回驻卡塔尔大使以示抗议，2013 年 6 月 19 日又极为强硬地以中止美阿《双边安全协定》谈判来向美方表达抗议。[②] 目前的局势是，塔利班与美国的接触有微妙进展，但不管双方谈得怎么样，美军大部队必将在 2014 年底之前撤离，而美方继续驻军的决定权在于美方和喀布尔当局方面，并不在于塔利班方面。另一方面，塔利班仍拒不与喀布尔当局接触，当局越着急，塔利班越不为所动。可见，塔利班的策略是促使美军顺利撤出，然后集中精力对付喀布尔当局，与当局和谈乃至和解看来并非塔利班的选项。

无论如何，2014 外军撤离的时限日渐临近，而和谈仍步履蹒跚，显然不可能在外军撤离前实现可持续的安全安排，阿富汗冲突进一步升级恐在所难免，由此导致各方对阿安全局势的不确定感持续上升，其表现之一就是 2013 年中期有上百名阿富汗外交官拒绝回国报到，以申请延长任期甚至申请避难的方式滞留原派驻国，静观国内时局演变，很多政商界精英也在谋划出国避难或观望局势。[③] 另外，阿境内还有四五万人从事与多国部队相关的工作，联军撤离后，他们不仅会面临失业困境，而且所面临的安全风险也会大增（塔利班将其视为“阿奸”），可能不得不出国避难，阿富汗有可能出现新的难民潮。

---

① “阿富汗动态”（2013 年 7 月）、“阿富汗动态”（2013 年 8 月），中国驻阿富汗大使馆网站，http：//af. china-embassy. org/chn/afhdt/。

② “阿富汗动态” （2013 年 6 月），中国驻阿富汗大使馆网站，http：//af. china-embassy. org/chn/afhdt/P020130714492044784213. doc。

③ Hasnain Kazim，“Exodus：Afghan Diplomats Defect as Western Withdrawal Nears”，Spiegel Online，June 24，2013，http：//www. spiegel. de/international/world/diplomats-defect-as-western-withdrawal-from-afghanistan-nears-a-907601. html.

三、美阿关系复杂难解，巴阿关系出现积极态势，地区外交活跃

美阿关系在 2013 年度的较大起伏可谓出人意料。众所周知，喀布尔当局在经济、外交、安全等领域均高度依赖美国，美阿双方都明白这种依赖关系。正是为了延续美方对阿富汗的全面支持，双方才在 2012 年签署了《战略伙伴关系协定》，承诺将在安全经济外交等领域长期合作，其中最重要的内容是美军原则上将在 2014 年之后继续在阿驻军。该问题的具体落实则需两国另行签署《双边安全协定》，确定若干细节特别是美国驻军的司法豁免问题。两国自 2012 年就开始谈判《双边安全协定》，具体包括军事、征税、军队进出阿国境、军用物资进出口以及军用设施建设等问题。[①] 2013 年初卡尔扎伊访美即将磋商《双边安全协定》作为此访主要任务。

出人意料的是，在协定基本敲定之后，卡尔扎伊当局却多次拖延签署协定。5 月 19 日，卡尔扎伊表示，只要境内仍有战争，就不会与美签署双边安全协定。6 月 13 日，阿总统府发言人称，美方应充分重视清除巴境内恐怖主义庇护所问题，否则阿将不得不重新考虑签署《双边安全协定》的决定。卡尔扎伊还表示并不急于签署《双边安全协定》，如本届政府任内不能达成协定，可由下届政府继续与美谈判。更令人意外的是，卡尔扎伊先是表示签约需得到大支尔格会议的支持，但在大支尔格会议以压倒性多数要求尽快签约之后，卡尔扎伊还是继续拖延甚至反客为主地提出了签约的三个前提条件，即确保阿 2014 年大选公正透明、不再袭击阿方民宅以及和解进程取得突破。[②] 以常理而论，阿富汗能够实现公正透明的选举，能否与反对派和解，本来都是阿方内部事务。现在喀布尔方面将其用作与美

---

① “阿富汗动态”（2012 年 11 月），中国驻阿富汗大使馆网站，http：//af. china-embassy. org/chn/afhdt/P020121206066130906295. doc。

② “阿富汗动态”（2013 年 5 月）、“阿富汗动态”（2013 年 6 月）、“阿富汗动态”（2013 年 8 月）、“阿富汗动态”（2013 年 11 月），中国驻阿富汗大使馆网站，http：//af. china-embassy. org/chn/afhdt/。

方讨价还价的筹码，就意味着阿方已认定这些问题的决定权掌据在美方而非自己手中，相当于公开抨击美方。

鉴于阿对美方安全援助的高度依赖，卡尔扎伊的上述表态简直接近于自杀，引发国内外各界哗然。大支尔格会议主席、前总统穆贾迪迪甚至表示，政府如果不签《双边安全协定》，他就辞去一切公职并立即离开阿富汗。针对卡尔扎伊的强硬姿态，美方也做了不少劝说工作，美国家安全事务顾问向卡尔扎伊表示，《协定》旨在使美国能够持续帮助阿方，是帮助阿实现持久和平稳定的最好办法。美国阿巴事务特使敦促阿方在大选候选人提名开始前就签署《协定》。[①] 同时，美国也多次表示，“零驻军”同样也是美国的选项，若不能顺利签署《协定》，美方将无法继续向阿方提供援助。[②] 美方后来更明确地提出两个选项供阿方选择：一是在 2014 年初签约，美方将驻扎 1 万人；二是完全不签约，美军会完全撤离。[③] 应该说，美阿双方存在明显的相互依赖性，而阿对美的依赖又大大高于美对阿的依赖，顺利签约并继续驻军符合两国的共同利益，双方的相互叫板主要是种提高要价的策略。可以预见，两国特别是阿方最后还是会相互妥协签约，并安排好后续驻军事宜。

2013 年度，卡尔扎伊还多次异乎寻常地高调指责美方。2 月份的美军空袭造成阿无辜妇女儿童死亡，阿媒体也报道美军卷入虐杀平民事件，卡尔扎伊就此作出强硬表态，明确要求阿军不再请求美军提供空袭协助，甚至责成国防部将美军逐出瓦尔达克省。喀布尔和霍斯特在美国新任国防部长哈格尔访阿期间发生严重暴力袭击事件之后，卡尔扎伊不顾起码的礼节，公开表示袭击事件简直就是“在为美国人效劳”，因为他们的做法为美方继续驻军制造了必要理由，言下之意是美塔是在“演双簧”。[④] 此言论

---

① “阿富汗动态”（2013 年 8 月），中国驻阿富汗大使馆网站，http：//af. china-embassy. org/chn/afhdt/P020130903533803546681. doc。

② “阿富汗动态”（2013 年 8 月）、“阿富汗动态”（2013 年 10 月）、“阿富汗动态”（2013 年 11 月），中国驻阿富汗大使馆网站，http：//af. china-embassy. org/chn/afhdt/。

③ “美军提出去留方案 逼阿总统卡尔扎伊决择”，人民网，2014 年 1 月 23 日，http：//world. people. com. cn/n/2014/0123/c1002-24203604. html。

④ Chris Carroll，“On Hagel's first Afghan visit，Karzai alleges US，Taliban are colluding”，Stars and Stripe，March 10，2013，http：//www. stripes. com/news/middle-east/afghanistan/on-hagel-s-first-afghan-visit-karzai-alleges-us-taliban-are-colluding-1. 211188.

引来外界特别是美国舆论大哗，哈格尔将其称为“内容不实”的声明，美驻阿富汗部队司令邓福德则表示，“认为阿富汗暴力以及局势动荡对我们有利，实属荒谬”。到年底，卡尔扎伊又猛烈抨击北约驻军“没有为阿富汗带来和平与稳定，反而是国家血雨腥风、人民伤亡惨重的原因”。[①]

自阿富汗 2009 年的第二次总统大选以来，美阿之间频发龃龉，卡尔扎伊多次批评美国，其火力点集中于三点：一是美军造成阿平民伤亡，侵犯阿主权；二是美方“撇开”阿与塔利班接触；三是所谓“外国势力”（美国的代名词）支持在野势力，策动不利于阿和平稳定的“政治实验”。[②] 美方有时也会反唇相讥，主要是抨击阿方不尊重美军士兵为阿的利益而“浴血奋战”，认为卡尔扎伊公开“羞辱”美国。卡尔扎伊之所以与美国“拉开距离”，一是因为双方确实相互抱有不满情绪，二来也是要为其本人和政治继承人树立坚定维护国家利益和民族尊严的民族主义形象。但喀布尔当局高度依赖美方的现实是改变不了的，所以卡尔扎伊方面往往是姿态激烈、动作温和，并不过度妨碍美方的行动。对美军停止夜袭、移交监狱等敏感问题，阿方实际上都是借助积极务实的磋商而求得较圆满解决的，这也是美方尚能容忍阿方的重要原因。

2013 年度，阿富汗与最重要邻国巴基斯坦的关系虽不无波折，但总体呈明显改善之势。年初和年底，巴基斯坦、阿富汗、英国三国领导人在伦敦举行了第三和第四次三边会晤，巴方承诺积极支持阿政治和解。1 月，阿国防部长率团访巴，会晤巴总统及陆军参谋长，就边境安全形势、阿政治和解进程等问题交换了意见。5 月，卡尔扎伊祝贺谢里夫当选总理，外长拉苏尔对美国特使表示，对巴新政府帮助阿打击恐怖主义抱有期望。[③] 两国领导人借出席伊朗新总统哈桑·鲁哈尼就职仪式之机会晤，商谈了推动和谈事宜。9 月 10 日和 11 日，巴基斯坦参议院常设国防委员会代表团

---

① “阿总统猛批北约驻军彻底失败 称是阿动荡根源”，人民网，2013 年 10 月 9 日，http://world.people.com.cn/n/2013/1009/c1002-23131249.html。

② The Situation in Afghanistan and its Implications for International Peace and Security: Report of the Secretary-General, March 5, 2012, p. 3, http://unama.unmissions.org/Portals/UNAMA/SG%20Reports/SG%20Report%20to%20the%20Security%20Council-March%202012.pdf.

③ “阿富汗动态”（2013 年 1 月）、“阿富汗动态”（2013 年 5 月），中国驻阿富汗大使馆网站，http://af.china-embassy.org/chn/afhdt/。

来访并会晤阿方议员，讨论安全与合作事宜。随后，第七轮巴阿议会对话于 9 月 26 日在伊斯兰堡举行。10 月 8—9 日，巴阿过境贸易协调机制第四次会议在喀布尔举行。10 月 29 日，第四次巴阿英三边会议在伦敦举行。[①] 11 月 30 日，巴基斯坦总理谢里夫访阿，并就巴阿关系作出前未有的积极表态。谢里夫称：巴阿两国命运密切相连，真诚希望阿富汗尽早实现持久和平稳定；阿有权决定是否允许外国军队在其境内驻扎；解决阿问题必须通过具有广泛包容性的政治谈判，阿问题各相关方应全力帮助阿内部达成和解；巴方愿向阿和平和解提供实质帮助，为阿方与巴拉达尔对话提供便利；巴阿两国近年来在经贸等领域务实合作成果丰硕，巴方愿继续深化与阿合作，推动落实更多经贸、能源、互联互通等领域合作项目。[②] 在助力阿政治和解方面，巴基斯坦在 2013 年确实采取了若干务实措施。从 7 月起，巴应阿方要求陆续释放 60 余名监禁在巴境内的阿富汗塔利班人员，更在 9 月释放了被捕两年多的原阿富汗塔利班二号人物巴拉达尔。外界当年普遍认为巴方拘捕巴拉达尔是因为此人试图绕过巴方而直接与美阿方面接触，引起巴方严重不满，而现在巴主动释放巴拉达尔则是其推动阿政治和解的务实举措。

不过冰冻三尺非一日之寒，巴阿目前尚难以完全消除两国之间的紧张因素。同样是在 2013 年度，巴阿在 5 月份再次发生严重的边境炮击事件，两国一如既往地相互指责。[③] 卡尔扎伊仍然指责巴境内的“安全庇护所”应为阿境内的袭击事件负责，甚至表示美方一直将安全行动的重点放在阿境内是错误的，应以巴境内的“安全庇护所”为行动的重点才对。[④] 阿内政部长也公开表示，美方应协助阿方应对各种外部威胁，不管是直接、可

---

① The Situation in Afghanistan and its Implications for International Peace and Security: Report of the Secretary-General, December 6, 2013, p. 7, http://unama.unmissions.org/Portals/UNAMA/Documents/SC_report_6_Dec_13.pdf.

② “阿富汗动态”（2013 年 11 月），中国驻阿富汗大使馆网站，http://af.china-embassy.org/chn/afhdt/P020131203588646404069.doc。

③ “阿富汗与巴基斯坦就两次边境冲突相互指责”，人民网，2013 年 5 月 8 日，http://world.people.com.cn/n/2013/0508/c1002-21404837.html。

④ “阿总统猛批北约驻军彻底失败 称是阿动荡根源”，人民网，2013 年 10 月 9 日，http://world.people.com.cn/n/2013/1009/c1002-23131249.html。

见的威胁，还是非传统的、“代理人”式的安全威胁。[①] 这种表态相当于要求将战火引入巴基斯坦，因而颇为危险。不过美方在这一点上也不糊涂，其公开表示阿巴边境纠纷应交由联合国安理会处理。国际安全援助部队在阿富汗的任务是打击恐怖主义，无权介入阿与邻国之间的纠纷，甚至明言“美国一直认为‘杜兰线’就是巴阿边界”。[②] 这种表态虽然不尽合卡尔扎伊心意，却有助于阿方保持必要的清醒，有其积极意义。

在 2014 年临近的情况下，阿方更积极地与地区国家加强接触。卡尔扎伊与大选后的伊朗新政府积极接触，谋求其继续支持阿政治和解。2013 年 9 月，卡尔扎伊率团出席了伊朗新总统哈桑·鲁哈尼的宣誓就职典礼，并签署了两国加强军事战略合作的谅解备忘录。12 月 8 日，卡尔扎伊正式访问伊朗，双方就阿富汗局势及地区问题广泛交换了意见。12 月 12—16 日，卡尔扎伊访问印度并会见印总理、外长及其他政要，就加强阿印战略合作伙伴关系、印向阿提供军事安全援助、深化各领域务实合作等问题交换了意见。[③] 阿与中亚国家频繁接触，其合作重点有二：一是边境管控，阿富汗与中亚国家公开呼吁俄罗斯予以帮助；二是地区输电、贸易网络建设及塔阿土（库曼斯坦）交通通道建设。[④] 阿还积极利用巴阿英、中巴阿、巴阿伊（朗）、巴阿土（尔其）等各种地区机制。2013 年 2 月 3 日，第三次阿富汗、巴基斯坦、英国三边峰会在伦敦召开，会议讨论了南亚地区和平安全、阿和平和解及“后 2014”外军撤离后阿局势等问题。2 月 19 日，第二轮阿富汗、印度、美国三边对话在印首都新德里召开，三方就阿局势、合作反恐、促进地区贸易、对阿投资等问题交换意见。3 月 21 日，国际瑙鲁兹节庆祝大会在土库曼斯坦首都阿什哈巴德召开，卡尔扎伊利用这一机会会晤了土库曼斯坦、塔吉克斯坦、伊朗和巴基斯坦总统。9 月 12—13

---

① “阿富汗动态”（2013 年 11 月），中国驻阿富汗大使馆网站，http：//af. china-embassy. org/chn/afhdt/P020131203588646404069. doc。

② “阿富汗动态” （2013 年 5 月），中国驻阿富汗大使馆网站，http：//af. china-embassy. org/chn/afhdt/P020130713494042753897. doc。

③ “阿富汗动态”（2013 年 8 月）、“阿富汗动态”（2013 年 12 月）、“阿富汗动态”（2013 年 12 月），中国驻阿富汗大使馆网站，http：//af. china-embassy. org/chn/afhdt/。

④ The Situation in Afghanistan and its Implications for International Peace and Security：Report of the Secretary-General，December 6，2013，p. 8，http：//unama. unmissions. org/Portals/UNAMA/Documents/SC _ report _ 6 _ Dec _ 13. pdf.

日，卡尔扎伊亲率高级代表团赴吉尔吉斯斯坦出席上海合作组织峰会。11月11日，中、俄、印三国在新德里举行第十二次外长会并讨论了阿富汗问题，表示这是本地区最大关切，呼吁国际社会采取进一步措施阻止阿动荡局势升级，并加强反恐等领域合作。三方一致认为，国际社会应向阿伸出援手，确保阿大选顺利举行，实现平稳过渡；支持“阿人主导、阿人所有”的政治和解进程，支持联合国继续在协调国际援阿努力方面发挥重要作用。[①] 卡尔扎伊还在9月27日访华，积极谋求中方支持阿富汗和平进程。虽然阿方的姿态是积极的，但其具体成效还很难说足够乐观，毕竟政治和解的决定性因素在于喀布尔当局和塔利班方面，外界虽可提供重要的协助，但显然不能替代上述决定性因素。

2013年的中阿关系趋于活跃。4月，公安部部长助理李伟会见阿内政部副部长拉赫曼。6月，阿经济部长率团访华并会见中国工业和信息化部长。7月，中国驻阿大使出席阿富汗问题东京会议后续喀布尔高官会。9月，阿信息文化部副部长来华出席第三届中国亚欧博览会新闻部长论坛。同月，阿人民院议长来华出席2013年国际和平日纪念活动暨中国—南亚和平发展论坛，中国国家副主席李源潮会见。同月，阿总统卡尔扎伊访华并出席第五届欧亚经济论坛，国家主席习近平与其会谈，国务院总理李克强、副总理汪洋分别会见，[②] 两国发表《中阿关于深化战略合作伙伴关系的联合声明》，并签署《引渡条约》和《经济技术合作协定》等文件，中国政府承诺2013年向阿提供人民币2亿元的无偿援助。[③]

四、经济增速快、前景不确定，毒品问题严重反复、前景堪忧

阿富汗2013年的经济形势比较平稳，仍呈低水平高速增长态势。在

---

① “阿富汗动态”（2013年2月）、“阿富汗动态”（2013年3月）、“阿富汗动态”（2013年11月），中国驻阿富汗大使馆网站，http：//af. china-embassy. org/chn/afhdt/。

② http：//af. china-embassy. org/chn/zagx/ztgk/t1097558. htm.

③ http：//af. china-embassy. ore/chn/zagx/ztgk/t1097560. htm.

2012 年农业丰收的基础上，阿 2013 年度的水果、蔬菜产量均比去年同期增长 30%—40%，农产品进口总量从 2012 年的 40 万吨降至 20 万吨，农产品出口增长 40%。①

阿积极利用与地区国家的跨国合作来推动经济发展，如伊阿经济关系就继续发展。伊朗能源部长访阿并移交了其援建的 500 万千瓦火力发电厂，伊朗还同意增加对赫拉特和尼姆鲁兹两省的电力供应，② 允许阿通过伊朗的恰巴哈尔港进出口物资。阿与中亚国家在地区能源网及交通基础设施建设方面的合作进展较快。③ 塔吉克斯坦方面在 2013 年初即表示将加大向阿供电力度，预计 2013 年度向阿供电将增加 1/3，达 10 亿度。6 月份，土库曼斯坦—阿富汗—塔吉克斯坦跨国铁路建设正式开工，阿富汗—土库曼斯坦铁路工程也正式启动。7 月，土、阿、巴、印四国同意于 9 月建立联合企业，四方分别出资 500 万美元，共同实施阿土巴印天然气输送管道（TAPI）项目。该项目建成后预计每年将为阿带来 4.5 亿美元经济收入，这对目前年财政收入仅 15 亿美元的阿富汗来说无疑是极为可观的。7 月底，阿经济部长与印度驻阿大使签署印向阿援建 60 项中小型工程项目的协议。10 月份，阿政府与土耳其石油国际公司、阿联酋德拉贡石油公司、阿富汗加赞法尔集团签署合同，授予三家公司开发分别位于塔哈尔省和朱兹詹省的两处油田。④

国际金融机构继续对阿提供经济援助，侧重点在于各项民生工程和基础设施建设。亚洲开发银行 1 月份宣布将援阿 3 亿美元，支持其建设电网、水力发电站、灌溉设施、发展矿业等，还计划帮助阿投资建设从马扎里沙里夫至法里亚布省安德胡伊的铁路，并在巴米扬省建设小水电站以及重新

---

① “阿富汗动态”（2013 年 10 月），中国驻阿富汗大使馆网站，http：//af.china-embassy.org/chn/afhdt/P020131107487038444541.doc。

② “阿富汗动态”（2013 年 1 月），中国驻阿富汗大使馆网站，http：//af.china-embassy.org/chn/afhdt/P020130204527001298280.doc/。

③ The Situation in Afghanistan and its Implications for International Peace and Security：Report of the Secretary-General，December 6，2013，p.8，http：//unama.unmissions.org/Portals/UNAMA/Documents/SC_report_6_Dec_13.pdf.

④ “阿富汗动态”（2013 年 1 月）、“阿富汗动态”（2013 年 6 月）、“阿富汗动态”（2013 年 7 月）、“阿富汗动态”（2013 年 10 月），中国驻阿富汗大使馆网站，http：//af.china-embassy.org/chn/afhdt/。

恢复朱兹詹省的天然气井。3月份，亚洲开发银行又宣布向阿提供2亿美元援助，用于支持阿北部、中部和东部的输电网建设项目。世界银行则为阿富汗扩展基础医疗服务覆盖面、提高医疗水平提供了1亿美元援助。联合国儿童基金会向阿援助6850万美元，用于帮助阿在农村地区建设2270所学校，为55.5万名学生提供教育条件。甚至连驻阿国际安全援助部队也出资1100万美元用于维修萨朗隧道。[①]

尽管如此，阿富汗经济的严重结构性问题仍毫无缓解迹象。首先，阿富汗经济仍高度依赖外援和外军消费，随着外军在2014年从阿撤离，阿经济“内需”会大幅下降，经济增长前景将受不利影响。世界银行报告认为，外军撤离的效应将导致阿富汗在2013—2015年的经济增速降为4%—6%，[②] 比此前的11%大跌一半左右。如果安全局势不明朗，外资也会停滞不前，阿经济发展前景将更为黯淡。其次，阿经济社会高度腐败的特征毫无变化。在非政府组织“透明国际”发布的年度排行榜上，阿富汗连续数年高居全球最腐败国家榜首。联合国机构发布报告显示，阿在2012年的腐败金额达39亿美元（比3年前增加40%），相当于阿财政收入的2倍。一半的阿富汗人曾行贿，人年均行贿额高达214美元[③]（据世界银行数据，阿2012年的人均国民收入为680现值美元），2013年的情况并无改善。第三，进出口严重不平衡，贸易逆差严重。2012年度的出口额仅为15亿美元，而进口额则高达60亿美元，其中30亿美元用于进口燃料。第四，财政问题严重，严重依赖外援。2013财年的预算支出高达64亿美元，其中行政预算1963亿阿尼（约合33亿美元），发展预算1577亿阿尼（约合31亿美元），行政预算高于发展预算，仍处于“吃饭财政”的阶段。2014财年的政府预算总额为4430亿阿尼（约合77.7亿美元），其中行政预算为2750亿阿尼（约合48.2亿美元），发展预算为1680亿阿尼（约合29.5亿美元），“吃饭财政”并无改观，甚至更为严重。不仅如此，阿财政收入根

---

① “阿富汗动态”（2013年1月）、“阿富汗动态”（2013年2月）、“阿富汗动态”（2013年3月），中国驻阿富汗大使馆网站，http：//af. china-embassy. org/chn/afhdt/。

② “阿富汗动态”（2013年1月），中国驻阿富汗大使馆网站，http：//af. china-embassy. org/chn/afhdt/P020130204527001298280. doc/。

③ “阿富汗动态”（2013年2月），中国驻阿富汗大使馆网站，http：//af. china-embassy. org/chn/afhdt/P020130306029467429932. doc。

本无力支持庞大的政府预算，2012 年的自有收入仅约占财政预算总额的 39%，预计到 2024 年才能实现 90%的政府发展预算由本国国内收入支付。[①] 第五，贫困严重，民生困顿。2008 年统计的贫困率达 36%，2011 年的国民寿命仅 60 岁，2013 年 5 月不充分就业率高达 48%并呈增长态势。[②]

阿富汗的毒品问题进一步凸显。阿在 2013 年年初宣布计划在该年铲除 1.5 万公顷毒品种植土地，但实际结果却是罂粟种植面积比前一年大增 36%，达到 20.9 万公顷；鸦片产量上涨近 50%，达 5500 吨；“无毒”省从 17 个下降到 15 个。据阿内政部数据，阿境内有吸毒者近百万，而戒毒设施严重不足，只能覆盖该国 5.9%的吸毒者。[③] 另外，毒品问题已经嵌入阿富汗社会与政治，不仅反政府武装借庇护种植毒品的活动、收取“通关费”等方式来筹措经费，地方实力派也卷入制毒贩毒活动，简言之就是以毒资政、以毒养军（例如，外界包括西方一直怀疑卡尔扎伊总统的兄弟、前坎大哈省议会议长艾哈迈德·瓦利·卡尔扎伊卷入了毒品交易，借此维持一支忠于自己的私人武装）。还有执法人员公然庇护毒品交易，从中渔利。2013 年 9 月 18 日，前尼姆鲁兹省警察局长因涉毒犯罪而被判处有期徒刑 10 年，[④] 就是一个极为鲜明的例子。

长期以来，各界为缓解并最终解决阿富汗毒品问题作出了巨大努力，也不时表现出某些积极进展，如种植面积下降、产量减小、“无毒”省份增加等，但总在不久之后出现严重反弹。观察多年来的变化趋势可发现，阿富汗毒品问题从未得到实质性缓解，毒源作物种植面积和毒品产量的起伏主要是正常的“市场波动”而非禁毒行动的成果。简言之，某年度产量下降的主因是“市场价格”低迷，以及降水不足和病虫害等自然因素；产

---

① “阿富汗动态”（2013 年 1 月）、“阿富汗动态”（2013 年 2 月）、“阿富汗动态”（2013 年 11 月），中国驻阿富汗大使馆网站，http：//af. china-embassy. org/chn/afhdt/。

② “阿富汗动态”（2013 年 5 月），中国驻阿富汗大使馆网站，http：//af. china-embassy. org/chn/afhdt/P020130713494042753897. doc。

③ “阿富汗动态”（2013 年 11 月），中国驻阿富汗大使馆网站，http：//af. china-embassy. org/chn/afhdt/P020131203588646404069. doc。The Situation in Afghanistan and its Implications for International Peace and Security：Report of the Secretary-General，December 6，2013，p. 12，http：//unama. unmissions. org/Portals/UNAMA/Documents/SC _ report _ 6 _ Dec _ 13. pdf.

④ The Situation in Afghanistan and its Implications for International Peace and Security：Report of the Secretary-General，December 6，2013，p. 12，http：//unama. unmissions. org/Portals/UNAMA/Documents/SC _ report _ 6 _ Dec _ 13. pdf.

量下降导致毒品“市场价格”相应抬升，从而刺激来年的毒品种植和贩运活动，进而推高产量；产量提升之后又会出现价格下降的问题，导致产量下降。这种上下起伏的中间点就是“正常”的“市场均衡点”，阿富汗毒品问题在 2012 年、2013 年两年的起落就体现了这种模式。随着 2014 年外军作战部队完全撤离阿富汗，阿富汗毒品问题不确定性加大，发展趋势不容乐观。

2013 年斯里兰卡综述

唐鹏琪*

斯里兰卡结束了近 30 年的内战之后，积极同世界各国发展友好关系。拉贾帕克萨总统在接受媒体采访时强调："我们是一个不结盟国家，我总是说印度人是我们的亲戚……但这并不意味着我们不能从其他国家获取商业利益，比如从中国、日本或无论哪个国家。"斯里兰卡大使也在新德里称："印度是斯里兰卡的亲戚和最亲密的朋友，我们需要与印度保持坚定的关系，斯印关系应该为本地区提供安全保障；斯无论怎样也不会因与中国关系越来越密切而收缩与印度的关系，与中国的关系很古老且很重要，斯中关系主要集中在发展机会上。"①

一、外交关系

斯里兰卡对外关系中比较重要的是斯印关系、斯中关系，但日本、俄罗斯也非常关注斯里兰卡的发展。

---

* 唐鹏琪，教育部人文社会科学重点研究基地四川大学南亚研究所副研究员。

① "Ties with New Delhi and Beijing not a zero sum game-HC Kariyawasam", http：//www. priu. gov. lk/news _ update/Current _ Affairs/ca201306/20130602ties _ with _ new _ delhi _ and _ bijing _ not _ a _ zero _ sum _ game. htm Sunday，June 02，2013 — 03. 10 GMT.

（一）斯印关系：亲戚关系，虽有冲突，但在国防、贸易和教育等多方面积极开展合作

1. 斯里兰卡国防部长称，斯愿意同印度分享镇压暴动与叛乱的经验

《印度快报》报道：印度陆军参谋长在 2012 年 12 月访问斯里兰卡期间，斯国防部长作出提议，斯印两国在该领域共享有计划的课程，而且已经提供给面临恐怖主义的其他国家。在问及他是否也希望印度人到斯里兰卡军事学校进行训练，正如每年有 800 多斯里兰卡军官到印度军事学院一样时，他说军事训练意味着听课或参加共同训练或者两者都参加，但同印度共同的训练更加可能，而且这样的训练已经开始，并将得到继续和提高。2012 年 12 月 22 日，印陆军参谋长在斯里兰卡陆军军官学校结业操练中发表讲话时就说，印度准备同斯里兰卡在军事援助领域进行双向的合作。[①] 双方都有很多经验，可以相互学习，而且印度希望与斯里兰卡在军事领域加强合作。

2. 斯印联合专门工作组以促进双方经济和贸易

斯印认识到有必要建立一个特别的经济联合工作组以达到共同的目标——减少贫困、增加就业和促进经济发展。2013 年 1 月 3 日，斯里兰卡揭开了斯印高级联合工作组斯成员的“面纱”。该成员由主要部门的高级官员和著名私营企业重量级人物组成。斯工商部部长在称，不管是在斯印双边贸易，还是在向斯主要出口商开放印度市场方面，斯印高级工作组都迈开了一大步。工作组由两国公营和私营部门的权威组成，是 2011 年 10 月根据工商部部长的提议通过成立的，该组织的目的是促进两国在医药、纺织和汽车零部件方面的贸易和投资。根据斯商务部的报告，2011 年斯印自由贸易协会的贸易接近 10 亿美元，2011 年印度对斯里兰卡的出口增长 70%，从 250 万美元增长到 43.5 亿美元；而斯里兰卡对印度的出口在该年

---

① “SL ready to share counter-insurgency warfare with India-Defence Secy”, http://www.priu.gov.lk/news_update/Current_Affairs/ca201301/20130101sl_ready_share_counter_insurgency_warfare_with_india.htm Tuesday, January 01, 2013—08.55 GMT.

增长 16.8%，从 4.66 亿增长到 5.21 亿美元。[①]

3. 印度援助斯里兰卡建立语言实验室

2010 年斯总统在访问印度时，印度政府承诺在斯里兰卡 9 个省分别建立一个语言实验室。2011 年 9 月，斯印签署了“在斯里兰卡建立 3 级英语语言培训系统”的备忘录。根据该备忘录，印度政府将给斯的 9 个省各提供一个 30 台计算机的设备和教学辅助设备。该工程在 3 个月内完成，耗资 8400 万卢比。该工程将有助于改善斯里兰卡的英语语言训练设施，提高斯各社会阶层的英语熟练程度。[②]

4. 印度帮助斯里兰卡复苏贾夫纳的工业区

印度政府同斯里兰卡签订了几项协议，以复苏贾夫纳的第一个工业区。贾夫纳过去有 16 个工业中心，包括食品加工、盐业和专用化学药品等，雇佣的工人超过 3000 人，而这些工业区在冲突中被完全毁坏。为了帮助复苏这些工业，印度将提供 2 亿卢比来资助建立工业区。[③]

5. 尽管斯印在多方面展开合作，但冲突不断

（1）印度渔民仍侵入斯里兰卡海域已经成为一个严重的政治问题。斯里兰卡外长佩雷斯在 2013 年 8 月访问印度时向印度总理辛格反映：由 1500 名左右印度人组成的 400—500 艘印度渔船持续地跨过斯里兰卡海域边界，且人数还在增加，这一行动已经严重影响到北部泰米尔渔民的生活。斯外长佩雷斯强调有必要找到办法解决印度渔民进入斯里兰卡海域的

---

① “Sri Lanka unveils first high level JTF with India”, http: //www. priu. gov. lk/news _ update/Current _ Affairs/ca201301/20130104sl _ unveils _ first _ high _ level _ jtf _ with _ india. htm Friday, January 04, 2013 — 05. 18 GMT.

② “India's assistance to set up language labs”, http: //www. priu. gov. lk/news _ update/Current _ Affairs/ca201301/20130118india _ assistance _ set _ up _ language _ labs. htm Friday, January 18, 2013 — 05. 42 GMT.

③ “India revives achchuvely industrial zone”, http: //www. priu. gov. lk/news _ update/Current _ Affairs/ca201302/20130226india _ revives _ achchuvely _ industrial _ zone. htm Tuesday, February 26, 2013 — 6. 39 GMT.

问题。[①]（2）印度总理辛格抵制了 2013 年 11 月在斯里兰卡举行的英联邦峰会，称斯里兰卡在对在清剿泰米尔分离主义组织的战争中侵犯人权。（3）2013 年 4 月，印度泰米尔纳度邦对斯里兰卡佛教僧侣进行侵袭。[②]

尽管斯印两国存在分歧与冲突，但斯里兰卡总统在很多场合称，印度是斯的亲戚。斯印关系中也曾发生不良事件，但都不影响两国关系的性质。2013 年 4 月 9 日，在新德里印度国际中心举行的“斯里兰卡佛教遗产：与印度共有的文化”摄影展览会开幕典礼上，印度外长引用了印度首任总理尼赫鲁于 1950 年访问斯里兰卡时的话：佛陀和佛陀所代表的一切是印度和斯里兰卡之间不可破的纽带。[③]

（二）斯中关系：朋友战略合作伙伴关系，中国是斯里兰卡最大的投资国与援建国

1. 斯总统 2013 年 5 月对中国进行国事访问

应习近平主席的邀请，斯里兰卡总统拉贾帕克萨于 2013 年 5 月 27—30 日对中国进行了国事访问。在这次访问期间，斯里兰卡与中国签署了两国联合公报。中国将继续对斯里兰卡进行投资，包括修建多条高速公路、公路网和铁路线，其中包括“科伦坡—贾夫纳”高速公路。两国元首决定将斯中关系提升为战略合作伙伴关系，谋求共同发展，造福两国人民。[④]

2. 中国积极支持斯里兰卡基础设施建设

中国建筑企业在中国国有银行数十亿美元贷款的支持下，在斯启动了

① “SL emphasised necessity to find a practical solution to fishermen issue”，http：//www. priu. gov. lk/news _ update/Current _ Affairs/ca201308/20130822sl _ emphasised _ necessity _ find _ practical _ solution. htm Thursday，August 22，2013 — 05. 58 GMT.

② “Departing Indian High Commissioner underscores strong and close bilateral relationship”，http：//www. priu. gov. lk/news _ update/Current _ Affairs/ca201304/20130426departing _ indian _ high _ commissioner _ underscores. htm Friday，April 26，2013 — 5. 37 GMT.

③ “The bond of Buddha is a bond between India and Sri Lanka which nothing can break-Indian Foreign Secy”，http：//www. priu. gov. lk/news _ update/Current _ Affairs/ca201304/20130415the _ bond _ of _ buddha _ is _ a _ nd _ between _ india _ sl. htm Monday，April 15，2013 — 8. 45 GMT.

④ http：//politics. gmw. cn/2013-05/29/content _ 7782766. htm。

一系列大型基础设施项目，其中部分已经完成。

汉班托特国际机场（Mattala Rajapaksa International Airport）于 2013 年 3 月建成开放。中国政府援建的斯国家大剧院——莲花大剧院顺利完工，第 22 届英联邦首脑会议开幕式在这里隆重开幕。大剧院位于斯首都科伦坡市中心，与周边古老的国家博物馆和市政厅建筑遥相呼应，成为首都科伦坡的地标建筑及旅游景点之一。

汉班托特港目前尚处于二期工程的起步阶段。汉班托特位于斯里兰卡的南岸，距首都科伦坡约 240 公里，是一个有着悠久历史的港口城市。这里也是斯现任总统马欣达·拉贾帕克萨的故乡，据说他从小就有一个梦想，就是在家乡建一个大港口。拉贾帕克萨总统 2005 年在施政目标“马欣达愿景”中表示，决心将斯里兰卡重新变成亚洲丝绸之路的中心，将国家打造为连接东西方的海运、航空、贸易及商业中心。汉班托特港便是实现这一愿景的重要一环，被着力打造为国际航路上的中转港口，并带动这一地区的工业发展。由招商局为主承建的南科伦坡港口工程项目总投资超过 5 亿美元，是斯里兰卡迄今最大的外资项目。

而对于中国在斯兴建汉班托特港和科伦坡南部港口码头，印度媒体及学者则将其与中国在印度洋上援建的其他几个港口一同视为遏制印度“珍珠链”计划中的一环，更有西方媒体猜测中国将在汉班托特港建立海军基地。斯里兰卡外长佩雷斯在接受《环球时报》记者专访时坚决予以驳斥：“中国从没有通过建议、行动或暗示向我们表示要在斯里兰卡建立军事基地，我们也不会允许任何国家在我们国土上建立军事基地。”斯里兰卡议长查马尔·拉贾帕克萨此前也表示：“我们在汉班托特项目上同中国的关系纯粹是商业性的，中国给了我们最好的商业利润。事实上，我们之前曾提出将港口合同提供给印度，但是他们对此没作出回应。”据了解，目前斯港口设施最大的使用者之一就是印度，斯港口处理的集装箱货物中有 20%左右来自于印度。[①]

① 李虹、杨静婕：“斯里兰卡否认中国有意在斯建立军事基地传言”，人民网—环球时报，http：//news. jfinfo. com/news/20130601/00180269. shtml。

3. 斯中经贸关系持续向好

中国提升斯里兰卡在博览会中的伙伴关系。斯里兰卡工商部部长称，斯中双边贸易关系获得重大进展。2013 年 6 月，在中国云南举行的国际贸易活动——中国—南亚博览会中，斯里兰卡不仅仅是合作主办者，而且还组建了一个由 150 人组成的强大代表团。而中方早在李克强总理于 3 月 15 日上任之后，云南省副省长丁绍祥就率领由 7 人组成的贸易代表团访问斯里兰卡。这是中国新政府就任后，第一个访斯的高级代表团。2012 年斯中双边贸易额为 26.76 亿美元，比 2011 年增长了 19.5%。2012 年斯里兰卡对中国的出口额为 1.08 亿美元，中国现在已经成为斯最大的发展伙伴和重要的投资者。2012 年斯里兰卡同中国云南省的双边贸易为 3700 万美元。中国—南亚博览会有望成为商品交易、服务贸易、投资关系、旅游合作和文化交流的窗口，成为一个高端而综合的博览会，成为中国与南亚国家双赢的桥梁，成为中国与南亚国家同其他国家和地区扩大经济和商贸关系的平台。①

就斯印、斯中关系，斯里兰卡驻印度大使称，斯里兰卡与印度和中国的关系不是“零和游戏”。印度是斯里兰卡的亲戚和最亲密的朋友，斯需要与印度保持坚定的关系，斯印关系应该为本地区提供安全保障，斯无论怎样也不会因与中国关系越来越密切而收缩与印度的关系；斯与中国的关系很古老且很重要，斯中关系主要集中在发展机会上。②

斯里兰卡同中国发展关系的前提是不改变印度洋的战略平衡。印度洋必须是个和平的区域，斯将协同印度和印度洋上的其他国家以确保印度洋的和平。斯驻印大使还称中国是一个快速发展的经济体，或许对西方国家来说是竞争者，但亚洲国家更应该视中国为资源而不是竞争者，这也是斯里兰卡视中国为整个亚洲利益可开发利用资源的原因。从这个层面上说，

---

① “China upgrades Sri Lanka expo partnership”, http://www.priu.gov.lk/news_update/Current_Affairs/ca201304/20130401china_upgrades_sl_expo_partnership.htm Monday, April 01, 2013 — 6.27 GMT.

② HC Kariyawasam, “Ties with New Delhi and Beijing not a zero sum game”, http://www.priu.gov.lk/news_update/Current_Affairs/ca201306/20130602ties_with_new_delhi_and_bijing_not_a_zero_sum_game.htm Sunday, June 02, 2013 — 03.10 GMT.

斯同中国的经济关系非常好，其他国家也应该同中国保持良好的经济关系。斯在同中国做生意，中国在斯有很多工程和投资，斯与印度很都欢迎。

对于斯中、斯印关系，斯国防部部长认为：从斯里兰卡的角度来讲，斯印关系是具有历史影响的、牢固的，尽管偶尔双边会出现一些问题；而斯中关系是深厚的、多面的，他感激中国，中国作为最重要的发展中伙伴在建设汉班托特港中所作出巨大贡献；建汉班托特港是纯粹商业性的行为，不能误解成“珍珠链”模式。斯里兰卡一贯追求“不结盟”的外交政策。

（三）斯里兰卡长期以来获得日本的经济援助与支持

1. 援助斯里兰卡北部扫雷

2013 年日本援助斯里兰卡 86.05 万美元用于北部扫雷，自 2003 年以来日本已经向斯里兰卡北部和东部的清雷工程援助了 2400 万美元，在这 10 年间，2.3 万枚地雷和 1400 件未爆炸武器从被地雷和战争爆炸残余所污染的 660 公顷土地上清除。同时，日本还给斯里兰卡开佳列地区（Kegalle District）边远村庄提供 7.2498 万美元的援助，用于改善那里的基础设施和居民生活。①

2. 日本对斯里兰卡基础设施建设的支持

2013 年 3 月，日本政府同意给斯里兰卡提供 438 亿日元的发展援助，用于基础设施建设和灾难预防，其中 411 亿日元是贷款，27 亿日元是援助。由于斯里兰卡在印度洋航道上拥有独特的地理位置，而且将成为该地区的海运中心，斯里兰卡与日本已经决定将扩大海上合作。斯总统在 2013 年 3 月 14 日与日本首相举行的峰会上发布了该共同声明，并达成了新的援助计划。日本援助 37 亿卢比支持斯里兰卡社会经济发展，支持的主要部门

---

① “Japan grants US$ 860，500 for demining in North”，http：//www. priu. gov. lk/news _ update/Current _ Affairs/ca201302/20130209japan _ grants _ us $860500 _ for _ demining _ north. htm Saturday，February 09，2013-16. 20 GMT.

为渔业、交通和健康。此外，日本还为斯里兰卡高速公路提供资助以安装电子交通信号。①

日本副首相兼财务部长麻生太郎在 2013 年 5 月 2 日访问斯里兰卡时称，如果斯继续保持和平，经济也持续增长，日本将继续支持斯里兰卡。自 1978 年以来，日本已经给斯里兰卡提供了 1.1 万亿卢比的援助，在斯的援助有道路、医院、港口、机场和发电站。5 月 2 日上午，麻生太郎在斯总统府与斯总统见面时表示：日本政府准备给斯里兰卡能源部门提供技术支持，以帮助促进斯进行高效率能源生产；还将援助斯里兰卡扩大当地医疗用药的生产；日本国际合作机构将给斯里兰卡国家医疗用药公司提供价值 20 亿卢比的现代设备，以进一步扩大生产能力。2013 年 3 月斯里兰卡与日本签署了一项授权协议，根据该协议日本将给斯里兰卡提供近 60 亿卢比以改善健康设施，其中一部分贷款将用于加强制药的生产能力。②

3. 日本对斯里兰卡教育的支持

日本还为斯里兰卡人力资源发展提供了 2.45 亿卢比的奖学金，该奖学金项目于 2010 年启动，旨在支持斯里兰卡年轻的公务员在日本国际大学、广岛大学和国际基督教大学学习两年的公共政策、公共财政、公共管理、地区发展、宏观经济学和发展经济学，以获得硕士学位。2013 年的 2.45 亿卢比是资助第四批 15 名学者。迄今为止，已有 45 名斯公务员获得了该奖学金，并有 15 名官员获得硕士学位回国。③

---

① "Sri Lanka and Japan to Expand Maritime Cooperation", http://www.priu.gov.lk/news_update/Current_Affairs/ca201303/20130315sl_japan_expand_maritime_cooperation.htm Friday, March 15, 2013-3.53 GMT.

② "Japan ready to continue support Sri Lanka-Deputy PM of Japan", http://www.priu.gov.lk/news_update/Current_Affairs/ca201305/20130503japan_ready_to_continue_support.htm Friday, May 03, 2013-06.29 GMT.

③ "Japan provides further Rs. 245 million for Human Resource Development Scholarship Japan provides further Rs. 245 million for Human Resource Development Scholarship", http://www.priu.gov.lk/news_update/Current_Affairs/ca201306/20130606japan_provides_further_rs245_%20million.htm Thursday, June 06, 2013-05.18 GMT.

（四）同俄罗斯、白俄罗斯建立合作关系

1. 斯里兰卡与白俄罗斯签署 7 项双边协议

2013 年 8 月，斯总统对白俄罗斯进行了为期 3 天的国事访问。8 月 26 日，白俄罗斯总统主持了 7 项协议和备忘录的签署仪式。这 7 项协议为：经贸合作，外交与官方护照持有者互免签证，避免双重课税和防止偷税漏税，旅游，军事事务的技术合作，两国在司法部门之间合作的备忘录，双方在刑事案件上的法律援助。

斯里兰卡与白俄罗斯确定建立合资企业的领域。2013 年 8 月 26 日，斯总统与白俄罗斯总统举行双边讨论，确定了可能建立合资企业的领域，包括：拖拉机、卡车、帆船的制造，农业与军事设备制造，以及奶制品、鞋类和婴儿食品制造。

白俄罗斯工贸部要求斯里兰卡在白俄罗斯建立物流中心以促进双边贸易。2012 年斯里兰卡与白俄罗斯的贸易额为 4620 万美元，比 2011 年增长了 16%；2012 年白俄罗斯对斯里兰卡的出口额为 3520 万美元，如果排除化肥、石油和石油产品，白俄罗斯对斯里兰卡的出口额为 8.26 万美元。2012 年白俄罗斯对斯里兰卡的贸易顺差为 2410 万美元。

另外，白俄罗斯已经同意为斯提供开发斯农业产业化的基础设施设备，包括蔬菜水果的栽培耕种及液体牛奶的生产。

2. 斯里兰卡与白俄罗斯建立议会联盟

建立该联盟的目的是：提高双边在政治、经济和社会各部门的互信；确保两国在国际论坛的合作；进一步加强经济、贸易和商业各部门的合作。①

① “Sri Lanka and Belarus sign seven bilateral agreements”，http：//www. priu. gov. lk/news _ update/Current _ Affairs/ca201308/20130827sl _ belarus _ sign _ seven _ bilateral _ agreements. htm Tuesday，August 27，2013-04. 01 GMT.

3. 在安全防务方面，斯里兰卡与俄罗斯在联合国大会上进行接触

2013 年 9 月 27 日，联合国大会在纽约召开，在非正式会议期间，俄罗斯与斯里兰卡外长就“禁止在太空部署基本武器”签署了协议。由于意识到太空为各国社会、经济、科技发展及全球与国家安全而存在的重要意义，斯俄两国的协议宣称将尽一切努力防止太空成为竞技舞台。2013 年 10 月 4 日，两艘俄罗斯军舰对斯里兰卡进行友好访问。①

随着亚洲国家如中国与印度的崛起，印度洋越来越受到重视，世界的中心近年来明显回到印度洋地区。在 2013 年 11 月 25 日举行的主题为“2013 加勒对话”的国际海事会议上，斯里兰卡国防部长发表讲话称，斯里兰卡谋求与其盟国的建设性的、有意义的经济合作。内战后，斯里兰卡取得迅速的发展，在这种背景下，斯启动了“5 个中心”的发展战略，即把整个国家发展成海事中心、航空中心、商业中心、能源中心和知识中心。由于斯里兰卡在印度洋的特殊地理位置，其战略地位也越来越得到国际社会的重视。

比如，斯里兰卡在石油贸易中具有重要的战略意义：在世界石油贸易中，中东有着非常重要的地位，而中东输出石油有三条路线，经过印度洋前往东亚的路线就是其中一条。在这条路线上，除马六甲海峡外，位于印度洋南部的斯里兰卡位置尤其重要。有媒体称，从这里能够控制途经印度洋的航线，该航线每年运送价值 2600 亿美元的石油和天然气。这对经印度洋由中东驶往日本、韩国、中国和东南亚的油轮具有生死攸关的意义。②

由此，我们可以从斯里兰卡的外交关系中窥见一点中国、印度、日本、俄罗斯等大国的印度洋政策与行动，也可分析出斯里兰卡在印度洋的

---

① “Russia，Sri Lanka agree on no first deployment of weapons in outer space”，http：//www. priu. gov. lk/news _ update/Current _ Affairs/ca201310/20131002russia _ sl _ agree _ on _ no _ first _ deployment _ of _ weapons _ in _ outer _ space. htm Wednesday，October 02，2013-05. 25 GMT.

② “The bond of Buddha is a bond between India and Sri Lanka which nothing can break-Indian Foreign Secy”，http：//www. priu. gov. lk/news _ update/Current _ Affairs/ca201304/20130415the _ bond _ of _ buddha _ is _ a _ nd _ between _ india _ sl. htm Monday，April 15，2013 — 8. 45 GMT.

重要战略地位。

二、经济发展

斯里兰卡是印度次大陆末端上一个人口为 2000 多万的岛国，有 3000 多年的历史及丰富的文化遗产，但是从 1983 年至 2009 年，整个国家笼罩在内战的阴云里。内战结束后，斯里兰卡取得飞速的发展，经济也随之复苏，年均 GDP 增长达到 7.2%。斯里兰卡有国内强劲的市场和极易进入印度和亚洲的大市场，在东南亚经济中占有极其重要的位置，极具发展潜力。

（一）经济增长迅速

2012 年斯经济增长 6.4%，2010、2011 年经济增长达到 8%，通货膨率连续 4 年保持在 1 位数。2012 年工业增长是整个经济增长的推动器，增长 10.3%，其中建设部门的贡献最大；农业增长 5.8%；服务账户表现良好，主要是交通运输、信息技术和旅游的增长。2013 年 1 月斯贸易赤字与去年同期相比下降 24%，尽管出口收入还在下降。与去年同期相比，2013 年 1 月进口下降 21.3%，进口额为 15.07 亿美元；出口收入下降 18.2%，只有 7.26 亿美元；游客增加 13.4%，旅游收入稳定增长达 20.5%，为 1.07 亿美元；工人汇款增加 10.8%，达 5.24 亿美元；流入到斯政府的资金（包括国库券和科伦坡证券市场的投资）1 月份增加了 146.2%，达 8.01 亿美元；官方储备是 68.55 亿美元；国际储备（包括官方储备和商业银行的外汇资产）达 85.38 亿美元。[①] 2013 年，斯里兰卡经济增长达到 7.2%，人均收入达到 3280 美元。英国《金融时报》称，斯里兰卡为亚洲

① "Trade deficit narrows in January", http://www.priu.gov.lk/news_update/Current_Affairs/ca201304/20130403trade_deficit_narrows_january.htm Wednesday, April 03, 2013-6.03 GMT.

继中国之后第二个经济高速增长的国家。①

（二）基础设施投资建设显著

基础设施一直是斯里兰卡发展的瓶颈。内战结束之后，斯启动了一系列大型建设项目。2012年斯里兰卡政府对基础设施的投资达3882亿卢比，占GDP的比重为5.1%，建设的领域有：港口、机场、公路、铁路、水利灌溉、能源及水供应。卡特迈尔上游水电工程（The Upper Kotmale hydropower project）2012年完工，汉班托特国际机场于2013年3月建成开放。2012年在建工程有：南科伦坡港口工程，科伦坡周边高速公路工程，汉班托特港的第二期工程，南部高速公路的第二期工程，北部铁路到贾夫纳的延伸线。②

（三）旅游业成为斯里兰卡10亿美元的产业

内战结束后，除了基础设施建设之外，斯政府把发展重心放在旅游业上。2012年海外游客增加17%，达到100万人，旅游收入达到10亿美元。2013年6月旅游收入增长29%，达到8100万美元，而2012年6月收入为6300万美元；2013年上半年旅游收入增长22.9%，达5.65亿美元，2012年同期为4.59亿美元；2013年6月游客增加12.8%，达7.3628万人，2013年上半年游客达到51.2281万人。③ 2013年旅游收入增长35%，达到14亿美元。2012年只有10亿美元。④

---

① "SL one of Asia's fastest-growing markets after China-UK FT", http://www.priu.gov.lk/news_update/Current_Affairs/ca201404/20140410sl_one_of_asias_fastest.htm Thursday, April 10, 2014-7.05 GMT.

② "Economic and social infrastructure", http://www.cbsl.gov.lk/pics_n_docs/10_pub/_docs/efr/annual_report/AR2012/English/7_Chapter_03.pdf.

③ "Earnings from tourism continue to record sound growth", http://www.priu.gov.lk/news_update/Current_Affairs/ca201308/20130823earnings_tourism_continue_record_soun

④ "Tourism earnings increase", http://www.priu.gov.lk/news_update/Current_Affairs/ca201402/20140211tourism_earnings_increase.htm Tuesday, February 11, 2014-05.20 GMT.

（四）阿育吠陀草药出口增长迅猛

随着来斯里兰卡旅游人数的迅猛增长及全球对草药产品日益增加的需求，2012 年斯里兰卡阿育吠陀草药的出口量较 2010 年增长 95%。因为阿育吠陀草药采用当地的植物制成，几乎不用进口品，所以很大地缩小了贸易逆差。科伦坡每年都举行本土保健展览及商品交易会，参展商主要来自印度、中国、泰国、法国、德国和南非。此展览会的目的是在斯里兰卡国内外普及阿育吠陀和本土医药产品以及创造需求。2012 年斯里兰卡的药物出口值为 350 万美元，较 2011 年增长 3.8%；而 2012 年仅阿育吠陀产品的出口就达 26 万美元，较 2010 年增长 95%。2012 年斯草药出口的主要购买者为澳大利亚、马尔代夫、日本、印度和阿尔巴尼亚，印度一家有着 100 多年历史的阿育吠陀药品制造商很看好斯里兰卡。①

（五）斯里兰卡经济增长的地区差距缩小

斯里兰卡西部省份的国内生产总值（GDP）在斯全国 GDP 增长中所占比重最高，但在 2012 年的增长中有所下降，表明斯省份之间的发展差距在缩小。根据斯里兰卡中央银行统计部发布的统计数字：2012 年斯里兰卡经济增长 6.4%，达到 7582 万亿卢比（594 亿美元），人均收入达 37.3 万卢比（2923 美元）。正如所预期的那样，西部省份集中了主要的经济活动，2012 年对 GDP 的贡献是 3292 万亿卢比，但是它在 GDP 中的份额却从 2011 年的 44.2%下降至 43.4%。西部省份的 GDP 增长达到 13.7%，主要来自制造业、建筑业、运输业和贸易业的不断增长。北部省份由于从 30 年冲突中恢复过来，取得了高速增长，2012 年 GDP 增长达 25.9%，但比起 2011 年的 27.8%有所下降。由于农业、采石采矿、建筑和金融服务业的增长，2012 年东部省份的增长为 25%，居斯全国第二。南部省份的增长为

① "'Ayurveda surging, exports up by 94%' —Minister of Industry & Commerce", http://www.priu.gov.lk/news_update/Current_Affairs/ca201307/20130715ayurveda_surging_exports_up.htm Monday, July 15, 2013 — 05.40 GMT.

21.3%，中部省份的增长为 15.3%。①

（六）2013 年世界繁荣指数斯里兰卡排名第六十位

自从 2009 年结束 30 年恐怖主义之后，斯在世界繁荣指数排名里的位置前进了 11 位。在南亚地区，印度落后至 106 名，孟加拉国排在 103 名，尼泊尔居 102 名，巴基斯坦则排在 132 位，中国排在第 51 位。排在第一位的是挪威，第二是瑞士，第三是加拿大，第四是瑞典，第五是新西兰。排在末尾的国家是乍得（142 名）、中非共和国（141 名）、刚果（140 名）、阿富汗（139 名）、巴基斯坦（132 名）和伊拉克（130 名）。

总的来说，内战结束后，斯对国家的发展极具信心。斯发展的优势主要体现在以下几个方面：首先，斯里兰卡的人力资源是国家的主要资产，人口识字率达到 97%，斯里兰卡工人很容易适应投资者分派的工作。其次，基础设施发展瓶颈问题正在解决。当前政府的重心是发展基础设施，如修建公路和铁路网，建设港口、机场和发电站，特别是南部城市汉班托特现在已经有一个港口和国际机场。第三，斯里兰卡是投资者进入南亚的门户。斯里兰卡在印度洋的战略地位非常重要，其同印度和巴基斯坦的自由贸易协定使其成为投资者进入南亚的门户。另外，斯里兰卡有一个自由的贸易环境，比如外国人可以不需要本地合作者就完全进入斯本地公司，而且在斯的外国投资者可以自由地把他们的利润汇回国。第四，斯里兰卡在全球资本市场上的活跃也表明国际社会对斯经济发展充满信心。2007 年以来斯发行主权债券，吸引越来越多的全球投资者，到 2012 年已成功发行了 10 亿美元的主权债，认购超过 10.5 倍。②

同时，斯里兰卡还希望成为全球物流中心。斯里兰卡港口局于 2013 年

---

① "Regional disparity in economic growth reduced", http://www.priu.gov.lk/news_update/Current_Affairs/ca201309/20130911regional_disparity_in_economic_growth_reduced.htm Wednesday, September 11, 2013-6.29 GMT.

② Ambassador Wickramasuriya, "Security, stability & farsighted policies leverage international investor confidence in SL", http://www.priu.gov.lk/news_update/Current_Affairs/ca201306/20130610security_stability_farsighted_policies.htm Monday, June 10, 2013-6.04 GMT.

8月1日提出了名为“展望2020年——丝绸路上的卓越物流”的总计划，对原目标进行了重新定位，从集装箱中心拓展为全球物流中心。斯港口局在开建一个最优的海事深水港，扩大其他港口和举行海上基地活动的同时，正计划建设一个全方位的物流系统，整合物流功能。斯的目标是到2020年成为优秀的海事中心，达到2亿吨的货物装卸、10亿美元的收入、100亿美元的港口投资，使港口成为国家经济增长的主要贡献者。汉班托特港自从2012年6月开始运行以来就成为汽车转载处理中心，2012年后半年，该港已经从31艘汽车运载船上成功处理了近4500个转载箱。①

三、理性地对待国际社会就人权问题对斯里兰卡的态度与行为

（一）斯里兰卡用战后所取得的成就有力地回击了2013年3月联合国人权委员会对斯的决议

2013年3月，联合国人权委员会对斯里兰卡战后人权问题进行了投票。3月21日，在于日内瓦举行的联合国人权委员会第22次会议上，美国发起决议并提出讨论，指控斯里兰卡不公正地使用国家权力对抗公民和“有武装的反对党”。结果是：13个国家反对美国发起的决议，8个国家弃权，1个国家缺席，人权委员会47个国家中22个国家拒绝支持美国发起的决议；24个国家支持美国的决议，它们是13个欧盟国家和想加入欧盟的国家及印度等。②

斯里兰卡对联合国人权决议作出了回应：首先，用事实展示了2009年

① “SLPA introduced new corporate plan”，http：//www. priu. gov. lk/news _ update/Current _ Affairs/ca201308/20130801slpa _ introduced _ new _ corporate _ plan. htm Thursday，August 01，2013 — 05. 40 GMT.

② “Sri Lanka vote highlights increasing divide within Human Rights Council”，http：//www. priu. gov. lk/news _ update/Current _ Affairs/ca201303/20130322sl _ vote _ highlights _ increasing _ divide _ within _ hr _ council. htm Friday，March 22，2013—5. 38 GMT.

后斯在和平、和谐进程中所取得的成就。战争后 3 年来，斯里兰卡正在走向和平与恢复正常。3 年来取得的主要成就是：重新建设、重新安置、重新复兴、重新整合和和解调停工程（The Reconstruction，Resettlement，Rehabilitation，Reintegration，and Reconciliation programme），表明斯里兰卡正在迈向可持续发展、社会进步和永久和平。重建工程包括基础设施和社会的重建，主要是加强民政、提供生活支持和住房。2011 年以前的战区——北部省份的增长率达到 27%，而同期全斯里兰卡的国内生产总值增长率为 8%；被猛虎组织完全破坏的北部铁路线正在修复之中，从瓦乌尼亚到堪卡山如莱共长 177 公里，该工程预计 2015 年完工。重新安置工程包括：2009 年猛虎组织被击退后，有 29.5 万难民得到斯政府的关怀；最后一批难民于 2012 年 9 月 24 日被安置在玛莱提武的村庄里；至此政府安置了 22.4449 万难民，剩余的 2.8398 万人将分散住进全国各地的家庭。安置工程的另一重要方面是扫雷：斯里兰卡军方清除了北部地区 75%的地雷，至 2013 年 1 月 99%的地区被清除了地雷，只剩不到 98 平方公里的地方还有待扫雷；2002—2012 年扫雷的土地面积是 1967.29 平方公里；清除了大约 94.6719 万项装备包括地雷和未爆炸武器。重新复兴工程包括：从战后初期到 2013 年 1 月 15 日，1.2 万名战犯只有 396 名（其中女犯 18 人）还在改造中，225 人在司法程序进程中；至 2013 年 1 月 15 日，有 1.1456 万人（男 9203 人，女 2253 人）包括 594 名前猛虎童子军已经回归社会。[①]

其次，在意识形态和实际的措施中斯里兰卡正在进一步开展和谐与和平的工作。斯里兰卡内阁部长已同意从印度寻求技术支持，以实施旨在使全国公民会 3 种语言的国家计划。2012 年在斯总统的倡议下，斯里兰卡启动了一项宏大的 10 年计划——使斯里兰卡成为一个使用 3 种语言的国家，并宣布 2012 年为“三种语言年”，即让每个斯里兰卡公民通晓僧伽罗语、泰米尔语和英语。在复活节时，斯总统发表讲话称：在当前国际很多地区人民与民族之间存在冲突的情况下，人们在复活节时记起的基督教教

---

① “Focus on intrusive initiatives are less constructive-Sri Lanka”，http：//www. priu. gov. lk/news _ update/Current _ Affairs/ca201303/20130306focus _ intrusive _ initiatives _ less _ constructive _ sl. htm Wednesday，March 06，2013-6. 44 GMT.

诲——博爱和宽容能够在相互容忍和尊重中起很大作用。[①]

（二）斯总统批驳西方在人权问题上采取的态度

两年一度的英联邦政府首脑会议于 2013 年 11 月 15—17 日在科伦坡举行，53 个英联邦国家代表团出席，其中 37 个国家政府首脑与会。英联邦现有 53 个成员，其中绝大多数为英国前殖民地或附属国。印度总理辛格缺席此峰会，辛格是继加拿大总理哈珀之后第二位抵制本次峰会的英联邦国家领导人。哈珀以斯里兰卡国内人权问题为由，拒绝出席英联邦峰会，还表示有意撤出对英联邦的出资。斯里兰卡总统拉贾帕克萨 16 日在科伦坡批驳西方在人权问题上采取双重标准，指出对待人权问题应采用统一标准，正所谓“自身不正，何以正人”。

拉贾帕克萨当天在英联邦峰会记者会上说，斯里兰卡议会委员会已就内战期间有关问题展开调查，寻找战争失踪者。斯政府还投入 25 亿美元用于北部地区的战后重建，斯政府在实现民族和解上已经竭尽全力，但确实需要时间去解决问题，抚平战争伤痕。

针对外界对斯内战期间所谓侵犯人权的指责，拉贾帕克萨表示，斯里兰卡尊重民主，不掩盖任何问题，即便是对斯持最严厉批判态度的媒体此次英联邦峰会也都获准入境，并完全自由地进行采访，但媒体报道应“不偏不倚”。当天早些时候，正在此间出席英联邦首脑会议的英国首相卡梅伦表示，“如果斯里兰卡不能在 2014 年 3 月前完成有关人权问题调查，英国将推动联合国人权委员会展开国际调查”。部分西方国家和一些国际组织指责斯里兰卡政府军在内战最后阶段存在严重的侵犯人权行为，声称要对斯展开人权问题国际调查，斯政府对此予以否认。[②] 斯里兰卡外交部长佩雷斯强调，某些国家的抵制阻碍不了英联邦首脑会议的成功召开。此次会议主题为“公平增长、包容发展”，重点讨论了应对全球气候变化、促

---

① “Govt. seeks India’s technical assistance for ‘tri-lingual Sri Lanka’ initiative”, http: //www. priu. gov. lk/news _ update/Current _ Affairs/ca201303/20130310govt _ seeks _ indias _ technical _ assistance. htm Sunday, March 10, 2013-8. 20 GMT.

② “斯里兰卡总统批驳西方在人权问题上采取双重标准”，新华网，http: //fujian. people. com. cn/GB/n/2013/1117/c181466-19933800. html。

进贸易、维护食品安全、消除贫困等议题。

总之，2013 年斯里兰卡在对外关系方面巧妙地平衡斯印关系和斯中关系，积极与日本和俄罗斯等国开展合作。虽然与印度有冲突与矛盾，但总的说来，斯印两国都有着悠久的历史，也曾有过共同的文化与传统，两国坚定的亲戚关系是矛盾与冲突不可阻断的。此外，由于斯里兰卡拥有位于印度次大陆南端重要的地理位置，在国际上左右逢源，得到较多的经济援助和支持。在经济发展方面，战后斯经济增长速度是有目共睹的，2009 年以来增长速度平均达到 7.5％，基础设施建设、旅游业、成衣业等发展态势良好。面对西方国家就人权问题对斯进行干预，斯虽然是一个小国，但有自己的立场与原则，用发展的事实有力地回击了西方的指责，斯里兰卡理性、独立的处事态度与方式值得发展中国家借鉴。

2013 年马尔代夫综述

王娟娟* 刘 琪**

2013 年对马尔代夫未来政治走向至关重要，这一年马尔代夫进行了军事政变后的首次总统大选，也是马尔代夫史上第二次直选总统。总统大选致使马尔代夫出现政治上的动荡，经过主要政党之间的分化、组合以及政府、最高法院与军警等多种力量的博弈，11 月进步党的亚明当选为总统。经济上，受军警政变的影响，马尔代夫旅游业受到一定的冲击，旅游业收入在 GDP 中所占比重有所下降，通货膨胀率上升。外交上，马尔代夫除发展周边外交之外，努力拓展外交空间，与美国在经济、政治与军事等方面的合作得到强化，与印度的关系则在波折中前进，与中国的关系继续保持良好发展势头。

一、总统大选一波三折，宪政面临考验

2013 年马尔代夫政坛上最引人瞩目并且引起争议最多的事件是国家调查委员会对军警政变的调查、对前总统纳希德的审判和总统大选。

---

* 王娟娟，教育部人文社会科学重点研究基地四川大学南亚研究所和马尔代夫研究中心助理研究员。

** 刘琪，教育部人文社会科学重点研究基地四川大学南亚研究所硕士研究生。

（一）国家调查委员会发布对 2012 年军警政变的调查报告，但满意度不高

瓦希德过渡政府成立国家调查委员会，对 2012 年 2 月发生的军警政变进行调查并发布了调查报告，但该报告遭到反对党的质疑，要求政府聘请 2 名外国法律专家予以重新审查，然而由于预算紧张该计划遭推迟。[①] 之后，Raajje 电视台爆出进步党人亚明等曾煽动示威者与警察发动政变。[②]

（二）对前总统纳希德的审判引发国内外关注

因前总统纳希德 2012 年 1 月下令逮捕刑事法院大法官，瑚湖尔地方法院起诉纳希德，但对其审判的听证会未能如期进行，纳希德在审讯之前避难于印度驻马大使馆。[③] 此事引起国内与国际社会的关注，纳希德所在的马尔代夫民主党人上街示威游行，而美国、印度、英国、加拿大等国家以及联合国、欧盟等组织对于逮捕前总统纳希德以及纳希德是否能够参加总统大选表达了严重关切，呼吁马各方保持克制，不要使用暴力，以保证所有候选人能够参加总统大选。[④] 最终，高等法院命令瑚湖尔地方法院停止了对纳希德的审判。

---

① "Deadline to Seek Foreign Experts for CoNI Investigation Extended", Minivan News, January 17, 2013, http: //minivannews. com/news-in-brief/deadline-to-seek-foreign-experts-for-coni-investigation-extended-51292.

② Ahmed Naish, "New Footage of Feb 7 Shows Yameen, Gasim Inciting Demonstrators, Police", Minivan News, February 20, 2013, http: //minivannews. com/politics/new-footage-of-feb-7-shows-yameen-gasim-inciting-demonstrators-police-53279.

③ J. J. Robinson, "India Backs Inclusive Elections, as Former President Takes Refuge in High Commission", Minivan News, February 13, 2013, http: //minivannews. com/politics/india-backs-inclusive-elections-as-former-president-takes-refuge-in-high-commission-528.

④ J. J. Robinson, "US, UK, UN Call for Restraint, 'Inclusive' Presidential Elections", Minivan News, February 15, 2013, http: //minivannews. com/politics/us-uk-un-call-for-inclusive-presidential-elections—52986.

（三）总统大选中的政治竞逐

按照之前的约定，2012 年 2 月 7 日军警政变之后成立的瓦希德政府仅是过渡政府，2013 年 9 月马尔代夫人民将选出新的总统。然而，马尔代夫总统选举虽然在 9 月如期举行，但其间却几经波折，其中各主要政党、最高法院与军警之间的政治博弈引人瞩目。主要体现在：

1. 各主要政党不断上演分合斗争戏码

按照《政党法案》的相关规定，不足 1 万人的政党无权参加总统大选，再加之处于总统大选的白热化，一些政党之间出现分化、重组和结盟。起初，主要政党之间人民党、正义党与瓦希德总统所在的国家统一党结成联盟，前总统纳希德所在的马尔代夫民主党与进步党结盟，[①] 但两大政治联盟均以破裂而告终。正义党从瓦希德总统所在的联盟中退出，转而与前总统加尧姆的弟弟阿卜杜拉·亚明所在的进步党结成联盟；[②] 随之，人民党也从瓦希德的政治联盟中退出，转而与马尔代夫首富卡西姆·易卜拉欣所在的共和党结为政治联盟。[③] 最终参加总统竞选的候选人是国家统一党推

---

① "MDP Willing to Discuss Interim Government with PPM: Nasheed", Minivan News, May 16, 2013, http://minivannews.com/politics/mdp-willing-to-discuss-interim-government-with-ppm-nasheed-58017; Mariyath Mohamed, "GIP-DRP-Adhaalath Coalition to Hold Rally, Music Show", Minivan News, June 29, 2013, http://minivannews.com/politics/gip-drp-adhaalath-coalition-to-hold-rally-music-show-60477.

② Leah Malone, "Adhaalath Party Quits President Waheed Coalition", Minivan News, July 11, 2013, http://minivannews.com/politics/adhaalath-party-quits-president-waheeds-coalition-61002; Neil Merrett, "PPM Confirms 'Talks' with Adhaalath Party Over Prospective Coalition", Minivan News, July 14, 2013, http://minivannews.com/politics/ppm-confirms-%E2%80%9Ctalks%E2%80%9D-with-adhaalath%C2%A0party-over-prospective-coalition-61088.

③ Mohamed Naahee, "DQP, Dr Hassan Saeed Quit President Waheed Coalition: 'Too Much Family, Expatriate Influence'", Minivan News, July 18, 2013, http://minivannews.com/politics/dqp-dr-hassan-saeed-quit-president-waheed%E2%80%99s-coalition-%E2%80%9Ctoo-much-family-expatriate-influence%E2%80%9D-61253; Mohamed Naahee, "Dr Hassan Saeed Unveiled as the Running Mate of Resort Tycoon Gasim Ibrahim", Minivan News, July 21, 2013, http://minivannews.com/politics/dr-hassan-saeed-unveiled-as-the-running-mate-of-resort-tycoon-gasim-ibrahim-61341.

出的独立候选人、现总统瓦希德，马尔代夫民主党推出的前总统纳希德，正义党与进步党联合推出的候选人亚明以及人民党、正义党与共和党联合推出的候选人易卜拉欣。

2. 最高法院、军警、政府及主要政党之间政治博弈激烈

9 月 7 日，马尔代夫举行总统大选。根据统计结果，4 位总统候选人的首轮得票率分别为：纳希德为 45.45%；阿卜杜拉·亚明为 25.35%；卡西姆·易卜拉欣为 24.07%，位居第三；独立候选人、现任总统瓦希德得票率仅为 5.13%，排名最后。按照宪法规定，在无人过半数的情况下，总统大选应在纳希德与亚明之间展开第二轮竞逐。①

然而，以易卜拉欣为首的共和党对选举结果提出质疑，称其中存在异常选票，要求推迟第二轮总统选举。最高法院最初拒绝了共和党提出的对选举结果质疑的案件，选举委员会也驳回了共和党关于选举舞弊的指控，但最后最高法院接受了共和党指控选举存在舞弊的案件，并命令选举委员会交出原始选民名单，共和党向法院提交 3 名证人的陈述，法院进行了相关的听证会。10 月 7 日，最高法院以存在舞弊为由，宣布取消 9 月 7 日举行的总统选举投票结果，作出将无限期推迟选举的判决。② 这引起马尔代夫民主党人的街头抗议，前总统纳希德的上千名支持者涌向高等法院，遭遇军警阻拦，双方发生小规模冲突，约有 6 名示威者因暴力行为被警方拘捕，示威人群中有几人受轻伤。国际社会对此也极为关注，联合国、英联邦组织和印度均要求马尔代夫如期举行大选投票，以维护国家稳定。③ 之后，选举委员会确定于 10 月 19 日举行新的总统选举。

然而 10 月 19 日，马尔代夫选举委员会主席陶菲克试图如期举行选举，但其办公室在 19 日早上遭到警察包围，警察阻止选举委员会工作人员发放选举材料。警方发言人称，根据最高法院有关新一轮总统选举的规定以及

① “马尔代夫总统选举将举行第二轮投票”，2013 年 9 月 8 日，http://news.xinhuanet.com/world/2013-09/08/c_117276574.htm。

② 黄海敏：“马尔代夫总统选举第二轮投票推迟举行”，2013 年 9 月 24 日，http://news.xinhuanet.com/2013-09/24/c_117490672.htm。

③ 汪平、黄海敏：“马尔代夫因推迟总统大选发生示威游行”，2013 年 9 月 28 日，http://news.xinhuanet.com/2013-09/28/c_117543292.htm。

为了防止引发国内局势动荡，其依法中止了原定当天举行的新一轮大选。①

面对纷乱的政治局势，三大政党经协商作出妥协。10 月 27 日，前总统、马尔代夫民主党候选人纳希德与进步党候选人亚明以及共和党候选人易卜拉欣就大选相关问题举行磋商，3 名总统候选人达成一致，提议选举委员会将新一轮总统大选日期提前至 11 月 2 日，此轮若无任何 1 名候选人得票超过半数，将于 11 月 9 日举行最后一轮投票，产生新总统。之后，选举委员会宣布新一轮总统选举将在 11 月 9 日举行，若未能有候选人过半数则在 16 日举行第二轮投票。②

11 月 9 日，马尔代夫选民进行了重新投票，结果如之前，纳希德得票率第一，亚明其次，易卜拉欣第三，未有候选人过半数，新一轮角逐将在纳希德与亚明之间展开。11 月 16 日，亚明以 51.39%的选票击败纳希德当选为马尔代夫新总统。③

通过马尔代夫总统大选可看出 2013 年马尔代夫政治局势有以下特点：其一，马尔代夫政治体制中司法权过大，主要表现在最高法院对政局的强势介入，无论是 2012 年的“2·7”政变还是今年的纳希德审判、总统选举等都可见最高法院强势介入的影子；其二，自 2012 年“2·7”政变以来军警力量渗入到马尔代夫民主政治之中，成为一支不可忽视的、影响甚至左右政局方向的力量；最后，加尧姆家族重回马尔代夫政治舞台中心。加尧姆曾对马尔代夫进行了长达 30 年的独裁统治，2008 年纳希德成为马尔代夫首位民选总统，然而仅仅 5 年之后，2013 年加尧姆的弟弟又成为马尔代夫总统，加尧姆家族重回马尔代夫政治权力中心。

---

① “马尔代夫总统选举重新投票 因警察阻止未能进行”，2013 年 10 月 20 日，http：//news. xinhuanet. com/world/2013-10/20/c _ 125565737. htm；赵旭、黄海敏：“马尔代夫警方称中止总统选举合法”，2013 年 10 月 20 日，http：//news. xinhuanet. com/world/2013-10/20/c _ 125566514. htm。

② 黄海敏：“马尔代夫总统候选人一致同意提前举行新一轮大选”，2013 年 10 月 28 日，http：//news. xinhuanet. com/2013-10/28/c _ 117901157. htm。

③ “Yameen to Become Maldives’ 6th President”，Minivan News，November 16，2013，http：//minivannews. com/politics/live-yameen-ahead-with-52-percent-as-maldives-awaits-provisional-results-71754.

二、低经济增长率与高通货膨胀率并存

2013 年马尔代夫经济呈现以下特点：经济总量有所增加，但速度有所放缓；人均收入有所增加，但存在通胀；国民经济中第三产业依然占据绝对优势，第一、二产业呈下降趋势；对外贸易赤字扩大，但国际收支情况有所改善。对此，瓦希德过渡联合政府积极采取措施刺激经济发展。

（一）经济总量呈上升趋势，但经济增速减慢

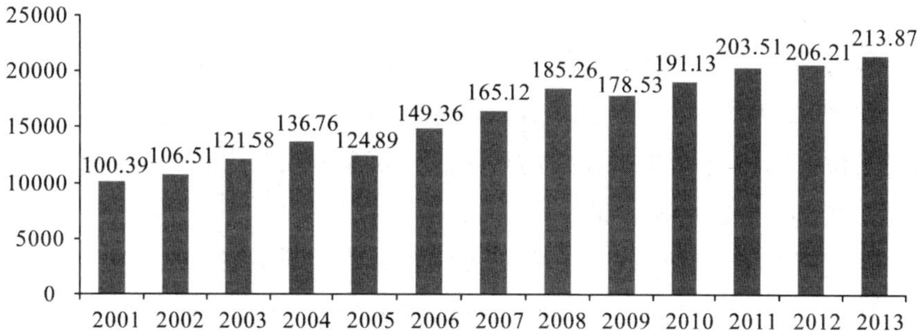

图 1　2001—2013 年马尔代夫经济总量 GDP（马尔代夫货币单位：亿拉菲亚）

数据来源：据马尔代夫货币管理局统计所得，参见 Maldives Monetary Authority，http：//www. mma. gov. mv/statis. php。

2013 年度马尔代夫经济总量达到了 213.87 亿拉菲亚（如图 1 所示），其经济增长率为 3.7%（如图 2 所示），① 比 2012 年上升了 2.4%。经过 2012 年的经济低迷期，2013 年马尔代夫的经济发展有所好转，但发展水平依然较低。

① 数据来源于马尔代夫货币管理局 2013 年统计，参阅 Maldives Monetary Authority，Monthly Statistics，from January to December 2013，http：//www. mma. gov. mv/statis. php。

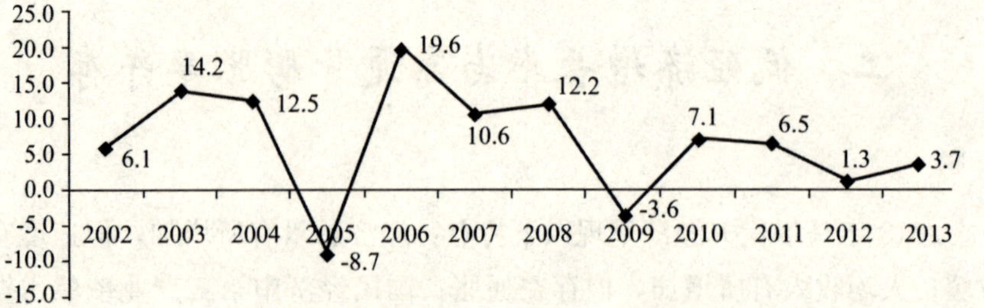

图 2　马尔代夫 GDP 的增长率（%）

数据来源：据马尔代夫货币管理局统计所得，参见 Maldives Monetary Authority，http：//www.mma.gov.mv/statis.php。

（二）人均收入增加，但通货膨胀现象严重

根据国际货币基金组织的计算，2013 年马尔代夫 GDP 为 22.76 亿美元，比 2012 年增加了 1.7 亿美元，在世界排名第 159 位，在南亚八国中排名第 7 位；2013 年马尔代夫人均 GDP 为 7098 美元，比 2011 年增加了 823 美元，在南亚八国中排名第一。

消费者物价指数（CPI）是反映通胀情况的重要指标之一，2013 年上半年，由于物价持续上涨，马尔代夫通货膨胀率依然偏高，但呈现逐渐下降的趋势，到 2013 年 11 月，马累的 CPI 指数已下降为 4.19%，与 2012 年年底相比已下降 50%左右。[①] 2013 年马累全年的通货膨胀率（如图 3 所示）整体呈下降趋势，[②] 并在年末逐渐达到一个较为合理的水平。

---

① 数据来源于马尔代夫货币管理局 2013 年统计，参阅 Maldives Monetary Authority, Monthly Statistics，from January to December 2013，http：//www.mma.gov.mv/statis.php。

② 同上。

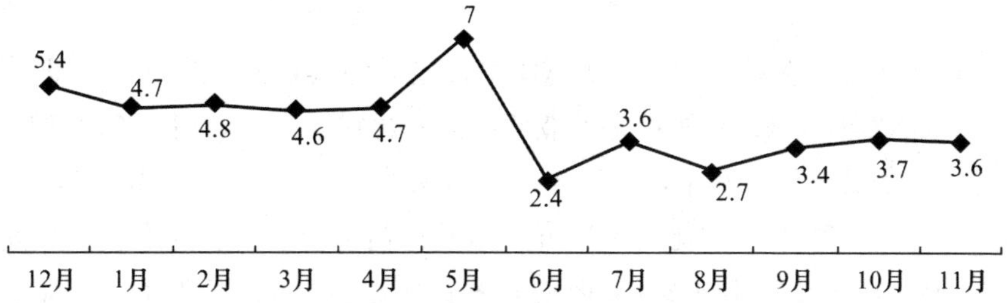

图 3　2013 年马累通货膨胀率（%）

数据来源：据马尔代夫货币管理局统计所得，参见 Maldives Monetary Authority，http：//www. mma. gov. mv/statis. php。

（三）第三产业在国民经济中占绝对优势，第一、二产业均呈下降趋势

2013 年马尔代夫三大产业结构百分比分别为 3.2%、14.5%、83.4%（如图 4 所示）。从马尔代夫经济产业结构的角度来看，马尔代夫国民经济结构总体特征并没有发生实质性的改变，第三产业在马尔代夫经济结构中仍然占绝对优势地位，且在短期内不会发生急速变化。

从各产业发展速度来看，与 2012 年度相比，2013 年马尔代夫第一产业和第二产业均呈下降趋势，第三产业呈上升发展趋势。

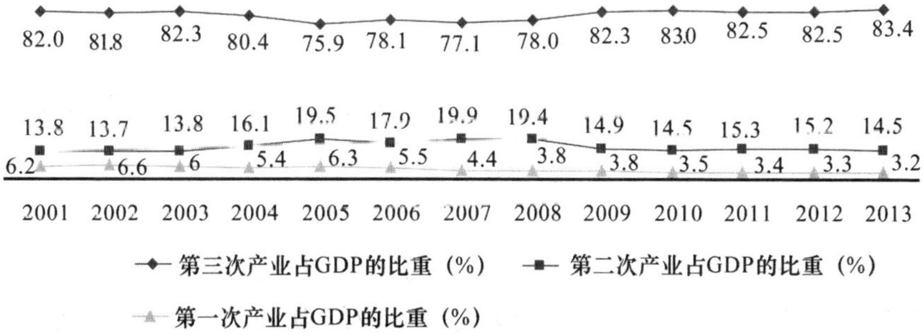

图 4　马尔代夫经济结构（%）

数据来源：据马尔代夫货币管理局统计所得，参见 Maldives Monetary Authority，http：//www. mma. gov. mv/statis. php。

具体而言：在马尔代夫经济总体增长缓慢的背景下其第一产业呈下降趋势，2013 年度马尔代夫第一产业的增长率达到了 3.2%，比 2012 年度下降了 0.1 个百分点。其中，2013 年马尔代夫渔业在 GDP 中占 1.5%，农业占 1.7%。与 2012 年相比，2013 年渔业总产值增长了 700 万拉菲亚。渔业在 GDP 中所占比重不到 2%，但它依然是国民经济的关键性部门，因为它解决了大部分马尔代夫人民的就业与生活问题。

2013 年马尔代夫的第二产业达到 14.5%的增长率，比 2012 年下降了 0.7 个百分点。其中制造业从 2012 年的 4.0%下降到了 3.6%，建筑业从 2012 年的 8.1%下降到了 7.6%，制造业在比重下降的同时金额也在减少，较 2012 年减少了 4800 万拉菲亚。

2013 年马尔代夫第三产业产值占 GDP 的比重达到了 83.4%，与 2012 年相比，增速上升了 1.1 个百分点。其中旅游业占 GDP 的份额达到了 28.7%；交通建设和信息产业所占份额也在逐渐增加，分别占 GDP 的 9.3%、10.3%；政府管理所占份额变化不大，没有明显的增减趋势，始终保持在 11.3%左右。旅游业是马尔代夫国民经济发展的支柱产业，所占 GDP 比重比 2012 年增长了 0.5%。较 2012 年同期相比，2013 年游客人数增加了 15 万左右，总游客人数首次突破 100 万。欧洲和亚洲旅游者依然是马尔代夫的主要客源市场。2013 年欧洲赴马尔代夫的旅游者占总旅游人数的 46%左右，亚洲旅游者占 45.5%左右，其中中国游客占 30%左右，中国依然是马尔代夫的最大客源国。①

（四）对外贸易赤字进一步扩大，国际综合收支情况有所改善

2013 年马尔代夫金融管理局称，马尔代夫对外贸易赤字进一步扩大。2013 年 1—10 月马尔代夫对外贸易总进口额约为 14.45 亿美元，比 2012 年同期增加了 1.95 亿美元；出口总额为 2.78 亿美元，比 2012 年同期增加

① 数据来源于马尔代夫货币管理局 2013 年统计，参阅 Maldives Monetary Authority, Monthly Statistics, from January to December 2013, http://www.mma.gov.mv/statis.php。

了 1900 万美元。其中进口额最大的产品为石油类产品，达到了 4.28 亿美元，占总进口额的 30%左右；出口额最大的产品为鱼类产品，达到 4.2 亿吨。[①]

从地区和国别上来看，马尔代夫最主要的进口地区是亚洲地区，其次是中东地区和南亚区域合作联盟，进口总额分别达到 11.75 亿美元、4.45 亿美元和 2.19 亿美元。在亚洲地区，新加坡与其贸易来往最为密切，其次是马来西亚、泰国以及中国。2013 年从新加坡进口的总额达到了 2.45 亿美元，从中国进口的总额达到 6000 万。马尔代夫最主要的出口地区是亚洲地区，其次是欧洲地区，出口总额分别达到 8400 万美元和 5060 万美元，其中最大的出口国是泰国，其次是伊朗。[②]

如图 5 所示，2013 年马尔代夫国际综合收支总差额为 3570 万美元，严重的财政赤字状况得到了一定的缓解。马尔代夫的外汇储备已经缩小到较为严重的额度，到 2013 年已经缩减到 49 亿拉菲亚，该金额只能勉强维持一个月的进口贸易。外汇储备的不断缩小主要是由于高通货膨胀率、外商直接投资的减少以及不断扩大的贸易逆差。

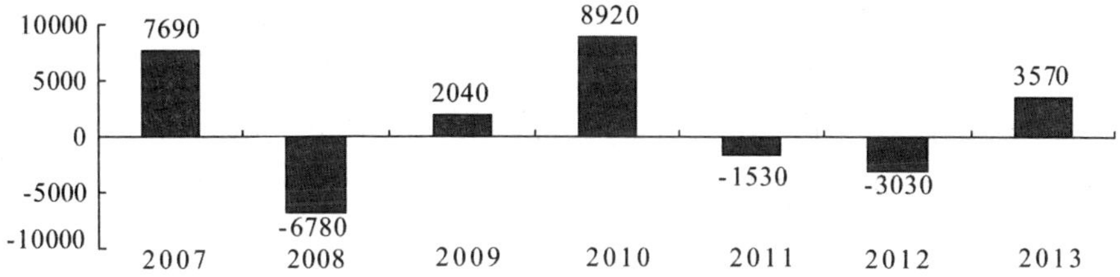

图 5　2007 年—2013 年马尔代夫国际综合收支总额（万美元）

数据来源：据马尔代夫货币管理局统计所得，参见 Maldives Monetary Authority，http：//www. mma. gov. mv/statis. php。

① 数据来源于马尔代夫货币管理局 2013 年统计，参阅 Maldives Monetary Authority，Monthly Statistics，from January to December 2013，http：//www. mma. gov. mv/statis. php。

② 同上。

（五）积极采取措施刺激经济发展

为了刺激经济，瓦希德政府采取了如下措施：第一，发展生态旅游，投资 388 万美元建立生态旅游湿地保护项目，[①] 并采取开发新的旅游景点以吸引海外游客，例如针对中国游客推出了文化宣传和五个旅游文化交流城市。第二，财政部长于 2013 年 1 月 27 日宣布马尔代夫将在亚行帮助下发展离岸金融中心，该项目已在建设之中。[②] 第三，加强基础设施建设，如建设燃料仓储、公路和机场等。[③] 第四，将绿色基金与气候基金合并为绿色基金，继续推进清洁能源项目。[④] 第五，为缓和财政危机，马政府寻求外来贷款，例如从沙特阿拉伯寻求到 3 亿美元的信贷，[⑤] 从锡兰银行寻求到 2940 万美元的贷款；[⑥] 与此同时，政府同意出售短期国库债券来解决 2013 年财政短缺的问题。[⑦]

---

① Leah Malone, "Maldives Launches US $ 3. 38 Million Eco-tourism Wetland Conservation Project", Minivan News, July 18, 2013, http://minivannews.com/politics/maldives-launches-us3-38-million-eco-tourism-wetland-conservation-project-57635.

② "Maldives to Establish Offshore Finance Center with ADB Assistance", Minivan News, January 27, 2013, http://minivannews.com/news-in-brief/maldives-to-establish-offshore-finance-center-with-adb-assistance-51807.

③ "MTCC and Government Finalising Agreement for Construction of 22 Harbours", Minivan News, April 23, 2013, http://minivannews.com/politics/mtcc-and-government-finalising-agreement-for-construction-of-22-harbours-56785.

④ "Maldives Green Fund to Merge 'Scattered' Climate Finance", Minivan News, May 20, 2013, http://minivannews.com/politics/maldives-green-fund-to-merge-scattered-climate-finance-58141.

⑤ Neil Merrett, "President Seeking US $ 300 Million Credit Facility from Saudi Arabia for 'Budget Support'", Minivan News, July 18, 2013, http://minivannews.com/politics/president-seeking-us300-million-credit-facility-from-saudi-arabia-for-budget-support-61216.

⑥ Leah Malone, "Budget Shortfall Leads Maldives to Seek $ US29. 4 Million Bank of Ceylon Loan", Minivan News, August 17, 2013, http://minivannews.com/politics/budget-shortfall-leads-maldives-to-seek-us29-4-million-bank-of-ceylon-loan-62583.

⑦ Neil Merrett, "Government Rules out Supplementary Budget to Plug 2013 Shortfall, Commits to T-bill Sales", Minivan News, October 4, 2013, http://minivannews.com/politics/government-rules-out-supplementary-budget-to-plug-2013-shortfall-commits-to-t-bill-sales-67653.

三、外交方面

2013年，马尔代夫继续坚持奉行和平、独立和不结盟的外交政策，平衡发展与美国、印度、中国等国家的双边关系；同时积极开展多边外交，广泛参与地区与国际事务。

（一）努力与大国发展健康、稳定、平衡的外交关系

1. 马美关系

自奥巴马执政以来，美国加大了对马尔代夫政治、经济与军事等方面的支持与援助，密切了美马关系。2013年，瓦希德联合政府时期马美关系得到迅速提升，主要表现在：

第一，政治上，美国日益关注马尔代夫政坛走向，并向马政府提供资金支持其总统大选。例如，2013年3月5日，美国驻斯里兰卡与马尔代夫大使馆就法院审讯纳希德一事发表声明，称“我们敦促各方保持冷静，拒绝暴力，并避免可能导致局势升级的言辞。前总统纳希德必须遵循法律，并在恰当的程序下解决其未决案件”。[①] 5月9日，美国向马尔代夫公共组织与民间社会团体提供为期18个月、价值250万美元的项目资助，以支持马公民参与公开、民主的选举之中。该项目将由国际选举机制基金会与马尔代夫的合作者——“透明马尔代夫”与Raajje基金会执行。[②] 针对马尔

① U. S. Embassy in Sir Lanka and Maldives, “U. S. Increasingly Concerned About Events in Malé”, Mar. 5, 2013, http://maldives. usvpp. gov/pr-5march2013. html.

② U. S. Embassy in Sir Lanka and Maldives, “U. S. Provides Maldives Election Support”, May 9, 2013, http://maldives. usvpp. gov/pr-9may2013. html.

代夫推迟 10 月 19 日的总统大选，美国表示“深切关注”。[①]

第二，经济上，美国加强了与马尔代夫的经贸合作，同时加大了对马的投资与援助，尤其加强了对其改善气候项目的援助。据美国统计局的统计，2013 年美对马的出口额为 2.88 亿美元，进口额为 2.03 亿美元，[②] 双边贸易较为均衡。同时，美国加大了对马尔代夫的援助，尤其是在改善气候方面。例如，2013 年 2 月 22 日，美国国际开发署官员访问马尔代夫，表示将继续通过该署的援助项目帮助马尔代夫改善气候问题。[③] 7 月 8 日，美国政府承诺将向马尔代夫提供 970 万美元用以支持马尔代夫适应气候变化和选举的筹备工作。[④]

第三，军事上，美国通过向马尔代夫提供先进武器和高科技装备、举行联合军事演习、帮助其培训反恐军警力量等方式密切了两国的军事关系。例如，1 月 31 日，美国向马尔代夫移交海上监察系统；[⑤] 3 月 28 日，美国向马尔代夫无偿提供边界安全系统。[⑥] 此外，美国还与马尔代夫谈判《驻军地位协定》(Status of Forces Agreement，SOFA)，欲在马确立长期军事存在。4 月 24 日，美马政府谈判签订《驻军地位协定》的消息率先被马尔代夫新闻媒体报道。对此，美国驻科伦坡大使馆的发言人承认美国正

① J. J. Robinson，“US‘Deeply Concerned’About Legal Actions Potentially Delaying Maldives’October 19 Election”，Minivan News，October 11，2013，http：//minivannews. com/politics/us-%E2%80%9Cdeeply-concerned%E2%80%9D-about-legal-actions-potentially-delaying-maldives-october-19-election-68327.

② U. S. Census Bureau，Trade in Goods with Maldives，2013，June 2014，http：//www. census. gov/foreign-trade/balance/c5683. html#2013.

③ U. S. Embassy in Sir Lanka and Maldives，“USAID Senior Deputy Assistant Administrator Visits Maldives”，Feb. 22，2013，http：//maldives. usvpp. gov/pr-22feb2013. html.

④ Leah Malone，“US Government Pledges US$9. 7 Million for Maldives Climate Change Adaptation，Election Preparations”，Minivan News，July 8，2013，http：//minivannews. com/politics/us-government-pledges-us9-7-million-for-maldives-climate-change-adaptation-election-preparations-60896.

⑤ U. S. Embassy in Sir Lanka and Maldives，“U. S. Embassy Boosts Maldivian Maritime Safety and Security”，Jan. 31，2013，http：//maldives. usvpp. gov/pr-31jan2013. html.

⑥ U. S. Embassy in Sir Lanka and Maldives，“US and Maldives Enhance Cooperation with Border Security Program”，Mar. 28，2013，http：//maldives. usvpp. gov/pr-28march2013. html.

在与马尔代夫政府谈判签署《驻军地位协定》。[①] 后因国内的反对与国际社会的关注，2013 年 11 月新当选的总统亚明否决了与美国签署《驻军地位协定》。

2. 马印关系

长期以来印度与马尔代夫之间政治交往密切、军事合作良好、经贸往来频繁，印度还经常对马尔代夫施以政治、经济、军事和外交与等方面的援助与支持，但 2013 年马印关系摩擦与合作并存，主要表现在：

第一，政治上，两国因前总统纳希德避难印度驻马大使馆事件引发矛盾。2 月前总统纳希德为躲避瑚湖尔地方法院对其的审判，请求避难印度驻马大使馆，印度驻马大使馆接受了其避难请求。[②] 这引发马政府对印的不满，认为印干涉其内政，要求印度政府在 2 月 20 日瑚湖尔地方法院审讯纳希德之前将其移交给马警方。[③] 后经斡旋，前总统纳希德离开印度驻马大使馆，并参加了 2013 年总统大选。

第二，经济上，马印经贸往来频繁，但存在贸易逆差；同时 2013 年因马政府取消与印公司 GMR 机场建设合同引发马印关系不睦。根据印度工商部的统计，2013 年印向马方出口额为 59.48 亿卢比，印向马方进口额则为 1.24 亿卢比，[④] 印马存在较大的贸易逆差。2013 年发生了最影响马印双边经贸关系的事件，即马方取消了与印度 GMR 公司的机场建设合同。1

---

① J. J. Robinson, "Leaked draft agreement opens possibility for US base in Maldives", Minivan News, April 24, 2013, http: //minivannews. com/politics/leaked-draft-agreement-opens-possibility-for-us-base-in-maldives 56913.

② J. J. Robinson, "India Backs Inclusive Elections, as Former President Takes Refuge in High Commission", Minivan News, February 13, 2013, http: //minivannews. com/politics/india-backs-inclusive-elections-as-former-president-takes-refuge-in-high-commission-528.

③ J. J. Robinson, "Government Asks India to Hand over Nasheed, as MDP Slam Arrest Warrant from 'Kangaroo Court'", Minivan News, February 19, 2013, http: //minivannews. com/politics/government-asks-india-to-hand-over-nasheed-as-mdp-slam-arrest-warrant-from-kangaroo-court-53232.

④ Data from Ministry of Commerce and industry, Govt. of India, INDIA's FOREIGN TRADE BY COUNTRIES, Exports, June 2014, http: //dgciskol. gov. in/pdfs/emsft _ 2b. pdf; Ministry of Commerce and industry, Govt. of India, INDIA's FOREIGN TRADE BY COUNTRIES, Imports, June 2014, http: //dgciskol. gov. in/pdfs/imsft _ 2b. pdf.

月，马政府取消与印度 GMR 公司的机场建设合同，作为报复，印度发展银行拒绝延长马还债期限，要求马必须在 2 月偿还其 5000 万美元；① 印还拒绝马外交部长对印进行国事访问的请求。② 后经斡旋，印政府最终接受了马政府取消机场合同的事实，且在亚明当选总统后对马尔代夫扩大了贷款规模。③

第三，外交上，马尔代夫与印度及时修复受损的双边关系。经马印政府积极沟通，两国及时修复了因纳希德避难印度使馆和取消 GMR 公司机场建设合同所造成的外交摩擦，恢复了传统的友谊。5 月，印度政府热情接待了马尔代夫外交使团的访问，④ 而且在亚明当选为马新总统后立即向其发出了访问邀请，⑤ 而亚明也表示十分重视与印度的长期友好关系，首访选择印度，马印关系得到加强。

第四，军事上，印度向马尔代夫赠送军事装备，同时加强了两国的海上安全合作。2013 年 7 月，第二次印、斯、马三边海上安全合作会议在斯里兰卡的科伦坡举行，印度国家安全顾问梅农、斯里兰卡国防与城市发展部长高达哈耶·拉贾帕克萨和马尔代夫国防部长纳兹姆率队参加了会谈，三方签署了《印度洋安全条约》，旨在在印度洋地区建立合作平台，共享信息及相互支援，在打击海盗、恐怖主义及军火走私等方面加强海上安全

---

① J. J. Robinson, "Maldives Must Pay India US＄50 Million Next month: Finance Minister", Minivan News, January 27, 2013, http: //minivannews. com/business/maldives-must-pay-india-us50-million-next-month-finance-minister-51801.

② J. J. Robinson, "Maldives Denies Diplomatic Snub by India, as High Commission Issues List of Consular Grievances", Minivan News, January 20, 2013, http: //minivannews. com/politics/maldives-denies-diplomatic-snub-by-india-as-high-commission-issues-list-of-consular-grievances-51469; "Foreign Minister Admits Maldives' Ties with India Weakened after GMR Dispute", Minivan News, January 28, 2013, http: //minivannews. com/news-in-brief/foreign-minister-admits-maldives-ties-with-india-weakened-after-gmr-dispute-51918.

③ Daniel Bosley, "India Reported to Be Releasing Further Credit to Maldives", Minivan News, December 2, 2013, http: //minivannews. com/politics/india-reported-to-be-releasing-further-credit-to-maldives-72579.

④ "India Hosts Maldivian Delegations to Ensure 'Free, Fair and Credible" elections'", Minivan News, May 7, 2013, http: //minivannews. com/politics/india-hosts-maldivian-delegations-to-ensure-free-fair-and-credible-elections-57526.

⑤ Zaheena Rasheed, "Indian Prime Minister Extends Invitation to President Yameen", Minivan News, November 27 , 2013, http: //minivannews. com/politics/indian-prime-minister-extends-invitation-to-president-yameen-72392.

合作。[①] 12 月，马国防部长纳兹姆访印，印政府向马国防部赠送轻型直升机，[②] 加强了两国的军事合作。

3. 马中关系

2013 年，马尔代夫与中国的政治交往密切、经济往来频繁，中国还加大了对马的无偿援助力度与规模，外交上相互给予支持，主要表现在：

第一，政治上，中国关注马尔代夫总统大选，呼吁马尔代夫维护国家稳定与社会发展。针对马尔代夫一波三折的总统大选，10 月 22 日，中国外交部特别发表声明，称“总统大选是马尔代夫内部事务，中国尊重马尔代夫人民的选择，并希望相关方通过友好谈判合理解决冲突。中方相信马尔代夫政府与人民有智慧与能力解决好相关问题。作为马尔代夫一个友好的邻居，中国密切关注马尔代夫当前事态的发展，并真诚希望马尔代夫保持国家稳定与社会发展”。[③]

第二，经济上，中国加强了与马尔代夫的经贸往来，但存在巨大贸易逆差；同时，中国还加大了对马尔代夫的投资与援助。据中国商务部亚洲司统计，2013 年，中马进出口贸易总额为 9800 万美元，同比增长 27.63%；其中中方向马方出口为 9700 万美元，[④] 中方对马方依然存在巨大的贸易逆差。同时，中国对马尔代夫的投资与援助持增长势头。2013 年 1 月中国给予马尔代夫 5400 万美元的优惠贷款用于 IT 基础建设；[⑤] 4 月中

---

① “Indian Ocean security pact signed”, July 9, 2013, http://www.thehindu.com/news/international/south-asia/indian-ocean-security-pact-signed/article4898042.ece；孙清：“印度、斯里兰卡、马尔代夫签署《印度洋安全条约》”，2013 年 7 月 11 日，http://gb.cri.cn/42071/2014/03/07/6871s4452844.htm.

② Ahmed Rilwan, “Defense Minister Returns from India with Gifts and Reassurances”, Minivan News, December 17, 2013, http://minivannews.com/politics/defense-minister-returns-from-india-with-gifts-and-reassurances-73542.

③ J. J. Robinson, “China Calls for Maldives to ‘Maintain National Stability and Social Development’”, Minivan News, October 22, 2013, http://minivannews.com/politics/china-calls-for-maldives-to-maintain-national-stability-and-social-development-69580.

④ 数据来源于：中国商务部亚洲司：“2013 年 1—12 月我对亚洲国家（地区）贸易统计”，2014 年 2 月 18 日，http://yzs.mofcom.gov.cn/article/g/date/thirteen/201402/20140200490994.shtml。

⑤ Luke Powell, “Increase in Chinese presence in Maldives IT sector sparks Indian concern”, Minivan News, January 22, 2013, http://minivannews.com/politics/increase-in-chinese-presence-in-maldives-it-sector-sparks-indian-concern-51564.

国参与马尔代夫的卫星招标；[①] 11 月中国政府向马尔代夫追加了 820 万美元的援助；[②] 12 月，中国驻马大使余洪耀表示，中国政府愿意为马的发展项目和公共设施的改善提供 5 亿元人民币援助资金。[③] 中马在旅游业上的合作紧密，中国自 2010 年以来连续成为马尔代夫最大的客源国。

第三，外交上，两国政府相互给予外交支持。中国是第一个在“2·7”军警政变后承认瓦希德联合政府的国家，而且坚持不干涉马内政事务；马尔代夫政府也对中国的“一个中国”原则表示支持。例如马累市议会同台湾签订的姐妹城市协议，遭到马中央政府的谴责，表示马政府一贯坚持“一个中国”的原则。[④]

第四，文化上，双方加强了教育、医疗等方面的交流。2013 年 6 月，中国海军“和平方舟”号医疗船抵达马尔代夫，为马人民开展医疗服务。“和平方舟”号在利用医疗船主平台广泛开展医疗服务的同时，还根据马尔代夫岛屿众多的特点派出 10 支机动医疗分队，通过舰载直升机、当地内陆飞机和快艇等途径，深入马南部、中部和北部 8 个岛屿开展巡回医疗。同时，医院船还为马培训医护人员，与当地医务人员联合开展手术，并派出医疗分队赴当地孤儿院、老人院、小学开展诊疗服务和捐赠活动。[⑤] 中

---

① Leah Malone，“Maldives’ Satellite Bid，Chinese Involvement Leads to India Alleged Security Concerns”，Minivan News，April 6，2013，http：//minivannews. com/politics/maldives-satellite-bid-chinese-involvement-leads-to-indias-alleged-security-concerns-55790.

② J. J. Robinson，“China Offers Maldives US$8. 2 Million in Grant aid：President Office”，Minivan News，November 30，2013，http：//minivannews. com/politics/china-offers-maldives-us8-2-million-in-grant-aid-presidents-office-72501.

③ 马尔代夫驻华大使馆：“中国保证为马尔代夫的发展项目的实施和公共设施的提升提供 5 亿资金”，2013 年 12 月 5 日，http：//www. maldivesembassy. cn/zh/%E4%B8%AD%E5%9B%BD%E4%BF%9D%E8%AF%81%E4%B8%BA%E9%A9%AC%E5%B0%94%E4%BB%A3%E5%A4%AB%E7%9A%84%E5%8F%91%E5%B1%95%E9%A1%B9%E7%9B%AE%E7%9A%84%E5%AE%9E%E6%96%BD%E5%92%8C%E5%85%AC%E5%85%B1%E8%AE%BE%E6%96%BD/。

④ J. J. Robinson，“Government Scuttles Male City Council Taiwanese Sister City Agreement，Pledges Support for ‘One-China Policy’”，June 11，2013，Minivan News，http：//minivannews. com/politics/government-scuttles-male-city-councils-taiwanese-sister-city-agreement-pledges-support-for-one-china-policy-59354.

⑤ “中国海军“和平方舟”号医院船抵达马尔代夫开展医疗服务”，2013 年 6 月 29 日，http：//news. xinhuanet. com/politics/2013-06/29/c _ 116339350. htm。

国还许诺帮助马方修复火灾事故中受损的 Dhiffushi 学校。[①]

（二）积极发展多边外交，广泛参与地区和国际事务

马尔代夫还注重在区域与国际组织层面发挥作用，积极参与地区与国际事务。2013 年 2 月，马尔代夫总统瓦希德参加了在埃及召开的联合国第 12 届伊斯兰合作组织峰会。在此次峰会上，瓦希德总统会见了巴基斯坦总统马哈茂德·阿巴斯博士和土耳其总统阿卜杜拉·居尔，并与这些国家领导人商讨了如何加强双边经济关系与亲密合作关系的问题。[②] 马尔代夫还积极参加南盟活动。2013 年 3 月，南盟秘书长与瓦希德总统电话沟通，讨论了南盟现在进行的活动和即将在尼泊尔举行的第 18 届南盟峰会等事宜。此外，马尔代夫还是印、斯、马三边海上安全合作会议机制的倡议国之一。2013 年 7 月，第二次印、斯、马三边海上安全合作会议在斯里兰卡的科伦坡举行，印度国家安全顾问梅农、斯里兰卡国防与城市发展部长高达哈耶·拉贾帕克萨和马尔代夫国防部长纳兹姆参加了会谈。三方签署了《印度洋安全条约》，旨在在印度洋地区建立合作平台，共享信息及相互支援，在打击海盗、恐怖主义及军火走私等方面加强海上安全合作。[③]

总之，2013 年对马尔代夫来说是非常重要的一年，马尔代夫如期举行了总统大选，尽管大选屡遭波折，但最终还是选举出亚明作为第二位直选总统，不过这并未改变政党纷争与三大权力部门之间的矛盾问题。经济上，旅游收入有所减少，通胀严重，但政府推进的一系列

---

① 马尔代夫驻华大使馆："中国许诺援助马方修复 DHIFFUSHI 学校"，2013 年 12 月 2 日，http：//www. maldivesembassy. cn/zh/%E4%B8%AD%E5%9B%BD%E8%AE%B8%E8%AF%BA%E6%8F%B4%E5%8A%A9%E9%A9%AC%E6%96%B9%E4%BF%AE%E5%A4%8Ddhiffushi%E5%AD%A6%E6%A0%A1/。

② "President Waheed Meets Palestine Counterpart"，February 6，2013，http：//www. presidencymaldives. gov. mv/Index. aspx? lid=11&dcid=8595；"President Waheed Meets Turkish President"，February 6，2013，http：//www. presidencymaldives. gov. mv/Index. aspx? lid=11&dcid=8596；"OIC Summit Begins in Egypt"，February 7，2013，http：//www. presidencymaldives. gov. mv/Index. aspx? lid=11&dcid=8598.

③ "Indian Ocean Security Pact Signed"，The Hindu，July 9，2013，http：//www. thehindu. com/news/international/south-asia/indian-ocean-security-pact-signed/article4898042. ece.

经济与财政改革取得了一定的实效，缓解了结构性矛盾。外交上推行多方外交，大力推进与美国、印度、中国等国家的交往，广泛参与地区和国际事务。

2013年不丹综述

刘　秧*

2013年，不丹迎来了自2008年转型民主制后的第二次国民议会选举，和平繁荣党意外惨败，人民民主党翻盘逆转成为新一届不丹执政党。经济层面，第十个五年计划收尾，第十一个五年计划出炉，并制定了经济刺激计划以应对国内脆弱的经济。外交方面，除了继续保持与印度之间传统而特殊的关系之外，不丹继续发展与其他国家间的友好关系。此外，受经济危机和印度卢比贬值的影响，不丹国内经济仍然令人堪忧，贫困、高国债、低就业率仍然是新一届政府亟需应对的问题。

一、不丹政府“变天”，和平繁荣党意外惨败，人民民主党执政

2013年，不丹举行了自2008年首次民主选举后的第二次国民议会选举。2005年，第四世不丹国王吉格梅·辛格·旺楚克将世袭君主制转型为民主制。2008年11月，28岁的王储吉格梅·凯萨尔·纳姆耶尔·旺楚克加冕成为第五代不丹国王，举行了首次国民议会选举，标志着不丹开始向君主立宪制转变。2008年，共有169490位选民支持和平繁荣党，占投票总数的67.04%，83322位选民支持人民民主党，占投票总数的32.96%。和平繁荣党赢得47个席位中的45个，人民民主党仅获得2个席位，和平

* 刘秧，四川大学宗教与道教文化研究所博士。

繁荣党以绝对优势赢得选举，并成立了首届民选政府。

2013 年 4 月 28 日，不丹第一届国民议会任期届满，将选举产生新一届国民议会。根据不丹王国宪法第 19 条，国民议会解散后，由国王任命临时政府运作，为期不超过 90 天，并由选举委员会举行自由和公正的选举。不丹议会选举分为两个阶段，只有在第一阶段中赢得了超过总票数 10%的政党才有机会进入第二轮选举。2013 年不丹国民议会选举共有 4 个注册政党，除了现有的和平繁荣党（Druk Phuensum Tshogpa）和人民民主党（People's Democratic Party），还有不丹协力党（Bhutan Kuen-Nyam Party）和不丹公权党（Druk Chirwang Tshogpa）2 个新注册的政党。不丹选举委员会投入 2500 万努用作 4 个政党的竞选资金。2013 年 5 月 31 日，国民议会举行首轮选举，在全部 38 万选票中，和平繁荣党获得 9 万多投票，支持率为 44.5%；人民民主党得到 6 万多投票选民支持，支持率为 32.6%。①

7 月 13 日为不丹投票选举日，据报道称，在注册的 38 万选民中，约有 25 万人参与了投票，总投票率达 66%。人民民主党在投票选举中赢得了 47 个议席中的 32 个，而执政党和平繁荣党却只赢得了 15 个议席。根据相关规定，获胜政党只要赢得 24 席就能组建下届政府，人民民主党取得了决定性胜利。不丹选举委员会 14 日公布结果，反对党人民民主党逆转成为执政党。7 月 19 日，人民民主党主席策林·托杰（Tshering Tobgay）被提名为不丹新任首相。7 月 29 日，策林·托杰正式就任不丹新首相。

反对党人民民主党胜出，外界一片哗然。在 4 月 28 日的第一阶段选举中，执政党和平繁荣党还领先人民民主党，外界对其再度执政的呼声很高，之后其一直以微弱优势领先于人民民主党。7 月 14 日，不丹选举委员会的结果一出，外界对此大跌眼镜。不丹媒体发表评论文章称，在面对目前国内经济萎靡、货币短缺、失业率上升等问题时，人民民主党比和平繁荣党表现得更加实际，比如为每个选区提供耕种机、为村镇建立银行、给地方政府更多的金融帮助、给公务员提供住房补贴等。人民民主党的亲民

---

① Rabi C. Dahal, "Old rivals cross paths again: DPT and PDP go to the general election", bhutanobserver, May 31, 2013, http://bhutanobserver.bt/7250-bo-news-about-old_rivals_cross_paths_again_dpt_and_pdp_go_to_the_general_election.aspx#.

形象与实干作风赢得了来自商界和年轻选民的支持。[①] 而吉格梅·廷莱领导的和平繁荣党虽然提出了 GNH（国民幸福总值），扩大了不丹在国际上的知名度，但在解决国内外债、失业和卢比紧缩等与百姓生活相关的问题上徒劳无功，遭到了国民的背弃。

而一些国外的媒体诸如英国的《金融时报》称，“印度于 6 月底中止了对不丹的燃气补贴，导致该国燃料成本飙升。印度政府的做法‘相当于在不丹政治生活的关键时刻，绑架了所有不丹人作为人质’”。[②] 也就是说，印度在选举前以暂停燃料供给为手段绑架了不丹选举结果。事实上，印度作为不丹的亲密盟友，不仅在不丹有驻军，而且不丹在经济上也严重依赖于印度的支持，作为不丹国民收入支柱的水电主要是通过卖给印度而获得利润。加之 2012 年不丹首相吉格梅·廷莱在巴西会见中国总理温家宝，一度传出中不双方酝酿建交事宜，被印度媒体称中国染指印度后院，而廷莱也被列入“亲华”行列。反对党人民民主党也以此为借口指责和平繁荣党忽视与印度的关系，其在竞选纲领中称，“执政头一百天，优先强化与印度关系，长远则要巩固民主体系，新政府的刺激经济的计划，将要寻求印度大力资助”。[③] 人民民主党在内外因素的综合作用下翻盘，成为新一届执政党。

二、卢比短缺，经济形势堪忧

受印度卢比紧缩影响，不丹国内经济也深受重创，2011 年以来不丹通货膨胀，物价上涨，加之政府鼓励消费和基础设施经费的增加，导致外汇储备不足而引发卢比短缺，国内经济形势令人堪忧。

① “不丹大选变天 印度将经济援助”，《东方早报》2013 年 7 月 15 日，http：//news. ifeng. com/gundong/detail _ 2013 _ 07/15/27510306 _ 0. shtml。

② “Bhutan opposition triumphs at the polls”，Financial Times，July 14，2013，http：//www. ft. com/intl/cms/s/0/0df16a32-ec5c-11e2-8096-00144feabdc0. html＃axzz2pW9FDv7j.

③ “不丹国民议会选举反对派胜出 标榜亲印度”，《凤凰卫视》2013 年 7 月 16 日，http：//news. ifeng. com/world/detail _ 2013 _ 07/16/27568117 _ 0. shtml。

（一）通货膨胀，物价上涨，经济增长放缓

不丹的年通货膨胀率逐年递增，并呈现加强趋势，2011 年通货膨胀率为 8.9%，2012 年为 10.9%，2013 年高达 11.1%。根据 2013 年不丹国家统计局的居民消费价格指数，第一季度不丹通货膨胀率达 8.3%，上年同期为 9.5%。食品和非酒精饮料价格上涨 8.6%，餐饮和住宿上涨 8.42%，酒精饮料和麻醉剂上涨 2%，服装和鞋类上涨 16.2%，能源价格上涨 6.8%，家庭维修和服务上涨 23.2%，娱乐和文化上涨 9.6%，医疗上涨 5.8%，其他杂货上涨 17.6%。在过去的 12 个月内，食品价格上涨了 7.86%，非食品价格上涨了 8.66%。[①] 第二季度因采矿业、采石业、制造业和运输业的价格下降，不丹国内价格指数下跌 0.21%，而采矿业增长 7.78%，运输业增长 3.47%，制造业增长 1.68%。[②] 8 月不丹受国内煤气价格降低影响，通货膨胀率降低，从 0.87%下降到 0.78%。第四季度，不丹通货膨胀率降低，印度新央行行长任职，实行了一系列旨在缓解卢比紧缩的措施，包括允许非印度人在印度银行存款以吸引存款，保证充足的卢比。此外，3 月 8 日，不丹央行与印度储备银行签署 1000 万美元的货币互换协定，这将为不丹经济中的短期卢比短缺提供充足的资金支持。与印度储备银行签署的货币互换协议中的 54 亿将被用来还清部分债务。[③] 货币互换有利于暂时缓解货币流动性短缺，但不是一个长期的解决方案。因为不丹央行可以用它来支付现有借款，而不可以将这些钱借贷给国内急需资金的用户。

不丹国家统计局数据显示，近年来市场流动性紧缩导致国内投资减少，不丹经济增长率由 2010 年的 11.6%、2011 年的 8.51%，降低到 2013

---

① “8.3 percent inflation measured in first quarter”, kuenselonline, Apr. 27, 2013, http://www.kuenselonline.com/8-3-percent-inflation-measured-in-first-quarter/#.Ua6qr2br53g.

② “Monthly inflation slows down in August”, Kuenselonline, Sep. 28, 2013, http://www.kuenselonline.com/monthly-inflation-slows-down-in-august/#.Unc37enr6gc.

③ “Central bank signs USD 100M currency swap agreement”, kuenselonline, Mar. 9, 2013, http://www.kuenselonline.com/central-bank-signs-usd-100m-currency-swap-agreement/#.UaxQOmbr53g.

年的 4.6%,[①] 为近年来最低。主要原因是 2012 年 3 月不丹央行通知停止对商业银行贷款，导致私营部门的信贷增长，减缓了经济的增长。不丹政府和皇家货币管理局不得不从印度贷款，或是要求印度金融机构支持不丹短期卢比市场。此外不丹政府还采取了一系列限制措施，包括暂停从国外进口汽车、限制建筑贷款和购买汽车等。

（二）高国债，财政赤字严重

截至 2012 年 12 月，不丹总债务为 790 亿努，其中印度卢比债务 455 亿努（包括水电），国内债务大约 33 亿努，还有 130 亿努的商业贷款。[②] 近几年，国家负债率增加，2011 年为 49.6%，2012 年为 61.6%，2013 年高达 74.1%。根据不丹 2012—2013 年财政部国家预算报告作出的预测，未来的两年内不丹的进口将超过 420 亿努，贸易赤字达 200 亿努，不丹短期卢比借贷在 2014—2015 年将达 280 亿卢比。4 亿美元的外汇储备被出售用于偿还短期卢比债务，其中水电项目的贷款占国债的 80%，虽然有人认为这一项目是安全的，因为不丹国内主要收入就是出口水电到印度以获得利润，但是由于不稳定的地质条件带来成本上涨和季节性问题，又给该项目增加了风险。2013 年 7 月，不丹皇家货币局从国家外汇储备中出售了 2 亿美元购买印度卢比，以还清从印度银行借贷的短期商业贷款。

不丹经济以进口为主，进口远远大于出口，并且高度依赖印度。2012 年不丹贸易赤字达 290 亿努，高信贷的增长也是卢比危机的主要原因。不丹出口到印度的产口主要包括电、小豆蔻、石膏、木材、工艺制品、水泥、水果、宝石和香料等。不丹主要从印度、日本和中国进口原材料，食品和成品（特别是运输业）等。见下表。

---

① "Economy records a slump", kuenselonline, Oct. 2, 2013, http://www.kuenselonline.com/economy-records-a-slump/#.Unc52enr6gc.

② "Central bank sells USD for Rupee", kuenselonline, Jun. 29, 2013, http://www.kuenselonline.com/central-bank-sells-usd-for-rupee/#.UjJ1gOlV04s.

对外贸易指标	2008	2009	2010	2011	2012
进口货物（百万美元）	543	529	854	1052	1020
出口货物（百万美元）	521	496	641	675	590
贸易差额（百万美元）	−74	−93	−303	−522	—
对外贸易（% GDP）	104	108	98	87	—

资料来源：WTO-World Trade Organization；World Bank-Last Available Data。①

由此可见，不丹出口产品单一，出口国家有限，出口远远大于进口，贸易赤字严重。水电是不丹最大的出口项目，而水电出口赚来的收入又被用于进口其他的燃料，诸如柴油、汽油和液化石油等，抵消了出口的收入。因此，改善不丹出口贸易结构、限制进口、积极发展出口是不丹的一项重要任务。

（三）失业人数增加，就业形势严峻

根据 2013 国家统计局年鉴统计的数据，其失业率从 2007 年的 3.7% 下降到 2012 年的 2.1%，这 2.1%的构成中包括 2012 年的 6904 人失业。截至 2013 年 10 月，有 1332 名求职者及 1821 名毕业生找工作。② 失业人口中 1.9%为男性，2.2%为女性。农村失业率为 1.5%，城市失业率为 3.5%，而青年失业率是 7.3%。10—11 月，不丹求职者数量增加了 26%，带来了很大的就业压力。一方面，随着城镇化步伐加快，农村人口向城市迁移，一些农村地区出现农业劳动力短缺的现象。另一方面，一些大城市的就业形势不容乐观，大城市就业人口饱和，而不丹经济缺乏多元化，因此就业岗位也很缺乏。

① World Trade Organization，http：//www.egypt-import-export.com/en/country-profiles/bhutan/exchange-3.

② “Jobseeker numbers grow by the day”，Dec. 25，2013，http：//www.kuenselonline.com/jobseeker-numbers-grow-by-the-day/#.UspqXrKcH-t.

（四）能源结构单一

多年前，不丹第四世国王和印度总统共同发起了楚卡水电项目，至今水电项目仍然是不丹主要的收入来源。水电收入占国内收入的17.5%，占国内生产总值的13.92%。水电贡献了大约1/3的国内生产总值和1/5的经济增长率。不丹现在共有4个在建水电项目，分别是Punatsangchhu-I，Punatsangchhu-II，Mangdechhu和Dagachhu。2008年，印度和不丹两国签订了一项协议，预计到2020年有1万兆瓦的可用电力。但是，气候变化与集水区退化威胁到水电能源的可持续性，因此必须要探索可再生能源和其他能源，以增强不丹的能源安全，减少对化石燃料的进口。

三、制定发展蓝图，稳定市场与人心

虽然不丹国内面临一系列的问题，但是执政党一方面致力于推进民主制，另一方面加紧政策制定，努力改善国内投资环境，积极吸引外资，扩大政府影响力。这些措施和政策主要包括：

（一）制定“十一五”计划发展蓝图

2013年不丹第十个五年计划（2008—2013年）收尾，其主要任务是减少贫困。2000年不丹有36.3%的人口生活在国家规定的贫困线下，2004年这一比例下降到31.7%，2007年进一步下降到23.3%，2012年下降到12%。① 2013年，不丹政府制订了新的“十一五”计划，该计划的目标是实现“自力更生和包容性的绿色社会经济发展”（self-reliance and inclusive green socio-economic development），其特殊意义在于它是2020年前实现国家发展的三个关键目标的里程碑，即：“不丹2020展望：促进和平、繁

① http://data.worldbank.org.cn/country/bhutan.

荣和幸福”；2010 年提出的自力更生和充分就业的经济发展政策；从最不发达国家的名单中除名。

该计划总投入预计 2130 亿努，其中 1210 亿努用于当前花费，920 亿努用于资本支出。不丹财政部长 Namgay Dorji 称，“十一五”计划政府的总目标是，在未来 5 年不丹平均每年国内生产总值的增长速度在 10%以上，贫困率从 12%降低到 5%以下，多维贫困率从 25.8%下降到 10%以下，青年失业率由 2012 年的 7.3%下降到 2018 年的 2.5%。在对外债务方面，政府估计债务总额将从 2013—2014 年的 1100 亿努增长到 2017—2018 年的 2590 亿努。[①] 对此，政府将通过增加电力出口的方式弥补，到 2020 年不丹水力发电将达到 1 万兆瓦以上。此外，“十一五”计划还对教育、卫生和腐败等问题做了规划。

（二）实施经济刺激计划

政府一方面制定“十一五”计划改善国内投资环境，制定经济发展蓝图，另一方面着眼于现实，实施经济刺激计划以解决眼前问题。2013 年 12 月，不丹政府批准了经济刺激计划（Economic Stimulus Plan，ESP），其总体目标是通过通过特殊支援计划重新振兴经济，缓解卢比紧缩情况，改善国际收支，并重新启动贷款。该计划将总额 50 亿努中的 21 亿借贷给当地政府，政府向银行收取 6%的利息，银行则以普通的利息向用户提供贷款；另外 10 亿用于投入高等教育、养老和保证就业等项目；剩下的 19 亿努用作“周转资金”，促进农业和工业的发展。不丹政府已经收到印度承诺的 50 亿卢比中的 10 亿，剩下部分将于 2014 年拨付。

不丹首相策林·托杰表示：“现在是我们正视问题的时候了。”“我们必须承认，不丹已经出了问题，我们必须严格控制政府和人民群众中盛行的消费主义风潮，应该脚踏实地地生产出口我们自己的产品，经济增长没有捷径。”[②] 不丹实行经济刺激计划，有助于向银行注入资金以缓解流动

① “11th Plan Endorsed By NA”，Sep. 20，2013，http：//www. thebhutanese. bt/11th-plan-endorsed-by-na/.

② “不丹发展陷入困局”，《云南信息报》2013 年 11 月 4 日，http：//news. ifeng. com/gundong/detail _ 2013 _ 11/04/30922372 _ 0. shtml。

性，刺激经济增长，提高生产能力，改善支付平衡，确保财政和货币措施的长期可持续发展，促进出口，提升进口替代，创造更多的就业机会。

（三）举行印不会谈，吸引外资

2013 年 11 月 26—27 日，关于“十一五”计划的第二次印不会谈在新德里举行，会议上印度批准了不丹“十一五”计划中 81 个项目援助计划中的 39 个。根据会谈，印度对不丹“十一五”计划总共援助 450 亿卢比，其中 85 亿用于项目资助，85 亿卢比用于小规模发展项目，280 亿卢比用于绑定项目。此外，印度还承诺援助 50 亿卢比用于不丹经济刺激计划，39.5 亿卢比用于平衡第十个五年计划。[1] 11 个五年计划政府其中 2130 亿努，印度援助的 450 亿卢比占其中的 21%。50 亿卢比的经济刺激计划资金的第一批 10 亿卢比已于 10 月 29 日到账，不丹财政部长称将对五种部门包括股本投入、长期的银行定期存款、小额融资资金、周转资金和特殊的支持计划优先考虑。

除此之外，为了吸引国外的投资，不丹政府还与国外企业发展关系，精简政策和法规，并有效实施诸如在全国设立工业区、经济特区和无水港等措施。2011 年不丹科技园建成，预计到 2015 年将创造 500 个就业机会。国外直接投资的增加又帮助不丹创造就业机会、赚取收入，这将有助于缓解不丹的卢比不足，在不损害国内产业或自然环境的情况下开拓了国内的生产基地。

四、巩固现有关系，扩大对外交往

2013 年不丹新一届政府执政，新的执政党人民民主党除了继续保持与印度的传统和特殊的关系之外，在国际上积极开展外交活动，拓展对外关

---

① “39 of 81 PTA projects approved”，kuenselonline，Dec. 3，2013，http：//www. kuensel-online. com/39-of-81-pta-projects-approved/ #. UrKZCunr6gc.

系，取得了丰硕的成果。

（一）继续巩固与印度传统而特殊的关系

鉴于印度与不丹之间密切而特殊的关系，新一届执政党人民民主党将上台后出访的第一站选在了印度。8月30日，不丹首相策林·多杰开始对印度进行为期6天的访问，会见了印度政府官员，包括财政部长奇丹巴兰姆、内政部长辛德、国家安全顾问梅农、外交部长苏嘉塔和政府高级官员，双方讨论了两国的双边问题，包括印度对不丹“十一五”计划的援助问题以及两国共同关心的利益等。

2013年1月22日，不丹国王和王后应印度外长慕克吉的邀请对印度进行了为期7天的访问，此次访问的亮点是适逢印度的第64个国庆日，不丹国王将作为主宾出席在新德里举行的共和国日庆祝活动。印度将此次不丹国王的访问看成印度与不丹之间独特关系的又一表现，不丹首相吉格梅·廷莱称“印不关系对不丹来说必不可少，印度是不丹外交政策的基石”。2月7日，不丹首相吉格梅在新德里进行为期2天的访问，会见了印度总理、副总统、外长和财政部长，他表示非常感激印度对不丹民主的支持。印度外长穆克吉也称非常珍视与不丹的外交关系，以及吉格梅作为第一个民选总理发挥的作用。5月15—17日，印度外交秘书马塔伊访问不丹并受到国王的接见，马塔伊称印不发展是共同目标，印度将支持不丹的第十一个五年计划。11月26—27日，不丹外交部长率领不丹代表团与印度代表团在新德里举行了关于“十一五”计划的第两次印不会谈。

（二）中不边界会谈，努力推进两国关系

中不关系层面，2013年8月21日，中国外交部副部长刘振民会见了不丹新任首相策林·托杰。8月22日，刘振民在不丹首都廷布参加中不第二十一轮边界会谈，并且拜见了不丹第四世国王吉格梅·辛格·旺楚克。刘振民赞赏国王长期以来为中不关系发展所做重要贡献，表示中国重视发展与不丹的睦邻友好关系，愿在和平共处五项原则基础上加强同不丹各领域的务实合作，早日解决边界问题，掀开两国关系新篇章。旺楚克国王表

示，他赞赏中国一向奉行对不丹友好政策，对多年来不中关系及各领域合作的发展感到满意。不丹新政府刚成立，中国代表团即前来举行边界会谈，不方对此表示赞赏。[①]

一方面，由于印度和不丹之间特殊的关系，印度不能容忍中国任何染指其“后院”不丹的行为，不丹也囿于长期以来在经济、军事和安全上依赖印度，看印度眼色行事，也不敢与中国有任何亲密的动作。甚至有媒体称，不丹前首相吉格梅·廷莱就是因为 2012 年在巴西里约峰会与中国总理温家宝见面“有意建交”触怒了印度，而使其政党和平繁荣党在 2013 年的大选中败北。另一方面，不丹承诺不与联合国常任理事国任何成员及大国建立外交关系，因为“它不想卷入任何大国之间的争斗”，因此不丹也不愿意轻易放弃这一承诺。由此看来，中不建交还需时日，不丹也将继续维持其与中国的“等距离外交”。

（三）积极参与加入国际组织，面临是否“入世”的选择

不丹一直致力于加入安理会非常任理事国，虽然 2012 年入常失败，但是其仍然坚持融入国际社会，积极发展与国际组织之间的关系。2013 年不丹在是否加入 WTO 问题上面临选择，国内对此持不同看法。之前在世贸组织工作过的官员、不丹当地经济学家以及一些专家学者鼓励不丹加入世贸组织，他们认为加入世贸组织将为不丹提供一个更大的市场、更多更好的消费选择，并提高不丹商品和服务的质量。此外，它也可以提升不丹参与商业规则制定的能力，灌输好的治理方式等。而另一部分持怀疑态度的人则认为，不丹加入世贸组织将会对国内经济造成严重的负面影响，开放的全球经济意味着提供了自由准入到其他国家的市场。不丹的经济规模相对较小，国内根本不存在生产基地。此外，允许外国企业进入不丹将会排挤本地企业。因此，对于是否加入世贸组织，不丹国内分歧很大，从近期来看，不丹国内面临一系列经济问题，其加入世贸组织还应从长计议。

---

① “中国外交部副部长刘振民会见不丹首相策林·托杰”，人民网，2013 年 8 月 23 日，http：//news. ifeng. com/gundong/detail _ 2013 _ 08/23/28961348 _ 0. shtml。

（四）积极发展与拓展和其他国家的外交关系

不丹截至2013年已经与53个国家建交，2012年可谓是不丹的“建交年”，仅仅一年时间便 它与17个国家建立了外交关系。2013年不丹分别与塔吉克斯坦、阿塞拜疆和阿曼建立了外交关系。

此外，不丹还与亚洲国家日本关系密切，两国于1986年建交，之后日本积极援助不丹，两国的外交关系十分密切。2011年，日本到不丹旅游的游客达6967人，成为不丹第一大旅游市场。2013年1月15日，由日本援建的大桥项目完工并通车，这也是日本政府无偿援助的第14架桥梁。2月5日，日本驻不丹大使和不丹驻日本大使签署了换文，日本将向不丹拨款1.649亿日元，帮助不丹灌溉系统的提升。3月1日，日本代表团将其国家的自然珍宝种植在不丹，称将两国友谊扩展到许多其他领域，包括人力资源的交流等。3月18日，不丹政府从日本政府获得165台动力耕耘机和172个犁。6月26日，日本与不丹签署援助协议，日本政府将对不丹提供10.51亿日元用于改进灌溉系统。8月18日，不丹首相会见日本特别顾问。11月1日，日本为不丹客户群提供价值200万美元的光导纤维网络援助，以协助不丹电信公司将其光纤网络安装到客户家中，日本国际协力局将为其提供培训，专业技术和设备。11月4日，不丹首相会见日本协力局副主席，感激日本协力局对不丹在教育、农业、健康和环境等方面的支持。11月4日，日本向不丹捐赠两辆消防车，至此不丹共收到来自日本捐赠的消防车54辆。

不丹还积极发展同欧盟、新加坡、瑞士、澳大利亚、泰国等国的关系。不丹与泰国1989年建交，两国一直保持友好的外交关系。2013年11月13—16日，不丹首相率不丹商务代表团赴泰国，并与泰国总理英拉和其他政府官员会面，双方签订了泰—不经贸合作协定，2012年双边贸易额已经达1550万美元，[①] 两国还决定成立贸易合作委员会。

---

① “泰—不丹签协定加强经贸合作”，商务部网站，2013年11月15日，http：//news. hexun. com/2013-11-15/159724338. html。

附　　录

2013年南亚大事记*

（一）印度

1月

1日，印度因轮奸案取消新年庆祝，反强奸示威仍在继续。

3日，总理辛格在第100届印度科学大会上发言，强调以科技为基础的农业转型是印度国家公共政策中的首要任务。

8日，印巴军队再次在分界线附近发生交火，两名印度士兵死亡，一人受伤。

10日，印度总理辛格会见了中国国务委员戴秉国。

14日，金砖国家安全事务高级代表第三次会议在印度首都新德里举行。中国国务委员戴秉国应邀出席，并同印度领导人就双边关系以及共同关心的国际地区问题深入交换了意见，双方均表示期待两国关系在新的一年继续稳定向前发展。

14日，印巴两国军方举行会谈，同意缓解克什米尔局势。

14日，印度举办最大宗教庆典“大壶节”，多达1亿名印度民众集聚阿拉哈巴德市，他们在恒河中沐浴，据信这能消除罪恶并获得祝福。

15日，印度宣布单方面暂停执行其去年与巴基斯坦共同签署的新签证政策部分条款。根据新政策，自当天起印度应在瓦嘎陆路口岸向年龄65岁以上巴基斯坦籍公民开放访友落地签证。

16日，印度军方发言人达希亚称，印巴两军高级指挥官进行了10分

---

* 附录部分资料由教育部人文社会科学重点研究基地四川大学南亚研究所副研究馆员雷鸣整理。

钟的电话交谈，就缓解克什米尔地区的紧张局势达成了共识。巴方表示已下达了不许违反停火协议的严格指示，驻边境沿线的印军也不会违反两国在 2003 年达成的停火协议。

17 日，印度将不再参加新一轮世贸组织（WTO）部分成员《信息技术协议》（ITA）的谈判，因为此轮谈判涉及一些敏感消费类电子产品零关税，其中包括手机、平板电脑、洗衣机和冰箱等。印方官员称，印度将吃一堑长一智，不再做任何使国内产业受损的事。

19 日，印度执政党国大党工作委员会宣布正式任命拉胡尔·甘地为该党副主席，此举为拉胡尔·甘地成为 2014 年国大党总理候选人扫清了障碍。

21 日，印外长库尔希德与澳外长卡尔举行会谈，双方希望在民用核能上尽快取得合作。

21 日，印度国防部长安东尼前往缅甸商讨双方国防合作事务，以阻止中国在亚太地区日益增多的“足迹”。此次双边合作的内容将包括提升边境管理及加强缅甸军队的能力建设等。

22 日，印度和斯里兰卡签署了打击国际恐怖主义和避免双重课税的两项协议，着手建立特殊的经济伙伴关系。

2 月

1 日，印度内阁通过一项通常在“紧急状况”下才颁行的命令，规定手段凶残强奸案的被告可被判处死刑。

4 日，印度总统普拉纳布·慕克吉批准新的反强奸法案，内容包括严惩强奸犯，甚至对其处以死刑。

5 日，印度武装部队构建强大的无人机编队，应对中巴两线威胁。

6 日，印度国防部批准在中印边界组建一支山地打击军，以期在北京对印发动攻击时，可对西藏发动反击。

10 日，马尔代夫前总统纳希德进入印度驻马大使馆寻求庇护。

10 日，印度北方邦城市安拉哈巴德发生严重踩踏事故，已经造成 36 人死亡。

12 日，印度东北部阿萨姆邦发生部族民众与警察之间的流血冲突，至少 11 人在冲突中死亡。

16 日，印度一位名叫苏曼特·库马尔的农民所种植的水稻产量达到每公顷 22.4 吨，打破“中国水稻之父”袁隆平的杂交水稻创下的每公顷 19.4 吨的世界纪录。

16 日，印度外长萨尔曼·库尔西德 16 日抵达孟加拉国首都达卡，开始了为期 2 天的正式访问。双方就包括水资源分配、交通和贸易等双边合作项目进行了磋商。

18 日，英国首相卡梅伦率领最大规模外访团访问印度，以获得印方军购订单。

19 日，印度空军司令诺曼·阿尼尔·库马尔·布朗表示，印度空军苏—30MKI 战机 2013 年年底前将试射俄印两国联合研制的布拉莫斯巡航导弹。

20 日，印度 11 家大型工会发起为期 2 天的大罢工，参与人数近亿，已经有一人在罢工引发的冲突中身亡，首都新德里和金融中心孟买等多个大城市的银行业和公共交通服务中断。

21 日，印度南部安得拉邦首府海得拉巴市发生连环炸弹爆炸，造成 14 人死亡，受伤者达 119 人。

21 日，印度总统穆克吉表示印度今年将启动首个火星计划，有意在全球太空竞赛中追赶美国、俄罗斯及中国的脚步。

22 日，巴基斯坦对发生在印度海得拉巴市的炸弹袭击予以谴责，称“不论动机为何，任何恐怖主义行为都不可容忍”。

22 日，法国总统奥朗德率由外交部长、国防部长等众多内阁的重要成员以及 60 多家法国超级企业家组成的庞大代表团访问印度，就国防军事、民用核能、经贸合作等一系列议题与印度总理展开了讨论。

23 日，印度软件巨头阿齐姆·普雷姆吉向其控制的教育慈善机构捐款 23 亿美元，这是印度近代数额最大的慈善捐款。

23 日，印度空军开始举行首场昼夜连续空军演习，旨在展示印度空军完整的作战能力。

24 日，印度计划到 2015 年为印度—西藏边境警察部队再增加 9 个营。

25 日，印度利用一枚 PSLV—C20 型极地卫星运载火箭在该国南部成功发射了 7 颗卫星。

26 日，布拉莫斯航宇公司宣布计划开发飞行速度达到声音 5—7 倍的极超音速“布拉莫斯”（BrahMos）导弹。

3月

4日，印度秘密兴建核潜艇通信站。

7日，印度西部马哈拉施特拉州发生40年来最严重的旱灾，估计数百万人受影响。

9日，巴基斯坦总理对印度进行私人访问。

10日，全球规模最大的宗教庆典——印度“大壶节”于当日结束，1.2亿人恒河沐浴打破纪录。

12日，印度自行研制的“无畏”国产亚音速中程巡航导弹在奥里萨邦的昌迪普尔综合试验基地进行首次试射，导弹在飞行中段偏离预定轨道。

13日，印控克什米尔发生武装分子袭击警察部队事件。

14日，索妮娅·甘地结束15年国大党主席任期。

14日，世界银行行长金墉访问印度，承诺未来4年每年给予30亿美元支持。

14日，印度最高法院发布声明禁止意大利驻印度大使达尼埃尔·曼奇尼离境，要求曼奇尼在本月18日之前就意方推迟将两名涉嫌杀害印度渔民的意大利军人交由印方处理一事给出答复。

15日，李克强总理同辛格总理通电话时强调扩大共同利益提升中印关系。

18日，孟买警方设立了印度首间“社交媒体实验室”，监控脸谱网、推特网及其他社交网站。

19日，印度国会下院通过一项严厉打击强奸犯罪的法案，其中最高刑罚可至死刑。

20日，印度成功用潜艇试射超音速导弹，速度可达音速的2.8倍。

26日，日本外务大臣岸田文雄与印度外交部长萨尔曼·胡尔希德在东京举行日印外长战略对话，双方表示将加强海上安保合作。

27日，习近平主席会见印度总理辛格，指出世界需要中印共同发展。

4月

2日，印度最高法院宣布取消此前对意大利驻印度大使离境的禁令。

7日，印度陆军为组建锡金侦察部队招募新兵。这支部队是印度陆军现有的29个步兵团中最新的一支，最终将部署在与中国接壤的有争议的印度东北边界地区。

7日，印度海军在孟买举行隆重仪式，欢迎海军上尉阿布希拉什·托米环球航行凯旋。托米上尉只身一人驾驶印度自制游艇，历时156天，在毫无陆地协助的情况下环球连续航行4万余公里，并于当日顺利返抵孟买港。

8日，由印度工商联合会组织的印度国会议员代表团访问斯里兰卡。代表团此行的目的在于增进两国政治互动和理解，并努力将两国伙伴关系制度化。

9日，朝鲜任命朴庆善为驻印度特命全权大使。

9日，5名印度维和官兵在南苏丹遭遇反叛分子的埋伏不幸身亡。

15日，约50名中国士兵越过中印“实际控制线”，印度边防警察随即在与中国士兵营地相距300米的地方驻扎，形成了所谓的“帐篷对峙”。

15日，印度边境安全部队在一只鹰的尸体上发现小型摄像机，这引起印方高度警觉，他们怀疑这只猎鹰是巴基斯坦间谍活动的一部分。

17日，印度南部城市卡纳塔克邦首府班加罗尔发生一起爆炸，造成16人受伤。

23日，中印两国边界军官举行第二次“国旗会谈”，以解决中国士兵越界引发的双方“帐篷对峙”。

25日，距离泰姬陵3公里处的古巴尔地区一枚炸弹发生爆炸，造成2人死亡，1名妇女伤势严重。

26日，印控克什米尔地区武装分子对印方巡逻队发动伏击，造成4名印度警察死亡。

30日，中印在拉达克地区就印方所炒作的“帐篷对峙”问题召开第三次“国旗会谈”。

5月

3日，印度庆祝宝莱坞电影100周年诞辰。

9日，中国外交部长王毅在北京钓鱼台国宾馆与来访的印度外长库尔希德举行会谈。

10日，中国第一部印度国情报告《印度国情报告（2011—2012）》在北京发布。报告称，印度经济发展潜力巨大，发展前景广阔，未来的实力不容低估，但要释放出潜力来尚须清除诸多障碍。

13 日，美国、印度和日本在华盛顿举行了三边对话。

19 日，中国国务院总理李克强开启任内首次外访，印度成此访第一站。

20 日，中华人民共和国和印度共和国发表联合声明。

22 日，印度驻孟加拉国特派使团向孟外交部发出提案，建议在两国边境地区再增设 22 处货物交易市场。

25 日，印度国民大会党一支车队在中部地区遭纳萨尔派反政府武装人员伏击，超过 20 人死亡，包括多名国大党政要。这是近年来这支反政府武装制造的最严重袭击。

26 日，日本副首相兼财务大臣麻生访印，强调要进一步巩固日印全球战略伙伴关系，表示日本重视亚洲，希望通过经济合作加强与亚洲各国的双边及多边关系。

27 日，印度总理辛格访问日本。辛格与日本首相安倍晋三在军事合作、基础设施、核能出口等“战略问题”上进行了会谈，并签订了 150 亿美元的采购大单。

29 日，日本首相安倍晋三在首相官邸与印度总理辛格举行会谈，就 2013 年夏季启动连接印度最大城市孟买和工业城市艾哈迈达巴德的高铁计划的安全性和价格共同调查达成协议。

29 日，印度已经向马来西亚、越南和菲律宾派遣了四艘军舰，其中包括驱逐舰和隐形护卫舰。报道称，为了反制中国在印度洋地区所谓的“珍珠链”，印度正在同日本与越南建立紧密的海洋安全合作。

6 月

7 日，印度与巴基斯坦在两国交界的克什米尔控制线地区发生严重交火事件，一名印度军官阵亡。

8 日，印度 4 艘军舰同越南海军在“东海”（即南海）附近举行联合搜救演习。

14 日，印度东北部西孟加拉邦马尔达地区发生一起渡船沉没事故，造成 4 人死亡，超过 40 人失踪。

16 日，强暴雨袭击了印度北部的北阿肯德邦、北方邦和喜马偕尔邦等地区，降水量较往年平均增加40%，造成洪水及泥石流等次生灾害，导致约1000人遇难。

17日，印度国大党领导的团结进步联盟政府进行改组，新任命8名部长级官员。

17日，印度北方军区司令帕尔奈克中将向新德里电视台澄清说，印度在边界问题上没有妥协让步。这是印度军方首次对今年4月中印长达三周的边境对峙作出回应。

20日，印度秘密推出一项大范围监控计划，该计划会让安全部门甚至还有个人所得税官员能在不受法院或议会监督的情况下，直接进入监控目标的电子邮箱或窃听其电话。

23日，美国务卿克里访问印度，呼吁曾经发展势头迅猛如今却陷于停顿的美印关系充分发挥其内在“潜能”。

24日，印度最大的商业银行印度国家银行拟在2013—2014财政年间新增加一万个就业岗位，以满足进一步扩大银行业务发展的需求。

24日，印度最大的移动电信运营商巴帝电信决定，将以3G网络服务的资费标准提供4G标准的网络服务。

25日，印度总理辛格视察了近日来不断发生袭击事件的印控克什米尔地区，这是他三年来首次访问该地区。

28日，中印边界问题特别代表第十六次会晤在北京举行。中方特别代表、国务委员杨洁篪和印方特别代表、国家安全顾问梅农就落实两国领导人共识，促进中印边界问题解决和双边关系发展，以及共同关心的国际、地区问题坦诚、深入交换意见。

28日，印度大使会见尼泊尔大会党主席。

7月

1日，印度区域卫星导航系统的首颗导航卫星发射升空。

2日，印度与巴基斯坦同意举行第三轮双边问题对话。

3日，印度政府批准了一项粮食福利法案，旨在为印度贫困人口提供最低粮食保障。

7日，中国宣布，中国海军“和平方舟”号医疗船将于8月对印度进行首次访问。

8 日，中印两国决定建立两军司令部热线联系。

8 日，印度佛教圣地菩提伽耶 7 日发生的连环爆炸案中总计有 13 枚炸弹，其中 10 枚发生爆炸，共造成 2 名僧人受伤，部分建筑物受到损害。

11 日，印度、越南联合委员会会议召开，越南外交部长范平明和印度外交部长胡尔西德表示两国将携手开发南海。

12 日，印度国防部长安东尼对中国进行了正式访问，中国国防部长常万全上将与安东尼部长举行了会谈。

15 日，印度一伙武装分子突袭了印度帕考尔地区拉瓦达村庄的一家儿童福利院，他们将 4 名年龄在 12—14 岁之间的女孩掳走然后轮奸。

16 日，位于印度南部泰米尔纳杜邦的库丹库拉姆核电站将投入使用。

16 日，印度东北部比哈尔邦查普拉地区的一所公立小学发生了一起严重的食物中毒事件，已经导致 22 名小学生和 1 名厨师死亡，另有数十名学生仍在医院接受治疗。

18 日，印度民兵部队向印控克什米尔地区的示威者开枪，造成至少 4 人死亡，数十人受伤。

23 日，中印边境事务磋商和协调工作机制第三次会议在印度首都新德里举行。

23 日，美国副总统拜登在印度首都新德里会见了印度总统慕克吉、副总统安萨里和总理辛格等政府要员。

8 月

3 日，印度驻阿富汗东部城市贾拉拉巴德的领事馆附近发生汽车炸弹爆炸事件，导致至少 3 人死亡，12 人受伤。

6 日，巴基斯坦部队 5 日晚袭击了克什米尔地区的印度军事点，5 名印度士兵死亡。

6 日，印度政府任命印财政部首席经济顾问、国际货币基金组织（IMF）前任首席经济学家拉古拉姆·拉詹为新一任央行行长，接替将于 9 月 4 日卸任的苏巴拉奥。

12 日，印度成功试射了其本土研发的“大地－II”（Prithvi－II）型导弹，该导弹射程为 350 千米，可携带核弹头。

14 日，印度“基洛”级潜艇“辛杜拉克沙克”号在孟买军港爆炸并部分沉没，艇上18名官兵全部遇难。

17日，德里警方逮捕了涉嫌策划40多起爆炸案的“头号”恐怖分子阿卜杜勒·卡里姆·顿达（Abdul Karim Tunda）。

19日，由日本大型贸易公司“双日”牵头的日本企业联盟竞标印度与日本政府推进的“德里—孟买工业走廊（DMIC）”构想核心项目“高速货运铁路一期工程”获得成功，该项目将于当年秋天动工。

20日，中国和印度在新德里举行第五轮外交部副部长级“战略对话”，中国外交部副部长刘振民在印度外交部会见了印度外长库尔希德。

9月

3日，日本外务省在东京举行与印度核能协定谈判，这是2011年3月福岛核事故后日印两国首次举行谈判。

3日，巴基斯坦和印度一致表示，边境地区紧张形势的逐步升级使双方恢复对话的进程倒退。

6日，曾出版一本畅销伊斯兰回忆录《逃离塔利班》的印度女作家班纳吉在阿富汗的住处外遭遇枪杀，不幸身亡，当地警方怀疑是塔里班武装分子所为。

9日，印度国会议员通过法案，禁止该国社会最底层的“贱民”徒手清理粪便。

9日，印度北方邦西部数个村庄发生暴力冲突，造成至少23人死亡。已有数百部队士兵派遣驻扎在骚乱地区，局势得到控制。

10日，涉嫌参与2012年12月印度新德里黑公交轮奸案的4名成年嫌犯强奸、谋杀罪名成立。

12日，印度政府颁布新社会企业责任法，要求年盈利达7800万美元（约合人民币4.7亿元）的大型企业每年将收入的2%贡献于慈善类项目，无论印度企业还是跨国公司都需遵守这一规定，未能达标且未能提供不达标正当理由的企业将面临罚款甚至高管受监禁的重罚。

13日，印度主要反对党人民党议会委任命纳伦德拉·莫迪为该党2014年总理竞选候选人。

15日，印度再次试射远程弹道导弹“烈火—5”，这也是两年内该国再次试射这一型号导弹。

16 日，首届中印媒体高峰论坛在印度首都新德里开幕。论坛由中国国务院新闻办公室和印度外交部共同举办，两国 20 多家主要媒体的负责人以及几十名专家学者与会。

20 日，印度央行突然宣布上调基准利率 25 个基点至 7.5%，这是该行自 2011 年以来首次加息。

23 日，印度总理辛格在国家统一委员会会议上发表讲话，要求印度各级政府必须采取切实措施管控社交媒体。

25 日，印度总理辛格确认将与巴基斯坦总理谢里夫在纽约举行的联合国大会上进行双边会谈。

26 日，位于印巴交界处的克什米尔地区发生了一起针对印度警察局的突袭事件，已造成 6 人死亡。

28 日，美国总统奥巴马在白宫会见了访美的印度总理辛格。

29 日，中印边境事务磋商和协调工作机制第四次会议在北京举行，双方探讨了拟议中的“边防合作协定”。

29 日，印度总理辛格与巴基斯坦总理谢里夫在纽约举行会晤，两人就管控克什米尔地区紧张局势取得共识。

30 日，中国和印度开始在北京举行一系列对话，议题涵盖边界问题、贸易问题以及印度总理辛格的访华行程。

10 月

1 日，印度总理辛格与巴基斯坦总理谢里夫同意努力恢复边境停火，以缓解双方的紧张关系。

7 日，印度军方在印度东部奥迪萨邦通过移动发射装置成功试射了“大地一2 型”地对地短程弹道导弹。

13 日，印度一寺庙发生的踩踏事件遇难人数已经超过 100 人，这是近年来印度发生的最严重的踩踏事件之一。

14 日，费林飓风袭击印度东海岸，造成至少 14 人死亡。

18 日，印度警方在南部港口城市扣留了一艘美国船只及船员，指控该船在印度水域非法运输武器弹药。

19 日，印度北方邦发生一起因饮用非法制造劣质酒导致的集体酒精中毒事件，已有至少 37 人死亡，数十人中毒。

20日，印度总理辛格抵达俄罗斯首都莫斯科开始对俄罗斯的正式访问。

23日，中国国务院总理李克强在人民大会堂同印度总理辛格举行会谈，双方就新时期推进中印关系全面快速发展达成重要共识。

27日，印度反对党主要领导人在该国东北部城市巴特那举行竞选集会。集会间隙发生炸弹袭击，造成6人死亡。

30日，印度北方邦穆扎法尔讷格尔地区发生宗教暴力冲突，至少4人在冲突中丧生。

11月

10日，中国、俄罗斯和印度外交部长第十二次会晤在印度新德里举行，会后发表联合公报。

14日，英国首相卡梅伦到访新德里与印度总理辛格会谈。

29日，印度总统慕克吉突访“阿鲁纳恰尔邦”，并强调了印方对该地区的所谓“领土主权”。

30日，日本天皇夫妇抵达新德里，开启对印度为期一周的历史性访问。

12月

9日，中国外交部长王毅会见即将离任的印度驻华大使苏杰生。

12日，阿富汗总统哈米德·卡尔扎伊对印度展开为期4天的访问。

12日，因涉嫌伪造签证文件、拖欠佣人工资，印度驻纽约总领馆副总领事德芙亚尼·科布拉加德在纽约被捕并受到脱衣检查。

17日，印度反对派总理候选人和印度议会下院发言人均取消了与来访的美国国会代表团的会面，以对美国逮捕印度外交官事件表示抗议。

26日，印度东北部发生一起炸弹爆炸事件，导致至少5人死亡，6人受伤。

（二）巴基斯坦

1月

1日，巴外长哈尔接受沙特外长费萨尔亲王（Saud al Faisal）的邀请抵达沙特阿拉伯，双方外长就两国间的相关事宜展开讨论，并交换了意见。

2日，印度尼西亚驻巴基斯坦使馆商务官员在会见伊斯兰堡妇女工商会成员时称，巴—印尼特惠贸易协定（PTA）将自本月起生效。

5日，总理阿什拉夫宣布969兆瓦的尼勒姆－杰勒姆水利项目为国家最优先的战略项目，并从其他水利项目中调拨了240亿卢比的资金用于该项目的完成。

9日，印度传唤巴基斯坦大使，指责巴军队在克什米尔地区杀死两名印度士兵，但巴印双方都相互警告不要让事态扩大化。巴方坚持此事是毫无根据的，并建议联合国介入调查此次事件。

10日，巴水电发展署同美国国际开发署会面，并向其提交了巴沙大坝的融资方案草案。

13日，巴基斯坦和印度双方的军事代表在克什米尔实际控制线附近举行会谈，以缓和因为交火事件而趋于紧张的边界局势。

20日，奥巴马政府完成了一项新的反恐指南，其中将确立明确的定点清除行动准则，但同时该指南却对中央情报局在巴基斯坦执行无人机行动给予了豁免权。

25日，巴基斯坦政府与全国穆斯林共同庆祝开斋节的到来，并呼吁全国的穆斯林遵从安拉的教诲，在安静祥和中渡过这个节日。

27日，阿联酋总统谢赫率代表团抵达巴基斯坦东南部城市巴哈瓦尔布尔，开始对巴基斯坦的正式友好访问。

30日，巴联邦政府公布了《战略性贸易政策框架（2012—2015）》，确定了出口目标，即从2009—2012年出口贸易额的670亿美元上升到2012—2015年的950亿美元。

2月

6日，第12届伊斯兰会议组织峰会期间，巴外交部长哈尔与伊朗外长萨勒希会面。

12日，巴总理阿什拉夫与英国首相卡梅伦在唐宁街10号首相官邸举行会晤，双方对相互关心的话题以及加强双边贸易等议题进行了讨论。

15日，巴基斯坦成功试射短程弹道导弹哈塔夫－II。其射程为180公里，可携带核弹头和常规弹头，精准度高。

16日，奎塔发生爆炸袭击事件，包括妇女儿、童在内至少47人死亡，超过200人受伤。

17日，中国驻巴基斯坦大使刘健在一个集会上表示，没有必要担心巴基斯坦把瓜达尔港交付给中国。刘健表示，关于移交瓜达尔港管理权的协议已签署。

18日，巴基斯坦政府正式将位于俾路支斯坦省的瓜达尔港的运营权和配套基础设施开发权从新加坡港务局（Port of Singapore Authority）移交至中国海外港口控股有限公司（China Overseas Port Holding Company）。

20日，巴总理阿什拉夫同伊朗石油部长罗斯塔姆·加塞米（Rostam Ghasemi）率领的伊朗代表团举行会谈，双方就伊朗将在巴基斯坦瓜达尔港设立投资额达40亿美元的炼油厂达成共识，该炼油厂预计日产量达到40万桶。

21日，巴基斯坦国民议会内政常务委员会批准通过《2013年国家反恐局法案》，旨在通过设立国家反恐局为不同执法机构之间的协作提供一个平台，并有助于制定打击恐怖主义的政策。

26日，第26届新能源开发委员会会议上，巴水电部长穆赫塔尔要求加速完成1000兆瓦的风力发电项目，尽快为国家电网提供便宜的电能。

27日，伊朗总统内贾德与到访的巴基斯坦总统扎尔达里决定，大力推进巴—伊天然气管道项目以及两国间其他大型项目的建设。巴参议院发言人巴巴尔表示，该决定是两国领导人经过两轮会谈后达成的，同时两国领导人强调要充分利用两国间的资源与技术。

28日，由伊斯兰神学会（JUI－F）召集全巴政党大会，要求巴政府立即同巴基斯坦塔利班举行和谈。巴国内主要政党及部落领袖均参加了此次大会，并一致同意利用支尔格会议（部落长老会议）同巴基斯坦塔利班进行会谈。

3月

1日，巴防长卡马尔在访问土耳其期间同土耳其航空航天公司（TAI）首席执行官举行会谈，双方探讨了武器的本地生产、共同生产、技术转让以满足两国需求的可能性。

5日，国民议会以绝大多数支持票通过了《2013反恐修正法案》，使得执法部门能对“金融恐怖主义者”采取有效的措施。新法案是对《1997年反恐法案》的修正，需要经总统扎尔达里签署通过后才能生效。

7日，穆斯林联盟（谢里夫派）宣布了竞选宣言，内容包括在上台后将把巴基斯坦最低工资标准提升至每月1.5万卢比，在2年内结束国家能源危机，在5年内将GDP增长率提升至6%。

8日，国民议会批准成立国家反恐局（The National Counter-Terrorism Authority）以加强国家打击恐怖主义和极端主义的力度。

10日，巴基斯坦总统扎尔达里与伊朗总统内贾德共同出席了在伊朗首都德黑兰举行的伊巴输油管道建设启动仪式。

11日，巴基斯坦高级专员赛义德·哈桑访问新加坡，并在与新加坡投资者会谈时表示，希望新商业投资者能够前往巴进行商业投资。在2020年前，巴需要商业投资额达1500亿美元，主要涉及的行业包括：房地产、建筑、能源、物流、基础设施以及酒店和旅游业。

12日，参议院一致通过了《2013年巴基斯坦证券交易所委员会修订法案》，旨在规范国内资金市场，保护投资者的利益。该法案已获得国会通过，由总统签名通过后将生效。

13日，印度内政部长R.K.辛格指责巴方在印巴控制线附近袭击印中央后备警察部队并杀死两名印度士兵。巴方对此表示强烈反对，称这是不负责任的言论。

16日，巴总统扎尔达里与中国国家主席习近平通电话，对其在全国人民代表大会上正式当选新一任国家主席表示祝贺。巴总统表示，希望经得起时间检验的中巴关系能够在习近平主席任期内愈加牢固，将中巴友好关系世代相传，获得进一步的发展。总统发言人巴巴尔称，双方还就双边关系及地区形势进行了讨论。

20日，巴总统扎尔达里与阿富汗总统卡尔扎伊举行会谈。扎尔达里表示，巴基斯坦完全致力于阿富汗的长期和平与稳定，巴阿双边关系是两国共同追寻的地区和平与稳定的最重要组成部分。

21日，科索沃副总理兼贸易工业部长莱拉（Lila）在普利斯蒂纳接见巴基斯坦驻科索沃大使哈龙·舒贾特。副总理欢迎舒贾特成为首任巴基斯坦驻科索沃大使，并表示今后两国商务往来可以正式开展。

22日，在选举委员会同军方进行的第二轮对话中，双方决定军队将会在大选当日部署到高危选举站以提供安全保护。

23日，巴基斯坦驻华使馆举行第73个巴基斯坦日庆祝仪式。巴基斯坦驻华大使马苏德·哈立德（Masood Khalid）在使馆内升国旗，并宣读了巴基斯坦总统及总理在国庆日上的致辞。

25日，巴陆军参谋长基亚尼对约旦进行为期两天的正式访问，并与约旦参谋长主席举行了会谈，双方表示要进一步提升两国的武装力量。

29日，印尼通信与信息技术部部长森比令在参加巴驻印尼大使馆国庆节活动时称，印尼将会通过优化两国间的经济来往从而继续保持两国间现有的良好关系。

4月

4日，中国、俄罗斯、巴基斯坦三国的外交官在北京就阿富汗事务进行了三方会谈。作为阿富汗近邻的中、俄、巴三方就阿富汗问题开展对话，有助于三方增进了解、深化信任、加强协调。三方同意，共同致力于维护阿富汗和本地区的和平、稳定与安全，并将支持由阿富汗人主导的和解进程。

10日，由巴三军公关处发布的消息称，巴基斯坦成功试射了一枚“哈塔夫—4”（“沙欣—1”型）中程弹道导弹。该导弹射程为900公里，能够携带常规弹头及核弹头。

12日，中国驻巴大使刘健拜访了巴总统扎尔达里，双方就中巴双边关系和共同合作问题进行了探讨。

16日，巴基斯坦西南部俾路支斯坦省Washuk区的Mashkel地区（临近伊朗）遭遇强劲地震，造成包括妇女和小孩在内的21人遇害，60余人受伤。

17 日，中国驻巴大使刘健到新成立的智库——伊斯兰堡战略研究所（SSII）出席“中国馆”（China Hall）成立仪式。

21 日，在巴基斯坦最高法院召开的为期 3 天的国际司法会议闭幕。

23 日，巴基斯坦陆军参谋长基亚尼将与美国国务院官员及阿富汗总统在布鲁塞尔举行关于地区局势尤其是阿富汗问题的三边会谈。

5 月

7 日，巴基斯坦中央银行和中国人民银行在完成了必要文件互换及相关操作手续后，签署了价值 100 亿人民币和 140 亿卢比的《双边货币互换协议》。

14 日，美国驻巴大使理查德·奥尔森在拉合尔拜访谢里夫，祝贺他所领导的政党获得大选胜利，并强调美国承诺将在尊重和互利的基础上与巴基斯坦建立强健的双边关系。

15 日，中国驻巴大使刘健拜访巴穆斯林联盟（谢里夫派）主席纳瓦兹·谢里夫，向他递交了一份书面贺电并对他担任国家领导人表达了良好祝愿。

21 日，巴基斯坦空军参谋部上尉塔希尔访问了沙特阿拉伯，拜访了沙特王国的国防部长——沙特皇储萨尔曼王子，两人商讨了两国利益相关的问题。

22 日，中国总理李克强抵达巴基斯坦，开始为期两天的正式访问。目的是进一步扩大和加强中巴关系，扩大多方面、多层次的交流和合作。巴总统扎尔达里、总理霍索、联合参谋委员会主席韦恩、陆军参谋长基亚尼、海军参谋长桑迪拉一同到机场迎接。

27 日，印度总理特使拜访谢里夫，双方主要讨论了两国开展对话进程的方式。在这次会谈中，谢里夫还邀请印总理辛格参加他的就职仪式。

28 日，北约军事委员会主席巴特尔上将带领一支高级别代表团拜访了巴基斯坦参谋长联席会议主席威恩上将。据悉，双方商讨了两国利益相关的事情，尤其对阿富汗上升的地缘政治地位和阿富汗 2014 撤军后时代的举措方案。

29 日，美国无人机在巴基斯坦西北部部落地区杀死了巴塔副领导人指挥官瓦立尔·拉赫曼，这是对巴塔的一个重大打击。

30 日，欧盟设立了一个名为“改善议会效能”（Improving Parliamentary Performance，IP3）的援助项目，此项目将同巴基斯坦议会事务研究所（PIPS）进行合作，项目目的是在立法、法律研究、制定问责制和透明化的机制、选举改革、国际人权公约等方面为巴立法机构提供帮助。

31 日，穆斯林联盟（谢里夫派）主席谢里夫向美国驻巴大使奥尔森表达了对近日美国在巴境内发动无人机袭击的强烈关注和失望。他表示，无人机袭击不仅是对巴国家主权和领土完整的侵犯，同时也违反了国际法和联合国宪章。

6 月

3 日，世界银行批准了价值 1 亿美元的一揽子援助计划以支持旁遮普省卫生部门的改革项目，将重点加强公民的基本健康服务质量。

4 日，穆斯林联盟（谢里夫派）主席纳瓦兹·谢里夫获得简单多数的支持票数，事实上是这已是他第三次当选总理。程序上，谢里夫还得接受巴人民党议会党法西姆和正义运动党哈希米的挑战。

5 日，中国总理李克强向谢里夫发去贺电，祝贺他当选新一届政府总理。据巴外交部称，中国是第一个发来贺电的国家，在贺电中，李克强表达了美好祝愿，并希望巴基斯坦在谢里夫的领导下能够取得新的成果和进步。

7 日，在北瓦齐里斯坦地区发生一起美国无人机袭击事件，造成 7 名疑似武装分子死亡，3 人受伤，这是谢里夫宣誓就职后的首次无人机袭击。

9 日，巴基斯坦总统扎尔达里应新当选总理谢里夫的要求，批准设立国家经济委员会。

13 日，新任中国驻巴大使孙卫东拜访了巴基斯坦参谋长联席会议主席韦恩将军，宾主就双方共同感兴趣的话题进行了讨论。

29 日，英国首相卡梅伦抵达巴基斯坦进行为期两天的正式访问以加强双边关系。

7 月

2 日，巴基斯坦国家安全与外交事务助理阿齐兹会见美国国务卿克里。双方主要商讨了 2014 年后的巴美合作关系，巴方提议有必要召开新一轮的两国部长级战略对话。

5 日，巴总理谢里夫与中国总理李克强进行会谈，双方发表了《关于新时期深化中巴战略合作伙伴关系的共同展望》的联合声明。

10 日，欧盟代表团宣布将用于提高巴基斯坦议会效能项目的基金由原来的 470 万欧元提高到 570 万欧元，并将该项目的截止时间由 2014 年延长至 2016 年。

26 日，巴基斯坦总理谢里夫会见美国驻巴大使理查德·奥尔森，重申巴对阿富汗和平进程的支持立场以及与美国加强双边合作的强烈愿望。

30 日，美国国务卿约翰·克里前往伊斯兰堡与巴基斯坦谢里夫政府举行会谈，希望与巴建立一种更加务实的外交关系。

8 月

3 日，巴基斯坦总理谢里夫会见沙特国王阿卜杜拉及其政府官员，双方对目前双边关系表示极大的满意。

4 日，旁遮普省政府与中国中兴公司签署了一份合作协议，旨在旁遮普省科里斯（Cholistan）地区建立 500 兆瓦的太阳能发电厂。

11 日，阿富汗总统卡尔扎伊致电巴基斯坦总统扎尔达里，相互庆贺开斋节。扎尔达里感谢卡尔扎伊总统的问候，祝福两国实现和平、发展和繁荣。

12 日，联合国秘书长潘基文展开为期两天的伊斯兰堡之行，潘基文表示本次访巴的主要议题是商讨美国 2014 撤军阿富汗后，巴基斯坦为促进阿富汗和平和稳定所扮演的角色。潘基文还对近期印巴克什米尔火力争端表示关切。

15 日，印巴各自独立日之际，两国总理相互致意礼貌的节日问候，这是自谢里夫总理今年 5 月登台以来两国总理第 7 次书信交流。

16 日，印度军队越过印巴实际控制线进行袭击，受袭地区为阿萨德克什米尔的南科特利县。印方违背停火的行径造成超过 7 位平民受伤。

20 日，泰国总理英拉抵达巴基斯坦进行为期两天的正式访问，其一行在机场受到热烈的欢迎。

21 日，巴基斯坦与泰国签署一个协议和两个备忘录，内容包括为外交官降低签证要求，建立共同的贸易委员会和一个共同的商业委员会，进一步加强两国间贸易和经济关系。

22 日，巴内阁国防委员会（DCC）召开会议，同意该委员会重组为内阁国家安全委员会（CCNS），致力于制定影响国家安全的政策。该委员会由总理主持，成员包括外交、国防、内政、财务等部部长。

24 日，伊斯兰堡政策研究所（IPRI）与德国汉斯·赛尔德基金会（HSF）合作举办为期两天的国际会议，将于 8 月 28—29 日召开，主要讨论上海合作组织在地区稳定中的角色问题。

26 日，阿富汗总统卡尔扎伊抵达巴基斯坦进行正式访问，以促进双边关系，讨论地区形势和阿富汗和平进程以及巴基斯坦在其中的角色问题。

27 日，首次巴—俄战略对话在莫斯科开幕，此次对话旨在提升两国政治、经济、外交以及国防关系。

29 日，由中国、巴基斯坦和卡塔尔三方正式签订关于在巴基斯坦建立总功率为 6600 兆瓦发电厂的谅解备忘录。此项谅解备忘录分别由巴基斯坦联邦政府和旁遮普省政府、中国电力建设有限公司以及卡塔尔的 Q Investment 公司代表三方签署。

30 日，巴基斯坦同俄罗斯在莫斯科举行两国历史上第一次外交秘书级磋商。

30 日，第十届中巴防务安全磋商在北京举行。巴参谋长、联席会议主席韦恩和中国中央军委委员、总参谋长房峰辉上将分别代表两国出席本次磋商。

9 月

2 日，第三届中国—亚欧博览会在新疆乌鲁木齐举行，共有 9 家巴基斯坦公司参加了本次展览，设立了 10 个展位，展出的产品主要有手工地毯和礼品。

3 日，巴基斯坦计划发展部部长阿赫桑·伊克巴尔（Ahsan Iqbal）在科伦坡拜访了斯里兰卡总统拉贾帕克萨，这是本年度巴基斯坦新政府上台后对斯里兰卡的首次部长级访问。

4 日，印度和巴基斯坦总理特别代表在迪拜举行会面，这是在 8 月份 5 名印度士兵在控制线被打死后两国首次官方接触。

5 日，巴基斯坦国家指挥局（The National Command Authority）召开

会议，再次肯定核项目在国家防卫中的核心地位。

7 日，巴基斯坦已经从国际货币基金组织得到新批准的对巴 68 亿美元中期贷款中的首笔 5.4 亿美元贷款，以此帮助巴增加国家外汇储备。

9 日，巴基斯坦全巴政党大会在伊斯兰堡召开，巴主要政府官员、各个政党领袖、军队代表和宗教与社会知名人士参加了会议，并达成了与巴基斯坦塔利班举行和谈的共识。

9 日，第 11 届巴基斯坦与马来西亚“国防合作联合委员会”在马来西亚关丹县召开，这次会议为期 4 天（从 9 月 9 日到 9 月 12 日）。

12 日，第 13 次上合组织峰会在比什凯克召开。峰会期间，巴基斯坦总理国家安全和与外交事务顾问阿齐兹与吉尔吉斯斯坦外长会面，双方期望将两国的政治友好氛围上升至经贸合作关系。

16 日，巴基斯坦总理谢里夫抵达土耳其首都安卡拉，开始对土耳其为期 3 天的正式友好国事访问。

18 日，巴基斯坦总理国家安全与外交事务顾问阿齐兹与阿富汗能源与水利部长伊斯梅尔会面，双方商讨了 CASA－1000 项目的相关问题。阿齐兹呼吁更新项目动态，展开进一步研究。

26 日，巴基斯坦和沙特阿拉伯签署了一项资金 1 亿美元的尼鲁姆—杰勒姆工程（NJHP）项目的额外贷款协议，该项目能提供 969 兆瓦的电力。

10 月

1 日，巴基斯坦总统侯赛因出席中国驻巴基斯坦大使馆庆祝中华人民共和国成立 64 周年庆典。

3 日，阿富汗塔利班发言人明确表示拒绝在白沙瓦与前阿塔头目巴拉达会面，原因是有巴基斯坦安全代理人陪同。

4 日，巴总理谢里夫与军方高层召开会议，商议先前于白沙瓦发生的暴力事件。与会人员还讨论了全巴政党大会上提出的总体安全政策及政府与塔利班和谈事宜，并重申寻求和平的坚定决心，但不会就原则性问题作出让步。

5 日，阿拉伯联合酋长国驻巴基斯坦大使哈利德在总理府会见巴总理谢里夫。谢里夫强调，在历史、宗教与传统文化上，阿联酋与巴基斯坦拥有兄弟般的友好关系。在这次会谈中，双方主要讨论了两国双边关系。

6日，巴基斯坦陆军参谋长基亚尼将军观摩了巴基斯坦军队在海德拉巴附近举行的野战演练。

7日，巴基斯坦国家经济委员会执行委员会在伊斯兰堡召开会议批准了9个总价值4292亿卢比的项目，涉及能源，教育、卫生、交通和通信、灌溉和供水等领域。

9日，巴外交秘书吉拉尼被任命为巴基斯坦驻美国大使，外交部辅秘阿巴斯出任印度高级专员，另一名辅秘出任驻阿联酋大使，巴基斯坦原驻意大利大使出任巴常驻联合国代表。

10日，巴总统侯赛因颁布一项条例，以进一步修改《反恐怖主义法1997》，该条例自颁布起即刻生效。

11日，巴基斯坦与石油输出国组织国际发展基金会签署一份借贷协议，签署协议的双方分别为巴基斯坦财政部长达尔与石油输出国国家发展基金会总干事。按照协议内容，巴方将获得总额5000万美元的贷款，用于完成尼勒姆一杰勒姆水电项目。

12日，巴财政和私有化部长伊沙克·达尔会见美国财政部主管国际事务副部长布瑞拉德先生，伊沙克·达尔向其简要介绍了巴基斯坦现政府为实现国家宏观经济稳定所采取的努力行动。

13日，美国驻巴基斯坦与阿富汗事务特别代表詹姆斯·多宾斯大使在与巴总理国家安全与外交事务顾问阿齐兹会晤时讨论了巴美双边关系与地区安全，交换了双方对阿富汗和平与重建工作以及2014年后阿富汗问题的意见。

14日，巴基斯坦内政部长乔杜里与来访的美国阿富汗和巴基斯坦问题特使詹姆斯·多宾斯举行了会晤，双方就地区安全形势和共同关心的问题广泛交换了意见。

16日，巴基斯坦全国人民以极高的热情欢庆古尔邦节。

17日，巴总统侯赛因在沙特王宫拜会了沙特国王阿卜杜拉·本·阿卜杜勒一阿齐兹及其王室成员。

18日，国际金融机构代表团与巴基斯坦财政部长达尔在巴基斯坦驻伦敦高级专员公署会面。达尔介绍了巴基斯坦推行的宏观经济路线以及在总理谢里夫的带领下解决的的经济难题，双方达成循环贸易融资共识。

20日，巴总理谢里夫抵达华盛顿对美国进行为期4天的正式访问，将与美国领导人讨论影响巴美两国关系的一系列问题。

22 日，巴总理谢里夫会见美国能源部长，双方同意继续在能源领域紧密合作，并通过现有的能源工作组建立战略对话机制。

23 日，美国总统奥巴马与谢里夫进行会谈，双方坚信两国的合作对地区安全至关重要，两人同意恢复美—巴战略对话。双方还讨论了即将举行的部长级战略对话。

24 日，俄罗斯联邦药物管制署主任伊万诺夫（Viktor P. Ivanov）拜会巴总统侯赛因，双方就巴基斯坦同俄罗斯的双边关系尤其是药品和麻醉药品管控问题进行了深入交流。

28 日，巴基斯坦参议院主席博哈里会见到访的由中国全国政协副主席王正伟率领的中国人大和政协代表团。

29 日，巴基斯坦和印度同意停止在边界上的敌对行动。

30 日，巴总理谢里夫同英国外交大臣威廉·黑格进行会谈，讨论了涉及双方利益的有关问题。谢里夫总理感谢英国政府为解决印巴问题而作出的努力。

31 日，日本政府向巴基斯坦政府拨款 19.46 亿日元，以安装先进扫描系统来改善巴全国三大国际机场的安保实力，其目的在于帮助打击恐怖主义势力活动。

11 月

1 日，美国国会三人代表团与巴基斯坦总理国家安全与外交事务顾问阿齐兹会面。

5 日，斯里兰卡高级专员拜访巴财政部长达尔，双方就共同关注的事务进行讨论。

6 日，巴前总统穆沙拉夫在“红色清真寺”事件上获得保释，正式从“监狱”里释放出来。他此前被软禁在伊斯兰堡附近的别墅里。

7 日，旁遮普政府和加拿大太阳能公司签署了一项关于太阳能项目投资协议。根据该协议，加拿大公司将在真纳太阳能园区建设一个 500 兆瓦的太阳能发电项目。

8 日，巴总理谢里夫会见来访的卡塔尔最高委员会委员阿勒萨尼。双方就相互利益和双边合作问题进行了商议，谢里夫欢迎卡塔尔在巴基斯坦的能源和住房领域进行投资。

10日，应巴总理谢里夫的邀请，科威特首相贾比尔对巴基斯坦进行了为期两天的正式访问，受到巴各界人士的热烈欢迎。

12日，巴总理国家安全与外交事务顾问阿齐兹与印度对外事务部长萨尔曼卡苏在亲切的气氛中召开会议，讨论了双边关系中的前瞻性和建设性问题。

13日，在第五届美巴能源工作组会议上，巴基斯坦代表团强调需要美国加强在大型水电工程建设上的资助，特别是对巴沙水坝工程的资助。

14日，巴总理谢里夫抵达斯里兰卡首都科伦坡，参加由53个成员国组成的2013年英联邦国家首脑会议（CHOGM），并就峰会主题——“公平增长，包容发展”发表了讲话。

16日，巴基斯坦联邦工商会主席马利克要求给予印度最惠国待遇和放宽签证来促进双边贸易。

18日，巴基斯坦总理国家安全与外交事务顾问阿齐兹会见来访的美国海军部长雷蒙德。

20日，巴塔激进分子分别向部落区的安全检查点发动两次袭击，造成至少两名士兵遇难，七人受伤。

21日，日本驻巴大使拜访巴内政部长尼萨尔·阿里·汗。

22日，巴基斯坦正义运动党在白沙瓦举行一天的静坐示威，反对美国无人机对巴基斯坦领土空袭。

24日，巴基斯坦就伊朗与其他五国就伊朗核问题在日内瓦达成谅解表示欢迎与祝贺。

25日，巴基斯坦正式推出由本国自行研制的第一代无人侦察机，这对巴基斯坦航空工业的发展和军队战斗力的提升都具有里程碑意义。

27日，第五届巴基斯坦—欧盟发展合作分会会议在巴首都伊斯兰堡举行，欧盟承诺提供1.8亿欧元支持巴基斯坦发展计划。

29日，在2013巴—阿贸易交易会开幕仪式上，巴基斯坦驻阿富汗大使萨迪克表示，巴阿享有良好的贸易关系，双方有实力将现有的2.5亿美元交易额提升至5亿美元。

30日，巴基斯坦总理国家安全与外事顾问阿齐兹代表巴基斯坦参加在乌兹别克斯坦首都塔什干举行的第13届上合组织成员国政府首脑理事会。

12 月

2 日，巴基斯坦总统侯赛因会见了黎巴嫩驻巴基斯坦大使阿德南。

4 日，巴总理谢里夫在与到访的巴林国民警备司令中将阿勒哈里发会谈时表示，巴基斯坦特别关注同巴林王国的友好关系。

5 日，5 名武装激进分子和 1 名边境兵团士兵在帕特纳西拉巴德地区引水渠附近枪战中丧生，冲突还使一个边境兵团士兵受伤。

7 日，来自巴基斯坦农业领域的 11 家参展商参加在德国汉诺威举办的 2013 年商品交易博览会，该博览会是最大的农业机器设备贸易展览会之一。

9 日，在巴基斯坦召开的第六届亚洲国家议会会议上，巴基斯坦国民议会议长赛义德·侯赛因当选为下一届的亚洲议会会议主席。

10 日，来自 30 个国家近 300 名代表出席了由巴基斯坦参议院主办的亚洲议会大会第六届年会。

11 日，印度驻巴基斯坦高级专员拉加万拜访巴总理谢里夫。谢里夫总理表示，巴基斯坦坚信所有与印度的问题都会基于平等对话得以和平妥善解决。

12 日，欧洲议会通过给予巴基斯坦超普惠制（GSP Plus）待遇的决议。

13 日，巴基斯坦海军将领桑迪拉访问斯里兰卡科伦坡海军总部，双方商议了有关反恐和海洋安全合作的问题，重点是提高两国海军的合作。

16 日，巴总理谢里夫在总理府会见来访的伊斯玛仪派精神领袖卡里姆·阿加汗亲王。

18 日，巴基斯坦航空联合体举行仪式将其自主生产的第 50 架枭龙 Block I 型战斗机正式交付给巴空军，该仪式也标志着第二批次枭龙 Block II 型战斗机生产工作启动。

19 日，成立于 2009 年的巴—土框架内高级别战略合作委员会（HLSCC）在巴外交部举行第一轮年度双边政治磋商。

20 日，巴总理谢里夫与来访的多哈集团董事会主席会面。巴方诚邀卡塔尔石油与天然气企业投资巴国的能源开探、生产领域。

21 日，巴基斯坦新任陆军总参谋长拉西勒·谢里夫前往白沙瓦地区视察。

21日，正在斯里兰卡访问的巴基斯坦国民大会议长萨达尔与斯里兰卡总统马欣达·拉贾帕克萨举行了会晤。

23日，巴基斯坦总理谢里夫与土耳其总理埃尔多安在旁遮普省举办的巴—土商业论坛期间举行双边会谈，双方都强调要加强双边贸易、政治、文化和经济关系。

23日，阿塞拜疆新任驻巴基斯坦驻高级专员吾斯曼拜访巴总统侯赛因。侯赛因总统表示，巴政府重视与阿塞拜疆的贸易与经济合作。

24日，巴基斯坦和印度的军队指挥官在伊斯兰堡会见，这是双方14年来的首次会面。双方希望在一年断断续续的冲突之后缓解在克什米尔争议地区的紧张局势，并承诺坚持2003年控制线。

25日，阿里·真纳诞辰137周年之际，包括自由克什米尔和吉尔吉特—巴尔蒂斯坦地区在内的全国各地都为此庆祝。

25日，每年两次的巴基斯坦突击队与印度边境安全部队高层官员会谈在突击队总部召开。据有关消息称，双方在会谈后同意解决印方边境部队无端开火、印方直升机和侦察机的领空侵犯、阻止越境入侵以及杀害无辜群众等问题。

28日，巴基斯坦与印度两国边防军指挥官举行会谈，双方同意继续实施目前两国所签订的旨在确保两国边境地区和平的协议机制。

（三）孟加拉国

1月

8日，孟加拉国内阁通过成立河流保护委员会最终法案。

8日，沙特阿拉伯协商会议主席阿卜杜拉访问孟加拉，就劳工招募、双边关系等议题交换了意见。

9日，中国云南省副省长就推介首届中国—南亚博览会访孟，双方就双边贸易、投资等事宜交换了意见。

10日，孟加拉国政府与世界银行签署1.3亿美元贷款协议。

13日，日本向孟提供45亿塔卡援助，用于支持孟本地中小企业发展。

15日，孟加拉国总理哈西娜访问俄罗斯，并与普京总统举行会谈。双方签署了 3 项协议，包括俄将向孟提供 10 亿美元贷款用于购买俄制武器装备（如装甲车、防空系统、Mi－17 运输直升机等），提供 5 亿美元贷款用于合作建设核电站的前期准备工作、在孟合作建设核工业信息中心。此外，双方还签署了 6 项谅解备忘录，内容涉及反恐、公共卫生、农业、医疗等领域。双方同意在 2014—2015 年间举办俄罗斯和孟加拉国文化日活动。

15 日，美国承诺向孟提供十余艘高性能舰只，帮助孟提升维护海洋资源安全的能力。

17 日，孟海军“海洋雷霆 2013”年度军演顺利结束。

26 日，美国会众院 4 人代表团为实施美国国际开发署（USAID）项目访问孟加拉国。

27 日，中国向孟提供潜艇等武器装备。

28 日，印度和孟加拉国将签署引渡协议和签证协议，为两国加强关系、承诺不会为对方国家的罪犯提供庇护跨出实质性的一步。

28 日，法国将为孟提供 4500 万美元贷款，以协助孟实施“大达卡可持续发展城市交通项目”。

29 日，阿联酋外贸部长访孟，将与孟方就深水港项目进行商谈。

2 月

1 日，孟印河流联委会会议在达卡召开，此次会议主要是讨论建设提帕慕克大坝可能对两国产生的影响。

4 日，孟海军订制的由中国武昌造船厂建造的军舰“Durjoy”号抵达吉大港，孟海军参谋长哈比布出席军舰到港仪式。

5 日，孟加拉国政府在首都达卡部署准军事部队边防军，以防范反对党发起罢工可能引发的不测事态。

5 日，孟加拉国最大反对派政党“伊斯兰大会党”秘书长助理莫鲁克被孟加拉国法院判处战犯罪而获终身监禁。

10 日，孟外交秘书莱哈克和印度外交秘书莱玛塔伊举行两国外交秘书莱级磋商，双方就加强各领域合作以及互联互通、提斯塔河分水等重大问题交换了意见，并共同会见记者。双方均表示两国将努力在最短时间内完成提斯塔河分水协议的签署和陆地边界协议的批准。

14日，不丹国王旺楚克夫妇对孟加拉国进行为期5天的私人访问。

14日，孟内阁通过172项由孟军法政府通过的必要法令具有合法性。

14日，孟外长莫尼与到访的斯里兰卡外长佩雷斯举行会谈。双方就如何重塑斯里兰卡的和平与稳定以及推进双边贸易和互联互通交换了意见。

16日，印度外长萨尔曼·库尔西德抵达孟加拉国首都达卡，开始为期两天的正式访问。双方就包括水资源分配、交通和贸易等双边合作项目进行了磋商。

17日，孟印发表联合声明，双方同意延长《孟印内陆水域过境及贸易议定书》的有效期。

18日，英国负责外事和英联邦事务的国务部长瓦尔西拜会孟总理哈西娜。

19日，以人民联盟为首的14党联盟在达卡举行游行示威，游行者要求判决战犯死刑、取缔伊大党。

20日，孟政府与日本国际协力局（JICA）签署4个项目协议，JICA将为孟提供7.84亿美元贷款和800万美元赠款。

21日，孟加拉国庆祝国际母语日。孟政府官员、各政党领导人、社会各界人士以及群众纷纷前往语言运动烈士纪念碑，缅怀在独立战争中死去的知识分子。

21日，沙巴格（Shahbagh）运动在达卡组织大规模游行，庆祝国际母语日，并公布了下一阶段行动时间表。运动组织者向政府发出最后通牒，要求政府在3月26日前审判独立战犯并启动取缔伊斯兰大会党的司法程序。

22日，以伊斯兰大会党为首的12个伊斯兰政党在全国的清真寺举行抗议示威，反对沙巴格运动，要求政府释放被捕的伊大党领导人，停止战犯审判，惩治诋毁伊斯兰教先知穆罕默德的博客作家。

23日，中国驻孟大使馆在孟加拉国首都达卡圆满举办首届中国春节庙会，吸引了6000多名当地民众前来感受中国节庆文化。

24日，第11届孟、中、印、缅四国论坛会议在达卡闭幕。

3月

3日，印度总统慕克吉抵孟开始为期3天的正式访问，这是自1974年以来印总统首次访孟。

7日，民族主义党（BNP）领导的18党联盟举行全国大罢工。

10日，孟经济关系局与日本国际协力局签署一项合作协议，日方将向孟提供10.4亿美元贷款，利率为0.01%，还款期为40年并有10年宽限期。这是日本向孟提供的数额最大的一笔贷款。

12日，孟加拉国首都达卡市爆发游行，示威者和警察发生冲突，其间还发生了多起爆炸事件。

13日，斯里兰卡副外长Perera拜会孟外长莫尼。Perera介绍了斯重建和安置计划的进展，表示斯方愿划定斯孟合作的重点领域，以推进双边贸易等。

13日，中国和孟加拉国政府在达卡签署一份框架协议。根据协议，中方将向孟方提供8.6亿元人民币优惠贷款，用于建设孟加拉国政府内网项目。

14日，印尼外长马蒂·纳塔莱加瓦抵孟开始为期两天的访问。

14日，中国电建所属湖北电力勘测设计院创新融资模式中标孟加拉国诺瓦布甘杰100兆瓦重油电站项目，项目金额1.25亿美元，标志着湖北院在探索海外工程总承包建设商业模式、提高投融资策划水平方面迈出了可喜的步伐。

14日，孟加拉国议长哈米德担任代总统。

19日，孟加拉国与日本签署《低碳增长伙伴协议》。根据协议，日方将在节能减排方面向孟提供技术及物资支持。

19日，孟加拉国教育部代表团到中国云南访问，双方就加强云南与孟加拉国教育的合作与交流进行了会谈。

20日，孟加拉国总统齐勒·拉赫曼因病去世，享年84岁。

21日，孟加拉国同意为不丹提供永久过境通道，双方将在年底前签署相关协议。

26日，孟加拉国庆祝第42个国庆节。

28日，以民族主义党为首的反对党联盟继续举行全国大罢工。罢工期间，反对党支持者燃放自制炸弹、焚烧车辆等，导致至少3人死亡，多人受伤。

4月

2日，以民族主义党为首的反对党联盟和伊大党学生组织均举行大罢工。

4日，中国驻孟大使李军拜会孟总理哈西娜，双方就中孟关系和深水港等大型合作项目交换了意见。

6日，保卫伊斯兰联盟（HI）举行“围困达卡”行动，孟全国各地近10万人齐聚达卡，向政府提出处死亵渎先知和伊斯兰教的博客作家、将“绝对信仰安拉”重新写入宪法、立法禁止和重罚亵渎先知的行为等13点诉求，要求政府在三周内予以落实。

9日，孟投资委员会批准了15个项目的2.97亿美元国外贷款和卖方信贷。

9日，孟财政部银行与金融局发布声明：允许外资投资孟保险公司，外资最高可占公司总股本的60%。

11日，孟财政部经济关系局秘书阿扎德与印度驻孟高级专员撒冉分别代表双方政府签订了关于小型项目发展的谅解备忘录。该备忘录规定印度无偿援助项目通过当地教育及技术学校等组织进行项目实施。主要涉及民生领域的小型项目，比如教育、医疗或社区发展等。

22日，孟加拉国议长、代总统阿卜杜勒·哈米德作为唯一的候选人当选新总统。

23日，孟加拉国外交秘书莱哈克与斯里兰卡外交秘书莱阿穆努加马（Amunugama）在科伦坡共同举行两国第二轮外交部磋商，双方决定成立工作组，推动两国贸易往来。

24日，孟加拉国发生有史以来最严重的倒塌事故——8层楼高的拉纳大厦倒塌，已造成332人死亡、2500人受伤，伤亡之惨烈堪比地震。

30日，孟加拉国妇女和儿童国务部长希琳·乔杜里当选新任议长，成为孟加拉国史上首位女议长，同时也是最年轻的议长。

5月

4日，孟反对党联盟举行示威游行，抗议政府在拉纳大厦倒塌事故中救援不力，支持“围困达卡”行动，要求释放反对党领导人和看守政府组织大选。

11 日，中国服装协会与孟成衣制造和出口商协会在达卡签署一项谅解备忘录，双方同意推动两国纺织和服装行业的贸易和投资。

13 日，孟加拉国内阁批准《孟加拉国劳工（修订）法案—2013》，法案强化了对工人权益的保护。

14 日，中国驻孟大使李军拜会孟总统哈米德，祝贺哈米德出任总统一职，并邀请其赴昆明出席首届中国—南亚博览会开幕式。

19 日，孟加拉国教育部代表团一行到中国云南访问，双方就加强云南与孟加拉国教育的合作与交流进行了会谈。

20 日，孟总理哈西娜出席在泰国清迈举行的第二届亚太水资源峰会。

22 日，印度驻孟加拉国特派使团向孟外交部发出提案，建议在两国边境地区再增设 22 处货物交易市场。

23 日，欧洲议会全体会议讨论了关于孟加拉国成衣产品进入欧盟市场免关税的事项。会议最终通过一项决议，若孟加拉国制衣产业中再出现侵害劳工权利的事件，将取消孟加拉国成衣产品进入欧盟市场免关税的待遇。

26 日，美国与孟加拉国开展第二次双边伙伴对话，主要围绕发展与管理、贸易和投资、安全合作及区域整合 4 个主题。

29 日，以孟加拉民族主义党为首的 18 党联盟发起了新一轮全国大罢工。

29 日，国际货币基金组织理事会作出决定，将向孟加拉国提供 1366 万美元贷款，这是该组织向孟加拉国发放的第三批次贷款。

31 日，中国机械工程公司与孟加拉国计算机理事会在 2012 年签署的一份孟加拉国家宽带基础网二期项目合同满足生效条件。该项目合同金额为 8.6 亿人民币，按目前计划，项目开始建设后工期约为 14 个月。

6月

3 日，挪威外交部与国际劳工组织孟加拉国分部在孟签署一项合作协议，挪威将提供 250 万美元用于对孟成衣业工人进行培训等，从而维护工人权益、改善劳资关系。

4 日，孟外长莫尼表示，孟政府已向民族主义党副主席塔里克·拉赫曼发出通缉令，并将有关情况通报英国政府和国际刑警组织。

6 日，首届中国—南亚博览会暨第 21 届中国昆明进出口商品交易会正式启动。

7 日，云南省常务副省长李江在昆明会见了孟加拉国工业部长迪利普·巴鲁阿一行。

8 日，孟加拉国投资局与印度工业联合会共同决定，在印孟双边贸易中取消所有非关税贸易壁垒，以促进双边贸易发展。

14 日，孟加拉国议会修订并通过了该国有史以来最强硬的《反恐怖主义法》，重新定义了“恐怖主义”。

15 日，拉杰沙希、库尔纳、巴里萨尔、希莱特 4 个城市举行市长选举，民族主义党以巨大优势获得全胜。

17 日，以民族主义党为首的 18 党联盟宣布将于 6 月 22 日举行全国游行示威，要求政府恢复看守政府制度。18 党联盟还计划于本月底或下月初在首都达卡举行大规模游行。

19 日，孟加拉国驻华大使穆哈迈德·阿兹祖尔·哈克表示，将在中国昆明设立领事馆，加快签证办理速度，以推动滇孟两地的文化和经贸来往。

25 日，中国云南省旅游发展委员会率团访孟并出席孟中旅游合作研讨会。

25 日，孟外交秘书莱哈克应中国外交部副部长刘振民的邀请率团赴华开始为期 5 天的访问。

27 日，孟总理哈西娜与民族党主席艾尔沙德举行闭门会谈，双方就加济普乌（Gazipur）市长选举、下届大选以及孟政局等问题交换意见。

28 日，中国国家民委副主任丹珠昂奔会见了由孟加拉国吉大港山区事务部秘书特里普拉率领的代表团一行 6 人。

7 月

1 日，孟前总统艾尔沙德领导的民族党将脱离人民联盟领导的 14 党联盟。

1 日，中国外交部部长王毅在文莱斯里巴加湾市会见孟加拉国外长莫尼。

2 日，孟原子能委员会主席菲罗兹和俄罗斯原子能建设出口公司（ASE）代理总裁兼俄罗斯下新城核能设计工程公司（NIAEP）总经理利马连科签署协议，俄将向孟提供 5 亿美元贷款，用于开展鲁普尔核电站的工程勘察和环境影响评估与控制等工作。

4 日，中国哈尔滨电气集团公司所属哈电国际工程公司与孟加拉国电力发展总署在孟加拉国首都达卡举行巴库 275 兆瓦火电项目合同签订仪式。

6 日，甘吉普尔市市长选举开始投票，最后民族主义党候选人马南以较大优势胜出。

7 日，孟加拉国海军决定向中国购买两架 Z－9C 型直升机，用于执行反潜和搜救任务。

8 日，民族主义党主席卡·齐亚表示，反对党联盟将在斋月后宣布新的反政府活动方案，迫使政府恢复看守政府制度。

8 日，荷兰驻孟大使在会见孟船运部长时表示，除了已经承诺的为孟博杜阿卡利（Patuakhali）的第三个深水港提供支持外，还希望建设一个深水港。

8 日，中国云南开放大学孟加拉国南北大学汉语学习中心在孟加拉国南北大学正式揭牌。

9 日，中国福建设计院与中国技术进出口总公司成功签订了孟加拉国古拉绍 1 燃机电站的工程勘测设计合同。

9 日，中国保利集团将投资 24 亿美元，参与孟加拉国最大基础设施项目——帕德玛大桥的建设。

10 日，数百名落选公务员的达卡大学学生在沙巴格广场举行游行，要求政府取消公务员录取人数限制，并更改今年公务员考试的成绩。

15 日，孟国际刑事法庭以在孟加拉国独立战争中犯下战争罪为名，判处 90 岁的伊斯兰激进分子埃萨姆 90 年有期徒刑。

17 日，孟内阁通过孟美《贸易与投资合作框架协议》（TICFA）草案。

18 日，孟加拉国国民大会通过了孟加拉国劳动法 2013 修正案，根据这份新法律，工人们在组建工会方面不需要征得业主的批准。

19 日，孟加拉国税务与口岸管理局宣布，自当日起到开斋节为止包括周末在内，孟加拉国和印度边界的所有口岸和税收站点都将开放。

19 日，第六届“汉语桥”世界中学生中文比赛孟加拉国预赛在达卡举办。

23 日，中国华为赢得孟加拉国运营商 Banglalink 价值 3 亿美元的网络升级合同。这一升级包括现代化移动网络、重构频段、扩容及提供与 3G 兼容的基础设施和服务。

25 日，孟加拉国总理谢赫·哈西娜宣布将从印度进口 250 兆瓦电力，以缓解国内电力供应不足。

31 日，欧盟与孟加拉国签定新的“全球永续发展协议”（Global Sustainability Compact），以解决孟加拉成衣产业虐待劳工的问题。如果违背承诺，孟加拉日后就有丧失免税进入欧盟市场的风险。

8 月

1 日，孟加拉国高等法院裁定该国最大宗教政党伊斯兰大会党为非法政党。

12 日，孟内阁批准《2013 年海外就业和劳工法案》。

15 日，孟对开国总统穆吉布·拉赫曼遇刺纪念日进行哀悼。

17 日，由孟加拉国首都达卡至中国广西南宁的国际货运包机航线顺利复航。

19 日，中国驻孟大使李军在孟加拉国第二大城市——吉大港出席中方海军“和平方舟”号医疗船访孟欢迎仪式。

21 日，孟加拉国纺织和黄麻部长阿布杜卡·拉蒂弗·西迪奎（Abdul Latif Siddique）访问印度，印度和孟加拉国政府签署了一份纺织部门合作的谅解备忘录。

25 日，中国海军“和平方舟”号医疗船完成在孟加拉国为期 6 天的访问和医疗服务任务，驶离吉大港。

27 日，中国人民解放军副总参谋长侯树森在北京八一大楼与来华访问的孟加拉国陆军参谋长卡里姆举行会谈。

9 月

17 日，孟加拉国最高法院以战争罪判处孟伊大党助秘阿卜杜拉·莫拉死刑。

10月

22日，中国云南省旅游发展委员会与孟加拉国国家旅游局近日签署加强旅游合作谅解备忘录。

11月

11日，孟内阁部长为组建“全党派”政府，集体向总理哈西娜递交离职报告。

12月

3日，美国缉毒局与孟内政部在孟加拉国首都达卡签署多边合作备忘录，旨在打击区域及国际间有组织犯罪、非法毒品和麻醉药品跨境走私等领域进一步加强合作。

18日，孟中印缅“BCIM”经济走廊联合工作组会议在中国昆明召开。

19日，孟加拉人民共和国胜利日42周年暨孟中文化之夜活动在北京举行。

26日，孟海军正式与中国敲定签订引进常规潜艇。

（四）阿富汗

1月

5日，澳大利亚国防部长史蒂芬·史密斯在珀斯宣布，澳大利亚驻阿富汗部队的撤军时间有所提前，将于2013年底撤回。

10日，阿富汗总统卡尔扎伊飞抵美国首都华盛顿，开始对美国进行访问，双方主要商讨美军撤出阿富汗以及未来美国在阿富汗的军事存在问题。

29日，丹麦外交大臣与国防大臣召开联合记者会，公布丹麦从阿富汗撤军及援助的具体方案。

31日，担任欧洲军团司令的法国将军奥利维埃·德巴凡考夫在法国东北部城市斯特拉斯堡宣布，欧洲军团完成了在阿富汗国际安全援助部队的任务，已于本月全部撤离阿富汗。

2月

4日，巴基斯坦总统扎尔达里、阿富汗总统卡尔扎伊和英国首相卡梅伦在伦敦就阿富汗局势举行会谈，呼吁塔利班直接参与阿富汗和平进程，并在卡塔尔首都多哈设立和谈办公室，期望在6个月内达成和平协议。

17日，阿富汗总统卡尔扎伊宣布签署命令，禁止阿富汗安全部队向北约部队求助，向阿居民区进行空袭。

20日，阿富汗情报部门在东部楠格哈尔省进行夜间突袭行动，活捉巴基斯坦塔利班的前副首领毛尔维·法基尔·穆罕默德。

22日，美国防长帕内塔公布阿富汗撤军时间，确定2014年4月阿富汗举行大选后，美国将着手撤离全部作战部队，终结阿富汗战争。

23日，阿私营电信企业伊提萨拉特（Etisalat）继10个月前开通3G业务后，上周已开始4G移动通信业务测试。

24日，阿富汗总统卡尔扎伊要求阿国防部长在两周内驱逐驻扎在阿中部瓦尔达克省的所有美国特种部队。

24日，阿投资促进局（AISA）计划于2014年建立全国性的证券交易市场，AISA正与相关政府部门商议证券交易规则。

3月

9日，美国国防部部长哈格尔就任以来首次在未经宣布的情况下出访阿富汗。

10日，中国驻阿富汗大使徐飞洪在官邸会见北约驻阿高级民事代表毛里茨·乔吉姆斯（Maurits Jochems）大使。双方就2014年后北约在阿任务、阿政治过渡与安全责任移交、中方在阿大型投资等议题交换了意见。

12日，阿富汗再次发生“绿袭蓝”事件，即阿政府军士兵袭击美军事件（阿富汗士兵军服为绿色，北约及美军士兵为蓝色），导致2名美军士兵和3名阿富汗士兵死亡，数人受伤。

13日，美国驻阿富汗最高司令约瑟夫·邓福德警告美国高级指挥官说，由于美国和阿富汗总统卡尔扎伊之间关系日趋紧张，美军面临遭受攻击的更大威胁。

24日，阿富汗正式开始向本国公民发放电子身份证。除个人信息外，身份证上还将包含已登记车辆的驾照信息、数字签名和用于选举投票的选举证件编号。

25 日，美国国务卿约翰·克里突访阿富汗，并计划与阿富汗总统卡尔扎伊举行会谈。

25 日，驻阿富汗美军正式向阿富汗方面移交了巴格拉姆监狱。

26 日，澳大利亚国防部长斯蒂芬史密斯宣布澳大利亚驻阿富汗部队的塔宁科瓦军营将于今年年底前关闭。

4 月

5 日，阿富汗东部发生一起汽车爆炸事件，导致 5 名美国人死亡，其中包括 3 名美军士兵、1 名年轻外交官和 1 名美国平民。塔利班宣称对此次袭击事件负责。

6 日，北约空袭阿富汗东部库纳尔省什格勒地区，造成 12 名平民丧生，其中包括 10 名儿童、2 名妇女。

7 日，阿富汗高级和平委员会成员米尔扎·阿里（Mirhza Ali）在北部昆都士省首府遭不明人士袭击身亡。

7 日，喀布尔大学孔子学院复课典礼在喀大外国语学院中文系教室隆重举行。中国驻阿富汗大使徐飞洪、喀大校长哈比布分别代表中阿双方出席典礼并致辞。

15 日，阿富汗商工部长安韦鲁尔·哈克·阿哈迪（Anwarul Haq Ahadi）表示，印度将对阿输印产品给予零关税待遇，希能借此推动阿经济发展。此次免税政策涵盖印度从阿进口的 480 种商品中的 455 种，预计阿将从印获得价值 15 亿卢比的市场份额。

21 日，一架土耳其飞机因天气原因迫降在塔利班控制的阿富汗东部地区，塔利班武装人员随即劫持了机上全部 11 人。

23 日，中国驻阿富汗大使徐飞洪与阿富汗外交部长拉苏尔分别代表两国政府签署中国政府援助阿富汗总统府、矿业部和高教部物资项目换文。

24 日，阿富汗东部发生里氏 5.6 级地震，震源 62 公里，造成 15 人死亡，70 余人受伤。

27 日，英国首次在本土远程控制在阿富汗的“死神”武装无人驾驶飞机执行侦察任务。

5月

9日，阿总统卡尔扎伊表示，北约2014年撤军之后，美国可以在阿富汗保留9个军事基地。

20日，阿富汗北部一栋政府大楼外发生自杀式爆炸袭击事件，造成至少11人死亡，其中包括1名地方高官。

23日，阿富汗塔利班激进分子与政府军在赫尔曼德省一个极度动荡的地区爆发战斗。

28日，阿富汗政府安全官员称，塔利班武装激进分子袭击南部坎大哈省的一个安全检查站，打死7名警察。

29日，美军无人机对巴基斯坦西北部发动空袭，巴基斯坦塔利班二号人物拉赫曼在空袭中死亡。

6月

10日，中国驻阿富汗大使徐飞洪和阿外交部部长扎尔梅·拉苏尔在喀布尔分别代表两国政府签署援阿外交部礼宾车项目换文。

18日，阿富汗巴格拉姆美军基地遭武装分子袭击，4名美国士兵身亡。

19日，阿富汗安全部队正式从美国和北约盟军手中接过国家安全事务，以美国为首的国际军事行动将退居支援角色。

25日，塔利班袭击了阿富汗总统官邸，与附近的安保部队发生交火。

7月

3日，阿问题东京会议后续高官会在喀布尔举行。主要援助国在会上敦促阿方按照东京会议相互承担责任框架的要求，保护人权特别是妇女权益，尽快推动消除针对妇女暴力立法，加大反腐力度，实行经济转型改革。

5日，阿总统卡尔扎伊会见来访的美参议员麦凯恩、格拉汉姆等，双方着重讨论了阿美双边安全协议、阿和平进程、2014总统大选以及地区局势等问题。

8日，赫拉特省数百名居民举行集会，要求政府立即改善阿西部、南部省区安全形势，否则建议推迟举行 2014 年阿总统大选。

12 日，阿、土库曼斯坦、巴基斯坦、印度同意于 2013 年 9 月建立联合企业，四方分别出资 500 万美元，共同实施阿土巴印天然气输送管道（TAPI）项目。

15 日，阿议会上院和下院联合委员会表决通过新《选举法》。该法规定，在国家、省、区等各级议会为女性预留 20% 的席位名额（此前为 25%）。

16 日，阿议会上院部分议员反对阿总统卡尔扎伊召集大支尔格会议，认为阿议会能够充分代表阿人民利益和意志，并指责卡尔扎伊企图通过该会议谋求私利。

17 日，阿总统卡尔扎伊签署《独立选举委员会（IEC）、选举投诉委员会（ECC）组织与授权法》。

21 日，巴基斯坦总理外交与安全高级顾问阿齐兹访阿，与阿总统卡尔扎伊、外长拉苏尔等政要举行会晤。阿齐兹向卡尔扎伊转达了巴总理谢里夫对卡尔扎伊访巴的邀请。

22 日，阿总统卡尔扎伊会见访阿的美参谋长联席会议主席邓普西。双方就阿美双边安全协定（BSA）等有关问题进行讨论。邓普西表示，BSA 谈判将会重启，并希望在当年 10 月签署该协定。

24 日，美国驻阿大使卡宁汉表示，“零驻军”对于阿、美双方都没有好处。

26 日，意大利总理莱塔在与北约秘书长拉斯穆森会谈后表示，意将加入“后 2014”北约在阿任务，继续为阿安全部队提供培训及咨询。

28 日，阿商工部表示，伊朗将允许阿通过恰巴哈尔港进出口物资。

29 日，阿总统卡尔扎伊在内阁委员会上宣布任命新一届独立选举委员会（IEC）的 9 名委员。

30 日，阿经济部长阿尔甘迪瓦尔与印度驻阿大使签署印向阿援建 60 项中小型工程项目的协议。

8 月

1 日，艾哈迈德·优素福·努里斯塔尼当选阿新一届独立选举委员会（IEC）主席，阿布达尔·拉赫曼·霍塔基、古拉莱·阿切克扎伊分别任

IEC 副主席、秘书长。

3 日，印度驻楠格哈尔省贾拉拉巴德市的领事馆遭恐怖袭击，造成至少 9 名阿平民死亡，23 人受伤。

4 日，阿总统卡尔扎伊率团出席伊朗新总统鲁哈尼宣誓就职典礼。其后两国元首举行会晤，双方就进一步加深双边关系及各领域合作达成共识，并签署了有关加强军事战略合作的谅解备忘录。

15 日，阿总统卡尔扎伊会见巴基斯坦前内政部长谢尔宝，双方就如何改善阿巴关系、如何应对双方面临的挑战等议题进行了探讨。

18 日，阿部分政党在德国慕尼黑举行“阿富汗通往成功之路”主题研讨会。

21 日，印度总统慕克吉会见到访的阿第二副总统哈利利。哈利利表示，阿印友好关系具有战略意义，将得以延续。

24 日，阿总统卡尔扎伊会见来访的印度外交秘书莱苏佳塔・辛格。

25 日，阿财长扎基尔瓦尔到访巴基斯坦，并会晤巴财长穆罕默德・伊沙克・达尔，双方就在电信、铁路建设、过境贸易协定以及电力建设等领域开展合作进行讨论。

26 日，阿总统卡尔扎伊访问巴基斯坦，会见巴总统扎尔达里、总理谢里夫等。阿巴双方就一系列经贸合作达成协议，卡尔扎伊呼吁巴为推进阿和平和解进程采取切实有效的措施。

29 日，12 个阿富汗党派宣布成立“阿选举联盟”，该联盟将推举 1 名候选人参与 2014 年阿总统大选。

9 月

1 日，阿富汗总统卡尔扎伊任命前阿驻巴基斯坦大使达乌德扎伊为代理内政部长。

2 日，阿农业部宣布在南部赫尔曼德省实施一项耗资 1 亿美元的农业发展计划。

3 日，阿第二副总统哈利利会见以俄罗斯能源部副部长为首的商贸代表团。阿俄双边贸易额现为 10 亿美元。

7 日，阿民族友好协会（ANAA）宣布成立，成员包括阿民族团结运动党、人民任务党、人民希望党、阿联合党、自由与正义党、民主党、阿主权运动党、民主运动党、福利与正义党、民族运动党 10 个党派及 110 个公民社会组织。

8 日，阿富汗举行纪念原“北方联盟”领导人艾哈迈德·沙赫·马苏德遇害 12 周年纪念活动。

9 日，巴基斯坦参议院国防常务委员会代表团访阿，与阿上议院国防、内部安全及地方治理委员会成员举行为期两天的首次阿巴国防委员会对话。

11 日，美国务院新闻发言人表示，美阿双边安全协定（BSA）谈判已由华盛顿移师喀布尔，双方官员正就 BSA 文本的敲定进行努力。

12 日，阿总统卡尔扎伊出席上合组织比什凯克峰会，期间会晤吉尔吉斯斯坦总统阿坦巴耶夫、伊朗总统鲁哈尼、俄罗斯总统普京。卡尔扎伊在会见普京时表示，阿外长拉苏尔可能参与竞选阿下届总统。

13 日，位于阿西部城市赫拉特的美国领事馆遭到袭击。阿塔利班宣布对此次袭击事件负责。

16 日，阿富汗一哈萨克斯坦商贸联委会第六次会议在喀布尔召开。

18 日，新一届阿独立选举投诉委员会（IECC）举行就职仪式，萨塔尔·萨达特出任主席，雷达·阿兹米任副主席，纳迪尔·穆赫塞尼任秘书长。

21 日，巴基斯坦政府释放在巴关押的前阿塔利班二号人物巴拉达尔。

22 日，阿富汗民族统一党主席比斯米拉·谢尔成为首位注册竞选阿下届总统的候选人。

24 日，阿高级和平委员会与阿乌理玛委员会在喀布尔联合举办国际乌理玛大会，此次大会主题为“伊斯兰与和平”。

25 日，阿总统卡尔扎伊对中国进行国事访问并出席第五届欧亚经济论坛。中国国家主席习近平、国务院总理李克强等分别会见卡尔扎伊。双方就中阿关系、经济、安全、经贸、文化等领域务实合作及国际地区问题深入交换意见，两国领导人同意加强和深化中阿战略合作伙伴关系。

26 日，阿富汗民族联盟（NCA）发言人称，阿第一副总统法希姆、能源水利部长伊斯梅尔·汗已宣布支持 NCA 主席阿卜杜拉竞选阿下届总统。

30 日，阿伊斯兰党（哈里斯派）发言人表示，该党已与人民伊斯兰统一党达成协议，由默罕迈德·汗作为第一副总统候选人，人民伊斯兰统一党主席穆哈齐克作为第二副总统候选人，与NCA主席阿卜杜拉搭档竞选阿下届总统。

10月

4日，阿总统卡尔扎伊颁布总统令，要求国防部、内政部、国家安全总局在内的所有安全机关采取措施，确保IEC工作人员及选民注册站的安全。此外，总统令要求阿国家安全力量在大选中保持中立。

8日，阿政府与土耳其石油国际公司、阿联酋德拉贡石油公司、阿富汗加赞法尔集团签署合同，授予三家公司开发分别位于塔哈尔省和朱兹詹省的两处油田。

10日，联合国安理会成员一致同意将对驻阿国际安全援助部队(ISAF)的授权延长至2014年底。

11日，巴基斯坦伊斯兰神学会主席毛拉·拉赫曼应邀访阿，与阿总统卡尔扎伊举行会谈。

11日，美国国务卿克里突访阿，与阿总统卡尔扎伊就双边安全协定(BSA)等议题举行会晤。

20日，阿总统卡尔扎伊访问塔吉克斯坦，会晤塔总统拉赫蒙，两国签署了扫雷、保险合作、过境便利等领域政府合作协议。

28日，阿总统卡尔扎伊启程前往英国参加第九届伊斯兰世界经济论坛及第四次阿、巴、英三方峰会。

30日，阿总统卡尔扎伊会见约旦国王阿卜杜拉二世。

11月

6日，第二轮阿富汗—英国联委会在喀布尔召开，阿副外长艾哈迈迪与英国外交和英联邦事务部国务大臣瓦尔西共同主持。会后双方发表联合声明，积极评价双方一年来各领域合作成果，对阿高级和平委员会斡旋促谈努力表示赞赏，高度评价伊斯坦布尔进程建立信任措施对于加强地区合作的作用。

11日，第十二次中俄印外长会在新德里举行。会议讨论了阿富汗问题，表示阿问题是本地区最大关切，呼吁国际社会采取进一步措施阻止阿动荡局势升级，并加强反恐等领域合作。

12 日，美国总统奥巴马表示，美将于今年冬季从阿撤出 1.4 万名美军，3.4 万名美军将继续在阿驻留。2014 年冬季，阿安全过渡进程将正式结束。

17 日，阿总统卡尔扎伊会见访阿的德国阿巴事务特使科赫，双方就阿美双边安全协定、阿和平进程、双边务实合作等议题交换意见。

25 日，美国家安全事务顾问赖斯访阿，与阿总统卡尔扎伊会晤，并会见美在阿援助发展专家，慰问驻阿美军。

12 月

1 日，美国副防长卡特访阿，详细了解美军撤军、安全责任移交及对阿安全力量进行培训等情况。

7 日，美防长哈格尔突访阿，与阿防长比斯米拉汗、内政部长达乌德扎伊举行会晤。

8 日，阿总统卡尔扎伊访问伊朗，会见伊总统鲁哈尼，双方就阿局势及地区问题广泛交换了意见。

9 日，阿反腐败研讨会在喀布尔召开，阿政府官员、部分 2014 年大选总统候选人、议员、公民社会组织代表等与会。

10 日，美国会批准 2014 年国防授权法案（NDAA），专项拨款 62 亿美元援助阿安全部队，比此前预算减少 15 亿美元。

10 日，伊朗安全部副部长海伊访阿，会见阿内政部长达乌德扎伊，双方一致同意加强禁毒、边境管控等领域合作。

11 日，德国防长德迈齐埃访阿，会见阿总统卡尔扎伊，慰问驻阿德军，并促阿方尽快与美签署 SDCA。

12 日，阿总统卡尔扎伊访问印度。其间，卡会见印总理辛格、外长库尔希德及其他印方政要，就加强阿印战略合作伙伴关系、印向阿提供军事安全援助、深化各领域务实合作等问题交换意见。

16 日，土库曼斯坦－阿富汗经贸联委会在喀布尔召开。

17 日，第十一轮阿富汗－巴基斯坦议会对话在喀布尔举行。

18 日，联合国安理会召开阿富汗问题辩论会。

19 日，阿总统卡尔扎伊会见访阿的意大利议会参院主席格拉索。

24 日，阿总统卡尔扎伊会见访阿的俄罗斯杜马主席纳雷什金。

25日，阿富汗—巴基斯坦商工会（APCCI）第二届年会在喀布尔召开。

（五）斯里兰卡

1月

1日，斯里兰卡国防部长称，斯愿意同印度分享镇压暴动与叛乱的经验。

2日，中国同斯里兰卡合作促进旅游发展。为了促进斯里兰卡成为公众喜爱的旅游目的地，斯旅游局为中国14个主要旅游代理商组织了一次友好旅游。

3日，斯里兰卡揭开了印斯高水平联合专门工作组的斯队伍面纱。该队伍由主要部门的高级官员和著名私营企业重量级人物组成，是2011年10月根据工商部长的提议通过的，该组织的目的是促进两国在医药、纺织和汽车零部件方面的贸易和投资。

11日，斯内阁部长同意进一步接受中国的援助，开发建设汉班托特港第一期工程。内阁通过了总统的建议，与中国政府签订一个框架协议，通过中国进出口银行获得中国政府的优惠贷款。

15日，斯政府为前猛虎组织成员的改造划拨了更多的资金，从3亿卢比增加到5亿卢比。2013年1月14日又有313名前猛虎成员经改造后回归社会。

15日，世界银行对斯里兰卡2013年经济增长的预测为6.8%，到2015年可达到7.2%。

18日，印度援助斯里兰卡建立语言实验室。

21日，日本向斯里兰卡提供300亿卢比的资助用于改善国家公路网。

22日，印度、斯里兰卡在新德里举行印斯第八次合作会议，两国外长共同主持了该会议，签署了反恐、反毒品运输协议和双重课税逃税协议修订。两国达成协议要采取措施，使两国的双边贸易在未来3年翻番，达到10亿美元。

28日，印度、斯里兰卡签定保克海峡的捕鱼边界协议。

2月

7日，斯里兰卡与卢森堡签订《避免双重征税》的协议。

8日，斯外长佩雷斯在庆祝斯里兰卡第65个独立日的招待会上讲话。

8日，斯里兰卡将成立3家国有公司进行公路开发建设。

11日，斯政府将花费8500万美元开发东北部港市亭可马里。

12日，斯里兰卡高级专员在印度发表讲话称，斯里兰卡同中国发展关系的前提是不改变印度洋的战略平衡。

18日，日本给斯里兰卡开佳列地区（Kegalle District）边远村庄提供7.2498万美元的援助，用于改善基础设施和居民生活。

19日，斯里兰卡、爱沙尼亚建立双边经济关系。

20日，巴基斯坦海军代表团到达科伦坡对斯里兰卡进行6天的访问，目的是共享两国在反恐怖主义领域的经验和教训。

26日，印度政府同斯里兰卡签订协议，帮助复苏贾夫纳的第一个工业区。

3月

7日，2013年中国广州国际旅游博览会上斯里兰卡获得“最受欢迎旅游目的地”称号。

14日，斯里兰卡总统与日本首相举行的峰会上发布了共同声明，由于斯里兰卡在印度洋航道上拥有独特的地理位置，而且将成为该地区的海运中心，斯里兰卡与日本已经决定将扩大海上合作。

15日，斯里兰卡金融情报单位与日本签署备忘录，共享金融信息。

21日，斯里兰卡历史上第一批泰米尔女兵接受检阅。

4月

1日，中国提升斯里兰卡在博览会中的伙伴关系。

4日，斯里兰卡与巴基斯坦举行第三轮双边政治磋商会议。

9日，新德里印度国际中心举行“斯里兰卡佛教遗产：与印度共有的文化”摄影展览会。

5 月

2 日，日本副首相麻生太郎（Taro Aso）在斯总统府与斯总统会面。日本政府准备给斯里兰卡能源部门提供技术支持，以帮助促进斯进行高效率能源生产。

6 日，斯堪卡三苏莱港疏浚工程结束，印度花费 2500 万美元重建该港口的第四阶段圆满结束。

21 日，英国克利夫兰大桥公司同斯里兰卡政府签订 3500 万英镑的合约，要在斯里兰卡乡村修建 210 座钢桥。

27 日，应中国国家主席习近平的邀请，斯里兰卡总统到中国进行访问。

28 日，斯里兰卡与新加坡签署合作备忘录。

6 月

5 日，中国云南省省长李纪恒在昆明会见尼泊尔副总统帕拉马南达·贾阿一行。

7 日，斯里兰卡同摩洛哥和泰国签署促进旅游的备忘录。

7 月

30 日，斯里兰卡与朝鲜举行磋商会议。

8 月

1 日，斯里兰卡港口局提出了名为“展望 2020 年——丝绸路上的卓越物流”的总计划，把原来的目标进行了重新定位，从集装箱中心成为全球物流中心。

19 日，斯里兰卡、巴基斯坦商讨在水和电力部门加强合作。

26 日，斯里兰卡总统与白俄罗斯首相举行双边讨论，确定了可能建立合资企业的领域，签署了 7 项双边协议。

9 月

3 日，斯里兰卡内阁通过了由总部位于新加坡的杰威集团在斯桑普尔、亭可马里 40 亿美元的工业区投资。

9 日，斯印签署备忘录，提高在纺织部门的合作。

10 日，斯里兰卡在日本东京举行旅游促进会。

16 日，斯中两国银行高级官员就加强双边业务关系进行会谈。

25 日，中国贸易促进代表团访问斯里兰卡。

10 月

8 日，印度外交部长拜访斯里兰卡总统。

12 日，中国全国人大常委会副委员长、中国人民争取和平与裁军协会副会长严隽琪率代表团访问斯里兰卡。

14 日，伊朗和斯里兰卡同意加强学术联系，扩大两国之间经贸关系。

22 日，斯里兰卡—马来西亚联合委员会第二次会议在吉隆坡召开。

27 日，斯里兰卡总统宣布开放连接班达拉奈克际机场的 CKE 高速公路。

11 月

15 日，英联邦政府首脑会议在科伦坡国家大剧院开幕，50 余个英联邦国家政府首脑或代表出席。

25 日，第四届海洋安全会议在斯里兰卡加勒举行。

27 日，第 11 届斯里兰卡—巴基斯坦联合经济委员会会议在科伦坡举行。

（六）尼泊尔

1 月

4 日，尼中媒体论坛举办中尼关系研讨会。

5 日，中国电建承建的尼泊尔上马蒂水电站正式开工。

14 日，尼保险委员会开始推行强制农业险。

17 日，尼泊尔政府采用各种外交努力，希望释放因受反人类罪指控而在英国被捕的陆军上校。

22 日，尼泊尔政府向那些不愿意被界定为男性或女性的人签发“第三性别”身份证。

23日，中国电建集团与尼泊尔电力局在尼泊尔首都加德满都签订了太阳能路灯项目合同。

25日，尼泊尔国际台广播孔子课堂在尼泊尔首都加德满都成功举办“汉语对尼泊尔旅游业的重要性”主题论坛。

2月

1日，中国驻尼泊尔大使杨厚兰辞行拜会尼泊尔最高法院首席大法官雷格米。

1日，中国驻尼泊尔大使杨厚兰辞行拜会尼泊尔总统亚达夫，尼总统法律顾问邓加、尼外交部亚太司长安碧卡和使馆政新处主任彭文琳等参加会见。

2日，尼联共（毛）全国代表大会召开。

2日，中国驻尼泊尔大使杨厚兰出席联合尼共（毛）在尼泊尔何陶达举行的第七次全国代表大会开幕式。尼各政党负责人和来自俄罗斯、挪威、印度等国的左翼政党代表出席开幕式并讲话。

3日，中国驻尼泊尔使馆与尼泊尔阿尼哥协会共同主办2013年春节联欢会。

3日，尼泊尔国际和战略研究学会在加德满都召开了学会第一届“中国·印度·尼泊尔三边会议”。

5日，2013年尼泊尔中国冬令营闭营仪式在尼泊尔茂尔披国际学校礼堂举行。

5日，尼泊尔首席大法官雷格米同意领导过渡政府。

18日，尼泊尔四大主要政党同意由现任首席大法官组建一个过渡政府，以确保计划在今年6月举行的制宪会议（议会）选举顺利进行。

3月

14日，尼泊尔首席大法官雷格米就任临时政府总理。

14日，日本政府向尼泊尔政府提供140亿卢比软贷款用于开发水电站。

26日，联合国维和训练再启动，23国士兵在尼泊尔参加联合军演。

28 日，印度驻尼泊尔大使拜访尼泊尔临时选举委员会主席雷格米，讨论尼泊尔即将到来的选举。

4 月

3 日，尼泊尔雪人航空公司一架满载乘客的小飞机从尼泊尔首都加德满都特里布万机场起飞，专程飞往珠穆朗玛峰，以纪念 80 年前的 4 月 3 日人类首次飞越珠峰。

15 日，由中国云南省政府主办的第一届中国—南亚博览会尼泊尔推介会在加德满都举行。

18 日，中国国家主席习近平会见尼泊尔联合尼共（毛）主席普拉昌达。

5 月

14 日，尼泊尔内政部、劳动局及若干工商业联合会和贸易协会联合签署协议，宣布南部地区的 Parsa－Bara 工业走廊为非罢工区，各方不得在此区域内举行罢工、断路、游行示威等活动，各种问题和争议将通过一系列程序和谈判解决。

15 日，韩国同意向尼政府提供 460 万美元援助，用于尼泊尔综合数据中心的灾害恢复中心建设，尼财政部部秘和韩国驻尼大使分别代表各自政府签署了该项目合作谅解备忘录。

15 日，尼泊尔工业促进委员会审批通过了包括 Kabli A 水电站扩容以及中国国内企业拟投资建设的 Balefi 水电站在内的多个水电站项目。

29 日，新西兰登山家埃德蒙·希拉里的孙女阿梅莉亚·罗丝·希拉里在尼泊尔首都加德满都参加庆祝活动。

31 日，英文《中国日报》亚洲版（China Daily Asia Weekly）在尼泊尔首都加德满都举行发刊仪式，宣布该报与《尼泊尔时报》联合在尼发行。

6 月

7 日，中国国家副主席李源潮在北京会见尼泊尔副总统贾阿。

16 日，尼泊尔首都加德满都及其他地区陷入大范围罢工，交通、商业及生产活动等受到影响。

21日，中国人民银行副行长胡晓炼与尼泊尔央行（Nepal Rastra Bank）副行长戈帕尔·普拉萨德·卡弗里（Gopal Prasad Kaphle）在尼泊尔加德满都签署《中国人民银行代理尼泊尔央行投资中国银行间债券市场的代理投资协议》。协议的签署将有利于扩大两国金融合作。

25日，尼泊尔代总统贾阿在加德满都会见中国国务委员杨洁篪。

25日，中国商务部副部长姜增伟与尼泊尔财政部部秘苏贝蒂在加德满都签署《中华人民共和国政府和尼泊尔政府经济技术合作协定》、援尼泊尔国家武警学院立项换文及中国政府向尼泊尔制宪会议选举无偿提供物资换文。

7月

9日，印度外交部长萨尔曼·库尔希德抵达加德满都，开始对尼泊尔进行为期一天的访问。印方当天宣布，将捐赠764辆汽车用于支持尼泊尔制宪会议选举。

11日，尼泊尔最高军事学府——尼军指挥参谋学院举行第四届“中国日”活动。

12日，世界银行与尼泊尔签订协议，世界银行将向尼泊尔提供86.724亿卢比（约合9900万美元）的援助资金，其中23.652亿卢比为援助拨款，63.72亿卢比为政府贷款。

12日，上海建工承建中国援尼泊尔加德满都内环路改造项目。

13日，尼泊尔临时政府决定于今年11月19日举行第二届制宪会议选举。

18日，尼泊尔首家中资企业协会成立暨第一次会员代表大会18日在加德满都召开，18家在尼中资企业代表出席大会。

22日，中国中央军委副主席许其亮在北京八一大楼会见来华访问的尼泊尔军队参谋长高拉夫·拉纳。

8月

1日，尼泊尔共产党（毛主义）烧毁选举守则以抗议11月举行的大选。

2 日，卡纳尔在纽约会见联合国秘书长。

3 日，尼主要政党的领导人与反对大选的政党举行非正式会谈。

7 日，尼 4 个主要政党讨论 33 个反对制宪会议选举的政党的要求，然后确定共同立场。

11 日，中国西藏—尼泊尔经贸协调委员会第四次会议在加德满都成功举行。

15 日，孟加拉国首都达卡至尼泊尔首都加德满都的日日航班将开通。

27 日，中国外交部部长王毅会见尼泊尔外交秘书塔帕。

9 月

2 日，中国向尼泊尔捐赠的警用数字集群通信系统交付仪式在首都加德满都举行。

3 日，第 12 届中尼非政府合作论坛在北京召开，中国中华全国工商业联合会副主席李路与到访的尼泊尔全国工商联主席 Suraj Vaidya 共同出席了论坛。

5 日，“2013 中国西藏—尼泊尔经贸洽谈会”在中国西藏日喀则珠峰会展中心开幕。

12 日，尼泊尔反对党在首都加德满都发动罢工，施压制宪“大选”。

10 月

11 日，中国全国人大常委会副委员长、民进中央主席严隽琪访问尼泊尔。

11 月

19 日，尼泊尔举行第二届制宪会议选举。

28 日，中国和尼泊尔在加德满都签署《中华人民共和国政府和尼泊尔政府经济技术合作协定》、贷款框架协议和换文。

（七）马尔代夫

1 月

1 日，马尔代夫总统向马人民致以新年问候。

1 日，马尔代夫总统设立航空安全指挥中心，隶属于国防安全部。

14 日，马尔代夫庆祝 70 周年国庆。

16 日，马外交部中止印度签证的申请。

27 日，马尔代夫在亚行协助下建设离岸金融中心。

31 日，美国帮助马建立海军监视系统。

2 月

7 日，马尔代夫总统瓦希德出席在埃及召开的第 12 届伊斯兰合作组织峰会。

18 日，新尼日利亚驻马尔代夫大使向瓦希德总统递交国书。

20 日，挪威驻马尔代夫大使向马总统递交国书。

21 日，美国大使拜访马总统瓦希德，双方讨论了马当前的政治与经济局势。

25 日，马前总统加尧姆决定退出进步党的总统初选。

27 日，老挝驻马新大使向瓦希德总统递交国书。

3 月

5 日，马议会以 2/3 多数票推翻总统对《政党法案》的否决，届时该法案成为法律后将有 11 个政党面临解散。

10 日，马尔代夫总统任命马驻印度大使。

11 日，新任巴基斯坦驻马高级专员向瓦希德总统递交国书。

13 日，南盟秘书长致电马尔代夫总统，双方讨论了南盟现在进行的活动和即将在尼泊尔举行的第 18 届南盟峰会。

14 日，马累国际航空站成立。

15 日，马尔代夫总统对中国新当选的国家主席习近平表示欢迎与祝贺。

16 日，马总检察长向最高法院呈送诉状，认为最近通过的《政党法案》与宪法相冲突。

18 日，马尔代夫总统瓦希德接见卡塔尔国王。

19 日，马尔代夫总统瓦希德会见卡塔尔首相。

20 日，马尔代夫总统瓦希德向孟加拉国政府总理发唁电，对其总统齐勒·拉赫曼的逝世表示哀悼。

25 日，加拿大的英联邦特使拜访马总统瓦希德，双方讨论了马当前的局势。

26 日，新任乌克兰驻马大使向总统瓦希德递交国书。

27 日，美国驻马大使拜访马总统瓦希德，双方讨论了当前的政治局势，瓦希德向美大使简要介绍了政府为维护国家和平与稳定所作出的努力。

28 日，联合国政治事务部高级政治事务官拜访马总统瓦希德，瓦希德简要介绍了马当前的政治局势以及为今年的总统大选所做的准备。

28 日，美国向马尔代夫提供免费边界控制系统。

4 月

6 日，中国政府参与马尔代夫卫星投标。

10 日，马尔代夫政府寻求法律改革与内阁改组。

15 日，马尔代夫国防部长访问印度。

16 日，马尔代夫国防部与巴基斯坦海军舰艇进行演练。

23 日，马尔代夫议会接受由政府提出的提高进口关税的法案。

5 月

7 日，印度接待马尔代夫代表团，提出要确保选举的“自由、公正和可信”。

6 月

5 日，马尔代夫国防部部长告知议会，政府不会与美国签署当前的部队地位协定草案。

11 日，马尔代夫政府谴责马累市议会同台湾签订的姐妹城市协议，承诺坚持“一个中国”的政策。

25日，马尔代夫国会否决了将绞刑作为首选刑法的提案。

7月

6日，马尔代夫在全国范围内部署了42名长期选举观察员。

8日，美国政府承诺支付970万美元用以支持马尔代夫适应气候变化和选举的筹备工作。

11日，沙特博士表示将以独立候选人的身份参加马总统选举。

14日，马尔代夫进步党确认将与正义党就未来成立联盟一事进行“谈判”。

17日，马前总统加尧姆接受马尔代夫“最高荣誉”奖。

18日，马前总统纳希德提交2013年总统选举候选人候选资格。

8月

14日，马尔代夫发展联盟和马尔代夫进步党的双方会谈成功举行。

25日，马尔代夫外交部部长阿卜杜拉·沙希德因病去世。

9月

1日，马尔代夫公布选举期间的计划。

7日，马尔代夫举行第十任总统选举。

8日，马共和党质疑选举结果，称其中存在异常选票。

15日，马选举委员会宣布最终的第一轮竞选结果。

23日，马最高法院宣布推迟原定于9月28日举行的第二轮总统选举投票，并取消9月7日举行的总统选举投票结果。

27日，马尔代夫最高法院下令推迟总统选举第二轮投票，导致总统候选人纳希德的支持者不满，上千人在最高法院附近举行示威游行。

10月

3日，马尔代夫国防部颁布针对官员煽动“动乱和混乱”的法规。

12日，瓦希德总统退出10月19日的总统选举。

19日，马尔代夫总统选举重新投票，因警察阻止未能进行。

27日，马尔代夫3名总统候选人一致同意，提议马选举委员会将新一轮总统大选日期提前至 11 月 2 日，11 月 9 日举行最后一轮投票，产生新总统。

11 月

9 日，马尔代夫新一轮大选初步计票结果揭晓，前总统纳希德获得最多选票，亚明居第二。

16 日，马尔代夫进步党总统候选人阿卜杜拉·亚明当选为马尔代夫第六任总统。

17 日，亚明总统举行就职典礼。

30 日，中国向马尔代夫增加援助款 820 万美元。

12 月

22 日，马尔代夫主办第 7 届南亚区域合作联盟会议和议员会议。

（八）不丹

1 月

17 日，不丹中央寺院机构举行盛大法会，全球各地 10 万多名信徒齐聚不丹普那卡。

28 日，不丹和印度签署 40 亿卢比贷款谅解备忘录。

2 月

1 日，孟加拉国授予不丹外长“解放战争的朋友”荣誉奖。

8 日，不丹首相吉格梅在印度进行国事访问。

9 日，不丹与阿塞拜疆建立外交关系。

18 日，不丹国王和女王访问孟加拉国。

3 月

5 日，不丹和印度签署避免双重征税协议。

9 日，不丹央行与印度储备银行签署 1000 万美元的货币互换协定。

26 日，亚洲发展银行向不丹贷款 3400 万美元支持其经济发展。

28 日，孟加拉国打开通往不丹的运输通道。

4 月

3 日，不丹与泰国迈开商谈双边贸易协定的第一步。

5 月

14 日，印度外交部长访问不丹。

15 日，瑞士联邦外交事务部助理来访不丹。

23 日，南亚国家联盟首席司法会议在不丹召开。

6 月

27 日，不丹与日本签署援助协议。

28 日，不丹接收印度 30 亿卢比的消费税援助。

7 月

13 日，不丹反对党人民民主党在议会选举中取得了意外胜利。

19 日，策林·托杰被选为不丹首相。

24 日，不丹选举新产生的委员访问印度。

8 月

8 日，美国国家安全局与印度外交部长访问不丹。

12 日，不丹首相会见尼泊尔工商代表团。

16 日，不丹首相会见印度政府代表，商谈第十一个五年计划。

19 日，第 21 届中不边界谈判在不丹首都举行。

22 日，不丹第四世国王会见中国外交部副部长刘振民。

31 日，不丹与泰国贸易协定会议在泰国举行。

9 月

3 日，不丹首相会见印度 IT 业官员，称将支持印度在不丹建立公司。

23 日，不丹首相会见斯里兰卡代表团，表示希望进一步加强两国的友谊与合作。

10 月

23 日，不丹接收印度“十一五”计划援助第一期资金 4.2 亿卢比。

11 月

27 日，印度、不丹举行第二轮发展会谈。

12 月

11 日，不丹举行第 12 次圆桌发展会议。

13 日，印度为不丹经济刺激方案援助 15 亿卢比。

2013年度南亚研究主要汉文论文目录

安全与外交

篇名	作者	刊名	期
中印关系中机制化建设的历史考察	戴永红 王金友	《南亚研究季刊》	1
当代南亚恐怖主义的起源与诱发因素	张力	《南亚研究季刊》	1
巴基斯坦的塔利班化：特征、动力与进程	陈涛	《南亚研究季刊》	1
印度—阿富汗战略伙伴关系：进展、影响与前景	张春燕 朱宇凡	《南亚研究季刊》	1
美国重返亚太新战略与印度的政策选择	［印度］思瑞坎	《南亚研究季刊》	1
大国崛起之绊——论印度纳萨尔派（毛派）武装的崛起及其影响	廖波	《南亚研究季刊》	1
印茶侵藏：中印关系的历史检讨	董春美	《南亚研究季刊》	1
美国撤军阿富汗的政策考量与影响因素	张力	《南亚研究季刊》	2
阿富汗重建中的大国博弈与中国的选择	宋志辉 马春燕	《南亚研究季刊》	2
21世纪初期日印关系及影响探析	胡志勇	《南亚研究季刊》	2
公共外交与国家形象：中印关系新视野	尹锡南	《南亚研究季刊》	2
修而不复的巴美关系	张超哲	《南亚研究季刊》	2
印度—法国战略伙伴关系评述	肖军	《南亚研究季刊》	2
中巴友好关系新进展	陈继东	《南亚研究季刊》	2
斯里兰卡对华、对印关系中的“动态平衡”	杨晓萍	《南亚研究季刊》	2
斯里兰卡战后重建与民族和解	唐鹏琪	《南亚研究季刊》	2
印度“东向”政策与中国“西进”战略——会议综述	李涛 刘秧	《南亚研究季刊》	2
印度的全球治理观与安理会常任理事国之梦	刘宗义	《南亚研究季刊》	3
印度的对外援助评述	唐丽霞 李小云	《南亚研究季刊》	3

续表

篇名	作者	刊名	期
澳大利亚与印度在印度洋上的合作与冲突	许善品	《南亚研究季刊》	3
中印关系前景可期：合作甚于冲突	张立	《南亚研究季刊》	3
中印非传统安全领域合作初探	刘思伟	《南亚研究季刊》	3
中印两国建立新型发展大国关系前瞻	张伟	《南亚研究季刊》	3
中印关系中机制化建设的影响因素探析	刘晓燕	《南亚研究季刊》	3
美国撤军后阿富汗局势及中国和印度的作用——第三届中印专家对话会议综述	李涛 刘秧	《南亚研究季刊》	3
“印太”构想对亚太地区多边格局的影响	张力	《南亚研究季刊》	4
试论冷战后印度的国际秩序观	杜幼康 葛静静	《南亚研究季刊》	4
中印边界争端的危机控制机制探析	张世均	《南亚研究季刊》	4
美国在印度洋上的新动作——以美国与马尔代夫谈判《驻军地位协定》为中心的探讨	王娟娟	《南亚研究季刊》	4
中印领土争端中的水资源安全问题	李志雯	《南亚研究季刊》	4
美巴关系中的巴基斯坦代议制政府因素	兰江	《南亚研究季刊》	4
阿富汗困局与中国的应对	陈继东	《南亚研究季刊》	4
撤军后美国在阿富汗问题上的地位与影响	朱永彪	《南亚研究季刊》	4
宗教对印度文化战略的影响	姜景奎	《南亚研究》	1
印度洋：中国海洋战略再定义的动因	赵干城	《南亚研究》	1
论美国对阿战略对阿富汗毒品问题的影响	申玉辉	《南亚研究》	1
日本对印度的官方发展援助研究	杨思灵	《南亚研究》	1
感知威胁、建构威胁与美印海洋战略延伸	朱翠萍	《南亚研究》	2
印度的安全保护主义与中国	司乐如	《南亚研究》	2
试析东印度洋地缘政治现状	李源	《南亚研究》	2
国际安全合作视域下的阿富汗安全重建	闫伟	《南亚研究》	2
反殖主义与尼赫鲁政府对华政策的转变	邓红英	《南亚研究》	2
印度的“西藏情结”及其对中印关系的影响	亢升	《南亚研究》	2
20 世纪 60 年代中巴通航问题解决始末	张安 刘伟	《南亚研究》	2
欧盟的印度洋安全战略与实践——以“阿塔兰特”行动为例	宋德星 孔刚	《南亚研究》	3
印度对外联合海军演习的发展趋势及战略影响	曾祥裕 张春燕	《南亚研究》	3

续表

篇名	作者	刊名	期
印度介入南海问题 ——中国视角下的地区安全思考	韦健锋	《南亚研究》	3
2014年后美国的阿富汗政策及中美互动	邵育群	《南亚研究》	3
美巴反恐同盟的收益—成本分析 ——以巴基斯坦为视角	许善品	《南亚研究》	3
和平共处五项原则与中尼建交和边界谈判	齐鹏飞 穆阿妮	《南亚研究》	3
印度对非洲文化外交探析	徐国庆	《南亚研究》	3
中印在跨界河流上的利益诉求与相互依赖 ——以雅鲁藏布江—布拉马普特拉河为例	刘鹏	《南亚研究》	4
中印边界问题的缘起、谈判进程与未来出路	吴兆礼	《南亚研究》	4
国际发展援助的新兴力量 ——以印度对外援助模式为分析视角	余南平 王心志	《南亚研究》	4
建构主义视角下印度与国际核机制的关系	刘思伟	《南亚研究》	4
能源安全视角下的印度“东向”外交	李昕	《南亚研究》	4
斯里兰卡内战结束以来印度对斯政策分析	李捷 曹伟	《南亚研究》	4
21世纪初印度与沙特关系及其对中国的影响	贾淑琦 肖宪	《亚非纵横》	1
冷战后的印俄关系	申林	《亚非纵横》	1
全球反导格局演进中的印度因素 ——兼论在此背景下的中国政策选择	罗月 许可	《亚非纵横》	3
印度的“大国情结”与中国对印战略	毛克疾 涂华忠	《亚非纵横》	4
新形势下的巴基斯坦和与时俱进的中巴关系	周刚	《亚非纵横》	4
美巴同盟再次站在十字路口	李青燕	《亚非纵横》	5
北约撤军阿富汗的安全形势分析	高华	《亚非纵横》	6
印马战略伙伴关系：缘起、前景及影响	李帅虎	《亚非纵横》	6
阿富汗战略通道建设的进展、局限及影响	曾祥裕 张春燕	《东南亚南亚研究》	1
印度介入南海问题的原因和举措	胡娟	《东南亚南亚研究》	2
从印度纪念中印边界战争50周年看中印关系	王宏伟	《东南亚南亚研究》	2
美日印三边对话：缘起、发展与前景	余芳琼	《东南亚南亚研究》	2
印美关系：权利政治及身份—利益的社会建构	刘红良	《东南亚南亚研究》	3
二战后日本南亚政策评析	涂华忠 和红梅	《东南亚南亚研究》	3
“9.11”事件后美国与南亚国家反恐合作评析	许娟 马勇	《东南亚南亚研究》	4

续表

篇名	作者	刊名	期
印度与印尼关系解析：战略互利基础上的相互借重	程晓勇	《国际论坛》	2
印孟跨界水资源争端及合作前景	孙现朴	《国际论坛》	5
当前中国与印度的关系评析	陈宗海	《国际论坛》	3
对当前印度南海政策的战略解析及前景展望	方晓志	《国际论坛》	1
印度的反恐形势与反恐政策	时宏远	《国际论坛》	3
中印关系新思维与“再平衡”	蓝建学	《国际问题研究》	3
印度的海洋强国梦	时宏远	《国际问题研究》	3
印度多边外交实践的成效与局限	黄正多	《国际问题研究》	6
中印在亚洲的同时崛起与中国的周边外交	杨晓萍	《中国外交》	3
“印太”概念及其对中国的含义	赵青海	《中国外交》 《现代国际关系》	10 7
中印关系走向成熟及其原因探析	李莉	《现代国际关系》	3
浅析美孟关系新变化	李益波	《现代国际关系》	9
日美印三边合作升温的背景与前景	何理	《现代国际关系》	2
美国撤军后阿富汗重建前景	卢玲玲 闫伟	《现代国际关系》	11
阿富汗安全局势的走向及其对中亚的影响	马加力	《和平与发展》	2
印度与沙特关系：调整、发展及趋势	李益波	《和平与发展》	3

经济发展

题目	作者	刊名	期
印度能超越中国吗？ ——基于扩展的C-D生产函数和Malmquist指数的实证分析	李治国 周德田	《南亚研究季刊》	1
印度电信业现状与中印电信合作前瞻	王学人	《南亚研究季刊》	1
独具特色的印度房地产：问题及其原因评析	张仁枫	《南亚研究季刊》	1
后危机时代中印相互投资的前景展望	黄梅波 王珊珊	《南亚研究季刊》	1
基于DEA方法的中印上市公司股权融资效率比较研究	张延良 杨小波	《南亚研究季刊》	1
近年来印度通货膨胀的原因、治理及前景	文富德	《南亚研究季刊》	1

续表

题目	作者	刊名	期
新世纪以来印度的通货膨胀与经济增长	黄常舜	《南亚研究季刊》	1
客观看待当前印度经济增长放缓	文富德	《南亚研究季刊》	2
印度转基因棉之祸及其对中国的启示	亢升	《南亚研究季刊》	2
印度区域合作重心东移的诉求与制约	葛成	《南亚研究季刊》	2
印度的东亚自由贸易区政策实施及特点	李艳芳	《南亚研究季刊》	2
后金融危机时代中印农产品贸易合作	杨文武 李星东	《南亚研究季刊》	2
后金融危机时代中印科技实力比较	李文贵 艾加宪	《南亚研究季刊》	2
入世以来印度保证粮食安全的政策措施	文富德	《南亚研究季刊》	3
印度经济改革对 2014 年大选的影响	宋志辉	《南亚研究季刊》	3
印度古吉拉特邦经济增长之谜	陈小萍	《南亚研究季刊》	3
农业合作经济组织对印度农产品价格稳定的作用	黄正多	《南亚研究季刊》	3
欧盟与印度经贸关系发展及对我国的影响	刘小雪	《南亚研究季刊》	3
中巴金融合作：现状、作用、走向	陈继东 赵罗红	《南亚研究季刊》	3
巴基斯坦部落地区改革与中国的作用	杨勇	《南亚研究季刊》	3
中印乡村建设经验交流的启示与新可能	杨华军 向元钧	《南亚研究季刊》	3
印度近期经济增长放缓的原因及影响	张立	《南亚研究季刊》	4
印度旅游业及对经济发展的影响	李燕	《南亚研究季刊》	4
孟加拉国对外贸易自由化改革及成效	李建军 张雨涛	《南亚研究季刊》	4
印度软件企业跨国经营的考量与启迪	尹响 杨博雅 杨继瑞	《南亚研究季刊》	4
中印关系机制化建设的总体框架	秦永红 戴永红	《南亚研究季刊》	4
后金融危机时代中印货币合作探析	马先仙 杨文武	《南亚研究季刊》	4
经济结构调整中的中印经贸合作前景	陈吉祥 李唯佳	《南亚研究季刊》	4
印度软件科技园发展的原因及启示	李艳芳 范力丹	《南亚研究》	1
中国和印度国家石油公司的非洲投资战略比较	杜晓蓉 谭孟莎	《南亚研究》	2
缅甸政治经济转型背景下的中国对缅投资	卢光盛 金珍	《南亚研究》	3
中国与南亚互联互通的现状与未来	蓝建学	《南亚研究》	3
印非合作机制建设及其对中国的启示	刘宗义	《南亚研究》	3
对当前中印经济关系的评估 ——兼论中印新型经济合作关系的确立	赵江林	《南亚研究》	4

续表

题目	作者	刊名	期
印度产业升级的路径依赖和路径创新——基于新制度经济学视角的探讨	陈羽	《南亚研究》	4
1985 年以来印度服务业快速增长的影响及启示	殷永林	《东南亚南亚研究》	1
金砖国家合作机制下的中印经贸合作	左连村	《东南亚南亚研究》	1
印度在南亚区域合作联盟中的主导地位及其影响	李云霞 樊祎冰	《东南亚南亚研究》	2
从印度零售业改革看印度改革的前景	杨怡爽	《东南亚南亚研究》	2
印度发展高科技的若干问题	文富德	《东南亚南亚研究》	3
中外学者谈中国—南亚合作	王静 孙喜勤	《东南亚南亚研究》	3
孟中印缅经济走廊建设对四国贸易的影响	陈利君 刘紫娟	《东南亚南亚研究》	4
印度房地产市场发展的现状、问题与启示	张仁枫 王莹莹	《亚太经济》	2
印度电子信息产业政策研究	王忠	《亚太经济》	4

社会文化

题目	作者	刊名	期
印度海外人才引进的国籍与公民权问题研究	高子平	《南亚研究季刊》	1
印度佛教兴衰进程中的政治因素研究	王新有	《南亚研究季刊》	1
印度教民族主义者的女性观及其影响——兼论印度电影《火》引发的争议	沈曙东	《南亚研究季刊》	1
泰戈尔与印度文化软实力传播	尹锡南	《南亚研究季刊》	1
佛教外交——印度对西藏政策的组成部分	范名兴	《南亚研究季刊》	2
浅析国外学界甘地研究新动态	尚劝余	《南亚研究季刊》	3
浅析印度理工人才培养特色——以印度理工学院孟买分院人才培养为例	陈薇	《南亚研究季刊》	3
印度数字图书馆联盟的发展及启示——以 UGC—INFUNET 为例	徐菲	《南亚研究季刊》	4
泰戈尔与周作人	孙宜学	《南亚研究》	1
少林寺那罗延神的失落：佛教文化在中国的植入和变迁	梅晓云 罗艺峰	《南亚研究》	2
印度中世纪宗教文化的特点及启示	张嘉妹	《南亚研究》	2
《秦王破阵乐》是否传入印度及其他——兼与宁梵夫教授商榷	张远	《南亚研究》	2

续表

题目	作者	刊名	期
摩诃迦罗考	薛克翘	《南亚研究》	3
吠檀多派的“幻论”与佛教的“空观”比较	姚卫群	《南亚研究》	4
《中观心论》所传之吠檀多派原人思想	何欢欢	《南亚研究》	4
宗教文化与印度的国民性	朱明忠	《东南亚南亚研究》	1
文化视野下的古代印缅关系 ——兼论印度文明对缅甸的影响	韦健锋	《东南亚南亚研究》	2
20世纪后半期以来的中国—印度文学交流	张玮	《东南亚南亚研究》	2
中国的巴基斯坦研究简述	田光强 韩召颖	《东南亚南亚研究》	2
信任构建与中国—南亚人文交流	王伟华	《东南亚南亚研究》	4
“雾里看花”：印度记者的中国观察	尹锡南	《东南亚南亚研究》	4
马来西亚的族群边界与少数族群的认同 ——以印度人穆斯林为例	罗圣荣	《东南亚南亚研究》	4
《瑜伽经》中的三昧状态及修行方法	姚卫群	《宗教》	2
印度水资源法律制度探析	杨萃柏 陈宇	《南亚研究季刊》	2
浅论印度民族主义意识的确立	欧东明	《南亚研究季刊》	3
尼联共（毛）的分裂、大选失利及未来政治走向	王静	《南亚研究季刊》	4
巴基斯坦的阿富汗难民：地位、影响、政策与展望	黄云松	《南亚研究季刊》	4
“2013年南亚地区形势发展”会议综述	李涛	《南亚研究季刊》	4
南亚近现代穆斯林主流意识	刘曙雄	《南亚研究》	1
论后塔利班时代阿富汗的政治发展 ——从政治文化维度的探讨	汪金国 张吉军	《南亚研究》	1
印度气候政治的变化机制 ——基于双层互动的系统分析	赵斌	《南亚研究》	1
全球化与国内政治：政策趋同还是趋异？ ——基于四国税收政策的比较研究	叶静	《南亚研究》	1
论印度的海外印度人政策及其对中国侨务政策的启示	康晓丽	《南亚研究》	1
2012年南亚地区形势回顾与展望	陈利君	《亚非纵横》	2
印度的门罗主义评析	李忠林	《亚非纵横》	4
2012年南亚地区政治经济发展概述	陈利君 杨思灵	《东南亚南亚研究》	1

续表

题目	作者	刊名	期
印度行政区划分与层次现状、分析及启示	孙彩红	《东南亚南亚研究》	2
中印问题研究有待加强 ——印度中国问题首席专家谢钢教授访谈录	胡潇文	《东南亚南亚研究》	2
不丹政治民主化：问题及前景	杨思灵	《东南亚南亚研究》	3
阿富汗塔利班的现状和困境	朱永彪	《东南亚南亚研究》	4
印度社会科学的研究特征	张淑兰	《国外社会科学》	1
印度崛起的优势和劣势及其辩证关系	李忠林	《和平与发展》	2